STATISTIQUE

AGRICOLE GÉNÉRALE

DE

L'ARRONDISSEMENT DE MORLAIX (FINISTÈRE).

W.Wyld

STATISTIQUE

AGRICOLE GÉNÉRALE

DE

L'ARRONDISSEMENT DE MORLAIX (FINISTÈRE),

PAR

J.-M. ÉLÉOUET,

Médecin Vétérinaire; Secrétaire perpétuel de la Société Vétérinaire des départements du Finistère et des Côtes du Nord; Membre titulaire de la Société d'Agriculture de l'arrondissement de Morlaix; Membre honoraire de la Société Médicale Vétérinaire de Londres, Membre correspondant de la Société nationale et centrale d'Agriculture de Paris, de la Société nationale et centrale de Médecine Vétérinaire de la Société de Médecine Vétérinaire et comparée du département de la Seine, des Sociétés Vétérinaires des départements du Calvados et de la Manche, des départements de l'Ouest, du département de l'Hérault de la Société des Sciences et Arts de Rennes, de la Société d'Agriculture, Sciences Arts et Belles Lettres de Bayeux, de la Société d'Agriculture de l'arrondissement de Brest, etc., etc., etc.

Je raconte l'histoire et rien que l'histoire.

BREST,

IMPRIMERIE DE J.-B. LEFOURNIER AINÉ, GRAND'RUE, 86.

1849.

1850

A MESSIEURS

T. LACROSSE,

Chevalier de la Légion-d'Honneur, ministre des Travaux publics, Représentant
à l'Assemblée Législative pour le département du Finistère;

EUG. GAYOT,

Chevalier de la Légion-d'Honneur, Inspecteur général, chargé de la Direction générale
des Haras au ministère de l'Agriculture et du Commerce,
Membre de plusieurs Sociétés savantes;

HOMMAGE DE RESPECT, D'ESTIME ET D'AFFECTION,

J.-M. ÉLÉOUET.

INTRODUCTION.

En 1841, lorsque M. Lefebvre Sainte-Marie, inspecteur général d'agriculture, visita la Bretagne, M. Léziart, sous-préfet de Morlaix, et lui, me prièrent instamment de répondre à quelques questions touchant la Statistique agricole de l'arrondissement de Morlaix. M. Sainte-Marie me remit, à cet effet, un questionnaire imprimé dans lequel je devais prendre toutes les questions qui pouvaient s'adapter à notre arrondissement, et dont la solution pouvait offrir quelque intérêt.

Ne me sentant pas la force de mener à bien un pareil travail, je refusai d'abord de l'entreprendre, et j'engageai le sous-préfet à soumettre le questionnaire de M. Sainte-Marie, en séance, à MM. les membres de la Société d'Agriculture de Morlaix, en priant chacun d'eux, selon sa spécialité, de choisir une série de questions qu'il se chargerait de résoudre. Je pensais que cette marche était d'autant plus rationnelle, que de la réunion des travaux de chaque membre, l'on pouvait former un corps d'ouvrage aussi complet que possible.

Cette communication eut lieu; mais elle resta sans effet, par suite de l'étendue du travail et des difficultés que l'on avait à vaincre pour réunir un si grand nombre de documents exacts.

Ce fut donc sur l'abstention des membres de la Société d'Agriculture, et d'après l'assurance que me donna M. Léziart de m'aider de tout son pouvoir, pour me procurer tous les renseignements dont j'aurais besoin, que je me décidai à en faire l'essai.

Tous les documents déposés dans les archives de la sous-préfecture furent obligeamment mis à ma disposition. M. le sous-préfet me fit aussi obtenir, par son intermédiaire, de personnes compétentes et en les demandant en son nom, de précieux renseignements. Moi-même, je me mis en campagne. Je parcourus successivement toutes les communes de l'arrondissement; je me rendis près des meilleurs agronomes, et là, dans des réunions de famille, je pris les notes qui devaient me servir plus tard.

Malgré tous mes efforts, je me vis bientôt arrêté dans ma marche, faute de renseignements suffisants. Après avoir travaillé pendant sept mois à établir mes états, d'après les renseignements fournis par MM. les maires, je me vis dans la nécessité de les déchirer et de les brûler, tant ils s'éloignaient de la vérité.

Je cite ce fait pour la gouverne de tous ceux qui voudraient faire une Statistique en se servant des documents fournis par la plupart de ces fonctionnaires.

Découragé, je laissai de côté mon manuscrit, et ce, pendant plus d'une année.

Ce fut M. Léziart qui releva mon courage; ce fut lui qui m'excita à persévérer.

Grâce à sept années de recherches, à une dépense d'argent assez considérable, à un travail continu et opiniâtre, j'eus le bonheur de voir mon ouvrage toucher à sa fin.

Dans cette circonstance, comme toujours, aucun intérêt personnel n'a guidé ma plume, si ce n'est l'intérêt général de mon pays. C'est assez dire que je n'ai pas en vue de faire une spéculation.

Le but que j'ai cherché à atteindre, a été de faire l'histoire agricole de l'arrondissement de Morlaix. Je me suis attaché à retracer ce qui existe et ce qui se pratique journellement dans les fermes, et non ce qui devrait se faire. Je n'ai rien exagéré, rien avancé au hasard, et j'ai toujours pris mes renseignements aux meilleures sources. J'ai voulu tout voir par moi-même, et quand je ne me rendais pas bien compte d'une opération quelconque, je la faisais exécuter sous mes yeux.

Je crois ma Statistique aussi complète que possible; et si l'on parvenait à en obtenir une pareille pour tous les arrondissements, on aurait la plus belle histoire agricole de toute la France.

J'ai divisé mon ouvrage en deux parties : dans la première, j'ai traité de la *Statistique agricole proprement dite*, et, dans la deuxième, de la *Statistique raisonnée des animaux domestiques.* Cette marche m'a paru rationnelle, en ce qu'elle m'a permis de classer avec méthode tous les sujets que j'avais à traiter.

C'est avec la plus grande confiance que je livre mon ouvrage à l'examen de mes concitoyens. Ce sera toujours avec reconnaissance que je recevrai toutes les observations qu'ils voudront bien me faire, pourvu, toutefois, qu'elles n'aient trait qu'à des questions purement scientifiques et non à des questions personnelles.

J'ai voulu faire un ouvrage utile et instructif en même temps. Ai-je atteint mon but? Je dois laisser la solution de cette question aux hommes consciencieux et éclairés qui prendront la peine de me lire.

Je ne terminerai pas cette introduction sans faire connaître les noms des personnes honorables qui ont bien voulu m'aider de leurs conseils ou qui m'ont fourni des renseignements. Ces personnes sont : MM. Ch. Homon, de La Fruglaye, de Blois père, Félix, Pinchon, le docteur Le Hir, Alexandre fils aîné, Pelletier, Lozach père, Daniellou père, Le Bras, Guyomar, Swiney (Gustave), de Guernisac (Louis), et, hors ligne, M. Léziart. Que tous ces Messieurs reçoivent mes remerciements et l'expression de ma reconnaissance.

J.-M. ÉLÉOUET.

STATISTIQUE AGRICOLE

GÉNÉRALE

DE L'ARRONDISSEMENT DE MORLAIX (FINISTÈRE).

PREMIÈRE PARTIE.

STATISTIQUE AGRICOLE PROPREMENT DITE.

CHAPITRE PREMIER.

CIRCONSCRIPTION DE L'ARRONDISSEMENT. — SES DIVISIONS ADMINISTRATIVES ET JUDICIAIRES. — SON ÉTENDUE. — SA CONTENANCE EN HECTARES. — SA POPULATION. — SES CARACTÈRES OROGRAPHIQUES.

L'arrondissement de Morlaix est un des cinq qui forment le département du Finistère. Il se trouve borné : à l'Est, par l'arrondissement de Lannion (Côtes-du-Nord); à l'Ouest, par l'arrondissement de Brest; au Sud, par l'arrondissement de Châteaulin; et au Nord, par la Manche.

Cet arrondissement, l'un des plus importants de la Bretagne, se compose de dix cantons et de cinquante-huit communes.

TABLEAU DES CANTONS ET DES COMMUNES

DE L'ARRONDISSEMENT DE MORLAIX.

NOMBRE des Cantons.	NOMS des CANTONS.	NOMS des COMMUNES.	NOMBRE des Communes.	NOMBRE des Cantons.	NOMS des CANTONS.	NOMS des COMMUNES.	NOMBRE des Communes.
1er.	Morlaix.	Morlaix. Ploujean. Sainte-Sève. Saint-Martin-des-Champs. Plourin.	5.	6e	Landivisiau	Landivisiau. Bodilis. Guimiliau. Lampaul. Plougourvest. Plounéventer. Saint-Servais.	7.
2e.	Lanmeur.	Lanmeur. Plouégat-Guérand. Plouézoc'h. Garlan. Guimaec. Saint-Jean-du-Doigt. Loquirec. Plougasnou.	8.	7e.	Taulé.	Taulé. Henvic. Carantec. Locquénolé. Guiclan.	5.
3e.	Plouigneau.	Plouigneau. Le Ponthou. Guerlesquin. Botsorhel. Plouégat-Moysan. Lannéanou. Plougonven.	7.	8e.	Saint-Thégonnec.	Saint-Thégonnec. Pleyber-Christ. Le Cloître. Plounéour-Ménez.	4.
4e.	Plouzévédé.	Plouzévédé. Saint-Vougay. Trézélidé. Plouvorn. Tréflaouénan. Cléder.	6.	9e.	Plouescat.	Plouescat. Plounévez-Lochrist. Tréflez. Lanhouarneau. Plougar.	5.
5e.	Saint-Pol-de-Léon.	Saint-Pol-de-Léon. Roscoff. Ile-de-Batz. Plouénan. Mespaul. Plougoulm. Sibiril.	7.	10e.	Sizun.	Sizun. Saint-Sauveur. Commana. Loc-Mélard.	4.

Morlaix, qui est le chef-lieu de sous-préfecture, possède un tribunal de première instance, un tribunal de commerce, une chambre de commerce, une manufacture nationale de tabacs, une société d'agriculture, et est le siége de la société vétérinaire des deux départements du Finistère et des Côtes-du-Nord.

Les cantons de Plouigneau, de Saint-Thégonnec, de Plouzévédé et de Landivisiau possèdent chacun un comice agricole.

La plus grande longueur de l'arrondissement de Morlaix, de l'Est à l'Ouest, est de quarante-six kilometres, et sa plus grande largeur, du Sud au Nord, de trente-huit.

Il contient cent trente-deux mille cent trente-neuf hectares.

Sa population générale, d'après le recensement de 1841, est de cent trente-neuf mille neuf cent douze habitants, qui sont répartis comme il suit :

Cantons de.	Morlaix.	18,086 habitants.
	Lanmeur.	15,951
	Plouigneau.	15,238
	Plouzévédé.	13,420
	Saint-Pol-de-Léon.	19,780
	Landivisiau.	14,142
	Taulé.	9,392
	Saint-Thégonnec.	12,787
	Plouescat.	12,015
	Sizun.	9,101
	Total.	139,912 habitants.

Ce nombre se divise en	Garçons.	42,277
	Hommes mariés.	22,358
	Veufs.	3,631
	Total.	68,266
	Filles.	42,665
	Femmes mariées.	22,849
	Veuves.	6,132
	Total.	71,646
	Total général.	139,912

TABLEAU DE LA POPULATION AGRICOLE DE L'ARRONDISSEMENT DE MORLAIX en 1841.

DÉSIGNATION des Cantons.	NOMS des COMMUNES.	NOMBRE de la Population Agricole.
Morlaix.	Morlaix.	175
	Ploujean.	2,785
	Sainte-Sève.	630
	Saint-Martin-des-Champs.	1,052
	Plourin.	3,065
Lanmeur.	Lanmeur.	2,775
	Plouégat-Guérand. . . .	1,986
	Plouézoc'h.	1,751
	Garlan.	1,200
	Guimaëc.	1,941
	Saint-Jean-du-Doigt. . . .	1,487
	Loquirec.	1,089
	Plougasnou.	3,827
Plouigneau	Plouigneau.	4,798
	Le Ponthou.	422
	Guerlesquin.	1,726
	Botsorhel.	1,425
	Plouégat-Moysan.	1,288
	Lannéanou.	1,022
	Plougonven.	4,382
Plouzévédé	Plouzévédé.	2,134
	Saint-Vougay.	1,255
	Trézélidé.	406
	Plouvorn.	4,515
	Tréflaouénan.	900
	Cléder.	4,515
Saint-Pol-de-Léon.	Saint-Pol-de-Léon. . . .	2,000
	Roscoff.	1,989
	Ile-de-Batz.	1,092
	Plouénan.	3,181
	Mespaul.	1,251
	Plougoulm.	2,439
	Sibiril.	1,315
	A reporter.	65,820
	Report.	65,820
Landivisiau	Landivisiau.	1,031
	Bodilis.	1,741
	Guimiliau.	1,464
	Lampaul.	2,443
	Plougourvest.	1,290
	Plounéventer.	2,754
	Saint-Servais.	774
Taulé.	Taulé.	2,892
	Henvic.	1,315
	Carantec.	1,250
	Locquénolé.	374
	Guiclan.	3,509
Saint-Thégonnec.	Saint-Thégonnec. . . .	3,648
	Pleyber-Christ.	3,132
	Le Cloître.	1,419
	Plounéour-Ménez. . . .	4,127
Plouescat.	Plouescat.	3,017
	Plounévez-Lochrist. . .	4,347
	Tréflez.	1,281
	Lanhouarneau.	1,057
	Plougar.	1,260
Sizun.	Sizun.	3,650
	Saint-Sauveur.	1,395
	Commana.	2,691
	Loc-Mélard.	1,041
	TOTAL.	118,522

RÉCAPITULATION PAR CANTONS.

	Habitants.
Morlaix	7,707
Lanmeur	15,856
Plouigneau	15,065
Plouzévédé	13,725
Saint-Pol-de-Léon	13,267
Landivisiau	11,497
Taulé	9,340
Saint-Thégonnec	12,326
Plouescat	10,962
Sizun	8,777
Total	118,522

RÉCAPITULATION GÉNÉRALE.

	Habitants.
Population agricole	118,522
Population des villes	21,390
Population générale	139,912

TABLEAU DE LA POPULATION GÉNÉRALE DE L'ARRONDISSEMENT DE MORLAIX en 1846.

DÉSIGNATION des Cantons.	NOMS des COMMUNES.	NOMBRE de la Population
Morlaix.	Morlaix.	10,705
	Ploujean.	2,843
	Sainte-Sève.	722
	Saint-Martin-des-Champs.	1,235
	Plourin.	3,115
Lanmeur.	Lanmeur.	2,792
	Plouégat-Guérand. . . .	2,038
	Plouézoc'h.	1,737
	Garlan.	1,200
	Guimaëc.	1,924
	Saint-Jean-du-Doigt. . .	1,410
	Loquirec.	1,244
	Plougasnou.	4,003
Plouigneau	Plouigneau.	4,910
	Le Ponthou.	418
	Guerlesquin.	1,842
	Botsorhel.	1,523
	Plouégat-Moysan.	1,324
	Lannéanou.	1,020
	Plougonven.	4,558
Plouzévédé	Plouzévédé.	2,107
	Saint-Vougay.	1,368
	Trézélidé.	441
	Plouvorn.	3,572
	Tréflaouénan.	944
	Cléder.	5,216
Saint-Pol-de-Léon.	Saint-Pol-de-Léon. . . .	6,436
	Roscoff.	3,621
	Ile-de-Batz.	1,073
	Plouénan.	3,280
	Mespaul.	1,351
	Plougoulm.	2,488
	Sibiril.	1,512
	A reporter.	83,972
	Report.	83,972
Landivisiau	Landivisiau.	3,470
	Bodilis.	2,030
	Guimiliau.	1,596
	Lampaul.	2,558
	Plougourvest.	1,357
	Plounéventer.	2,884
	Saint-Servais.	793
Taulé.	Taulé.	3,027
	Henvic.	1,337
	Carantec.	1,290
	Locquénolé.	434
	Guiclan.	3,688
Saint-Thégonnec.	Saint-Thégonnec. . . .	3,962
	Pleyber-Christ.	3,292
	Le Cloître.	1,527
	Plounéour-Ménez. . . .	3,973
Plouescat.	Plouescat.	3,467
	Plounévez-Lochrist. . .	4,146
	Tréflez.	1,542
	Lanhouarneau.	1,368
	Plougar.	1,376
Sizun.	Sizun.	3,843
	Saint-Sauveur.	1,408
	Commana.	2,976
	Loc-Mélard.	1,123
	TOTAL.	142,519

RÉCAPITULATION PAR CANTONS.

	Habitants.
Morlaix	18,620
Lanmeur	16,348
Plouigneau	15,395
Plouzévédé	13,648
Saint-Pol-de-Léon	19,761
Landivisiau	14,688
Taulé	9,796
Saint-Thégonnec	12,754
Plouescat	11,899
Sizun	9,410
TOTAL	142,319

POPULATION GÉNÉRALE.

	Habitants.
En 1841	139,912
En 1846	142,519
Différence en plus, de 1841 à 1846	2,607

L'arrondissement de Morlaix est séparé de celui de Châteaulin par une chaîne de montagnes nommées *Arées* ou *Arrées*. Située au Sud de l'arrondissement, elle prend, en y pénétrant, une direction Ouest-Nord-Ouest, puis Ouest-Sud-Ouest, et se termine à la rade de Brest.

Le point culminant de la bande qui borde l'arrondissement de Morlaix est celui où cette bande est traversée par la route nationale n° 164 d'Angers à Brest, dans le canton de Sizun. Les arêtes d'Arées atteignent à cet endroit quatre cents mètres d'élévation au-dessus du niveau de la mer, et se maintiennent à trois cents mètres sur une longeur de plusieurs kilomètres.

Dans l'espace qui se trouve compris entre les montagnes d'Arées et la Manche, il n'existe pas de montagnes proprement dites. Les cantons de Plouigneau, de Morlaix et de Taule offrent cependant de nombreuses collines dont la direction est du Sud au Nord et qui s'abaissent insensiblement à mesure qu'elles s'approchent de la mer. Le reste de l'arrondissement, et particulièrement le pays qui borde le littoral, peut être considéré comme formant une surface le plus souvent plane, quelquefois accidentée, dont la pente douce se prolonge jusqu'aux bords de la Manche.

CHAPITRE 2.[1]

CARACTÈRES GÉOLOGIQUES.

L'arrondissement de Morlaix offre une disposition géologique assez irrégulière : le terrain schisteux y est en couches ondulées, entrecoupé de roches granitiques, de porphyres blancs et de diorites ou grünsteins.

On peut cependant saisir, dans l'arrondissement, cinq grandes divisions principales : 1° la bande du Sud, constituée en général par le granite, allant du Sud-Ouest à l'Est-Nord-Est, sise, au Sud-Ouest, dans la commune de Sizun, et à l'Est, entre Plouégat-Moysan et Guerlesquin; elle comprend les granites de Sizun, Commana, Saint-Sauveur, Plounéour-Ménez, Saint-Thégonnec, Pleyber-Christ, Le Cloître, Lannéanou, Guerlesquin, Botsorhel; elle est limitée au Sud, par les phyllades et quartzites de la montagne, qui forment une petite bande schisteuse au Sud de l'arrondissement; et au Nord, par les ardoises de Loc-Mélard, les roches anagénites et phyllades de Saint-Thégonnec, les quartzites et phyllades de Pleyber-Christ et de Sainte-Sève, les schistes mâclifères, quartzites et roches trapéennes de Plourin, Plouigneau, et les micachistes et gnéiss de Plougonven et du Phonthou. 2° La bande du milieu, allant du Sud-Ouest au Nord-Est; elle est étroite à ses deux extrémités, beaucoup plus large au milieu. Prise au Sud-Ouest, entre Loc-Mélard et Lampaul, et au Nord-Est, entre Plouégat-Guérand et Loquirec, elle s'étend au milieu, entre Carantec et Plourin. Elle comprend les communes de Loc-Mélard, Lampaul, Saint-Thégonnec, Pleyber-Christ, Sainte-Sève, Taulé, Morlaix, Locquénolé, Carantec, Plourin, Plouigneau, Plouézoc'h, Garlan, Plouégat-Guérand, Lanmeur et Loquirec. Elle est constituée par des phyllades, des quartzites, des schistes talqueux blancs ou verdâtres et des roches anagéniques ou grauwache, le tout entrecoupé de granites, d'eurites et de grünsteins. 3° La bande de micachiste et phyllades talqueux. Elle est presque Nord et Sud, inclinant un peu du Sud-Sud-Ouest au Nord-Nord-Est; elle suit presque partout la rivière de Penzé. Elle commence

(1) Ce chapitre n'est pas de nous. Nous le devons à l'obligeance de notre jeune et savant collègue de la Société d'Agriculture, M. le docteur Le Hir, de Morlaix, qui a bien voulu se charger de sa rédaction.

au Sud, entre Saint-Thégonnec et Landivisiau; tout Guiclan, une partie de Plouvorn, Penzé, une partie de Plouénan, Mespaul, tout Henvic et une partie de Taulé et de Carantec appartiennent à cette bande. 4° Le gnéiss, entremêlé de granite graphique, d'îlots et de larges bandes granitiques, occupe tout le Nord-Ouest de l'arrondissement. Il se trouve limité par une ligne qui, partant de Keromnès (en Carantec), se dirigerait vers le passage de la Corde (en Henvic), vers Saint-Yves (en Saint-Pol-de-Léon), le bourg de Plouénan, Coatudavel (en Mespaul), Keruzoret (en Plouvorn), le bourg même de Plouvorn, et enfin, les limites des communes de Guiclan et de Landivisiau. A Landivisiau, cette ligne de démarcation se contournerait vers l'Ouest, par Saint-Servais et Plounéventer, pour gagner la limite de l'arrondissement. Les communes de Tréflez, Lochrist, Plounévez, Plouescat, Tréflaouénan, Cléder, Sibiril, l'Ile-de-Batz, Roscoff, Saint-Pol-de-Léon, Plougoulm, une partie de Carantec, de Plouénan, de Mespaul, de Plouvorn, de Landivisiau, les communes de Plougourvest, de Bodilis, Saint-Servais, Plounéventer, Plougar, Saint-Vougay, Lanhouarneau, Plouzévédé et Berven, appartiennent à ce terrain, le plus riche de l'arrondissement. 5° Enfin, au Nord existe un petit massif de granite le plus souvent rose, entrecoupé de bancs de siénites et de diorites, qui semble comprimé entre le terrain schisteux des grauwaches et phyllades de Plouézoc'h, et celui appartenant aux schistes talqueux de Loquirec. Ce massif granitique comprend presque toute la commune de Plougasnou, celles de Saint-Jean-du-Doigt, de Guimaëc et une partie de Lanmeur. On en voit la limite à la pointe de Térénez (en Plougasnou), d'où le granite suit la baie de Térénez (côté de Plougasnou), et arrive, en suivant le vallon, au-dessus de Kerystin, gagner les environs de Saint-Sébastien, en limitant les communes de Plougasnou et de Plouézoc'h; puis, suivant la crête de la rivière du Dour-Duff, il vient, aux environs du village du bois de la Roche, se montrer à huit kilomètres de la limite du département, sur la route de Lanmeur à Morlaix; de là, il paraît suivre à peu près la grande route jusqu'à Lanmeur, se contourne vers Guimaëc, d'où il va, vers le moulin de la rive, modifier les stéaschistes de cette partie.

Ces diverses coupes de terrain sont loin d'être partout bien tranchées, bien limitées; en général, sur les limites des grandes divisions, le terrain participe de l'une et de l'autre. C'est ainsi que le micachiste devient souvent gnéiss dans les communes de Guiclan et Plouvorn, et contient, à la carrière de Milin-Toul (en Plouvorn), des nodules de pegmatite avec béril, caractéristique du terrain de gnéiss et granite graphique.

Le micachiste, dans toute son étendue, alterne avec des phyllades talqueux. Peu à peu on voit le micachiste disparaître et les phyllades alterner, soit avec des grès, dans les communes de Taulé, de Locquénolé et Sainte-Sève, soit avec des grauwaches, dans les communes de Saint-Martin-des-Champs, de Ploujean, de Morlaix, de Locquénolé, de Plouézoc'h, de Plouigneau, puis avec des schistes talqueux, stéaschistes et grès quartzites, dans les communes de Garlan, de Lanmeur, de Plouigneau, de Plouégat-Guérand et Loquirec; et enfin, passer au micachiste et au gnéiss, dans les communes de Plouégat-Moysan, Le Ponthou et Plougonven.

On pourrait, par rapport à l'agriculture, ne considérer que deux terrains : l'un, où la structure schisteuse domine, constitué par les micachistes, phyllades et grauwaches, dont tous les points culminants sont surmontés de grès quartzites; et l'autre, où la structure cristalline massive prédomine, constitué par les granites graphiques, les granites roses mélangés de diorites, et par les granites massifs des montagnes. Ce terrain n'est surmonté nulle part, que nous sachions, de grès quartzites.

Nous allons examiner ces deux coupes séparément, en commençant par les roches granitoïdes.

FORMATION IGNÉE. — ROCHES GRANITOÏDES.

Dans celles-ci, nous avons remarqué trois divisions principales :

A. Les granites graphiques et gnéiss du Nord-Ouest géologiquement caractérisés par leurs minéraux associés, la tourmaline, le béril, le phosphate de chaux, qui se trouvent disséminés dans toute l'étendue de ce terrain, de Plougourvest à Lochrist et de Lochrist à l'île de Callot, près Carantec. Les roches y ont toutes une structure cristalline et une tendance à se montrer en bancs. Partout où les couches n'existent pas, ce sont des amas ou des filons de granite compact, fissuré ou décomposé à la surface de la terre, et laissant voir à nu des crêtes quartzeuses, ou des blocs de diverses formes qui hérissent le sol. Exemples : Cléder, Plouescat, Plouzévédé. Là où les bancs existent, le granite semble souvent avoir été constitué en éléments séparés, en couches micacées à paillettes noires ou blanches, et en pegmatite ou en bancs de granite blanc ou bleu avec grenats et tourmalines, comme dans les communes de Plounévez-Lochrist, Tréflez, Sibiril, Plougoulm, Roscoff, Saint-Pol-de-Léon, Plouénan, Plouvorn, Mespaul et Plougourvest.

Ce terrain, où le felspath est abondant et où le mica se désaggrège facilement, est très-favorable à la culture; car le sous-sol vient modifier l'argile diluvienne, en augmentant son épaisseur et en la rendant plus légère, peut-être même en lui donnant des éléments nouveaux. Les routes y trouvent de nombreux filons de quartz hyalin excellent pour macadamisage.

Les pavés sont souvent taillés dans ces bancs de granite qui n'ont qu'une médiocre épaisseur; l'Ile-de-Siec, en Santec, et l'Ile-de-Batz, où la main-d'œuvre est à bon marché, en fournissent une partie de l'arrondissement. On y trouverait de belles carrières de granite à Cléder et à Plouescat surtout. Quelques filons de granite bleu remplaceraient assez avantageusement le kersanton. Nous signalerons, entr'autres, celui de la pointe de Kerfissiec (en Saint-Pol-de-Léon), et un filon de granite bleu, aussi très-beau, existant entre Kergoulouarn et Sainte-Catherine (en Mespaul). Ces granites bleus sont un peu plus durs que le kersanton.

Peut-être pourrait-on aussi tirer parti des tables de diorite et d'amphibolite schistoïdes se montrant depuis Saint-Jean-Trefgondern et Keranguez (en Saint-Pol-de-Léon), jusqu'au passage de la Corde et en Carantec.

B. Les granites roses mélangés de diorites ou siénites occupent, comme nous l'avons dit, le Nord, Plougasnou, Lanmeur, Guimaëc, et sont caractérisés géologiquement par le titanate de fer en grains pour le granite rose, et par l'épidote pour le diorite. Leur structure est cristalline et massive. Cependant on y trouve quelques indices de granite graphique, avec tourmalines et bérils, en Térénez (en Plougasnou).

On peut dire que ce massif, felspathique comme le granite graphique, se trouve dans les mêmes conditions pour l'agriculture. Il se décompose comme lui, le granite rose en gros blocs, les diorites et siénites en orbes. Aussi rencontre-t-on souvent à la surface du sol des crêtes ou des masses rondes qui ont résisté à la décomposition. Comme le granite du Nord-Ouest, ce massif fournit de bons pavés et donnerait de beaux blocs de granite, surtout vers Primel (en Plougasnou).

Les diorites d'aspects si différents, depuis l'amphibolite pure jusqu'aux diorites à taches blanches sur un fond vert obscur et au siénite granitoïde, fourniraient de beaux blocs pour monuments funèbres, si leur dureté ne les rendait très-dispendieux à tailler.

C. Le massif granitique du Sud-Est est uniforme dans toutes ses parties. Il est rarement en bancs, excepté sur ses limites avec les schistes modifiés, où il passe sur une petite largeur au gnéiss dont il contient alors quelquefois les minéraux associés. Exemple : le phosphate de chaux et la tourmaline, au Ponthou. Mais dans presque toute son étendue, à Guerlesquin, au Cloître, à Plounéour-Ménez, à Commana, ce granite n'offre à la surface que des blocs entassés, et comme sous-sol que du sable de terre et du granite fissuré en tous sens.

Ainsi, sous ce rapport, mêmes conditions pour l'agriculture que dans les deux autres sections. Ce massif se trouvant loin de la mer, les frais de transport empêcheraient d'utiliser ces masses à découvert qui ne s'emploient que dans les localités où on les trouve.

TERRAIN SCHISTEUX.

Le terrain schisteux de l'arrondissement se compose, comme nous l'avons dit : 1° d'une bande de micachiste et de phyllade talqueux; 2° des grauwaches et phyllades de Morlaix; 3° des schistes talqueux et stéaschistes du Nord-Est; 4° des phyllades ardoisins et phyllades modifiés du Sud-Est, bordant Nord et Sud les granites des montagnes; ces quatre divisions recouvertes, par intervalles, de grès quartzites.

Toutes ces coupes de nos terrains schisteux sont-elles du même âge géologique? Le peu de fossiles qu'on y trouve, l'alternance de couches de grès avec les micachistes et phyllades, le passage des phyllades modifiés aux micachistes et aux gnéiss près des granites qui les ont percés, notamment au pont Beauhast (en Plouigneau), nous porteraient à penser que ce n'est que le même terrain modifié par des circonstances locales. Les substances minérales associées sont les mêmes, le quartz, le grenat, la staurotide, la mâcle et les chlorites. Dans le micachiste, nous n'avons jamais rencontré de fossiles. Nous avons trouvé l'encrine dans la grauwache du quai de Morlaix (carrière de Pennélé), dans la grauwache de Keranroux et dans celle du Dour-Duff en terre. M. le comte de La Fruglaye l'a trouvée dans le calcaire de cette même grauwache, en Plouézoc'h. Nous avons trouvé la même encrine dans le schiste talqueux de Plouégat-Guérand, au-dessus de

Lanlaya. Enfin, nous avons trouvé des fossiles mal déterminées, mais qui paraissent des productus dans des grès quartzites, près du Treuscoat (en Pleyber-Christ), comme d'autres ont trouvé l'encrine et le productus dans les grès, près de Loc-Mélard-Sizun.

On trouve des cailloux roulés, qui paraissent des quartzites, dans la grauwache de Dour-Duff (en Plouézoc'h), et les quartzites de ce plateau ne sont formés eux-mêmes que de galets arrondis de quartzites aggrégés par une pâte de quartzite aussi.

D'un autre côté, au Passage de la Corde (en Henvic), les quartzites noirs alternent avec les micachistes; sur le plateau de Taulé, les quartzites bleus alternent avec les phyllades talqueux ainsi que du pont Beauhast à Kerbiriou (en Saint-Eutrope), et dans toute la commune de Plourin. Il en est de même des quartzites blancs vers le moulin de Pennélé (en Saint-Martin-des-Champs) et entre les communes de Pleyber-Christ et de Saint-Thégonnec. Sur le Roch-Trévizel (en Plounéour-Ménez), on voit les bancs de quartzites alterner avec les phyllades ardoisins dans les carrières. Il en est de même pour les schistes talqueux et les quartzites blancs de Garlan, à Kerrohan et Kervolongar, et pour ceux de Plouégat-Guérand. Il est donc difficile de savoir si les quartzites sont postérieurs ou antérieurs aux autres terrains. Ils sont avec eux en stratifications concordantes; ils occupent en général le sommet des hauteurs, quelquefois aussi ils se montrent sur le milieu des versants.

Comme les schistes, ils ont été modifiés près des granites, jamais par des mâcles, mais par des grenats qui les ont traversés en veines, mélangés de mica vert ou de chlorites ou de schistes talqueux verts ou blancs, mais sans les pénétrer, probablement à cause de leur cohésion.

Ainsi, géologiquement, comme pour l'utilité de l'agriculture, il est peut-être raisonnable de ne faire qu'un même terrain de tous nos terrains schisteux, et de dire qu'ils sont tous formés de phyllades plus ou moins ardoisins, plus ou moins talqueux, et mélangés, suivant les localités, de micachistes, de grauwaches, de grès quartzites ou de schistes talqueux. Car, pour les schistes mâclifères, ils ne sont que le phyllade modifié par le voisinage du granite.

Néanmoins, comme ces divisions nous offrent des roches qui peuvent donner au sous-sol quelques éléments différents, soit pour les arts, soit pour l'agriculture, nous les passerons en revue, l'une après l'autre, telles que nous les avons dénommées.

1° BANDE DE MICACHISTE ET PHYLLADE TALQUEUX A SOMMETS COURONNÉS DE QUARTZITE.

Cette bande est composée de micachiste jaune à longs feuillets et de phyllade cristallin bleu, d'une texture peu serrée, facilement décomposable, fendillé en tous sens à la surface de la terre et permettant l'introduction des radicules des plantes entre leurs feuillets, ainsi que la pénétration de l'humidité dans toute leur masse. Les filons de quartz y sont très-nombreux. Ce terrain est aussi percé de nombreux amas de porphyres blancs, à Penzé, au Penhoat et dans toute la commune de Guiclan; de grünsteins au-dessus de Penzé et à Pont-d'Eon; d'amphibolites et de quelques massifs de granite en Henvic et Carantec.

Le micachiste est un peu moins favorable à la culture que le terrain granitique; mais les plantes ligneuses trouvent en général un bon appui sur les parties découvertes, où les radicules peuvent s'enfoncer dans les strates obliques ou dans les fissures. Il forme aussi des vallées plus profondes que le terrain granitique, de sorte qu'il offre, de plus que ce terrain, des bois et des prairies plus considérables.

Les filons de quartz donnent de bons matériaux pour les routes. A Pont-d'Eon, ces filons contiennent de la galène antimoniale, accompagnée de carbonate et de phosphate de plomb, de stalactites de calcédoine, de blende, de sulfure d'antimoine et d'un silicate tendre d'alumine, substances de filon qui, se trouvant à moins de deux mètres au-dessous du sol, dans une assez grande étendue, indiqueraient l'existence d'une mine de plomb en cet endroit. Nous avons trouvé les mêmes indices à une lieue de là, en remontant le cours de la rivière de Pont-d'Eon, à la carrière de Milin-Toul, au-dessous de Kerudot (en Plouvorn).

Les grès sont en très-petite quantité sur les sommets du micachiste; on ne les rencontre que par rares lambeaux et souvent en fragments épars dans les communes de Plouénan, Henvic et Guiclan, ce qui est encore une bonne condition pour l'agriculture, car ces grès sont essentiellement stériles.

Les micachistes donnent de très-mauvais matériaux de construction; on y supplée en général par les porphyres blancs et granites, quelquefois aussi par les grès qu'ils contiennent.

On y a trouvé quelques amas de kaolin dans des pegmatites en descendant le Tromeur (en Plouvorn), et des amas d'eurite blanche décomposée en Guiclan. Cette eurite décomposée est employée utilement pour les mortiers.

2° PHYLLADES ET GRAUWACHES DES ENVIRONS DE MORLAIX.

Lorsque l'on quitte la bande de micachiste de la rivière de Penzé, peu à peu sur le versant de Taulé, le micachiste cesse et est remplacé par des phyllades bleus de moins en moins cristallins, plus souvent recouverts par des sommets de grès, lesquels, mélangés de quelques lames argentines de talc, ou rendus verts par des chlorites, semblent dominer dans les communes de Taulé et de Sainte-Sève, qui ne présentent le phyllade que dans les vallées. Aussi, ces deux communes sont-elles recouvertes de nombreux terrains incultes. On dirait qu'avant de descendre sur la grauwache de Morlaix, le phyllade aurait formé une ceinture de grès inculte entre lui et ce terrain. En effet, vous voyez ces grès à Keromnès (en Carantec), puis au Francic (en Taulé), puis tout le long de la limite de Locquénolé jusqu'au-dessus de Lannigou, au moulin de Pennélé (en Saint-Martin-des-Champs), à la Magdeleine, à Kervaon (en Saint-Martin-des-Champs), puis à Roch-ar-Blay (en la même commune de Plourin), former partout la limite Ouest du terrain de phyllade et de grauwache.

La limite Est est formée par les granites et diorites de la pointe de Térénez, les grès poudingues de Plouézoc'h, les granites roses qui, de Saint-Sébastien, vont au bois de La Roche, les quartzites et schistes talqueux de Garlan à Kervolongar et Kerozar, les quartzites de Plouigneau, vers la carrière de Restigou; les schistes mâclifères et granites de Saint-Eutrope, les quartzites du plateau de Kerbiriou (en Plougonven), les quartzites de Penn-an-Vern (en Plourin), ceux du Merdy, dans la même commune.

Dans l'espace compris entre ces deux limites, se trouvent les deux découpures des rivières de Morlaix et de Dour-Duff. Les roches prédominantes sont les pséphites, les psammites, des grès phylladiens, des phyllades, des schistes blancs et verdâtres, un conglomérat grossier de schiste et d'arkose, souvent noirci ou bruni par le manganèse. (C'est ordinairement dans les cavités de ce conglomérat qu'on trouve les encrines). Ces diverses roches sont plus ou moins abondantes suivant les localités. Les pséphites et grès phylladiens se montrent sur la colline du château de Morlaix. A Saint-Martin, ce sont les pséphites et les phyllades; à Pennélé et à Locquénolé, le psammite et les phyllades; à la pointe de Barnénez (en Plouézoc'h), ce sont des pséphites blancs stratifiés mélangés de schistes bleus et de grains de diverses substances, quartz et autres, ou des phyllades bleus avec nodules d'ampélites ou des schistes bleus et gris réunis par fragments; à Dour-Duff en mer, ce sont les schistes bruns manganésiens alternant avec les phyllades; sur le quai de Morlaix, ce sont des schistes gris-blanc ou gris-verdâtre, qui alternent par strates avec le phyllade et forment une roche rubanée; à Dour-Duff en terre et sur le versant de Plouézoc'h, qui regarde la rivière de Dour-Duff, depuis Dour-Duff jusqu'au bois de la Roche, ce sont des brèches schisteuses, mélange de schistes de diverses couleurs, réunis par strates ou par fragments. En général, lorsque la roche est bréchiforme, la pâte est du schiste bleu et les fragments sont du schiste gris-blanc ou gris-verdâtre.

Ces roches fragmentaires schisteuses alternent avec des bancs de phyllade ardoisin qui, le long de cette rivière, donnent lieu à quelques exploitations d'ardoises de médiocre qualité.

Le quartz hyalin se montre en filon dans ce terrain de grauwache, de même que dans tous les terrains schisteux. Comme la grauwache n'occupe que des découpures du sol, on n'y rencontre guères de grès; cependant les sommets de Ploujean, qui pourraient en contenir, n'en montrent point. Mais les eurites, les grünsteins et les granites ont traversé en tous sens la grauwache. L'eurite s'est montrée sur tout le quai de Morlaix, à Locquénolé, à Troudoustain, au bourg de Ploujean et en Plouézoc'h. Le granite se fait voir à l'Armorique et à Kersco (en Ploujean), au Mur (en Plouigneau), au pont Beauhast (en Plougonven).

Le granite a modifié le phyllade en le rendant micacé et mâclifère, souvent grenatifère et staurotidien, comme au Mur. Il a laissé les grauwaches intactes. Les grünsteins ont percé à Morlaix, auprès de Kersco (en Ploujean), à Dour-Duff en terre (en Ploujean et Plouézoc'h), à la pointe de Barnénez (en Plouézoc'h), à Saint-Idy (en Plouigneau). C'est spécialement près des grünsteins que se trouvent les bancs d'ardoises exploitables.

Toutes ces roches ignées, en traversant la grauwache, en ont ondulé et tourmenté les strates en tous sens, comme on peut le voir facilement à La Roche et à Pors-an-Trèz (en Saint-Martin-des-Champs), sur le quai de Morlaix, à Troudoustain et au pont Beauhost (en Saint-Eutrope).

Il serait difficile de dire l'influence sur l'agriculture de roches aussi variées sur une petite étendue, que celles de la grauwache. Les granites et les porphyres blancs, comme roches felspathiques, devront se décomposer facilement et être favorables. La grauwache se décomposera d'autant plus facilement qu'elle sera plus arénacée, fragmentaire ou talqueuse. Les roches amphiboliques, se décomposant assez facilement en orbes, ne seront pas défavorables. Les filons seuls de quartz devront former quelques landes; mais ils ont en général peu de largeur.

Ce terrain est le premier où nous trouvions, dans l'arrondissement, des indices de calcaire. M. le comte de La Fruglaye a trouvé une veine en chapelet avec encrine, dans la grauwache de Dour-Duff en terre (côté de Plouézoc'h). Nous avons trouvé des indices sur le quai de Morlaix, près Pors-an-Trèz, dans le schiste et dans les grünsteins du pont du Pouliet, de Dour-Duff en terre (en Ploujean); mais ce calcaire n'est encore, jusqu'ici, qu'une curiosité minéralogique. Quelques indices de minerai de fer hématite se voient au-dessus de la Magdeleine, route de Morlaix à Plouvorn. Nous avons indiqué la présence de l'étain dans des veines de pegmatite de la pointe de Barnénez, en Plouézoc'h, sur la rade de Morlaix, vis-à-vis la tour de la Lande, entre deux bancs de grünsteins. Peut-être pourrait-on tirer quelque parti des schistes rubanés de Morlaix et des schistes brèches de Dour-Duff, faciles à scier, et qui font un assez bel aspect lorsqu'on les coupe. Le porphyre de Ploujean est susceptible d'un beau poli et est remarquable par ses larges cristaux de felspath. Enfin, les amas d'eurites décomposés sont utilisés pour les mortiers ou la poterie grossière.

La grauwache n'est pas limitée à cet espace : on la rencontre encore à la côte de Coat-Toul-Sach (en Sainte-Sève) et à Saint-Thégonnec, à un demi-kilomètre sur la route de Commana.

3° SCHISTES TALQUEUX ET SCHISTES DU NORD-EST.

C'est aussi peut-être à une grauwache devenue plus ou moins talqueuse et à des phyliades devenus également talqueux, qu'il faut rapporter les schistes du Nord-Est, de Garlan, Plouégat-Guérand, Lanmeur et Loquirec. Nous avons dit que ces schistes se trouvent séparés de la grauwache de Morlaix par le massif de granite de Plougasnou, Lanmeur et Guimaëc. Mais, vers Garlan, on voit un passage assez singulier d'un de ces terrains à l'autre. A Kerozar (en Ploujean), la grauwache est déjà devenue blanche et arénacée, mélangée de feuillets talqueux; à Kervolongar, et du bois de la Roche au village de Garlan, vous voyez les phyllades devenir blancs, talqueux, puis vous ne voyez plus, vers Kerrohen, Garlan et Lanlaya, que des passages de la grauwache arénacée blanche au quartzite blanc grenu et puis au quartzite pur; et les phyllades, vous les voyez alternativement blancs-argentins, verts-grisâtres et bleus,, souvent mélangés de grains blancs, comme du felspath décomposé. Ces alternances se montrent sur toutes les communes de Garlan, de Lanmeur, de Plouégat-Guérand (section de Lanlaya). Mais, à mesure qu'on approche des Côtes-du-Nord, la roche devient plus talqueuse, les lames plus larges, verdâtres ou plombées, ou jaunâtres mélangés de chlorites et de grains de diverses substances : c'est la roche de Loquirec et de Pont-Ménou. Vers le moulin de la rive, en Guimaëc, avant de parvenir à Loquirec, ce sont encore les schistes talqueux blancs; et c'est même à leur mélange avec les roches amphiboliques et à l'épidote jaune et vert, qui a pénétré ces stéaschistes blancs, que vous devez les roches métamorphiques d'aspects si divers, que vous rencontrez le long du rivage, en remontant de la baie du moulin de la rive vers Saint-Jean-du-Doigt. Ainsi, ces schistes, en général cristallins du Nord-Est, sont loin d'être uniformes. Se rapprochant des gnéiss dans les communes de Plouégat-Moysan et de Plouigneau, là où ils avoisinent les granites de la montagne, ils deviennent mâclifères bleus à la rencontre des granites, près du bourg de Plouégat-Guérand; passent au micachiste en plusieurs endroits, entre Guimaëc et le ruisseau du Douron; se rapprochent d'un gnéiss blanc, en descendant de Guimaëc au moulin de la rive ; et enfin, à Loquirec, subissent l'influence des chlorites qui les rendent verts et sont traversés en tous sens par des veines d'agate blanche, de quartz blanc cristallin et de calcaire saccharoïde rose ou blanc, toutes ces veines criblées de pyrite de fer cubique.

Outre la modification par le granite qui a traversé les schistes talqueux dans les communes de Guimaëc, de Plouégat-Guérand, Lanmeur, Plouigneau, Plouégat-Moysan, en y formant des îlots par lesquels le massif du Nord donne la main au massif granitique de la montagne, ces schistes ont encore été modifiés par les roches amphiboliques siénites et grünsteins, à Guimaëc, à Lanmeur, à Plouégat-Guérand, près du château même du Guérand ; ordinairement les grünsteins ont opéré auprès d'eux la modification des schistes par des chlorites.

Ces grünsteins sont ou des diorites ou des siénites, suivant que la roche où ils sont intercalés est plus ou moins cristalline. Près du massif granitique du Nord ils sont cristallins, comme le granite, et ce sont ou des siénites ou des granites amphiboliques; mais de Lanmeur à Pont-Ménou et au château du Guérand, ce sont des amphibolites, des diorites ou des grünsteins argileux massifs.

Les schistes talqueux sont assez favorables à l'agriculture dans tous les endroits où le quartz ne domine pas, car ils se décomposent facilement et donnent, par leur structure stratifiée, un bon appui aux arbres; mais comme la roche passe au quartzite sur les hauteurs, dans les localités où elle est blanche argentine, presque tous les sommets des plateaux ou des collines sont recouverts de landes incultes.

L'industrie y exploite le schiste vert de Loquirec, connu sous le nom de *pierre de Loquirec*, qui sert de dalles et de pierres tombales dans presque tout l'arrondissement. Cette pierre est assez tendre et se scierait facilement, si ce n'étaient les pyrites et les veines de quartz qu'elle contient. On pourrait, en choisissant les carrières, avoir à Loquirec, et encore plus à Toul-an-Chiri, dans la même baie, des schistes talqueux avec veines de calcaire et d'épidote qui, sciés obliquement, donneraient de bien belles pierres tombales.

Le calcaire, étant toujours en petites veines et mélangé de corps étrangers, n'est pas exploitable comme pierre à chaux.

4° PHYLLADES ARDOISINS. — PHYLLADES MODIFIÉS.

La dernière section des terrains schisteux dont nous ayions à nous occuper, est celle des phyllades ardoisins et phyllades modifiés, bordant Nord et Sud les granites de la montagne. De ces deux bandes, l'une au Nord, comprend les schistes ardoisins et quartzites de Loc-Mélard, les schistes phylladiens simples mâclifères, surmontés de quartzites, de Landivisiau et Lampaul; les schistes mâclifères et roches trapéennes noires (aphanites) de Saint-Thégonnec, de Pleyber-Christ et de Plourin; les schistes mâclifères, les aphanites et lambeaux de micachistes du Cloître, de Plougonven, Plouigneau et du Ponthou. Dans toute cette bande, les sommets des collines sont couronnés de grès quartzites blancs, jaunes, verdâtres ou bleus, simples ou modifiés par des grenats dans le voisinage des granites. Comme le granite vient percer dans le fond de presque toutes les vallées et souvent sur le versant des côteaux, le phyllade devient de plus en plus mâclifère et micacé à mesure qu'il en est approché, et quelquefois, très-près de lui, le phyllade perd presque sa structure feuilletée, il devient gnéissique noir ou bleu et ne se reconnait plus qu'aux mâcles dont il est tout criblé.

C'est aussi avec les schistes mâclifères qu'on rencontre ces bancs de roches noires trapéennes (aphanites) qui nous paraissent une roche felspathique jadienne noircie ou verdie de lamelles noires ou verdâtres, ayant souvent des veinules ou des grains d'amphibole noire et des grenats rouges ou noirâtres, souvent des mâcles. Cette roche, extrêmement commune à Keryven (en Saint-Martin-des-Champs), à Pont-Paul (en Pleyber-Christ), et de Lesquiffiou et Saint-Fiacre jusqu'à Plourin, de Plourin au Cloître, du Cloître à Plougonven, de Plourin à Saint-Eutrope, de Saint-Eutrope à Plouigneau et au Bourouguel (en Plougonven) existe dans toutes les vallées et annonce, avec le schiste mâclifère tenace, la présence du granite.

La bande du Sud a peu de largeur. Elle forme le versant de la montagne d'Arée du côté de l'arrondissement. Elle est formée de phyllade qui devient mâclifère contre les granites à Sizun, à Commana, à Plounéour-Ménez, au Rélec (en Plounéour) et au Cloître. Mais tandis que la bande du Nord est parsemée à chaque instant d'îlots ou de veines de granite, celle-ci est partout schisteuse et n'est mâclifère qu'à l'endroit de son contact avec le massif de granite de la montagne. Sur les hauteurs seulement, elle commence à montrer des bancs de grès quartzites au Roch-Trévézel et sur les rochers dits de Scrignac, qui forment la limite de l'arrondissement.

Ces deux bandes sont dans des conditions bien différentes pour l'agriculture. Tandis que la bande Nord, formée de schistes cristallins parsemés partout de granite, est cultivée, excepté sur ses sommets de grès quartzites; Loc-Mélard, une partie de Lampaul, appartenant à la bande Nord, formée de schistes ardoisins et de grès, ainsi que toute la bande Sud, appartenant à la chaîne des montagnes d'Arée, sont remarquables par leur stérilité. Mais cette stérilité nous paraît tenir surtout à la présence des grès quartzites, à l'élévation du terrain et à l'éloignement des engrais.

La bande du Nord donne quelques beaux granites pour les constructions. Celui de Saint-Fiacre et Lesquiffiou est assez recherché à Morlaix; il est connu sous le nom de granite de Pont-Paul. Quelques ardoisières existent dans la bande Sud, au pied de Roch-Trévézel et en Commana, mais elles n'alimentent que les localités.

Les routes trouvent, dans les quartzites, de bons matériaux de macadamisage.

Nous avons rencontré quelques indices de calcaire contre les aphanites, au-dessous de Keriven, route de Morlaix à Pont-Paul et de Pont-Paul à Plourin; mais ces indices sont tellement faibles qu'ils peuvent être considérés comme nuls.

Nulle part, dans l'arrondissement, nous n'avons rencontré d'indice ni de plâtre, ni de roches carbonifères.

INFLUENCE QUE PEUVENT AVOIR CES DIVERS TERRAINS SUR LA COUCHE ARABLE SITUÉE AU-DESSUS D'EUX.

Cette influence dépend surtout de la force de décomposition des roches. Pour connaître cette influence, il est nécessaire d'étudier celle des principaux matériaux minéralogiques dont le sous-sol est composé. Ces matériaux sont le quartz, le mica ou le talc, le felspath, l'amphibole, le fer.

Le quartz ne paraît guère susceptible de décomposition. Il est donc probable qu'il n'influe sur l'agriculture que par sa masse et son degré de cohésion. Ainsi, à l'état cristallin, lorsqu'il formera des filons sur lesquels le diluvium puisse être raviné par les eaux, le quartz ne venant pas en aide à ce diluvium par sa décomposition, la terre sera stérile. Dans l'arrondissement, ces filons de quartz ont peu de puissance; en échange, ils sont très-nombreux, et partout nous voyons s'élever ces rochers blancs qui ont résisté à la décomposition.

Le quartz à l'état cristallin, élément constitutif des granites, restant seul intact au milieu du felspath et du mica qui se mêlent à l'argile, doit avoir une certaine influence en donnant du jour à la terre et lui permettant de se laisser traverser par les eaux, ou bien en nuisant par son volume et forçant les agriculteurs à un travail d'élimination. On voit donc qu'il sera différent pour l'agriculture d'avoir pour sous-sol, un granite à petits grains ou un de ces granites dits pegmatite, où le quartz est à gros fragments, comme on en rencontre dans le Nord-Ouest de l'arrondissement.

Les quartzites, qui ne sont que du sable quartzeux à l'état de cohésion, souvent uni par un ciment siliceux, présenteront à l'agriculture des masses indécomposables, un sous-sol qui ne donne rien au diluvium que des blocs ou des fragments nuisant par leur volume. Ils seront en général d'autant plus stériles, que, placés sur les sommets et les versants des montagnes, le diluvium qui les recouvrait aura été en partie enlevé et n'aura laissé recouverts que quelques lambeaux clair-semés entre de nombreux blocs de quartzites. Aussi voyons-nous ces grès recouverts de bruyères dans les communes de Taulé, de Guiclan, de Sainte-Sève, de Plourin, de Plouigneau, de Garlan, etc., etc.

Nulle part on ne trouve, dans notre arrondissement, de grès meuble comme on en trouve dans les terrains tertiaires de Paris. Mais dans quelques communes, comme celle de Garlan, on trouve quelquefois des grès agglutinés par un ciment qui se désaggrège à l'air. On pourrait peut-être les utiliser comme sable, pour rendre les terres plus légères.

Le mica et le talc, qui n'est jamais bien déterminé dans l'arrondissement, paraissent agir sur l'agriculture d'une manière favorable, en ce qu'ils donnent, à toutes les roches où ils entrent comme élément principal, la propriété d'être fissiles, ce qui permet aux plantes ligneuses de prendre appui dans leurs fissures. Ils agissent aussi en raison de leur tendance à se décomposer, de la cohésion de leurs feuillets et de leur état plus ou moins cristallin.

Ainsi, dans le gnéiss fissile, si commun dans le Nord-Ouest, où ce sont de petites lamelles micacées jetées pêle-mêle, la roche même fraîche se désaggrège à l'ongle, et dans les flancs coupés de nos chemins vicinaux de Plougoulm et de Sibiril, on voit de ces masses qui, touchées, tombent en poussière. On conçoit que cette poussière micacée, en se mêlant à l'argile, tout en conservant ses petites lamelles, influera de quelque manière sur l'agriculture, peut-être en rendant la terre plus perméable.

Le micachiste, où le mica est déjà dénaturé, quoiqu'il conserve sa couleur jaune, les phyllades talqueux, les phyllades modifiés, les schistes ardoisins, toutes roches composées de mica plus ou moins talqueux, visible en lamelles transparentes au microscope, se décomposeront d'autant plus facilement, que le caractère du mica y sera mieux conservé et agiront : le micachiste plus avantageusement que le phyllade, celui-ci plus avantageusement que l'ardoise, mais on peut dire que les roches micacées, se divisant en petits feuillets à l'infini, et finissant même, après avoir résisté longtemps à la décomposition, par se confondre avec l'argile, ne rendent guère la terre plus légère, car les eaux ne peuvent les détacher de la terre; ces roches servent seulement à augmenter la masse du diluvium et de l'oxide de fer qu'il contient.

Le felspath est l'élément principal de décomposition des roches. Qu'il soit à l'état cristallin ou compact, qu'il soit seul ou aggrégé, partout où on le rencontre, les roches se décomposent à la surface du sol : granites du Nord-Ouest comme de la montagne d'Arée, eurites de Morlaix comme diorites de Plouézoc'h et de Plougasnou. Dans toutes les communes nous trouvons les roches felspathiques en décomposition à la surface du sol, et cet effet sur nos routes a été tellement constaté, que partout on préfère les quartz et quartzites pour macadamisage, parce que les granites, grünsteins et eurites s'y convertissent en boue en très-peu de temps.

La décomposition du felspath n'a lieu généralement qu'à la surface du sol et paraît être favorisée par la petitesse des fragments cristallins ou par l'état compact de la masse.

Ainsi, les masses laminaires des granites graphiques se ternissent et deviennent souvent d'un blanc mat, sans se désaggréger, quoiqu'on en trouve aussi quelquefois à l'état de kaolin; tandis que le felspath des granites à grain moyen ou à petit grain se désaggrège au milieu des terres (au Cloître), comme sur le bord de la mer, dans les siénites de Plougasnou, dans les granites de Cléder, ceux de l'Armorique (en Ploujean), etc. Certaines parties de la masse ont toujours résisté à la décomposition, ou à cause d'une texture plus serrée, ou à cause de la propriété de la roche de se décomposer en orbes, les couches concentriques tombant successivement, comme nous l'avons observé déjà pour les roches amphiboliques, et aussi souvent pour les granites bleus un peu chargés de mica.

La décomposition du felspath dans les roches granitoïdes, donne le sable de terre, sorte de désaggrégation, où le felspath n'a encore subi que l'altération qui le rend terne, mais qui en même temps diminue tellement sa cohésion, que la moindre force suffit pour le séparer lui-même de ses propres lames et du quartz et du mica auxquels il est associé. Elle donne aussi, lorsque la décomposition a été plus profonde, de l'argile qui vient s'allier et se perdre dans le diluvium.

La décomposition du felspath dans les granites, permet aux eaux pluviales de filtrer dans les couches granitiques, et d'établir des puits sur le roc vif partout où ces couches décomposées ont une certaine étendue. Ces puits se dessèchent très-facilement dans les saisons très-sèches, comme cela arrive à Roscoff, Saint-Pol-de-Léon et Plougoulm, toutes les fois qu'il y a deux mois de sécheresse.

La décomposition du felspath dans les granites produit, comme nous l'avons dit, ces masses inégales résistant à la décomposition, ces blocs énormes souvent superposés d'une manière bizarre, à Cléder, Plouescat, Plounéour-Ménez et Plougasnou, rochers que l'on prendrait pour des blocs erratiques, si on ne les voyait le plus souvent adhérents au sol par leur base. Ces ruines du sol miné par les eaux pluviales semblent destinées à empêcher la dénudation entière des crêtes granitiques. Aussi, voyons-nous souvent le sol s'arrêter entre ces digues et permettre de cultiver des portions inclinées qui, sans ces barrières, seraient ravinées en peu d'années par les pluies.

La décomposition du felspath dans les granites, la résistance de certaines masses, ainsi que la décomposition en orbes et la tendance de ces ruines à s'ébouler le long des collines, produisent cette énorme quantité de blocs épars que l'on voit s'étendre au loin sur toutes nos côtes granitiques. Les fucus qui croissent sur ces rochers rendent les terrains granitiques encore plus propres à l'agriculture.

Nous avons déjà parlé de la propension du felspath compact des eurites à se décomposer et indiqué les usages de cette espèce de kaolin pour les mortiers et la poterie grossière.

L'amphibole paraît être dans des conditions de décomposition analogues au felspath. Devant sa couleur verte au fer, il devient jaune rouille en se décomposant. Il se décompose si facilement, que les galets situés dans les falaises des grèves sont tout couverts d'une poussière ocreuse, lorsque la mer ne vient plus les baigner. Les grünsteins, les diorites, les amphibolites sont partout en décomposition à la surface du sol au Dour-Duff, à Lannidy, à la baie de Térénez, à Plougasnou, à Kérigou, à Carantec.

Quant au fer, il se montre partout colorant les roches en rouge, en jaune, en vert, en bleu, et, par conséquent, est rejeté dans le sol par leur décomposition. Mais il se présente aussi sous la forme de pyrite blanche ou cubique, dans les fissures surtout de nos roches schisteuses. Aussi, les eaux pluviales chargées d'air, venant à filtrer entre ces fissures, convertissent les pyrites en proto-sulfate de fer qui, lui-même, venant à se suroxigéner, laisse déposer l'oxide de fer devenu un excès par rapport à l'acide. C'est à cette cause que les ruisseaux de Morlaix, de Pont-d'Eon, de Taulé et de tous les points schisteux de l'arrondissement doivent cette rouille qui se dépose sur leurs bords. C'est à ce phénomène que l'on doit sans doute les poudingues de nouvelle formation de Kervaon (près Morlaix), du Guerzit (en Plougasnou), de Carantec, de la Pointe du Francic à Keromnès, de Locquénolé.

Ces poudingues sont souvent riches en fer. On les trouve sous le sol des anciennes prairies de Keranroux et ailleurs, et ce sont peut-être eux qui ont fourni à ces exploitations anciennes de fer, dont on voit les débris à Coatserho (en Ploujean) et en plusieurs endroits de l'arrondissement.

On doit aussi à ce phénomène les deux petites sources ferrugineuses de la chapelle de la Madelaine, près Morlaix, et de Saint-Jacques, en Sibiril.

Quel effet le fer peut-il avoir sur l'agriculture? Cette influence passe pour n'être pas défavorable; au moins ne doit-elle pas être indifférente, si nous en jugeons par un singulier phénomène qui se remarque à la grève de Saint-Jean-Tréfgondern (en Saint-Pol-de-Léon). Là, les radicules des plantes en s'enfonçant dans la terre jaune, ont rendu la terre plus riche en fer autour d'elles; l'oxide de fer donnant à son tour de la solidité aux parties terreuses qu'il a imprégnées, a détruit la radicule. Il s'est formé des concrétions cylindroïques creuses qui, détachées du reste de l'argile par l'usure de la mer, sont restées sur le rivage en cônes creux allongés formés de couches concentriques.

Il serait difficile de dire l'influence que peuvent avoir sur l'agriculture les éléments chimiques dont se composent les substances décomposées. Cependant, les felspaths qui doivent abandonner de la potasse ou de la soude, doivent agir d'une autre manière que les roches talqueuses et amphiboliques ; mais tout ce que nous pourrions dire sur ce sujet ne serait que pure hypothèse.

COUCHE ARABLE.

La couche arable, qui atteint, dans les cantons de Saint-Pol-de-Léon, de Plouzévédé, de Plouescat, et dans quelques communes de ceux de Taulé, de Lanmeur et de Morlaix, une profondeur de 30, 40, 60 et 80 centimètres, et qui, dans les autres cantons dont la terre est moins riche, n'atteint qu'une profondeur de 15 à 20 centimètres, se compose, outre les détritus des terrains ci-dessus, d'une couche argileuse jaune ou blanche que l'on appelle diluvienne, composée d'argile jaune et de fragments de quartz hyalin. Cette couche, qui a pu être jadis de la même épaisseur partout, est devenue aujourd'hui d'épaisseur très-inégale par suite des éboulements et des ravinements du sol par les eaux. Ainsi, plus les montagnes sont hautes, moins elle est épaisse. Si le sous-sol est compacte, et que les pluies pénétrant par la crête nue de la montagne soient obligées de filtrer entre la couche argileuse et le roc, au lieu de pénétrer celui-ci, les éboulements seront aussi plus faciles. On voit donc que l'épaisseur du diluvium, quoiqu'elle ait pu être autrefois uniforme comme sa composition, doit varier aujourd'hui suivant le relief et la nature du terrain.

Sa composition a dû varier aussi, autant et plus que son épaisseur.

Les débris des matières organiques, bois, engrais, etc., ont mêlé au diluvium une couche organique que l'on appelle humus. D'un autre côté, le calcaire paraissant essentiel à la végétation, et l'arrondissement n'en fournissant pas, l'agriculture est allée le demander aux débris de coraux et de coquilles que la mer dépose sur nos plages au milieu des vases et des sables.

C'est ainsi que les terres de Saint-Pol-de-Léon doivent en partie leur fertilité à ce sable calcaire qui, sans les travaux entrepris pour le fixer, menaçait de les inonder. Morlaix, Penzé et les communes environnantes se servent, sous le nom de *Merl*, de coraux extraits de la rade du château du Taureau; Saint-Jean-du-Doigt et Plougasnou se servent de fragments de coquilles, surtout de moules que la mer broie sur la plage de Saint-Jean-du-Doigt; Lanmeur et ses environs, de sable calcaire de la baie de Saint-Michel en grève.

Le goémon (fucus, varec, etc.), qui vient sur les bancs de roches granitiques qui s'étendent au loin dans la mer sur toutes nos côtes, contribue surtout, avec le sable calcaire, à la fertilité de l'arrondissement; et c'est ainsi que nos côtes doivent leur richesse à ces rochers mêmes qui les rendent si dangereuses pour le navigateur. Doit-on s'étonner que les cantons de Saint-Pol-de-Léon et de Plouescat, qui jouissent de tous les avantages, sol granitique, collines peu élevées, distribution uniforme des eaux, rareté du quartz, éléments à base de potasse, sable calcaire porté par les vents sur les terres, goémon en abondance sur une grande étendue de côtes, soient de tous les cantons de tout l'arrondissement les plus fertiles et ceux où le prix des terres est le plus élevé.

Quant à la tourbe, on ne connaît pas de tourbière un peu étendue dans l'arrondissement. On sait seulement qu'on en trouve un peu à toutes les embouchures des rivières, où il y a des terres baignées habituellement par la mer. M. Delaunay, entrepreneur à Morlaix, nous a envoyé une tourbe de très-bonne qualité, contenant de très-gros fragments de bois du lieu du Palud-Bras, dans les environs de Cléder. Cette tourbe est aujourd'hui sous les eaux de la mer. Il existe encore quelques tourbières dans les communes de Plouigneau, Botsorhel, etc.

CHAPITRE 5.

EAUX ET MARAIS.

Les rivières et les ruisseaux qui sillonnent l'arrondissement de Morlaix dans tous les sens sont en très-grand nombre.

Les principales rivières que l'on rencontre en allant de l'Est à l'Ouest sont :

1° *Le Douron*, qui prend sa source sur le versant Nord de la montage d'Arée, dans la commune de Lannéanou, traverse les communes de Plougonven, le Ponthou, Plouégat-Guérand, Pont-Ménou, et se jette dans la baie de Loquirec.

Dans son cours, le Douron reçoit plusieurs sources des communes qu'il parcourt. La principale est celle qui prend naissance au Guerlesquin, traverse la commune de Botsorhel et vient se joindre au Douron, un peu au-dessus du Ponthou.

Le Douron a, dans la commune de Lannéanou, de 20 à 25 centimètres de profondeur; dans celle du Ponthou, de 48 à 50; et dans celle de Plouégat-Guérand, 1 mètre.

Son parcours est de 12 kilomètres environ.

2° *Le Dour-Duff*, prend sa source dans la commune de Plouigneau, reçoit plusieurs ruisseaux de Garlan, Plouézoc'h et Ploujean, et se jette dans la rade de Morlaix, à Dour-Duff en mer.

Son parcours est de 10 kilomètres, et sa profondeur de 25 à 30 centimètres.

3° *Le Jarlot*, prend sa source à Lannéanou, reçoit plusieurs ruisseaux du Cloître, de Plougonven, Saint-Eutrope, Plouigneau, et vient faire sa jonction avec le Keffleuc, au fond du port de Morlaix.

Cette rivière a un parcours de 12 kilomètres et une profondeur de 1 mètre.

4° *Le Keffleuc*, prend sa source dans la commune du Cloître, reçoit plusieurs ruisseaux de Plounéour-Ménez, Pleyber-Christ, Saint-Thégonnec, Quélern, Plourin, et vient faire sa jonction avec le Jarlot, comme nous l'avons déjà dit, au fond du port de Morlaix.

Le parcours du Keffleuc est de 12 kilomètres et sa profondeur de 1 mètre.

La réunion de ces deux rivières forme celle de Morlaix, qui a un parcours de 4 kilomètres et se jette dans la rade du même nom. Cette rade, la plus sûre et la plus commode de toutes celles qui sont situées sur les bords de la Manche, a son entrée défendue par un château-fort, nommé château du Taureau.

Cette rade a 8 kilomètres de long sur 3 de large. Elle reçoit, ainsi que la rivière de Morlaix, des navires de 40 à 500 tonneaux.

5° *Le Donant*, ou rivière de Pennélé, prend sa source à Sainte-Sève. Cette rivière sert de limite aux communes de Saint-Martin-des-Champs, de Taulé et de Locquénolé, et se jette dans la rivière de Morlaix, près de son embouchure dans la rade.

Son parcours est de 3 kilomètres et sa profondeur de 45 à 50 centimètres.

6° *La rivière de Penzé*, prend sa source sur le versant Nord de la montagne d'Arée, dans la commune de Commana, reçoit des ruisseaux de Saint-Sauveur, Loc-Eguiner, Guimiliau, Landivisiau, Guiclan, et fait sa jonction à Penhoat avec un autre cours d'eau qui prend sa source à Plounéour-Ménez et qui reçoit des ruisseaux de Pleyber-Christ et Saint-Thégonnec. La réunion de ces deux cours d'eau forme la rivière de Penzé, qui reçoit aussi la petite rivière de Pont-d'Eon et se jette dans la Manche, entre l'île de Callot et Saint-Pol-de-Léon.

Le parcours de la rivière de Penzé, depuis sa source en Commana jusqu'à son embouchure dans la Manche, est de 22 kilomètres, et sa profondeur de plus de 1 mètre.

7° *Le Kellec*, prend sa source à Guicourvest, passe à l'Est de Plouvorn, Mespaul, Plougoulm, et se jette dans le port de Siec, au près des sables de Santec; il y est joint par un autre ruisseau qui prend sa source à la lande de Bodilis, Plougar et Saint-Vougay.

Cette rivière a un parcours de 16 kilomètres et une profondeur de 40 à 50 centimètres.

8° *Les Ruisseaux* qui se rendent dans l'anse de Goulven, prennent leur origine sur les plateaux de Lanhouarneau et de Keijean. Celui du Kernic a deux branches, dont la plus orientale sort de Linven et descend à Plounévez-Lochrist. La branche occidentale vient de Tréflaouénan, près de Lanhouarneau. Ces deux ruisseaux se réunissent et débouchent dans le port de Kernic.

9° *La Flèche*, ou rivière de Goulven, prend ses sources dans les landes de Bodilis et sur le plateau de Saint-Servais, et pénètre dans la Manche, entre Goulven et Tréflez.

10° *L'Elorn*, ou rivière de Landerneau, prend ses sources dans les communes de Commana et de Sizun, passe au Sud de Landivisiau pour pénétrer dans l'arrondissement de Brest.

Outre les divers cours d'eau que nous venons de décrire, l'arrondissement de Morlaix possède d'autres ruisseaux qui, quoiqu'étant d'une moindre importance, ne laissent pas que d'être très-utiles tant à l'agriculture qu'à l'industrie.

Tous ces cours d'eau sont généralement bordés, de chaque côté, par des prairies naturelles, qu'ils servent à arroser. Le mode d'irrigation des prairies y est très-défectueux, et il pourrait en être retiré un bien meilleur parti, en élevant les cours d'eau et en les étendant sur une plus grande surface; on doublerait et triplerait même les produits des prairies naturelles qui, dans cet arrondissement, laissent autant à désirer sous le rapport de la qualité que sous celui de leur nombre et de leur étendue.

Tous les cours d'eau sont formés d'eaux de sources, dont la propriété est de faire mousser le savon, cuire les légumes, et de conserver près de leurs sources, et même après avoir parcouru une grande distance, une chaleur habituelle très-remarquable, propriété d'autant plus précieuse qu'elle active la végétation.

La chaleur des eaux de quelques fontaines des environs de Morlaix, celle du châlet de Keranroux entre autres, est telle, qu'au plus fort de l'hiver elle se maintient à 12 degrés, fond les glaces qui l'environnent, et sert à abreuver les bestiaux sans qu'il soit nécessaire de la faire chauffer, comme c'est l'usage dans cette saison.

Ce que nous venons de dire des eaux de la fontaine de Keranroux, s'applique à presque toutes les autres sources de l'arrondissement.

Il est naturel que des eaux ainsi pénétrées de calorique, dont l'effet empêche les molécules du fluide d'adhérer ensemble et d'obéir aux lois de l'attraction, soient également, et par la même cause, favorables à l'assimilation des substances organiques qui puisent et s'approprient, au grand avantage de la végétation, les gaz oxigène, hydrogène et carbonique, dont les eaux se composent.

Il est probable que la chaleur des eaux de source tient particulièrement à la nature du terrain anthracifère et pyrogène des environs de Morlaix; à son plus grand rapprochement du centre de la terre, puisque le littoral est la partie la plus abaissée du globe; enfin, à sa proximité de la mer, immense réservoir de chaleur.

C'est sans doute à cette dernière cause, autant qu'aux soins particuliers de M. de la Fruglaye, qu'on doit attribuer les produits abondants et de première qualité des prairies de Keranroux, placées à plusieurs mètres au-dessous du niveau de la mer, et arrosées par des sources inférieures à ce même niveau.

On ne saurait trop faire apprécier, dans l'arrondissement de Morlaix, ces précieux avantages de la nature des eaux, combien il est utile de s'en prévaloir et de mettre en œuvre ce puissant agent de l'agriculture fourragère.

Les marais qui existent dans l'arrondissement de Morlaix sont en bien petit nombre. On remarque cependant quelques lais de mer dans les cantons de Plouescat, de Saint-Pol-de-Léon, de Taulé et de Morlaix, qui sont aujourd'hui l'objet de travaux très-considérables et sont déjà rendus à l'agriculture. Nous placerons en première ligne les divers établissements de Lannévez, en la commune de Tréflez, et les belles prairies de Keranroux, dans le canton de Morlaix.

Les prairies de Keranroux sont en plein rapport, grâce aux soins éclairés et à l'intelligence de M. de La Fruglaye. C'est à cet homme de bien que la ville de Morlaix doit l'embellissement de la promenade qui longe la rive droite de son chenal, et l'agriculture, d'avoir disputé à la mer et d'avoir fertilisé une étendue de terrain qui ne présentait aucune trace de végétation.

En second ligne, nous citerons les sables de Santec, qui méritent de fixer l'attention des agronomes; des champs en plein rapport auprès de Plouescat, d'autres auprès de Roscoff, et une prairie faite par M. Félix sur le Donant et appartenant actuellement à M. de Kergariou.

Il résulte des renseignements qui ont été fournis par MM. les Maires, que l'arrondissement de

Morlaix possède près de deux cents étangs qui, il faut en convenir, sont généralement peu considérables. Le plus beau et le plus grand est celui du Rélec, en la commune de Plounéour-Ménez.

Les ruisseaux, les rivières et les étangs occupent, dans l'arrondissement de Morlaix, une superficie de 328 hectares 64 ares.

Cet arrondissement possède cinq cent quatre moulins. De ces cinq cent quatre moulins on peut citer comme occupant le premier rang, la belle papeterie mécanique de M. Andrieux, dans la vallée de Plourin, et le beau moulin à blé, modèle américain, de M. Desbordes, à Penzé, en la commune de Taulé.

TABLEAU DE LA CONTENANCE DES RIVIÈRES ET DES RUISSEAUX EN HECTARES, ET DU NOMBRE DES MOULINS DANS L'ARRONDISSEMENT DE MORLAIX.

DÉSIGNATION des Cantons.	NOMS des COMMUNES.	RIVIÈRES et Ruisseaux en hectares et ares.	MOULINS.
		h. a.	Nombre
Morlaix.	Morlaix.	6 63	2
	Ploujean.	1 17	3
	Sainte-Sève.	2 12	4
	St-Martin-des-Champs.	6 27	5
	Plourin.	6 98	4
Lanmeur.	Lanmeur.	1 75	14
	Plouégat-Guérand. . .	4 61	8
	Plouézoc'h.	1 57	7
	Garlan.	2 70	7
	Guimaec.	1 80	12
	Saint-Jean-du-Doigt. .	1 23	11
	Loquirec.	» 43	1
	Plougasnou.	2 65	14
Plouigneau	Plouigneau.	8 42	26
	Le Ponthou.	1 01	1
	Guerlesquin.	2 42	5
	Botsorhel.	4 23	10
	Plouégat-Moysan. . .	1 68	4
	Lannéanou.	1 75	6
	Plougonven.	8 57	22
Plouzévédé	Plouzévédé.	4 18	8
	Saint-Vougay.	2 09	5
	Trézélidé.	2 12	2
	Plouvorn.	4 63	13
	Tréflaouénan.	1 50	5
	Cléder.	3 64	11
Saint-Pol-de-Léon.	Saint-Pol-de-Léon. . .	7 »	10
	Roscoff.	» »	»
	Ile-de-Batz.	» »	4
	Plouénan.	92 »	12
	Mespaul.	4 »	5
	Plougoulm.	14 »	10
	Sibiril.	5 »	3
	A Reporter.	208 15	236

DÉSIGNATION des Cantons.	NOMS des COMMUNES.	RIVIÈRES et Ruisseaux en hectares et ares.	MOULINS.
		h. a	Nombre
	Report.	208 15	256
Landivisiau	Landivisiau.	2 »	4
	Bodilis.	5 »	8
	Guimiliau.	3 »	5
	Lampaul.	6 »	18
	Plougourvest.	1 »	4
	Plounéventer.	8 »	14
	Saint-Servais.	1 »	3
Taulé.	Taulé.	4 91	15
	Henvic.	» »	9
	Carantec.	» 23	6
	Locquénolé.	» »	»
	Guiclan.	11 28	12
Saint-Thégonnec.	Saint-Thégonnec. . .	11 67	15
	Pleyber-Christ.	8 97	26
	Le Cloître.	2 35	3
	Plounéour-Ménez. . .	8 49	23
Plouescat.	Plouescat.	1 37	3
	Plounévez-Lochrist. .	7 62	34
	Tréflez.	5 10	4
	Lanhouarneau. . . .	1 14	2
	Plougar.	2 36	7
Sizun.	Sizun.	2 »	12
	Saint-Sauveur. . . .	4 »	5
	Commana.	18 »	12
	Loc-Mélard.	5 »	4
	TOTAUX.	328 64	504

RECAPITULATION PAR CANTONS.

---

	h. a.	Moulins.
Morlaix	23 17	18
Lanmeur	16 74	74
Plouigneau	28 08	74
Plouzévédé	18 16	46
Saint-Pol-de-Léon	122 »	44
Landivisiau	26 »	36
Taulé	16 42	42
Saint-Thégonnec	31 48	67
Plouescat	17 59	50
Sizun	29 »	33
TOTAUX	328 64	504

CHAPITRE 4.

DIVISION DE L'ÉTENDUE ENTRE LES DIVERS EMPLOIS DU SOL.

L'arrondissement de Morlaix possède soixante-trois mille deux cent cinquante-quatre hectares cinquante-sept ares de terres arables, qui sont répartis comme il suit.

TABLEAU A. — RELEVÉ CADASTRAL DE LA TERRE ARABLE DANS L'ARRONDISSEMENT DE MORLAIX.

DÉSIGNATION des Cantons.	NOMS des COMMUNES.	NOMBRE en hectares.	DÉSIGNATION des Cantons.	NOMS des COMMUNES.	NOMBRE en hectares.
		h. a.			h. a.
Morlaix.	Morlaix	158 19		*Report*	12,020 83
	Ploujean	1,207 35	Plouigneau	Plouigneau	2,719 27
	Sainte-Sève	401 78		Le Ponthou	39 22
	Saint-Martin-des-Champs	644 17		Guerlesquin	913 21
	Plourin	1,830 01		Botsorhel	938 55
Lanmeur.	Lanmeur	1,381 16		Plouégat-Moysan	831 40
	Plouégat-Guérand	884 50		Lannéanou	670 29
	Plouézoc'h	832 80		Plougonven	2,727 13
	Garlan	608 77	Plouzévédé	Plouzévédé	1,058 48
	Guimaëc	996 82		Saint-Vougay	696 64
	Saint-Jean-du-Doigt	823 89		Trézélidé	220 05
	Loquirec	351 69		Plouvorn	1,638 86
	Plougasnou	1,899 70		Tréflaouénan	459 88
				Cléder	2,295 28
	A reporter	12,020 83		*A reporter*	27,229 18

SUITE DU TABLEAU *A*.

DÉSIGNATION des Cantons.	NOMS des COMMUNES.	NOMBRE en hectares.	DÉSIGNATION des Cantons.	NOMS des COMMUNES.	NOMBRE en hectares.
		h. a.			h. a.
	Report.	27,229 18		*Report*.	45,498 03
Saint-Pol-de-Léon.	Saint-Pol-de-Léon. . . .	1,823 »	Saint-Thégonnec.	Saint-Thégonnec. . . .	2,140 68
	Roscoff.	641 »		Pleyber-Christ. . . .	1,823 03
	Ile-de-Batz..	171 »		Le Cloître..	815 09
	Plouénan.	1,447 »		Plounéour-Ménez. . . .	2,341 41
	Mespaul..	546 »			
	Plougoulm..	1,188 »			
	Sibiril.	694 »			
Landivisiau	Landivisiau.	927 »	Plouescat.	Plouescat.	1,000 60
	Bodilis.	1,220 »		Plounévez-Lochrist. . .	2,398 56
	Guimiliau.	864 »		Tréflez.	750 20
	Lampaul..	1,075 »		Lanhouarneau..	583 73
	Plougourvest.	736 »		Plougar.	772 24
	Plounéventer.	1,904 »			
	Saint-Servais.	576 »			
Taulé.	Taulé.	1,356 89	Sizun.	Sizun.	2,102 »
	Henvic.	632 77		Saint-Sauveur..	885 »
	Carantec.	523 02		Commana.	1,635 »
	Locquénolé.	55 78		Loc-Mélard.	509 »
	Guiclan.	1,888 39			
	A reporter.	45,498 03		TOTAL.	63,254 57

RÉCAPITULATION PAR CANTONS.

	h. a.
Morlaix.	4,241 50
Lanmeur.	7,779 33
Plouigneau..	8,839 16
Plouzévédé.	6,369 19
Saint-Pol-de-Léon.	6,510 »
Landivisiau.	7,302 »
Taulé..	4,456 85
Saint-Thégonnec.	7,120 21
Plouescat.	5,505 33
Sizun..	5,131 »
TOTAL.	63,254 57

On divise la terre arable en trois classes ou catégories.

La première classe a une valeur vénale moyenne de. . . . . 2,200 fr. l'hectare.
La deuxième . . . . 1,650 —
La troisième. . . . . 1,100 —

On compte dans le même arrondissement, neuf mille cent quatre-vingt-dix-huit hectares soixante-douze ares de terre sous prés naturels.

Tableau *B.* — RELEVÉ CADASTRAL DES PRÉS NATURELS DANS L'ARRONDISSEMENT DE MORLAIX.

DÉSIGNATION des Cantons.	NOMS des COMMUNES.	NOMBRE en hectares.	DÉSIGNATION des Cantons.	NOMS des COMMUNES.	NOMBRE en hectares.
		h. a.			h. a.
Morlaix.	Morlaix.	24 18		*Report*.	3,137 97
	Ploujean.	117 97	Plouzévédé	Plouzévédé.	117 79
	Sainte-Sève.	66 90		Saint-Vougay.	110 66
	Saint-Martin-des-Champs.	74 51		Trézélidé.	24 61
	Plourin.	327 28		Plouvorn.	206 93
Lanmeur.	Lanmeur.	158 42		Tréflaouénan.	64 35
	Plouégat-Guérand. . . .	107 09		Cléder.	195 30
	Plouézoc'h.	73 46	Saint-Pol-de-Léon.	Saint-Pol-de-Léon. . . .	224 »
	Garlan.	79 21		Roscoff.	165 »
	Guimaec.	78 51		Ile-de-Batz.	94 »
	Saint-Jean-du-Doigt. . . .	99 01		Plouénan.	188 »
	Loquirec.	13 80		Mespaul.	124 »
	Plougasnou.	175 04		Plougoulm.	162 »
				Sibiril.	81 »
Plouigneau	Plouigneau.	382 88	Landivisiau	Landivisiau.	221 »
	Le Ponthou.	18 10		Bodilis.	86 »
	Guerlesquin.	206 07		Guimiliau.	22 »
	Botsorhel.	207 26		Lampaul.	111 »
	Plouégat-Moysan.	137 56		Plougourvest.	24 »
	Lannéanou.	156 71		Plounéventer.	244 »
	Plougonven.	634 01		Saint-Servais.	48 »
	A reporter.	3,137 97		*A reporter*.	5,651 61

Suite du Tableau *B*.					
DÉSIGNATION des Cantons.	NOMS des COMMUNES.	NOMBRE en hectares.	DÉSIGNATION des Cantons.	NOMS des COMMUNES.	NOMBRE en hectares.
		h. a.			h. a.
	Report.	5,651 61		*Report.*	7,449 72
Taulé.	Taulé.	81 18	Plouescat.	Plouescat.	71 15
	Henvic.	12 31		Plounévez-Lochrist. . .	281 72
	Carantec.	17 94		Tréflez.	45 16
	Locquénolé.	4 36		Lanhouarneau.	82 24
	Guiclan.	222 68		Plougar.	122 73
Saint-Thégonnec.	Saint-Thégonnec. . . .	316 77	Sizun.	Sizun.	520 »
	Pleyber-Christ..	337 25		Saint-Sauveur.	130 »
	Le Cloître.	243 38		Commana.	390 »
	Plounéour-Ménez. . . .	562 24		Loc-Mélard.	106 »
	A reporter.	7,449 72		Total.	9,198 72

RÉCAPITULATION PAR CANTONS.

	h. a.
Morlaix.	610 84
Lanmeur.	784 54
Plouigneau.	1,742 59
Plouzévédé.	719 64
Saint-Pol-de-Léon.	1,038 »
Landivisiau.	756 »
Taulé.	338 47
Saint-Thégonnec.	1,459 64
Plouescat.	603 »
Sizun..	1,146 »
Total.	9,198 72

Comme la terre arable, les prés naturels se divisent aussi en trois classes ou catégories.

La valeur vénale moyenne de la première classe est, par hectare, de. . . . 3,000 fr.
Celle de la deuxième classe de. 2,400
Celle de la troisième classe de. 1,800

Il n'existe pas, à proprement parler, de pâturages naturels dans l'arrondissement. Plusieurs communes jouissent cependant de landes et de terrains vagues qui sont possédés par les habitants depuis un temps immémorial.

Le peu de communs qui existent diminuent tous les jours, envahis qu'ils sont par la classe pauvre, qui défriche de toutes petites parcelles, les entoure de clôture, y bâtit de misérables cabanes et vit en grande partie des aumônes publiques.

Quelques communes possédaient des vagues qu'elles s'occupent de vendre. L'administration, dans le but d'augmenter la richesse générale, encourage ces aliénations, qui auront pour résultat de livrer à l'agriculture des terrains jusque-là improductifs.

L'île de Batz possède quatre hectares de terres communales qui servent à sécher les goëmons.

On compte dans l'arrondissement de Morlaix, sept mille quatre cent vingt-deux hectares quatorze ares de bois taillis, et mille deux cent cinquante-quatre hectares quatre-vingt-quatre ares de terrains plantés.

Tableau *C*. — RELEVÉ CADASTRAL DES BOIS TAILLIS ET DES TERRAINS PLANTÉS DANS L'ARRONDISSEMENT DE MORLAIX.

DÉSIGNATION des Cantons.	NOMS des COMMUNES.	Étendue en hectares des bois taillis.	Étendue en hectares des terrains plantés.	DÉSIGNATION des Cantons.	NOMS des COMMUNES.	Étendue en hectares des bois taillis.	Étendue en hectares des terrains plantés.
		h. a.	h. a.			h. a.	h. a.
	Morlaix.	20 69	30 60		*Report*. . . .	1,201 07	371 72
	Ploujean.	179 24	35 78		Plouigneau.	976 43	90 56
Morlaix.	Sainte-Sève.	44 81	13 27		Le Ponthou.	29 57	2 21
	St-Martin-des-Champs.	190 35	29 56		Guerlesquin.	187 66	12 29
	Plourin.	143 23	44 79	Plouigneau	Botsorhel.	172 18	46 41
					Pouégat-Moysan. . . .	56 53	11 76
	Lanmeur.	115 59	31 58		Lannéanou.	115 34	21 04
	Plouégat-Guérand. . .	137 66	52 99		Plougonven.	718 37	94 62
	Plouézoc'h.	81 15	19 04		Plouzévédé.	53 53	17 12
Lanmeur.	Garlan.	115 36	28 16		Saint-Vougay.	13 51	15 41
	Guimaëc.	22 42	18 39	Plouzévédé	Trézélidé.	29 85	4 31
	Saint-Jean-du-Doigt. .	80 11	10 59		Plouvorn.	132 55	32 81
	Loquirec.	1 13	11 29		Tréflaouénan.	25 14	5 80
	Plougasnou.	60 33	25 68		Cléder.	90 17	29 84
	A reporter. . . .	1,201 07	371 72		*A reporter*. . . .	3,851 90	735 90

SUITE DU TABLEAU *C*.

DÉSIGNATION des Cantons.	NOMS des COMMUNES.	Étendue en hectares des bois taillis.	Étendue en hectares des terrains plantés.	DÉSIGNATION des Cantons.	NOMS des COMMUNES.	Étendue en hectares des bois taillis.	Étendue en hectares des terrains plantés.
		h. a.	h. a.			h. a.	h. a.
	Report. . . .	3,851 90	755 90		*Report.* . . .	5,385 59	966 58
Saint-Pol-de-Léon.	Saint-Pol-de-Léon. . .	24 42	42 »	Saint-Thégonnec.	Saint-Thégonnec. . . .	375 38	20 23
	Roscoff.	1 »	15 »		Pleyber-Christ.	506 85	22 32
	Ile-de-Batz.	» »	» »		Le Cloître.	69 43	18 02
	Plouénan.	219 »	38 »		Plounéour-Ménez. . .	397 06	47 99
	Mespaul.	57 »	10 »				
	Plougoulm.	60 »	10 »				
	Sibiril.	48 »	9 »				
Landivisiau	Landivisiau.	221 »	» »	Plouescat.	Plouescat.	10 36	19 93
	Bodilis.	86 »	» »		Plounévez-Lochrist. .	186 95	22 17
	Guimiliau.	22 »	1 »		Tréflez.	35 19	8 50
	Lampaul.	111 »	» »		Lanhouarneau.	46 68	14 96
	Plougourvest.	24 »	» »		Plougar.	36 65	6 14
	Plounéventer.	244 »	» »				
	Saint-Servais.	48 »	» »				
Taulé.	Taulé.	81 18	30 39	Sizun.	Sizun.	197 »	40 »
	Henvic.	12 31	12 42		Saint-Sauveur.	27 »	12 »
	Carantec.	17 84	14 34		Commana.	85 »	46 »
	Locquénolé.	4 26	3 57		Loc-Mélard.	63 »	10 »
	Guiclan.	222 68	24 96				
	A reporter. . . .	5,385 59	966 58		TOTAUX.	7,422 14	1,254 84

RÉCAPITULATION PAR CANTONS.

	h. a.	h. a.
Morlaix.	587 32	174 »
Lanmeur.	613 75	197 72
Plouigneau.	2,256 08	278 89
Plouzévédé.	394 75	105 29
Saint-Pol-de-Léon.	439 42	124 »
Landivisiau.	756 »	1 »
Taulé.	338 27	85 68
Saint-Thégonnec.	1,348 72	108 56
Plouescat.	315 83	71 70
Sizun.	372 »	108 »
TOTAL.	7,422 14	1,254 84

On divise les bois taillis en trois catégories.

Dans la première sont compris les taillis qui longent le littoral et qui ne s'écartent pas de la côte de plus de 6 kilomètres ;

Dans la deuxième, les taillis qui occupent le centre de l'arrondissement ;

Et dans la troisième, ceux qui sont situés dans les communes qui bordent les montagnes d'Arées.

Chaque catégorie se divise aussi en trois classes.

Première catégorie.	La première classe a une valeur vénale moyenne de.	675f	»c
	La deuxième de.	450	»
	La troisième de.	225	»
Deuxième catégorie.	La première classe a une valeur vénale moyenne de.	500	»
	La deuxième de.	350	»
	La troisième de.	175	»
Troisième catégorie.	La première classe a une valeur vénale moyenne de.	350	»
	La deuxième de.	225	»
	La troisième de.	110	50

Nous avons dit plus haut qu'il y a, dans l'arrondissement de Morlaix, sept mille trois cent cinquante-huit hectares trente-cinq ares sous taillis.

Il existe seulement dans la première catégorie un cinquième ou	1,474h	67a
— dans la deuxième deux cinquièmes ou. . .	2,943	34
— dans la troisième deux cinquièmes ou. . .	2,943	34
TOTAL.	7,358	35

L'État, les communes, les établissements publics et de bienfaisance ne possèdent point de bois dans l'arrondissement de Morlaix. Ceux qui existent appartiennent à des propriétaires. Quelques chemins vicinaux et particuliers sont bordés d'arbres. Ceux-ci sont : le chêne, l'orme, le frêne et le châtaignier. Il n'existe pas hors des bois de plantations importantes d'arbres forestiers, que quelques touffes aux environs des anciens châteaux et des maisons de campagne.

(Voyez, pour la culture des bois taillis et des arbres de haute futaie, le chap. 23 ci-après.)

Il n'existe pas de vignes dans l'arrondissement, si ce n'est celles qu'on cultive en treilles dans les jardins.

L'arrondissement compte, en marais et étangs, deux cent quatre-vingt-quinze hectares cinquante-deux ares.

Tableau *D*. — RELEVÉ CADASTRAL DES MARAIS ET ÉTANGS DE L'ARRONDISSEMENT DE MORLAIX.

DÉSIGNATION des Cantons.	NOMS des COMMUNES.	Marais ET ÉTANGS en hectares. h.	a
Morlaix.	Morlaix.	»	02
	Ploujean.	3	40
	Sainte-Sève	21	»
	St-Martin-des-Champs.	19	89
	Plourin.	2	99
Lanmeur.	Lanmeur.	3	93
	Plouégat-Guérand. . .	2	38
	Plouézoc'h.	32	»
	Garlan.	38	»
	Guimaëc.	58	»
	Saint-Jean-du-Doigt. .	4	99
	Loquirec.	»	»
	Plougasnou.	3	51
Plouigneau	Plouigneau.	4	47
	Le Ponthou.	»	»
	Guerlesquin..	4	42
	Botsorhel.	1	01
	Plouégat-Moysan. . .	4	52
	Lannéanou.	»	51
	Plougonven.	4	63
Plouzévédé	Plouzévédé.	3	63
	Saint-Vougay.	3	40
	Trézélidé.	»	32
	Plouvorn.	7	36
	Tréflaouénan.	»	59
	Cléder.	4	02
Saint-Pol-de-Léon.	Saint-Pol-de-Léon. . .	3	»
	Roscoff	»	»
	Ile-de-Batz.	2	»
	Plouénan.	4	»
	Mespaul..	5	»
	Plougoulm.	1	»
	Sibiril.	2	»
	A reporter.	245	99
	Report.	245	99
Landivisiau	Landivisiau.	3	»
	Bodilis.	1	»
	Guimiliau.	»	»
	Lampaul.	»	»
	Plougourvest.	1	»
	Plounéventer.	9	»
	Saint-Servais.	»	»
Taulé.	Taulé.	3	09
	Henvic.	3	54
	Carantec.	»	41
	Locquénolé.	»	»
	Guiclan.	2	86
Saint-Thégonnec.	Saint-Thégonnec. . .	1	06
	Pleyber-Christ.. . . .	1	72
	Le Cloitre..	»	»
	Plounéour-Ménez. . .	7	43
Plouescat.	Plouescat.	3	37
	Plounévez-Lochrist. .	5	60
	Tréflez.	»	52
	Lanhouarneau.. . . .	»	58
	Plougar.	1	35
Sizun.	Sizun.	1	»
	Saint-Sauveur.	2	»
	Commana.	1	»
	Loc-Mélard.	»	»
	Total.	295	52

RÉCAPITULATION PAR CANTONS.

Morlaix	47 30
Lanmeur	112 81
Plouigneau	19 56
Plouzévédé	19 32
Saint-Pol-de-Léon	17 »
Landivisiau	14 »
Taulé	9 90
Saint-Thégonnec	10 21
Plouescat	11 42
Sizun	4 »
Total	297 52

Les pommiers à cidre sont en bien petit nombre dans l'arrondissement de Morlaix, quoiqu'ils y réussissent bien. Cette culture est cependant en voie de progrès depuis quelques années. La Société d'Agriculture de Morlaix tâche de la propager d'une manière générale. Néanmoins, on n'en rencontre pour ainsi dire encore, que dans quelques vergers des communes qui avoisinent le département des Côtes-du-Nord.

(Voyez, pour la culture des pommiers et des poiriers, le chap. 23 ci-après.)

On compte, en terres à landes et à bruyères, quarante-deux mille cinq cent trente-sept hectares soixante-cinq ares.

TABLEAU *E*. — RELEVÉ CADASTRAL DES TERRES A LANDES ET A BRUYÈRES DANS L'ARRONDISSEMENT DE MORLAIX.

DÉSIGNATION des Cantons.	NOMS des COMMUNES.	ÉTENDUE en hectares. h	a.
Morlaix.	Morlaix.	45	06
	Ploujean.	433	74
	Sainte-Seve.	422	34
	St-Martin-des-Champs.	530	35
	Plourin.	1,414	08
Lanmeur.	Lanmeur.	780	38
	Plouégat-Guérand. . .	447	17
	Plouézoc'h.	480	52
	Garlan.	430	32
	Guimaëc.	643	96
	Saint-Jean-du-Doigt. .	845	03
	Loquirec.	176	68
	Plougasnou.	1,008	05
Plouigneau	Plouigneau.	1,904	14
	Le Ponthou.	30	19
	Guerlesquin.	791	61
	Botsorhel.	1,116	62
	Plouégat-Moysan. . .	392	15
	Lannéanou.	587	20
	Plougonven.	2,487	35
Plouzévédé	Plouzévédé.	641	01
	Saint-Vougay.	150	63
	Trézélidé.	150	31
	Plouvorn.	1,162	83
	Tréflaouénan.	200	33
	Cléder.	871	67
Saint-Pol de-Léon.	Saint-Pol-de-Léon. . .	199	»
	Roscoff.	68	»
	Ile-de-Batz.	10	»
	Plouénan.	923	»
	Mespaul.	326	»
	Plougoulm.	270	»
	Sibiril.	200	»
	A reporter.	20,148	72

DÉSIGNATION des Cantons.	NOMS des COMMUNES.	ÉTENDUE en hectares. h	a.
	Report.	20,148	72
Landivisiau	Landivisiau.	265	»
	Bodilis.	675	»
	Guimiliau.	75	»
	Lampaul.	277	»
	Plougourvest.	471	»
	Plounéventer.	1,619	»
	Saint-Servais.	264	»
Taulé	Taulé.	1,132	92
	Henvic.	236	87
	Carantec.	262	10
	Locquénolé.	15	89
	Guiclan.	1,582	99
Saint-Thégonnec	Saint-Thégonnec. . .	1,150	22
	Pleyber-Christ. . . .	1,662	61
	Le Cloître.	1,603	31
	Plounéour-Ménez. . .	2,375	94
Plouescat.	Plouescat.	279	25
	Plounévez-Lochrist. .	1,308	08
	Tréflez	667	78
	Lanhouarneau.	515	37
	Plougar	724	60
Sizun.	Sizun.	2,635	»
	Saint-Sauveur.	177	»
	Commana.	1,625	»
	Loc-Mélard.	788	»
	TOTAL.	42,537	65

RÉCAPITULATION PAR CANTONS.

	h.	a.
Morlaix.	2,845	57
Lanmeur.	4,812	11
Plouigneau.	7,309	26
Plouzévédé.	3,185	78
Saint-Pol-de-Léon.	1,996	»
Landivisiau.	3,646	»
Taulé.	3,230	77
Saint-Thégonnec.	6,792	08
Plouescat.	3,495	08
Sizun.	5,225	»
Total.	42,537	65

Les terres à landes se divisent en trois classes.

La valeur vénale moyenne de la première classe est de. . . . . 460 fr.
Celle de la deuxième classe de. 250
Celle de la troisième classe de. 110

(*Voyez la culture de l'ajonc d'Europe, chap. 19 ci-après.*)

La superficie des propriétés bâties est de mille quatre-vingt-six hectares six ares.

Tableau *F.* — RELEVÉ CADASTRAL DES PROPRIÉTÉS
BATIES DANS L'ARRONDISSEMENT DE MORLAIX.

DÉSIGNATION des Cantons.	NOMS des COMMUNES.	SUPERFICIE des PROPRIÉTÉS bâties en hectares.
		h. a
Morlaix.	Morlaix.	27 23
	Ploujean.	21 07
	Sainte-Sève.	5 72
	St-Martin-des-Champs.	9 80
	Plourin.	27 33
Lanmeur.	Lanmeur.	20 42
	Plouégat-Guérand. . .	13 78
	Plouézoc'h.	11 50
	Garlan.	9 25
	Guimaec.	15 86
	Saint-Jean-du-Doigt. .	12 28
	Loquirec.	7 23
	Plougasnou.	29 18
Plouigneau	Plouigneau.	40 05
	Le Ponthou.	1 35
	Guerlesquin.	12 05
	Botsorhel.	11 67
	Plouégat-Moysan. . . .	10 01
	Lannéanou.	8 87
	Plougonven.	38 07
Plouzévédé	Plouzévédé.	21 86
	Saint-Vougay.	15 71
	Trézélidé.	4 »
	Plouvorn.	34 85
	Tréflaouénan.	9 82
	Cléder.	44 16
Saint-Pol-de Léon.	Saint-Pol-de-Léon. . .	35 »
	Roscoff.	15 »
	Ile-de-Batz.	6 »
	Plouénan.	27 »
	Mespaul.	11 »
	Plougoulm.	18 »
	Sibiril.	12 »
	A reporter.	587 14
		h. a.
	Report.	587 14
Landivisiau	Landivisiau.	22 »
	Bodilis.	20 »
	Guimiliau.	10 »
	Lampaul.	20 »
	Plougourvest.	13 »
	Plounéventer.	37 »
	Saint-Servais.	7 »
Taulé.	Taulé.	23 11
	Henvic.	10 58
	Carantec.	8 67
	Locquénolé.	1 44
	Guiclan.	31 62
Saint-Thégonnec.	Saint-Thégonnec. . .	32 73
	Pleyber-Christ.	31 77
	Le Cloître.	10 72
	Plounéour-Ménez. . .	39 68
Plouescat	Plouescat.	21 75
	Plounévez-Lochrist. .	41 43
	Tréflez.	12 16
	Lanhouarneau.	12 78
	Plougar.	16 48
Sizun.	Sizun.	30 »
	Saint-Sauveur.	13 »
	Commana.	22 »
	Loc-Mélard.	10 »
	Total.	1,086 06

RÉCAPITULATION PAR CANTONS.

	h. a.
Morlaix	91 17
Lanmeur	119 50
Plouigneau	122 07
Plouzévédé	130 40
Saint-Pol-de-Léon	124 »
Landivisiau	129 »
Taulé	75 42
Saint-Thégonnec	144 90
Plouescat	104 60
Sizun	75 »
TOTAL	1,086 06

RÉCAPITULATION GÉNÉRALE.

Il résulte des tableaux qui précèdent, que l'arrondissement de Morlaix possède

	h. a.
En terres arables	63,254 57
En prés naturels	9,498 72
En bois taillis	7,422 44
En terrains plantés	1,254 84
En marais et étangs	295 52
En terres à landes et à bruyères	42,373 65
En superficie des propriétés bâties	1,086 06
TOTAL GÉNÉRAL de la contenance des propriétés agricoles imposables	125,085 50

CHAPITRE 5.

—

CLIMAT.

—

Le voisinage de la mer rend le climat de l'arrondissement de Morlaix extrêmement doux. Les plus grands froids n'atteignent pas plus de 12 degrés au-dessous de zéro, et les plus grandes chaleurs 25 degrés au-dessus de zéro.

Toutefois, on doit aussi, à ce voisinage, des variations fréquentes dans l'état de l'atmosphère, et il n'est pas rare de voir, dans la même journée, une chaleur relativement forte et un froid assez vif.

La température y est brumeuse et pluvieuse en automne, en hiver et au commencement du printemps. L'eau qui tombe en hiver, sous forme de pluie sur le littoral, tombe souvent congelée, sous forme de neige demi-fondue, à 12 kilomètres des bords de la mer, et constitue une neige fortement cristallisée dans les communes qui avoisinent les montagnes d'Arées.

Ce phénomène a encore lieu pendant que la neige recouvre la terre et pendant qu'elle fond, par suite d'une élévation de la température. Quelquefois, la couche de neige qui recouvre le sol n'a que peu d'épaisseur sur le littoral, tandis qu'elle atteint une épaisseur de 20 à 30 centimètres dans les communes de Plounéour-Ménez, Saint-Sauveur, Commana, Le Cloître, Lannéanou, Guerlesquin, etc.

Aussi, lors de la fonte de la neige, celle-ci conserve plusieurs centimètres d'épaisseur dans les communes précitées, où elle dure plusieurs jours, après qu'elle a entièrement disparu des communes qui avoisinent les côtes.

Le climat de l'arrondissement de Morlaix, malgré les changements brusques qui surviennent dans l'état de son atmosphère, est très-favorable à la végétation. Aussi les végétaux y prennent souvent un développement extraordinaire quand, toutefois, on peut les abriter des vents d'Ouest et Nord-Ouest qui y règnent souvent.

On peut fournir pour exemples : la culture des figuiers, des lauriers, des grenadiers et des myrtes, qui sont si sensibles au froid dans le Midi de la France, et qui acquièrent sur nos côtes un développement et une vigueur très-considérables. On cite un figuier à Roscoff, comme un des plus beaux phénomènes de la végétation en France. Nous citerons encore un hêtre de la commune de Plougonven, dont le tronc avait une grosseur telle, que trois hommes pouvaient à peine l'embrasser. Les platanes qui y viennent en pleine terre; l'agavée d'Amérique, qui y fleurit et qui y porte graines; le lin de la nouvelle Zélande, qui y porte aussi des graines venant à maturité complète; le houx, arbrisseau rabougri dans l'intérieur de la France, est, dans certains endroits de l'arrondissement de Morlaix, un arbre de haute futaie; les muriers, etc., etc.

Nous ajouterons aux végétaux que nous venons de nommer, cette grande quantité de plantes maraîchères qu'on cultive à Roscoff, si justement surnommé le jardin de la Bretagne. Là, en pleine terre, ces plantes sont si précoces, qu'on les importe dans une grande partie de la France, un mois au moins avant qu'elles aient atteint leur maturité complète dans les jardins les mieux cultivés.

Ces plantes sont : les choux-fleurs, les choux-pommés, les asperges, les variétés d'oignons, celles de carottes, de pommes de terre, etc.

Nous avons dit plus haut qu'il existe de grandes variations dans l'état de l'atmosphère de l'arrondissement de Morlaix. Ces variations brusques ne laissent pas d'apporter fort souvent le plus grand préjudice à la culture des arbres fruitiers. Les gelées tardives surtout, les gelées blanches, les brouillards, les verglas, les grêles qui tombent ordinairement à la fin de Mars et au commencement de Mai, à l'époque où les pommiers, les poiriers et les arbres à noyaux sont en pleine floraison, et qui sont presque toujours accompagnés des vents de Nord-Ouest qui brûlent tout sur leur passage, détruisent les organes sexuels des fleurs avant que la fécondation ait eu lieu, et occasionnent alors une disette absolue, non-seulement de nos beaux fruits à dessert, mais aussi de nos pommiers à cidre, dont la culture (comme nous l'avons déjà dit), est en voie de progrès depuis quelques années.

Quant aux faits météorologiques qui se passent dans l'arrondissement de Morlaix, ils consistent en quelques aurores boréales assez belles, en des lumières zodiacales et en des bolides.

Les ouragans, quoique très-rares, s'y montrent cependant quelquefois. Nous citerons celui du 2 Février 1838, qui déracina un grand nombre d'arbres forestiers, enleva les couvertures des maisons et occasionna les plus grands dégâts dans les campagnes.

Les tempêtes y sont très-communes, particulièrement à la fin d'automne, en hiver et au commencement du printemps. Celles qui proviennent du Nord et du Nord-Ouest sont plus fréquentes et plus terribles que celles qui viennent du Sud. Ces tempêtes, qui battent nos côtes avec la plus grande violence, sont presque constamment accompagnées de fortes pluies et de grêle. L'air se charge alors d'électricité; les éclairs fendent et sillonnent les nues; le bruit du tonnerre se mêle à celui de la tempête, et l'on s'estime très-heureux quand on n'a pas à déplorer quelque malheur, occasionné sinon par la foudre, au moins par les vagues en furie, qui viennent se briser contre les récifs qui garnissent nos côtes, et qui sont souvent les seuls témoins de la fin tragique de malheureux naufragés.

Les orages qui viennent du Sud s'affaissent le plus souvent sur les montagnes d'Arées et occasionnent rarement des dégâts.

Les grêlons qui détruisent en peu d'instants toutes les récoltes qui se trouvent sur leur passage et qui tombent quelquefois dans les départements du centre de la France, sont inconnus dans l'arrondissement de Morlaix.

Les trombes, celles de vent surtout, ne sont pas sans exemples; mais elles sont peu à craindre. Les trombes d'eau qu'on y a observées, ont eu pour résultat la chute de l'atmosphère, d'une infinité de petites grenouilles qui se trouvaient mêlées à l'eau de la pluie Nous avons été témoin oculaire d'un pareil phénomène dans notre jeunesse.

CHAPITRE 6.

VOIES DE COMMUNICATION ET DE TRANSPORT.

Nous avons déjà dit que l'arrondissement de Morlaix est borné au Nord par la Manche. qui est la voie la plus commune que l'on emploie pour les exportations des denrées et pour leurs importations.

Aucune des rivières de cet arrondissement n'est flottable ; deux seulement sont navigables, et encore ne le sont-elles pas toujours. Ce n'est que quand la marée est haute que les navires peuvent les remonter et les descendre. Quand la marée s'est retirée. leur lit est à sec. Ces deux rivières sont celles de Morlaix et de Penzé.

Les ports, criques et relâches qui existent dans l'arrondissement sont :

1° *Loquirec* (la baie de) est située sur le bord de la Manche. à trois myriamètres du port de Morlaix. Elle reçoit des navires de 20 à 30 tonneaux.

2° *Morlaix* (la rivière de), dont le port est l'un des plus jolis ports marchands qui existent, est située à quatre kilomètres de l'embouchure de la rivière dans la rade du même nom ; à douze kilomètres de l'embouchure de la rade sur la Manche, et à deux myriamètres de Saint-Pol-de-Léon. La rivière de Morlaix, ainsi que le port et la rade, reçoivent des navires de 25 à 400 tonneaux.

3° *Penzé* (la rivière de), dont le petit port est situé à six kilomètres de l'embouchure de la rivière sur la Manche, et à un myriamètre de Morlaix, reçoit des navires de 15 à 50 tonneaux

4° *Paimpoul* (la baie de), située sur le bord de la Manche, à un myriamètre de Roscoff, reçoit des navires de 15 à 40 tonneaux.

5° *Roscoff* (le port de), situé sur le bord de la Manche, à quatre kilomètres de l'île de Batz, reçoit des navires de 20 à 400 tonneaux.

6° *L'île de Batz* (le crique de), situé à trois myriamètres de l'anse de Goulven, reçoit des navires de 20 à 500 tonneaux.

7° *Goulven* (l'anse de), située à cinq myriamètres de l'anse de Plouguerneau, dans l'arrondissement de Brest, reçoit des navires de 20 à 35 tonneaux.

Il n'existe aucun canal dans l'arrondissement de Morlaix.

Cet arrondissement est traversé :

1° De l'Est à l'Ouest, par la route nationale n° 12, de Paris à Brest, dans un parcours de cinquante-quatre kilomètres. Elle traverse successivement les communes de Plouégat-Moysan, le Ponthou, Plouigneau, Ploujean, Morlaix, Saint-Martin-des-Champs, Sainte-Sève, Pleyber-Christ, Saint-Thégonnec, Guiclan, Landivisiau, Saint-Servais et Plounéventer.

2° Par la route nationale n° 164, d'Angers à Brest, dans un parcours de quinze kilomètres. Elle pénètre dans l'arrondissement, auprès de La Feuillée, en traversant les montagnes d'Arées et les communes de Commana, Saint-Sauveur et Loc-Mélard, pour entrer dans l'arrondissement de Brest.

3° Par la route nationale n° 169, de Lorient à Roscoff, dans un parcours de quarante-un kilomètres. Elle traverse successivement les communes du Cloître, Plourin, Morlaix, Saint-Martin-des-Champs, Taulé, Guiclan, Plouénan, Saint-Pol-de-Léon et Roscoff.

L'arrondissement de Morlaix possède trois routes départementales, qui sont :

1° La route départementale n° 2, de Lannion à Brest, dans un parcours de quarante-un kilomètres. Elle traverse les communes de Plouégat-Guérand, Lanmeur, Garlan, Ploujean, Morlaix, se joint à la route nationale n° 169, jusqu'à Saint-Pol-de-Léon, puis traverse encore les communes de Plougoulm, Tréflaouénan, Trézélidé, Plouzévédé et Lanhouarneau.

2° La route départementale n° 8, de Landivisiau à la mer, dans un parcours de vingt kilomètres. Elle traverse les communes de Landivisiau, Plougourvest, Plouvorn, Mespaul et Plougoulm.

3° La route départementale n° 13, de Quimper à Morlaix, dans un parcours de dix-neuf kilomètres. Elle pénètre dans l'arrondissement de Morlaix, en traversant les montagnes d'Arées, traverse les communes de Plounéour-Ménez et Pleyber-Christ, et rejoint la route nationale n° 12, de Paris à Brest, à six kilomètres de Morlaix.

Il existe, dans cet arrondissement, cinq chemins de grande vicinalité, qui sont :

1° Le chemin n° 9, de Morlaix à Callac, dans un parcours de vingt-quatre kilomètres, en passant par Plourin, Plougonven et Lannéanou.

2° Le chemin n° 10, de Saint-Pol-de-Léon à Lesneven, dans un parcours de vingt-quatre kilomètres, en passant par Plougoulm, Sibiril, Cléder, Plouescat, Plounévez-Lochrist et Tréflez.

3° Le chemin n° 11, de Commana à Lesneven, dans un parcours de trente-quatre kilomètres, en passant par Saint-Sauveur, Guimiliau, Lampaul, Landivisiau, Bodilis, Saint-Servais et Plounéventer.

4° Le chemin n° 18, de Saint-Thégonnec au Faou, dans un parcours de vingt-deux kilomètres, en passant par Plounéour-Ménez, Saint-Sauveur et Sizun.

5° Le chemin n° 19, de Morlaix à Lesneven, dans un parcours de dix-neuf kilomètres, en traversant les communes de Saint-Martin-des-Champs, Taulé, Guiclan, Plouvorn, Plouzévédé, où il se joint à la route départementale n° 2, de Lannion à Brest.

L'arrondissement de Morlaix possède deux cent cinq chemins qui sont légalement reconnus vicinaux.

TABLEAU GÉNÉRAL DES CHEMINS LÉGALEMENT RECONNUS VICINAUX
DANS L'ARRONDISSEMENT DE MORLAIX.

DATES des ARRÊTÉS de Classement.	NOMS des COMMUNES.	NOMS DES CHEMINS.	LONGUEUR en mètres sur le Territoire de la Commune.	LARGEUR moyenne actuelle.	LARGEUR fixée par M. le Préfet
			m c.	m c.	m c.
17 Mai 1837.	Plouégat-Guérand.	De Pont-Ménou à Plouégat-Guérand. . . .	4,000 »	4 »	6 »
		De Plougasnou à Guerlesquin.	4,500 »	3 50	6 »
		Du Ponthou à Lanmeur.	5,000 »	4 »	7 »
Idem.	Saint-Jean-du-Doigt.	De Saint-Jean-du-Doigt à Morlaix.	2,500 »	6 50	7 »
		De Plougasnou à Lanmeur.	3,500 »	6 50	7 »
		De la grève au bourg.	750 »	6 »	6 »
		De Plouézoc'h à Lanmeur.	850 »	5 50	7 »
Idem.	Taule.	De Carantec à Morlaix.	4,800 »	5 50	7 »
		De Morlaix à Berven.	4,000 »	5 75	10 »
		De Locquénolé à Taule.	5,400 »	5 »	7 »
Idem.	Guiclan.	De Penzé à Guimiliau et Saint-Sauveur. .	12,500 »	6 »	7 »
		De Plouvorn à Morlaix et à Berven. . . .	3,500 »	8 »	10 »
		De Lampaul à Morlaix.	2,000 »	6 »	7 »
Idem.	Locquénolé.	De Locquénolé à Taulé.	1,000 »	4 »	7 »
Idem.	Carantec.	De Carantec à Henvic et Morlaix.	4,500 »	4 »	7 »
		De Carantec à Callot.	2,000 »	2 50	6 »
Idem.	Henvic.	De Carantec à Morlaix.	3,000 »	5 »	7 »
Idem.	Plougasnou.	De Plougasnou à Morlaix.	6,200 »	4 à 5 »	7 »
		De Plougasnou à Lanmeur.	600 »	5 »	7 »
		De Plougasnou à la grève de Saint-Jean. .	1,600 »	5 »	6 »
Idem.	Garlan.	De Garlan à Morlaix.	1,400 »	3 25	7 »
		De Garlan à Plouigneau.	1,700 »	2 77	7 »
Idem.	Guimaëc.	De Guimaec à Lanmeur.	1,000 »	3 »	7 »
		De Loquirec à Guimaec.	4,000 »	4 »	7 »
		De Kerbaul à Guimaec.	3,100 »	4 »	6 »

DATES des ARRÊTÉS de classement.	NOMS des COMMUNES.	NOMS DES CHEMINS.	LONGUEUR en mètres sur le Territoire de la Commune.	LARGEUR moyenne actuelle.	LARGEUR fixée par M. le Préfet.
			m. c.	m. c.	m. c.
17 Mai 1837.	Lanmeur.	De Plouégat-Guérand à Lanmeur.	2,400 »	6 »	7 »
		De Plougasnou à Lanmeur.	3,500 »	5 »	7 »
		De Loquirec à Lanmeur..	3,000 »	5 »	7 »
		De Plouézoc'h à Lanmeur..	3,000 »	6 »	7 »
Idem.	Plouézoc'h.	De Morlaix à Saint-Jean-du-Doigt.	2,400 »	6 »	7 »
		De Plouézoc'h à Lanmeur..	4,000 »	5 »	7 »
		Du fort de Primel à Dour-Duff.	2,400 »	6 »	6 »
		De Plouézoc'h à Belair (grève).	2,400 »	4 »	6 »
Idem.	Loquirec.	De Loquirec à Lanmeur.	3,000 »	3 »	7 »
Idem.	Saint-Sauveur.	De Penzé à Saint-Sauveur.	650 »	6 »	7 »
		De Plounéour-Ménez à Landivisiau. . . .	700 »	3 »	7 »
		Chemin n° 18, de St.-Thégonnec au Faou.	» »	» »	10 »
		Chemin n° 11, de Commana à Lesneven. .	» »	» »	10 »
Idem.	Loc-Mélard.	De Sizun à Landivisiau.	4,600 »	5 »	7 »
Idem.	Sizun.	De Landivisiau à Sizun.	3,400 »	5 »	7 »
		De Landerneau à Sizun.	2,000 »	5 »	7 »
		De Morlaix à Sizun..	5,800 »	6 »	10 »
		De Commana à Sizun..	4,900 »	6 »	7 »
		Du Faou à Sizun.	2,700 »	6 »	10 »
		De Brasparts à Sizun.	7,400 »	6 »	7 »
		De Tréhou à Sizun.	2,000 »	3 »	7 »
Idem.	Commana.	De Commana à Landivisiau.	3,200 »	6 »	10 »
		De Commana à Plounéour-Ménez.	4,400 »	5 »	7 »
		De Commana à Brasparts.	3,500 »	6 »	7 »
		De Commana à Pleyber-Christ.	3,800 »	4 »	7 »
		De Commana à Sizun.	4,000 »	5 75	7 »
Idem.	Ponthou.	De Botsorhel au Ponthou.	3,000 »	2 »	7 »
		De Plouégat-Guérand au Ponthou.	500 »	6 »	7 »
Idem.	Botsorhel.	De Plouigneau à Guerlesquin.	4,500 »	4 80	7 »
		De Lannéanou à Callac.	3,500 »	7 »	10 »
		Du Ponthou à Lannéanou.	7,000 »	2 »	7 »
		De Sizun à Guerlesquin.	3,000 »	4 »	7 »
		De Guerlesquin à Huelgoat.	2,000 »	6 »	7 »
Idem.	Plouégat-Moysan.	De Guerlesquin à Plestin.	5,000 »	4 »	7 »

DATES des ARRÊTÉS de classement.	NOMS des COMMUNES.	NOMS DES CHEMINS.	LONGUEUR en mètres sur le Territoire de la Commune.	LARGEUR moyenne actuelle.	LARGEUR fixée par M. le Préfet.
			m. c.	m. c.	m. c.
17 Mai 1837.	Guerlesquin.	De Guerlesquin à Plestin.	4,000 »	6 »	7 »
		De Guerlesquin à Botsorhel.	2,500 »	6 »	7 »
		De Guingamp à Guerlesquin.	400 »	5 »	7 »
		De Plougras à Guerlesquin.	1,200 »	6 »	7 »
		De Carhaix à Guerlesquin.	1,500 »	6 »	7 »
Idem.	Plougonven.	De Sizun à Guerlesquin.	8,000 »	4 »	7 »
		De Plougonven à Saint-Eutrope.	1,000 »	5 »	7 »
		De Guimiliau à Guerlesquin.	7,000 »	5 »	7 »
		De Plourin à Plouigneau.	6,000 »	4 »	7 »
		De Plougonven à Scrignac.	7,000 »	5 »	7 »
		De Roud ar Groas à Tachen-Quellen. . . .	3,000 »	5 »	7 »
		De Toullanay à l'eau de Coatélen.	5,000 »	5 »	7 »
		De Goerdavid à Plougonven.	1,000 »	5 »	6 »
		De La Forêt à Plougonven.	1,000 »	4 »	6 »
17 Juillet 1837.	Plougonven.	De Guélétrand au chemin de Morlaix à Callac.	1,000 »	4 »	6 »
		De Poul ar Crom au chemin de Plougonven à Saint-Eutrope.	1,000 »	5 »	6 »
		De Poul ar Hospars à Plougonven.	1,000 »	6 »	6 »
		Du Launay-Isella et Kerbriguet à Croas Hent ar Buguel.	1,000 »	5 »	6 »
		De Croas Hent ar Moch à Plougonven. .	3,000 »	4 »	6 »
		Chemin n° 9, de Morlaix à Callac.	» »	» »	10 »
18 Août 1838.	Lannéanou.	De Sizun à Lannéanou.	3,000 »	4 »	6 »
		Du Moulin du Pont à Guerdavid.	4,000 »	3 »	6 »
		De Lannéanou au Ponthou.	2,012 »	» »	7 »
		Chemin n° 9, de Morlaix à Callac.	» »	» »	10 »
28 Août 1838.	Plouigneau.	Du bourg de Botsorhel à Plouigneau. . .	7,000 »	6 »	7 »
		De Morlaix à Plouégat-Guérand.	12,000 »	4 »	7 »
		Du bourg de Plouigneau à Plougonven. .	7,000 »	6 »	7 »
		Du bourg de Plouigneau à Plouégat-Guérand.	8,000 »	6 »	7 »
		De Garlan à Plouigneau.	4,000 »	6 »	7 »
		De Pors an Toas à Plouigneau.	100 »	6 »	6 »
		De Lanmeur au Ponthou.	5,000 »	4 »	7 »
17 Mai 1837.	Lanhouarneau.	De Plounéventer à Lanhouarneau.	3,500 »	6 »	7 »
		De Plougar à Lanhouarneau.	3,000 »	5 »	7 »
		Chemin n° 19, de Morlaix à Lesneven. . .	» »	» »	10 »

DATES des ARRÊTÉS de classement	NOMS des COMMUNES.	NOMS DES CHEMINS.	LONGUEUR en mètres sur le Territoire de la Commune	LARGEUR moyenne actuelle	LARGEUR fixée par M. le Préfet
			m. c.	m. c.	m. c.
17 Mai 1837.	Plongar.	De Plouescat à Landivisiau.	4,500 »	6 »	7 »
		De Lanhouarneau à Landivisiau.	480 »	5 »	7 »
Idem.	Plouescat.	Du Petit-Moulin à Landivisiau.	1,024 »	6 »	7 »
		Chemin nº 10, de Saint-Pol-de-Léon à Lesneven.	» »	» »	10 »
Idem.	Plounévez-Lochrist.	De Kermeur à Plounévez-Lochrist. . . .	7,000 »	5 »	7 »
		De Lochrist à Plounévez-Lochrist.	2,400 »	4 »	7 »
		De Kerdélant à Plounévez-Lochrist.	3,500 »	5 »	6 »
		De Pont ar Rest à Plounévez-Lochrist. . .	3,600 »	5 »	7 »
		De Pont-Christ à Plounévez-Lochrist. . .	» »	» »	10 »
Idem.	Tréflez.	Chemin nº 10, de Saint-Pol-de-Léon à Lesneven.	» »	» »	10 »
Idem.	St-Martin-des-Champs.	De Keryven à Saint-Martin.	2,000 »	4 »	6 »
		De Kerolzec à Saint-Martin.	2,000 »	4 »	6 »
28 Août 1837.	Sainte-Sève.	Du Quinquis à Sainte-Sève.	4,000 »	6 »	7 »
		De Pleyber-Christ à Penzé.	3,400 »	» »	7 »
17 Mai 1837.	Morlaix.	De Morlaix à Saint-Jean-du-Doigt.	200 »	7 »	7 »
		De Morlaix à Belle-Vue.	625 »	4 »	6 »
		De Saint-Martin-des-Champs à la barrière de Brest.	650 »	6 50	7 »
		De Saint-Fiacre à Morlaix.	125 »	6 »	7 »
		De Morlaix à La Feuillée.	650 »	6 »	7 »
		De Saint-Martin-des-Champs à Kervaon.	470 »	6 »	6 »
		De Saint-Martin-des-Champs au Champ-de-Bataille.	1,250 »	5 »	6 »
		Du Moulin de la Chèvre à la route nationale nº 12.	415 »	5 »	6 »
		Chemin nº 9, de Morlaix à Callac.	» »	» »	» »
21 Août 1837.	Plourin.	De Pleyber-Christ à Saint-Eutrope.	7,700 »	4 50	7 »
		De Plourin à Plougonven.	3,000 »	6 »	7 »
		De Plourin au Cloître.	1,800 »	10 »	7 »
		De Morlaix à Pont-Paul.	1,500 »	5 »	7 »
		De Saint-Fiacre au bourg de Plourin. . .	3,800 »	4 »	7 »
		De Morlaix au Rélec et à La Feuillée. . . .	8,800 »	6 »	7 »
		Du Cloître à Saint-Thégonnec.	1,800 »	3 »	7 »

DATES des ARRÊTÉS de classement.	NOMS des COMMUNES.	NOMS DES CHEMINS.	LONGUEUR en mètres sur le Territoire de la Commune.	LARGEUR moyenne actuelle.	LARGEUR fixée par M. le Préfet.
			m. c.	m. c.	m. c.
17 Mai 1837.	Mespaul.	De Pont-Millin-Allan au Garzic.	1,600 »	5 »	7 »
		De Kerguiduff au Hoenner.	6,500 »	5 »	7 »
		De Mespaul à Saint-Pol-de-Léon.	500 »	5 »	7 »
Idem.	Ploujean.	De Morlaix à Saint-Jean-du-Doigt.	5,000 »	5 »	7 »
		De la grève à Kermoal.	3,900 »	5 »	6 »
		De Ploujean à Morlaix.	1,800 »	4 50	7 »
Idem.	Plougoulm.	De Saint-Pol-de-Léon à Plouescat.	2,800 »	6 »	10 »
		De Saint-Pol-de-Léon à Plouénan.	1,200 »	5 »	7 »
		De la grève à Kerbrade.	4,100 »	6 »	6 »
		De Cléder à Penzé.	680 »	5 »	7 »
Idem.	Saint-Pol-de-Léon.	De Saint-Pol-de-Léon à Mespaul.	7,500 »	5 60	7 »
		De Plouénan à Saint-Pol-de-Léon.	6,000 »	5 80	7 »
		De Santec à Saint-Pol-de-Léon.	5,000 »	3 50	7 »
		Des Sables à Saint-Pol-de-Léon.	7,000 »	4 »	6 »
		De Pempoul à Saint-Pol-de-Léon.	2,000 »	4 50	6 »
		Chemin nº 10, de Saint-Pol-de-Léon à Lesneven.	» »	» »	10 »
Idem. 20 Juin 1838.	Sibiril.	De Saint-Pol-de-Léon à Plouescat.	1,650 »	5 »	10 »
		Du bourg de Sibiril au Pont ar Raden. . .	2,400 »	3 à 4 »	6 »
17 Mai 1837.	Roscoff.	De Santec à Roscoff.	2,100 »	2 50	7 »
		De Santec à Saint-Pol-de-Léon.	960 »	3 50	7 »
		De Sainte-Barbe à Saint-Pol-de-Léon. . .	1,800 »	2 50	6 »
14 Août 1837.	Plouénan.	De Saint-Pol-de-Léon à Plouénan.	2,816 »	5 »	7 »
		Du Pont-Eon à Plouénan.	3,340 »	5 »	7 »
		De Pont-Millin-Allan à Plouénan.	2,408 »	5 »	6 »
		De Cléder à Plouénan.	2,466 »	4 »	7 »
17 Mai 1837.	Saint-Servais.	De Keryven à Mesguez.	1,800 »	6 »	6 »
		Chemin nº 11, de Lesneven à Commana. .	» »	» »	10 »
Idem.	Landivisiau.	De Ploudiry à Landivisiau.	2,400 »	5 »	6 »
		De Landivisiau à Cléder.	2,800 »	6 »	7 »
		Chemin nº 11, de Lesneven à Commana. .	» »	» »	10 »

DATES des ARRÊTÉS de classement.	NOMS des COMMUNES.	NOMS DES CHEMINS.	LONGUEUR en mètres sur le Territoire de la Commune.	LARGEUR moyenne actuelle.	LARGEUR fixée par M. le Préfet.
			m. c.	m. c.	m. c.
17 Mai 1837.	Lampaul.	De Lampaul à Morlaix.	1,520 »	5 »	7 »
		De Plounéour-Ménez à Landivisiau. . . .	1,890 »	6 »	7 »
		De Landivisiau à Sizun.	3,200 »	4 50	7 »
		Chemin nº 11, de Lesneven à Commana. .	» »	» »	10 »
Idem.	Bodilis.	De Landivisiau à Plouescat.	4,320 »	5 20	7 »
		De Landivisiau à Lesneven.	3,790 »	6 »	10 »
Idem.	Plounéventer.	De Lanhouarneau à Landerneau.	6,700 »	3 »	7 »
		De Plounéventer à Landivisiau.	4,000 »	5 »	7 »
		De Plounéventer à Lesneven.	2,800 »	3 »	7 »
		De Plounéventer à Loqueffret.	400 »	3 »	7 »
		De Kerizien à Pont-Christ.	2,500 »	4 »	7 »
		Chemin nº 11, de Lesneven à Commana. .	» »	» »	10 »
14 Août 1837.	Plougourvest.	De Plougourvest à Keridiou.	3,600 »	4 »	7 »
		De Cléder à Landivisiau.	7,200 »	5 »	7 »
Idem.	Guimiliau.	Du bourg de Guimiliau à la croix de Pérennou.	2,000 »	6 »	7 »
		Du bourg de Guimiliau au village de Louzaouen.	2,400 »	6 »	7 »
		Du bourg de Guimiliau à Kernéguez. . .	3,600 »	6 »	7 »
		De Plounéour-Ménez à Landivisiau. . . .	» »	» »	7 »
Idem.	Plouvorn.	De Plouvorn à Saint-Pol-de-Léon.	3,500 »	4 »	7 »
		Chemin nº 19, de Morlaix à Lesneven. . .	» »	» »	10 »
Idem.	Plouzévédé.	De Morlaix à Lesneven.	4,500 »	5 »	10 »
		De Plouzévédé à la croix de Mescantou. .	900 »	5 »	7 »
		De Plouzévédé à Landivisiau.	5,375 »	6 »	7 »
17 Mai 1837.	Saint-Vougay.	De Landivisiau à Plouescat.	5,000 »	8 »	7 »
		Chemin nº 19, de Morlaix à Lesneven. . .	» »	» »	10 »
Idem.	Trézélidé.	Chemin nº 19, de Morlaix à Lesneven. . .	510 »	4 »	10 »
		De Tréflaouénan à Landivisiau.	2,100 »	3 »	7 »

DATES des ARRÊTÉS de classement.	NOMS des COMMUNES.	NOMS DES CHEMINS.	LONGUEUR en mètres sur le Territoire de la Commune.	LARGEUR moyenne actuelle.	LARGEUR fixée par M. le Préfet.
			m. c.	m. c.	m. c.
17 Mai 1837.	Tréflaouénan.	De Quéran à Tréflaouénan.	2,400 »	5 »	7 »
		De Pont-Riou à Tréflaouénan.	3,200 »	6 »	6 »
		De Kerhuel à Trézélidé.	600 »	6 »	7 »
14 Août 1837.	Cléder.	Du chemin de la grève à Pont-Riou. . . .	7,300 »	4 »	6 »
		De Cléder à Landivisiau.	5,000 »	6 »	7 »
		De Saint-Pol-de-Léon à Lesneven, n° 10. .	» »	» »	10 »
17 Mai 1837.	Le Cloitre.	Du Cloître à Saint-Thégonnec.	500 »	2 »	7 »
		Du Cloître au Rélec.	4,500 »	6 »	7 »
		Du Bouillard à la route nationale n° 169. .	700 »	4 »	7 »
		Du Cloître à Morlaix.	600 »	5 »	7 »
		De Pennerguès à la route nationale n° 169.	500 »	4 »	7 »
		De Morlaix à La Feuillée.	4,000 »	5 »	7 »
Idem.	Saint-Thégonnec.	De Pleyber-Christ à Saint-Thégonnec. . .	2,500 »	5 »	7 »
		De Plounéour-Ménez à Commana et Saint-Thégonnec.	6,300 »	5 »	7 »
		De Saint-Thégonnec au Faou.	7,600 »	6 »	10 »
Idem.	Pleyber-Christ.	De Pleyber-Christ à Saint-Thégonnec. . .	3,500 »	5 »	7 »
		De Pleyber-Christ au Cloître.	4,900 »	4 »	7 »
		De Pleyber-Christ à Penzé.	3,800 »	4 50	7 »
		De Pleyber-Christ à Plourin.	1,200 »	4 50	7 »
		De Pleyber-Christ à Commana.	1,000 »	4 »	7 »
		De Pleyber-Christ au Rélec.	2,500 »	4 »	7 »
22 Juin 1837.	Plounéour-Ménez.	De Plounéour-Ménez à Saint-Thégonnec.	1,400 »	4 »	7 »
		De Plounéour-Ménez à Landivisiau. . . .	7,000 »	6 »	7 »
		De Plounéour-Ménez au Cloître.	5,000 »	4 à 5 »	7 »
		De Plounéour-Ménez à Commana.	3,000 »	4 »	7 »
		De Pleyber-Christ au Rélec, à La Feuillée et à Huelgoat.	6,500 »	5 »	7 »
		De Saint-Thégonnec au Faou.	2,000 »	3 »	10 »
		De Pleyber-Christ à Commana et à Sizun.	5,000 »	3 à 4 »	7 »

RÉCAPITULATION GÉNÉRALE.

Il résulte, de tout ce qui précède, que l'arrondissement de Morlaix possède, en ports de mer, baies, criques et relâches pour les navires.	7
Deux rivières navigables.	2
Trois routes nationales ayant une étendue de cent dix kilomètres ou cent dix mille mètres.	3
Trois routes départementales ayant une étendue de quatre-vingts kilomètres ou quatre-vingt mille mètres.	3
Cinq chemins de grande vicinalité ayant une étendue de cent vingt-trois kilomètres ou cent vingt-trois mille mètres.	5
Deux cent cinq chemins légalement reconnus vicinaux ayant une étendue de six cent quatorze mille deux cent soixante-six mètres . . .	205
Total général des voies de communication.	225
Les routes nationales et départementales, les chemins de grande communication et les chemins légalement reconnus vicinaux forment un réseau qui embrasse une étendue de neuf cent quatorze kilomètres ou neuf cent quatorze mille mètres.	914,000 mètres.

Les petits chemins non classés dans le tableau ci-dessus et qui appartiennent soit aux communes, soit à des particuliers, ou qui servent à la communication des fermes sont en très-grand nombre. Peu de ces chemins, non plus que des routes nationales, départementales, des chemins de grande communication et de ceux légalement reconnus vicinaux, sont bordés d'arbres. Les routes nationales et départementales sont dans un parfait état d'entretien, grâce à l'excellence et à l'abondance de matériaux. Si l'administration parvient à les rendre moins accidentées, et si les paysans s'entendaient pour la réparation de leurs petits chemins, nous ne mettons pas en doute que, dans quelques années, il n'y aura pas d'arrondissement où les voies de communication seront plus faciles que dans l'arrondissement de Morlaix.

CHAPITRE 7.

ÉTAT DE LA PROPRIÉTÉ.

D'après son acception ordinaire, le mot domaine exprime, dans l'arrondissement de Morlaix, comme dans toutes les autres parties de la France, une propriété foncière composée de terres arables, de prés, de bois, etc., et de bâtiments d'exploitation. Le domaine ne comprend quelquefois qu'une seule ferme et quelquefois plusieurs.

Autrefois, dans toute la Bretagne, on donnait une acception très-restreinte au mot domaine. Il était synonime de ferme. Aujourd'hui, les mots domaine et terre ont la même signification. On dit donc indistinctement, un domaine, une terre.

On divise les domaines dans l'arrondissement de Morlaix : 1° en domaines proprement dits, et 2° en domaines congéables.

Dans le domaine proprement dit, le fonds et la superficie appartiennent au propriétaire. Dans le domaine congéable, le fonds appartient au propriétaire et les édifices et les superficies au cultivateur ou fermier. Dans cette dernière circonstance, la terre est donnée en rente, mais le propriétaire du fonds a la faculté de rentrer à volonté dans ses droits en remboursant les améliorations de toutes natures qui ont été faites par le fermier. Ce mode de jouissance, quoique diminuant chaque année dans l'arrondissement, y est encore très-répandu, particulièrement dans les cantons de Plouigneau, de Lanmeur, de Morlaix et de Sizun.

Les cantons du littoral comptent aussi quelques domaines congéables, mais ils sont en très-petit nombre.

Les terres de l'arrondissement de Morlaix sont divisées en petites fermes qui varient de 8 à 20 hectares, tant en terres arables, prés, bois, etc., et d'une valeur locative de 200 à 800 francs. Chaque ferme se compose de 10 à 40 pièces de terres, ayant chacune une surface de 12 ares à 1 hectare.

Les propriétés étant très-divisées dans l'arrondissement de Morlaix, comme nous l'avons dit plus haut, les pièces de terre se trouvent éparpillées sans s'étendre cependant au-delà d'un rayon de quelques centaines de mètres.

Toutes les pièces de terre sont closes, dans presque tout l'arrondissement, par des talus qu'on appelle improprement *fossés*. Ces talus sont formés de terre et quelques-uns de pierres et de terre. Ils ont 2 mètres de largeur à leur base, 1 mètre au sommet, sur 1 mètre 50 centimètres de hauteur. Ils sont revêtus de gazons dans les simples fermes et de pierres talutées à 70 centimètres de hauteur dans les domaines congéables. Ces talus ne servent pas seulement de clôture aux champs, ils offrent aussi le double avantage de constituer pour chaque ferme un bois taillis. Dans toutes les communes de l'arrondissement, ces talus sont couronnés d'une haie vive de différentes essences. Mais celles qui dominent sont le chêne et le noisetier dans les cantons qui longent les montagnes d'Arées et dans quelques-uns de ceux du centre, tandis que c'est l'ajonc d'Europe dans les communes des cantons qui longent le littoral.

On peut estimer que la vingtième partie des terres de l'extrême littoral de l'arrondissement est en parcelles sans talus, séparées seulement les unes des autres par des pierres bornales.

On compte, dans l'arrondissement de Morlaix, vingt-trois mille huit cents propriétaires.

TABLEAU DU RELEVÉ CADASTRAL DU NOMBRE DE PROPRIÉTAIRES

DANS L'ARRONDISSEMENT DE MORLAIX.

DÉSIGNATION des Cantons.	NOMS des COMMUNES.	NOMBRE.
Morlaix.	Morlaix.	689
	Ploujean.	332
	Sainte-Sève.	66
	St-Martin-des-Champs.	63
	Plourin.	374
Lanmeur.	Lanmeur.	556
	Plouégat-Guérand. . .	351
	Plouézoc'h.	446
	Garlan.	178
	Guimaëc.	609
	Saint-Jean-du-Doigt. .	430
	Loquirec.	364
	Plougasnou.	793
Plouigneau	Plouigneau.	849
	Le Ponthou.	94
	Guerlesquin.	323
	Botsorhel.	324
	Plouégat-Moysan. . .	340
	Lannéanou.	218
	Plougonven.	783
Plouzévédé	Plouzévédé.	275
	Saint-Vougay.	118
	Trézélidé.	47
	Plouvorn.	320
	Tréflaouénan.	116
	Cléder.	995
Saint-Pol-de-Léon.	Saint-Pol-de-Léon. . .	606
	Roscoff.	443
	Ile-de-Batz.	334
	Plouénan.	276
	Mespaul.	120
	Plougoulm.	260
	Sibiril.	195
	A Reporter.	12,287
	Report.	12,287
Landivisiau	Landivisiau.	377
	Bodilis.	423
	Guimiliau.	379
	Lampaul.	518
	Plougourvest.	182
	Plounéventer.	501
	Saint-Servais.	163
Taulé.	Taulé.	250
	Henvic.	154
	Carantec.	148
	Locquénolé.	40
	Guiclan.	412
Saint-Thégonnec.	Saint-Thégonnec. . .	893
	Pleyber-Christ. . . .	758
	Le Cloître.	419
	Plounéour-Ménez. . .	1,311
Plouescat.	Plouescat.	724
	Plounévez-Lochrist. .	798
	Tréflez.	365
	Lanhouarneau. . . .	238
	Plougar.	219
Sizun.	Sizun.	834
	Saint-Sauveur. . . .	380
	Commana.	751
	Loc-Mélard.	276
	TOTAL.	23,800

RÉCAPITULATION PAR CANTONS.

	Propriétaires.
Morlaix	1,524
Lanmeur	3,727
Plouigneau	2,931
Plouzévédé	1,871
Saint-Pol-de-Léon	2,234
Landivisiau	2,543
Taulé	1,004
Saint-Thégonnec	3,381
Plouescat	2,344
Sizun	2,241
TOTAL	23,800

Le nombre de parcelles de terre, dans le même arrondissement, est de trois cent vingt-sept mille sept cent quinze.

TABLEAU DU RELEVÉ CADASTRAL DES PARCELLES DE TERRE
DANS L'ARRONDISSEMENT DE MORLAIX.

DÉSIGNATION des Cantons.	NOMS des COMMUNES.	NOMBRE.
Morlaix.	Morlaix.	3,586
	Ploujean.	4,994
	Sainte-Sève	1,554
	St-Martin-des-Champs.	2,083
	Plourin.	7,252
Lanmeur.	Lanmeur.	6,024
	Plouégat-Guérand. . .	4,525
	Plouézoc'h.	4,367
	Garlan.	2,892
	Guimaëc.	6,526
	Saint-Jean-du-Doigt. .	4,711
	Loquirec.	3,580
	Plougasnou.	10,010
Plouigneau	Plouigneau.	13,822
	Le Ponthou.	4,039
	Guerlesquin..	4,864
	Botsorhel.	5,120
	Plouégat-Moysan. . .	4,202
	Lannéanou.	3,322
	Plougonven.	12,249
Plouzévédé.	Plouzévédé.	4,897
	Saint-Vougay.	3,421
	Trézélidé.	1,096
	Plouvorn.	7,104
	Tréflaouénan.	2,105
	Cléder.	12,255
Saint-Pol-de-Léon.	Saint-Pol-de-Léon. . .	7,949
	Roscoff.	4,457
	Ile-de-Batz.	4,627
	Plouénan.	5,947
	Mespaul..	2,102
	Plougoulm.	5,326
	Sibiril.	2,948
	A reporter.	174,553

DÉSIGNATION des Cantons.	NOMS des COMMUNES.	NOMBRE.
	Report.	174,553
Landivisiau	Landivisiau.	4,410
	Bodilis.	5,079
	Guimiliau.	4,055
	Lampaul.	6,338
	Plougourvest.	3,316
	Plounéventer.	8,749
	Saint-Servais.	2,355
Taulé.	Taulé.	5,429
	Henvic.	2,303
	Carantec.	2,377
	Locquénolé.	313
	Guiclan.	8,491
Saint-Thégonnec.	Saint-Thégonnec. . .	11,435
	Pleyber-Christ.. . . .	9,002
	Le Cloître.	5,872
	Plounéour-Ménez. . .	16,420
Plouescat.	Plouescat.	6,641
	Plounévez-Lochrist. .	11,713
	Tréflez.	3,553
	Lanhouarneau.. . . .	3,082
	Plougar.	4,159
Sizun.	Sizun.	10,836
	Saint-Sauveur.. . . .	3,312
	Commana.	9,365
	Loc-Mélard.	3,357
	TOTAL.	327,715

RÉCAPITULATION PAR CANTONS.

	Parcelles.
Morlaix	19,469
Lanmeur	43,235
Plouigneau	47,618
Plouzévédé	30,878
Saint-Pol-de-Léon	33,353
Landivisiau	34,902
Taulé	18,913
Saint-Thégonnec	43,329
Plouescat	29,148
Sizun	26,870
TOTAL	327,715

CHAPITRE 8.

MODES DE JOUISSANCE DU SOL.

Très-peu de propriétaires cultivent leurs terres dans l'arrondissement de Morlaix. Les cantons qui en possèdent le plus sont ceux de Lanmeur, de Saint-Thégonnec et de Plouigneau. Les riches propriétaires cultivent seulement de huit à dix hectares des terres qui avoisinent leurs châteaux ou leurs maisons de campagne. Ils en font plutôt un objet d'agrément et de délassement qu'un objet de spéculation.

Il n'existe pas de métayers ou colons partiaires dans l'arrondissement. C'est le fermage qui est généralement en usage dans la contrée.

Les fermes sont tenues à prix d'argent; peut-être une sur cinquante est payée partie en froment et partie en argent.

D'après les renseignements qui nous ont été fournis, il résulterait que, dans le canton de Lanmeur, on paie le fermage en argent et le fonds en denrées.

Le prix moyen de la location de l'hectare

	Maximum.		Minimum	
1° De la terre arable est de.	80 fr.	»	24 fr.	»
2° De pâturages (il n'en existe pas).	»	»	»	»
3° De terres à landes ou à ajonc d'Europe.	30	»	20	»
4° Des prés.	100	»	30	»
5° Des bois taillis.	30	»	20	»
6° Sous bruyères.	15	»	8	»

Le revenu des propriétés non bâties est, pour l'arrondissement de Morlaix, de deux millions deux cent quatre-vingt-six mille cent vingt-trois francs quatre-vingt quinze centimes.

TABLEAU DU RELEVÉ CADASTRAL DU REVENU DES PROPRIÉTÉS NON BATIES DANS L'ARRONDISSEMENT DE MORLAIX.(1)

DÉSIGNATION des Cantons.	NOMS des COMMUNES.	REVENU en francs et centimes.
		fr. c.
Morlaix.	Morlaix	21,569 06
	Ploujean	46,826 47
	Sainte-Sève	17,025 89
	St-Martin-des-Champs	35,301 50
	Plourin	71,078 23
Lanmeur.	Lanmeur	42,659 78
	Plouégat-Guérand	23,050 26
	Plouézoc'h	18,240 16
	Garlan	15,157 70
	Guimaëc	33,648 73
	Saint-Jean-du-Doigt	28,644 16
	Loquirec	19,079 16
	Plougasnou	65,353 05
Plouigneau	Plouigneau	118,770 87
	Le Ponthou	1,585 26
	Guerlesquin	36,414 55
	Botsorhel	38,036 76
	Plouégat-Moysan	25,485 93
	Lannéanou	17,105 52
	Plougonven	125,002 63
Plouzévédé	Plouzévédé	21,126 89
	Saint-Vougay	14,945 75
	Trézélidé	8,345 19
	Plouvorn	55,973 38
	Tréflaouénan	13,024 31
	Cléder	89,209 22
Saint-Pol-de-Léon.	Saint-Pol-de-Léon	163,324 80
	Roscoff	60,438 13
	Ile-de-Batz	13,480 19
	Plouénan	104,206 63
	Mespaul	24,991 38
	Plougoulm	68,616 75
	Sibiril	44,707 71
	A reporter	1,482,426 »
	Report	1,482,426 »
Landivisiau	Landivisiau	32,899 83
	Bodilis	23,163 50
	Guimiliau	17,414 71
	Lampaul	30,855 03
	Plougourvest	16,426 51
	Plounéventer	28,772 15
	Saint-Servais	10,853 26
Taulé.	Taulé	55,459 58
	Henvic	30,024 39
	Carantec	26,128 58
	Locquénolé	2,365 87
	Guiclan	66,411 67
Saint-Thégonnec.	Saint-Thégonnec	70,005 05
	Pleyber-Christ	49,431 45
	Le Cloître	18,523 80
	Plounéour-Ménez	61,785 16
Plouescat.	Plouescat	38,964 72
	Plounévez-Lochrist	39,411 76
	Tréflez	20,080 80
	Lanhouarneau	13,181 29
	Plougar	15,123 48
Sizun.	Sizun	59,849 50
	Saint-Sauveur	21,501 80
	Commana	38,421 56
	Loc-Mélard	16,642 50
	TOTAL	2,286,123 93

(1) Le revenu cadastral, n'étant qu'une valeur conventionnelle, est presque toujours au-dessous de la valeur réelle.

RÉCAPITULATION PAR CANTONS.

	fr.	c.
Morlaix.	191,801	15
Lanmeur.	245,833	00
Plouigneau.	362,401	52
Plouzévédé.	202,624	74
Saint-Pol-de-Léon.	479,765	59
Landivisiau.	160,384	99
Taulé.	180,390	09
Saint-Thégonnec.	199,745	46
Plouescat.	126,762	05
Sizun.	136,415	36
TOTAL.	2,286,123	95

Le revenu des propriétés bâties est de cinq cent vingt-huit mille six cent quatre-vingt-huit francs quatre-vingt-dix centimes.

TABLEAU DU RELEVÉ CADASTRAL DU REVENU DES PROPRIÉTÉS BATIES DANS L'ARRONDISSEMENT DE MORLAIX.

DÉSIGNATION des Cantons.	NOMS des COMMUNES.	REVENU en francs et centimes.
		fr. c.
Morlaix.	Morlaix.	193,656 »
	Ploujean.	11,216 »
	Sainte-Sève.	1,268 »
	St-Martin-des-Champs.	5,361 50
	Plourin.	9,397 »
Lanmeur.	Lanmeur.	5,995 »
	Plouégat-Guérand. . .	3,625 »
	Plouézoc'h..	2,796 50
	Garlan.	1,805 »
	Guimaëc.	3.884 »
	Saint-Jean-du-Doigt. .	3,185 »
	Loquirec.	3,608 »
	Plougasnou..	7,687 »
Plouigneau	Plouigneau..	15,394 »
	Le Ponthou.	1,340 »
	Guerlesquin.	7,428 »
	Botsorhel..	3,629 »
	Plouégat-Moysan. . .	2,892 »
	Lannéanou.	1,958 »
	Plougonven.	15,814 »
Plouzévédé	Plouzévédé.	3,788 »
	Saint-Vougay.	2,124 »
	Trézélidé.	928 »
	Plouvorn.	8,240 »
	Tréflaouénan.	1,801 »
	Cléder..	3,538 »
Saint-Pol-de-Léon.	Saint-Pol-de-Léon. . .	41,305 40
	Roscoff.	17,543 30
	Ile-de-Batz.	3,374 50
	Plouénan.	5,574 »
	Mespaul..	3,942 70
	Plougoulm..	4,885 »
	Sibiril..	2,860 »
	A reporter.	401,742 90

DÉSIGNATION des Cantons.	NOMS des COMMUNES.	REVENU en francs et centimes.
		fr. c.
	Report.	401,742 90
Landivisiau	Landivisiau.	18,572 »
	Bodilis.	2,927 »
	Guimiliau.	3,953 »
	Lampaul..	5,962 »
	Plougourvest.	1,838 »
	Plounéventer.	4,114 »
	Saint-Servais.	1,476 »
Taulé.	Taulé.	6,231 »
	Henvic.	2,944 »
	Carantec.	3,223 »
	Locquénolé.	1,022 »
	Guiclan.	6,158 »
Saint-Thégonnec.	Saint-Thégonnec. . .	10,067 »
	Pleyber-Christ.	8,313 »
	Le Cloître..	1,859 »
	Plounéour-Ménez. . .	12,737 »
Plouescat.	Plouescat.	6,397 »
	Plounévez-Lochrist. .	6,118 50
	Tréflez.	1,061 50
	Lanbouarneau.. . . .	2,348 »
	Plougar..	1,640 »
Sizun.	Sizun.	7,414 »
	Saint-Sauveur.. . . .	2,575 »
	Commana.	5,607 »
	Loc-Mélard.	2,389 »
	TOTAL.	528,688 90

RÉCAPITULATION PAR CANTONS.

	fr.	c.
Morlaix	220,898	50
Lanmeur	32,585	50
Plouigneau	48,155	»
Plouzévédé	20,449	»
Saint-Pol-de-Léon	79,684	90
Landivisiau	38,842	»
Taulé	19,578	»
Saint-Thégonnec	32,976	»
Plouescat	17,365	»
Sizun	17,985	»
Total	528,688	90

Ce qui donne un total égal, en revenu, au revenu total de la matrice, ou deux millions huit cent vingt mille six cent quatre-vingt-neuf francs quatre-vingt-sept centimes.

TABLEAU DU TOTAL ÉGAL AU REVENU DE LA MATRICE
DANS L'ARRONDISSEMENT DE MORLAIX.

DÉSIGNATION des Cantons.	NOMS des COMMUNES.	TOTAL ÉGAL au Revenu de la Matrice.
		fr. c.
Morlaix.	Morlaix.	215,225 06
	Ploujean.	58,042 47
	Sainte-Sève.	18,293 89
	St-Martin-des-Champs.	40,600 63
	Plourin.	80,475 23
Lanmeur.	Lanmeur.	48,654 78
	Plouégat-Guérand. . .	26,675 26
	Plouézoc'h.	21,036 66
	Garlan.	16,962 70
	Guimaëc.	37,532 73
	Saint-Jean-du-Doigt. .	31,829 16
	Loquirec.	22,087 16
	Plougasnou.	73,040 05
Plouigneau	Plouigneau.	134,164 87
	Le Ponthou.	2,925 26
	Guerlesquin.	43,842 55
	Botsorhel.	41,665 76
	Plouégat-Moysan. . .	28,377 13
	Lannéanou.	19,063 52
	Plougonven.	140,516 69
Plouzévédé	Plouzévédé.	24,914 89
	Saint-Vougay.	17,089 75
	Trézélidé.	9,273 19
	Plouvorn.	64,213 38
	Tréflaouénan.	14,825 31
	Cléder.	98,747 22
Saint-Pol de-Léon.	Saint-Pol-de-Léon. . .	204,630 20
	Roscoff.	77,981 43
	Ile-de-Batz.	17,054 69
	Plouénan.	109,780 63
	Mespaul.	28,934 08
	Plougoulm.	73,501 75
	Sibiril.	47,567 91
	A reporter.	1,890,125 99

DÉSIGNATION des Cantons.	NOMS des COMMUNES.	TOTAL ÉGAL au Revenu de la Matrice.
		fr. c.
	Report.	1,890,125 99
Landivisiau	Landivisiau.	51,471 83
	Bodilis.	26,090 50
	Guimiliau.	21,367 71
	Lampaul.	36,817 03
	Plougourvest.	18,264 51
	Plounéventer.	32,886 15
	Saint-Servais.	12,329 26
Taulé	Taulé.	61,690 58
	Henvic.	32,968 39
	Carantec.	29,351 58
	Locquénolé.	3,387 87
	Guiclan.	72,569 67
Saint-Thégonnec	Saint-Thégonnec. . .	80,072 05
	Pleyber-Christ.. . . .	57,744 45
	Le Cloître.	20,382 80
	Plounéour-Ménez. . .	74,522 07
Plouescat.	Plouescat.	45,361 72
	Plounévez-Lochrist. .	45,530 26
	Tréflez	21,062 32
	Lanhouarneau.. . . .	15,329 29
	Plougar	16,763 48
Sizun.	Sizun..	67,263 50
	Saint-Sauveur.. . . .	24,076 80
	Commana.	44,028 56
	Loc-Mélard.	19,031 50
	TOTAL.	2,820,689 87

RÉCAPITULATION PAR CANTONS.

	fr.	c.
Morlaix	412,637	28
Lanmeur	278,418	50
Plouigneau	410,555	78
Plouzévédé	229,063	74
Saint-Pol-de-Léon	559,450	69
Landivisiau	199,226	99
Taulé	199,968	09
Saint-Thégonnec	232,721	37
Plouescat	144,247	07
Sizun	154,400	36
TOTAL	2,820,689	87

Le cours ordinaire des baux à ferme dans l'arrondissement de Morlaix est de neuf ans. Cependant, dans quelques communes du canton de Plouigneau, ce cours n'est que de cinq et sept ans. Les baux à ferme se renouvellent ordinairement à mi-terme.

Il résulte, de renseignements recueillis, qu'une ferme de 300 francs de location se compose, dans les cantons de Plouigneau et de Sizun, de sept à dix hectares de terres chaudes (1) et de cinq à six hectares de terres froides.

Les mêmes renseignements nous apprennent que, dans les cantons de Saint-Pol-de-Léon, de Plouescat et de Plouzévédé, la même ferme (300 francs de revenu) se compose de trois à quatre hectares de terres chaudes et de un à deux hectares de terres froides. Dans quelques communes

(1) On appelle terre chaude, la terre labourable qui est en culture réglée, et terre froide, celle qui n'a subi aucun labour, comme la terre à ajonc d'Europe et à bruyère.

de ces mêmes cantons, à Roscoff surtout, le prix de location des terres labourables s'élève jusqu'à 200 francs l'hectare et même plus, et, dans les autres cantons non désignés, on peut porter de six à huit hectares de terres chaudes et même quantité de terres froides, le contenu d'une ferme de 300 francs de revenu.

Un usage très-répandu dans l'arrondissement de Morlaix est celui de *commissions*, de *gants*, d'*épingles*, etc., que le propriétaire exige du fermier lorsque ce dernier passe un bail à ferme. Cet usage consiste à payer au propriétaire un droit d'entrée qui s'élève habituellement à une année de revenu. Dans les cantons de Plouescat et de Plouzévédé, les commissions s'élèvent quelquefois jusqu'à deux fois le prix d'une année de ferme. Ce taux paraît moins élevé dans les cantons de Plouigneau et de Morlaix. Cet usage paraît même peu répandu dans le canton de Sizun. M. Duchâtellier dit, avec juste raison, que le taux de ces commissions frustre les fermiers d'une partie de leurs économies, au moment même où elles leur seraient le plus nécessaire, à raison des besoins de leurs nouvelles exploitations.

Il n'existe pas de baux à cheptels proprement dits dans l'arrondissement de Morlaix. Cependant, dans les cantons de Plouzévédé et de Saint-Pol-de-Léon, quelques cultivateurs achètent des chevaux jeunes et maigres qu'ils placent chez des fermiers. Ces derniers s'en servent pour les travaux ruraux; ils les nourrissent et les soignent comme s'ils étaient leur propriété, et, lorsqu'ils sont vendus à l'âge de trois ou quatre ans, le profit est partagé par moitié entre le bailleur et le preneur.

Les autres charges que le fermier a à supporter, outre celles que nous venons de faire connaître, sont, le plus ordinairement, de payer l'impôt foncier, de nourrir et servir les ouvriers qui sont employés à la construction et aux réparations des bâtiments ruraux; de faire les charrois des matériaux nécessaires pour ces constructions et réparations; de faire plusieurs journées de charrois pour le propriétaire pendant l'année; de travailler aux chemins vicinaux, etc.

Les propriétés sont trop divisées dans l'arrondissement de Morlaix pour que le mode de jouissance du sol n'influe pas d'une manière fâcheuse sur le bien-être des habitants de la campagne. Chaque ferme, comme nous l'avons déjà dit plus haut, se composant au plus de huit à trente hectares de terres, et ses produits étant les seules ressources sur lesquelles le fermier puisse compter pour nourrir et entretenir lui et sa famille, et parer aux nombreuses charges qui lui sont imposées, ce n'est qu'en se privant souvent du nécessaire et en économisant sur tout, qu'il arrive à la fin de l'année et qu'il peut réaliser la somme qui doit payer son fermage.

Les paysans de l'arrondissement de Morlaix paraissent malheureux, quand on compare leur position à celle des paysans de la Normandie et des plaines de la Beauce, où l'on suit un mode tout-à-fait opposé pour la distribution et la jouissance des terres. Les fermiers de ces contrées jouissent d'une aisance et d'un luxe même qui sont tout-à-fait inconnus aux paysans bas-bretons.

Si, d'une part, il est bien avéré qu'il y a bénéfice pour quelques petits propriétaires à diviser leurs terres, puisqu'ils trouvent à les louer plus facilement et avec plus d'avantage, il est bien avéré aussi, d'autre part, que c'est à leurs malheureux fermiers et aux privations journalières qu'ils s'imposent, qu'ils doivent le bien-être dont ils jouissent. On remarque que les petites fermes sont comparativement louées plus cher que les grandes. Aussi, les familles qui exploitent ces premières, pour faire honneur à leurs affaires et satisfaire aux obligations qu'elles ont contractées envers leurs propriétaires, doivent se priver de tout, et peuvent à peine se nourrir de pommes de terre et se vêtir de toile ou de quelque étoffe grossière !!... Comment en serait-il autrement? Ne voit-on pas de petits propriétaires qui, à chaque renouvellement de baux à ferme, menacent de chasser leurs fermiers s'ils ne consentent pas à augmenter le prix de leur loyer, et leur donner pour raison de cette conduite, qu'ils gagnent trop et qu'ils jouissent d'une trop grande aisance!.... Nous devons à la vérité de le dire: cette conduite odieuse n'est pas suivie par les grands propriétaires. L'état de leur fortune leur permettant d'être plus humains envers leurs fermiers, ils comprennent mieux la loi sainte de la charité chrétienne.

Nous pouvons le dire sans crainte : il n'y aura pas de bien-être réel pour les petits fermiers bas-bretons, tant que les terres seront aussi divisées qu'elles le sont; que les prix des fermages ne seront pas baissés et que les baux à ferme ne seront pas faits à plus longs termes.

On peut dire aussi, avec vérité, que, dans l'arrondissement de Morlaix, les terres arables ne sont pas en rapport avec la population agricole. Le défaut de capitaux est le principal empêchement au défrichement de toutes les terres qui sont susceptibles d'être mises sous culture.

Le froment étant l'article le plus important de la production agricole de la contrée, comme celui des besoins alimentaires des villes, il faudrait, pour que le fermier pût payer sa ferme et que le consommateur n'eût pas à se plaindre, que le cours de cette denrée se tînt de 17 à 18 francs l'hectolitre.

En traitant des pâturages naturels, au chapitre *Divisions entre les divers emplois du sol*, nous avons parlé du peu de communaux qui existent dans l'arrondissement, de leur nature et de leur emploi. Nous ne reviendrons plus sur cet objet. Nous nous contenterons de faire connaître que les coutumes du parcours, de la vaine pâture, du glanage, du droit de mort-bois, n'existent pas dans l'arrondissement.

CHAPITRE 9.

CAPITAUX.

Le capital d'exploitation, employé ordinairement par hectare, dans l'arrondissement de Morlaix, est de trois cents francs, dont cent francs en capital d'établissement et deux cents francs en capital de roulement.

Dans l'un et l'autre cas, le propriétaire foncier reste toujours étranger à ce capital, puisqu'il n'existe pas de métayage ou colonnage.

L'emploi du capital, pour le fermier, s'établit de la manière suivante :

	fr.	c.
Mobilier.	30	»
Instruments.	40	»
Semences.	40	»
Chevaux et bestiaux.	120	»
Engrais.	70	»
TOTAL.	300	»

Les intérêts que procure au fermier son capital d'exploitation, consistent dans les produits qu'il retire de ses terres et de ses animaux domestiques. Ces produits se partagent en trois parties.

La première est destinée à l'entretien et à la nourriture du fermier et de sa famille;

La deuxième, aux frais d'exploitation;

La troisième, à payer le propriétaire et les impôts.

Les propriétaires empruntent constamment sur hypothèques, à 5 pour cent d'intérêt. Les fermiers aisés empruntent aussi quelquefois aux mêmes conditions. Mais le paysan, simple cultivateur, ne peut emprunter sur hypothèques, puisqu'il ne peut fournir aucune garantie. Il emprunte sur simple billet lorsqu'il trouve des personnes assez confiantes pour lui prêter les sommes dont il a besoin. Ce prêt est très-rare; mais, lorsqu'il a lieu, les intérêts se paient aussi à raison de 5 pour cent, comme pour les emprunts sur hypothèques.

Les usages auxquels les cultivateurs de l'arrondissement de Morlaix emploient les bénéfices qu'ils retirent de leurs travaux, varient suivant le caractère de l'homme et suivant aussi que ces bénéfices sont plus ou moins considérables.

Le petit fermier emploie ses petits bénéfices à augmenter son mobilier et à acheter une bonne vache laitière. Ce sont là toutes les acquisitions qu'il peut se permettre. Le cultivateur qui se trouve dans une ferme d'une certaine importance, emploie ses bénéfices à améliorer ses animaux domestiques, et le surplus est consacré à l'achat d'une ou de plusieurs petites parcelles de terre et à la construction d'une petite maisonnette. Enfin, le fermier propriétaire emploie ses capitaux à l'achat de biens fonds, ou les place sur bonne hypothèque à 5 pour cent d'intérêt.

Les fermiers qui jouissent d'une certaine aisance ne se bornent pas à la seule culture de leurs terres; ils joignent à cette industrie le commerce des chevaux, des bêtes bovines, des porcs, des fils, des toiles, des peaux, etc., dont ils retirent un bon bénéfice.

Les cultivateurs des cantons de Lanmeur, de Morlaix, de Taulé, de Plouzévédé, de Saint-Pol-de-Léon et de Plouescat se livrent de préférence au commerce des pouliches et des mères poulinières. Ceux des cantons de Landivisiau, de Saint-Thégonnec et de Sizun préfèrent le commerce des poulains, des doubles bidets et des bêtes bovines. Ceux de Lanmeur et de Plouigneau, celui des porcs. Enfin, les cultivateurs des communes de Pleyber-Christ, de Saint-Thégonnec, de Guiclan, de Saint-Sauveur, de Sizun et de Commana font le commerce des fils et des toiles, et ceux de Lampaul et de Landivisiau, celui des peaux non tannées

CHAPITRE 10.

CONSTRUCTIONS RURALES.

L'arrondissement de Morlaix possède deux genres de constructions rurales :

1° Celles recouvertes de genêt ou de paille;

2° Celles recouvertes en ardoises.

Les constructions qui sont recouvertes de genêt ou de paille y sont encore en très-grand nombre et se rencontrent dans tous les cantons, mais plus particulièrement dans quelques-unes des communes qui avoisinent les montagnes d'Arées, et dans celles qui se trouvent entre Saint-Pol-de-Léon et Plouescat.

Celles recouvertes en ardoises se rencontrent aussi dans tous les cantons, mais elles sont plus communes dans ceux de Plouigneau, de Lanmeur et de Saint-Thégonnec.

Depuis quelques années, le nombre des toits en chaume tend à diminuer d'une manière sensible. Dans les nouvelles constructions rurales qui s'élèvent tous les jours sur tous les points de l'arrondissement, on abandonne le système des toits en chaume et on les remplace par des toits recouverts en ardoises. Tout porte à croire, qu'à une époque très-peu éloignée de nous, les premières constructions auront entièrement fait place aux secondes.

La hauteur, la longueur et la largeur des bâtiments ruraux varient suivant le plus ou le moins d'importance de l'exploitation.

La hauteur des murs au-dessus du sol est de deux à six mètres; la moyenne, de quatre mètres.

Les bâtiments d'une ferme consistent ordinairement en une maison manale, une écurie, une étable, une grange et un toit à porcs.

La maison manale, l'écurie et l'étable se trouvent souvent sur la même ligne et sont séparées entre elles par des pignons. (*Voyez planche* Ire, *fig.* 1.)

Le plus ordinairement, l'écurie et l'étable se trouvent placées derrière et de chaque côté de la maison manale, de manière à former une cour. Dans ces sortes de constructions, la grange est séparée des autres corps de bâtiments par l'aire à battre ou le paillier. (*Voyez planche* Ire, *fig.* 2.)

La maison manale, lorsqu'elle est couverte soit en genêt, soit en paille, ne possède ordinairement qu'un rez-de-chaussée, surmonté d'un grenier; ce dernier manque quelquefois. Le rez-de-chaussée est le plus souvent d'une seule pièce, rarement de deux. La porte et les fenêtres de la façade, qui est presque toujours exposée au Midi, fermant avec des panneaux en bois, donnent passage au jour et à l'air. Il est rare que ces habitations aient des ouvertures au Nord, et cela n'arrive que lorsqu'il y a derrière une cour ou une aire à battre, à laquelle on communique par une porte. La pièce qu'occupent le fermier et sa famille est encombrée de lits clos, dont les battants sont à coulisses et percés d'une ouverture en forme de cœur; d'armoires, de bancs servant à la fois de siége pour la table et de coffres pour les hardes.

Dans presque toutes les fermes, la maison manale présente une aile qu'on désigne dans le pays par le nom de *cuz-dol* (cache table). Cette aile, qui se trouve constamment sur la façade et du côté de la cheminée est pourvue d'une petite croisée dans son pignon et est destinée à recevoir la table commune où la famille prend ses repas. (*Voyez planche* Ire, *fig.* 3.)

La maison manale, lorsqu'elle est couverte en ardoises, possède dans plusieurs fermes un rez-de-chaussée, une chambre planchéiée et un grenier.

Toutes ces pièces sont d'un seul tenant. Les escaliers pour monter dans la chambre sont ordinairement placés dehors et derrière la maison. Ils sont construits en pierres et couverts par un toit soutenu par des piliers en bois. On communique dans le grenier au moyen d'une trappe et d'une échelle. (*Voyez planche* Ire, *fig.* 4 *et* 5.)

Nous avons dit que la grandeur des bâtiments ruraux varie suivant l'importance de l'exploitation. Elle est tantôt de treize mètres de long pour les maisons manales, sur six de haut et cinq de large, dans les fermes d'une certaine étendue; de sept mètres de long, sur deux de haut et quatre de large dans les petites fermes.

Les écuries et les étables sont ordinairement trop petites, eu égard au nombre d'animaux qu'elles renferment. Une écurie pour cinq chevaux n'a pas plus de cinq mètres de long sur deux de haut et trois de large. Les étables sont dans les mêmes proportions.

Ces derniers bâtiments ont une porte qui n'a pas beaucoup plus d'un mètre quarante centimètres de hauteur, sur quatre-vingt-dix centimètres de largeur. A côté de cette porte, se trouve une petite lucarne, percée dans le mur, fermant par un petit volet ou bouchée par de la paille. Le haut des écuries et des étables n'est pas planchéié. Dans beaucoup de fermes le toit est à découvert; dans d'autres, on place des madriers en travers sur les poutrelles, et c'est sur ce plancher à claire-voie que se placent les fourrages secs (foin, etc.) (*Voyez, pour plus de détail, les chapitres* 5, 11 *et* 14 *de la deuxième partie.*)

Les granges n'ont, le plus souvent, pour destination que de mettre à couvert les charrettes et les instruments aratoires. Ces granges sont presque toujours construites à peu de frais. La hauteur de la maçonnerie n'a pas plus d'un mètre. Sur ce murtin est appuyé un des bouts de la charpente, tandis que l'autre est adossé au pignon de la maison manale ou à celui de l'étable ou de l'écurie. Dans les fermes des grands cultivateurs, la grange, quoiqu'ayant toujours la même destination, est supportée tantôt par des piliers en bois, tantôt par des piliers faits avec des pierres dites de Loquirec.

Le prix courant de la main-d'œuvre de la maçonnerie est, pour les maisons manales des grandes fermes, de.	5 à 3 fr.	» c.	le mètre.
Pour les maisons manales des petites fermes, les écuries, les étables et les granges, de.	3 à 2	50	
Les couvertures en genêt ou paille.	1	25	
Idem en ardoises.	4	»	
Les planchers et les cloisons.	4	»	
Les poutres en sapin de Riga.	2	25	
Les serrures ordinairement employées sont de.	3	»	la pièce.
Les garnitures des fenêtres, en gonds, pentures, loquets et targettes.	6	»	chacune.

CHAPITRE 11.

SALAIRES ET CONDITIONS DU TRAVAIL.

La population ouvrière agricole, employée dans les fermes de l'arrondissement de Morlaix, se divise en deux classes :

1° Les domestiques à gages;

2° Les domestiques à la journée.

Les domestiques à gages sont ceux qui habitent la ferme; ils sont nourris et couchés comme tous les membres de la famille, et reçoivent, à la fin de leur année, une somme d'argent dont le montant varie suivant le sexe, l'âge, et le plus ou moins de forces, d'intelligence et de capacité des individus.

Les domestiques à gages se subdivisent eux-mêmes en valets et en servantes de ferme.

Le prix de la main-d'œuvre des domestiques à gages peut se fixer de la manière suivante.

1° Domestiques mâles	de l'âge de 25 à 40 ans.	de 75 à 100 fr.
Idem	de l'âge de 18 à 25 ans.	de 54 à 70
Idem	de l'âge de 40 à 60 ans.	de 45 à 60
Idem	de l'âge de 12 à 15 ans.	de 15 à 20
2° Domestiques femelles	de l'âge de 25 à 35 ans.	de 42 à 60
Idem	de l'âge de 18 à 25 ans.	de 33 à 40
Idem	de l'âge de 12 à 15 ans.	de 15 à 20

Outre les sommes énoncées plus haut, les domestiques à gages reçoivent en nature, savoir :

1° Les domestiques adultes des deux sexes :

Sept mètres vingt centimètres de toile à 1 fr. 25 cent. le mètre. . *ci.*		9 fr.	» c.
Trois paires de sabots à 60 centimes la paire. . . . . *ci.*		1	80
La couturière à raison de 5 francs par an. . . . . *ci.*		5	»
Total.		15	80

2° Les enfants des deux sexes :

Trois mètres soixante cent. de toile à raison de 1 fr. 25 c. le mètre. *ci.*	4 fr.	50 c.
Trois paires de sabots à raison de 50 centimes la paire. . . . . *ci.*	1	50
Total.	6	»

On peut donc inférer de ce que nous venons de dire, que les domestiques à gages reçoivent, dans l'arrondissement de Morlaix, outre la nourriture, le coucher et le blanchissage, tant en argent qu'en nature, savoir :

1° Les domestiques mâles	de l'âge de 25 à 40 ans,	de 90f 80c à	115f 80c
Idem	de l'âge de 18 à 25 ans,	de 69 80 à	85 80
Idem	de l'âge de 40 à 60 ans,	de 60 80 à	75 80
2° Les domestiques femelles	de l'âge de 25 à 35 ans,	de 57 80 à	75 80
Idem	de l'âge de 18 à 25 ans,	de 48 80 à	55 80
3° Les enfants des deux sexes	de l'âge de 12 à 15 ans,	de 21 » à	26 »

Les domestiques que l'on emploie à la journée pour les travaux de la ferme, n'y sont occupés qu'une partie de l'année. Comme les domestiques à gages, ils se divisent en domestiques mâles, femelles et enfants.

Les domestiques journaliers adultes reçoivent en hiver de 25 à 35 centimes par jour, plus la nourriture estimée 50 centimes, et en été, de 50 à 60 centimes par jour, plus la nourriture également estimée 50 centimes.

Les servantes journalières adultes reçoivent en hiver, 20 centimes par jour, plus la nourriture estimée 50 centimes, et en été, de 20 à 25 centimes, plus la nourriture également estimée 50 centimes.

Les enfants journaliers des deux sexes reçoivent en hiver, de 10 à 15 centimes par jour, plus la nourriture estimée 40 centimes, et en été, de 15 à 20 centimes, plus la nourriture estimée 50 centimes.

Les paysans bas-bretons de l'arrondissement de Morlaix font généralement trois repas en hiver, c'est-à-dire, depuis la Toussaint jusqu'à Pâques, et quatre en été, c'est-à-dire, depuis Pâques jusqu'à la Toussaint. Ces repas se composent, pour le déjeûner, de soupe dans certaines communes; de pommes de terre cuites dans de l'eau ou de bouillie d'avoine avec du lait caillé, dans d'autres ; de bouillie pour le dîner; de pain et de beurre pour la collation, et de bouillie ou de pommes de terre cuites dans de l'eau et de lait caillé pour le souper.

Les trois repas d'hiver ont lieu à six heures du matin, à midi et à six heures du soir.

Les quatre repas d'été ont lieu à cinq heures du matin, à dix heures du matin, à trois heures de l'après-midi et à neuf heures du soir.

Outre les aliments que nous venons d'énumérer, le paysan fait de la soupe deux ou trois fois la semaine avec du porc, du bœuf ou de la vache salés, en se servant constamment de pain noir de seigle ou de pain d'orge. Chez quelques riches fermiers on fait usage de pain de froment, mais en très-petite quantité. Cet aliment est toujours considéré dans nos campagnes, comme un mets recherché et de luxe qui ne doit que rarement trouver place sur les tables rustiques.

Le vendredi et le samedi de chaque semaine, on fait des crêpes pour le repas du soir, et le reste est employé en soupe dans le courant de la semaine.

La seule boisson journalière du cultivateur et des gens de la ferme, consiste en de l'eau de source qui est très-abondante dans l'arrondissement.

Dans quelques fermes, mais seulement dans celles où il y a des vergers, on compose une boisson rafraîchissante qu'on connaît dans le pays sous le nom de piquette. *(Voyez chapitre 24 de la 1re partie.)*

L'estimation qui a été faite de la valeur de la nourriture des domestiques à gages pendant une année, peut se régler comme il suit :

Domestique mâle adulte.	150 fr.	» c.
Servante adulte.	130	»
Enfants des deux sexes de 12 à 15 ans.	120	»

Dans les fermes de l'arrondissement de Morlaix, on ne fournit de logement qu'aux domestiques à gages. Les journaliers sont tenus d'avoir un domicile à eux. Nous ne connaissons que quelques exceptions à cette règle.

Les domestiques ne reçoivent donc que leurs gages, plus les objets que nous avons fait connaître en parlant de leurs salaires.

Les journaliers et les domestiques à gages exécutant les mêmes travaux, et la durée du travail étant la même pour tous, on peut dire qu'ils travaillent, par jour, treize heures en été et huit heures en hiver.

Le nombre de domestiques employés dans une exploitation rurale moyenne, c'est-à-dire dans une ferme de la contenance de :

Terres arables.	12 hectares	» ares.
Prés.	2	»
Landes ou terres à ajonc d'Europe.	3	50
Bois taillis.	»	50
TOTAL.	18 hectares	» ares.

est de cinq hommes adultes et de trois femmes. Dans ce nombre sont compris le fermier et la fermière, qui travaillent comme tous les autres agents de la ferme.

Pendant la moisson, pour la coupe et le battage des grains, pour le sarclage et le binage des terres, on prend de trois à quatre journaliers et journalières. Dans plusieurs communes, à l'époque de la récolte, des cultivateurs aisés passent avec quelques journaliers une convention par laquelle le cultivateur s'engage à les employer, pendant toute la récolte, pour une somme déterminée entre les parties et payable à la fin des travaux. Cette somme est ordinairement de 60 francs par journalier. Le cultivateur s'engage encore à les nourrir pendant tout le temps que durera la récolte et à leur donner un verre d'eau-de-vie tous les matins. De son côté, le journalier s'engage à remplir sa tâche en âme et conscience, et à ne pas abandonner la ferme que quand les travaux sont entièrement terminés.

Ces sortes de marchés sont très-avantageux pour les cultivateurs quand l'état de l'atmosphère ne vient apporter aucune entrave aux travaux entrepris, puisqu'ils peuvent compter sur des hommes connus et qui ont intérêt à ce que les travaux n'aient qu'une très-faible durée. Mais ils leur deviennent très-préjudicieux quand, pendant la récolte, le temps est constamment pluvieux, puisque, par suite d'un engagement pris, ils doivent nourrir ces hommes pendant un temps qui n'a rien de limité.

Les journaliers et les domestiques à gages sont presque tous habitants de la commune dans laquelle se trouve l'exploitation. Très-peu viennent même des communes voisines. Il n'y a donc pas d'émigration.

Il existe peu de différence entre les domestiques de ce jour et ceux de l'ancien temps qui servent dans les fermes de l'arrondissement de Morlaix. Excepté dans un petit nombre d'exploitations où l'on a adopté le nouveau mode de culture, rien n'a changé, ou très-peu de choses, à l'égard des domestiques employés dans les fermes où l'on cultive d'après l'ancien système. Aujourd'hui, comme autrefois, le domestique est sans instruction et il n'a d'autre guide que la routine.

Si, d'une part, le domestique bas-breton est peu cultivé, il n'est pas moins très-attaché à ses maîtres. On rencontre souvent chez ces hommes un dévouement sublime qu'il est rare de rencontrer chez des hommes plus civilisés. Nous connaissons des domestiques des deux sexes qui, jeunes encore, auraient pu s'établir avec avantage et, de valets et servantes de ferme qu'ils étaient, devenir des fermiers et des fermières aisés, préférer leur état de domesticité à l'indépendance et consacrer leurs jours à élever de jeunes orphelins, enfants de leurs anciens maîtres enlevés prématurément, et qui, sans eux, se seraient trouvés abandonnés et sans soutien. La Société d'agriculture de l'arrondissement de Morlaix a souvent eu occasion, dans ses fêtes solennelles, de récompenser de pareils dévouements.

CHAPITRE 12.

ÉTAT ANCIEN DU PAYS.

Le système ancien de l'arrondissement de Morlaix était de laisser reposer pendant quatre, cinq et même six ans, un cinquième des terres arables qui, pendant ce laps de temps, produisait du genêt dans les cantons de Saint-Thégonnec et de Sizun, et servait de pâture dans les autres cantons. Aujourd'hui, on ne sème presque plus de genêt, si ce n'est dans les terres à ajonc d'Europe. On ne laisse plus de champs en jachères dans les communes qui avoisinent la mer. On conserve seulement un ou deux champs sous pâture, suivant l'importance de l'exploitation, pour laisser paître en liberté les animaux qui y restent pendant tout le jour. C'est un lieu d'exercice où ils prennent leurs ébats. Quant à la nourriture qu'ils y trouvent, elle est presque nulle. L'herbe qui y croit ne peut suffire à la consommation d'un seul jour de tous les animaux de la ferme.

Ce cinquième des terres qu'on laissait reposer est actuellement consacré aux différentes cultures de trèfle, de panais, de carottes, de navets, de betteraves et de pommes de terre, ce qui n'a pas peu contribué à augmenter la quantité des beurres et celle des animaux des races bovines et ovines, sans que ces dernières se soient améliorées d'une manière sensible.

L'ancien système est donc tout-à-fait abandonné sur les bords de la mer.

CHAPITRE 13.

DIVISION AGRICOLE DE L'ARRONDISSEMENT.

L'arrondissement de Morlaix se divise en trois contrées agricoles.

La première, composée de terres franches, comprend la partie du littoral dans toute sa longueur de l'Est à l'Ouest, sur une longueur de sept mille sept cents mètres du Nord au Sud. Cette première division est particulièrement consacrée à la culture des grains, du trèfle, des racines fourragères, et à la culture maraîchère dans la commune de Roscoff, et partie des communes environnantes.

La deuxième occupe l'intérieur de l'arrondissement dans toute sa longueur de l'Est à l'Ouest, sur une largeur de deux myriamètres et demi du Nord au Sud. Cette deuxième division possède des terres fortes, des prairies naturelles et des terres à ajonc d'Europe.

Enfin, la troisième, qui longe le pied des montagnes d'Arées sur une largeur d'un myriamètre et demi, possède des terres légères, des prairies naturelles, des terres à ajonc d'Europe et à bruyère, des jachères et des terrains marécageux.

Dans la première division on élève un grand nombre de juments et de bêtes bovines.

Dans la deuxième, des poulains, des pouliches et des bêtes bovines.

Enfin, dans la troisième, des bêtes bovines, des bêtes ovines et des doubles bidets bretons.

Dans les trois divisions on élève un grand nombre de porcs.

(Pour la division des terres, voyez le tableau ci-après, et pour tout ce qui concerne les animaux domestiques, tous les chapitres de la deuxième partie.)

TABLEAU DE LA DIVISION DES TERRES EMPLOYÉES

Première Série. — COMM

DÉSIGNATION des DIFFÉRENTES CULTURES.		PLOUJEAN.	PLOUÉZOC'H.	GUIMAËC.	SAINT-JEAN-DU-DOIGT.	LOQUIREC.	PLOUGASNOU.	PLOUZÉVÉDÉ.
		hect. a.	hect. a.	hect. a.	hect. a.	hect. a.	hect. a.	hect. a.
Relevé cadastral des terres arables. .		1,207 35	832 80	996 82	823 80	351 60	1,899 70	1,058 48
DIVISION DES TERRES ARABLES.	Froment.	313 91	216 53	259 17	214 21	91 43	493 92	275 20
	Orge.	181 10	124 92	149 52	123 58	52 75	284 95	158 77
	Avoine.	181 10	124 92	149 52	123 58	52 75	284 95	158 77
	Sarrasin.	72 44	49 97	59 81	49 43	21 10	113 98	63 50
	Pommes de terre.	96 59	66 02	79 75	65 92	28 14	151 98	84 68
	Panais.	60 37	41 64	49 84	41 20	17 50	94 90	52 93
	Autres racines sarclées et choux. .	60 37	41 64	49 84	41 20	17 59	94 99	52 93
	Trèfle en coupe ou pâture. Luzerne.	181 10	124 92	149 53	123 58	52 75	284 95	158 77
	Lin et chanvre.	60 37	41 64	49 84	41 19	17 59	94 99	52 93
	Jachères.	» »	» »	» »	» »	» »	» »	» »
TOTAUX GÉNÉRAUX du relevé cadastral.		1,207 35	832 80	996 82	823 89	351 69	1,899 70	1,058 48
Prairies naturelles.		117 97	73 46	78 51	90 01	13 80	175 64	117 79
Bois de haute futaie.		35 78	19 04	18 39	10 50	11 29	28 68	17 12
Bois taillis.		179 24	81 15	22 42	80 11	1 13	60 33	53 53
Lande (ajonc) et seigle.		433 74	480 52	643 96	845 03	176 68	1,008 05	641 01
TOTAUX GÉNÉRAUX de la quantité de terres employées aux différentes cultures.		1,974 08	1,486 97	1,760 10	1,858 63	554 50	3,171 80	1,887 93

FÉRENTES CULTUTRES DANS L'ARRONDISSEMENT DE MORLAIX.

LONGENT LE LITTORAL.

	CLÉDER.	SAINT-POL-DE-LÉON.	ROSCOFF.	ILE-DE-BATZ.	PLOUÉNAN.	MESPAUL.	PLOUGOULM.	SIBIRIL.	PLOUESCAT.	PLOUNÉVEZ-LOCHRIST.	TRÉFLEZ.
a.	hect. a.	hect. a.	hect. a	hect. a	hect. a.	hect. a.	hect. a.	hect. a.	hect. a.	hect. a.	hect. a.
88	2,295 28	1,823 »	641 »	171 »	1,447 »	546 »	1,188 »	694 »	1,000 60	2,398 56	750 20
58	596 78	473 98	106 66	44 46	376 22	141 96	308 88	180 44	260 15	623 63	195 05
98	344 29	273 45	96 15	25 65	217 05	81 90	178 20	104 10	150 09	359 78	112 53
98	344 29	273 45	96 15	25 65	217 05	81 00	178 20	104 10	150 09	359 78	112 53
59	137 72	109 38	38 46	10 26	86 82	32 76	71 28	41 64	60 04	143 01	45 01
80	183 63	145 84	51 28	13 68	115 76	43 68	95 04	55 52	80 05	191 89	60 02
99	114 76	91 15	32 05	8 56	72 35	27 30	59 40	34 70	50 03	119 93	37 51
99	114 76	91 15	32 05	8 55	72 35	27 30	59 40	34 70	50 03	119 93	37 51
98	344 29	273 45	96 15	25 65	217 05	81 90	178 20	104 10	150 09	359 78	112 53
99	114 76	91 15	32 05	8 53	72 35	27 30	59 40	34 70	50 03	119 93	37 51
»	» »	» »	» »	» »	» »	» »	» »	» »	» »	» »	» »
88	2,295 28	1,823 »	641 »	171 »	1,447 »	546 »	1,188 »	694 »	1,000 60	2,308 56	750 20
35	195 30	224 »	165 »	94 »	188 »	124 »	162 »	81 »	71 15	281 72	45 16
80	29 84	40 »	15 »	» »	38 »	10 »	10 »	9 »	10 93	22 17	8 50
14	90 17	21 »	1 »	» »	240 »	67 »	60 »	48 »	10 36	186 95	35 19
33	871 67	199 »	68 »	10 »	923 »	326 »	270 »	200 »	279 25	1,308 08	667 78
50	3,482 26	2,310 »	890 »	275 »	2,845 »	1,073 »	1,690 »	1,032 »	1,381 29	4,197 48	1,506 83

TABLEAU DE LA DIVISION DES TERRES EMPLOYÉES

Deuxième Série.

DÉSIGNATION des DIFFÉRENTES CULTURES.		MORLAIX.	SAINTE-SÈVE.	SAINT-MARTIN-DES-CHAMPS.	PLOURIN.	LANMEUR.	PLOUÉGAT-GUÉRAND.	GARLAN.	LE PONTHOU.	PLOUIGNEAU.	PLOUÉGAT-MOYSAN.	PLOUGONVEN.	SAINT-VOUGAY.
		hect. a.	hect. a.	hect. a.	hect. a.	hect. a.	hect. a.	hect. a.	hect. a.	hect. a.	hect. a.	hect. a.	hect. a.
Relevé cadastral des terres arables. . . .		158 19	401 78	644 17	1830 01	1381 16	884 50	608 77	39 22	2719 27	831 49	2727 13	696 64
DIVISION DES TERRES ARABLES.	Froment.	31 64	80 36	128 83	366 »	276 23	176 90	121 75	7 84	543 86	166 30	545 43	139 33
	Orge.	23 73	60 27	96 63	274 50	207 17	132 68	91 32	5 88	407 89	124 72	409 00	104 50
	Avoine.	31 64	80 36	128 83	366 »	276 23	176 90	121 75	7 84	543 86	166 30	545 43	139 33
	Sarrasin.	12 66	32 14	51 54	146 41	110 50	70 76	48 70	3 14	217 54	66 52	218 17	55 73
	Pommes de terre. .	7 91	20 09	32 21	91 50	69 06	44 22	30 44	1 96	135 96	41 58	136 36	34 83
	Panais.	7 91	20 09	32 21	91 50	69 06	44 22	30 44	1 96	135 96	41 58	136 36	34 83
	Autres racines sarclées et choux. .	4 74	12 05	19 32	54 90	41 44	26 53	18 26	1 18	81 58	24 94	81 81	20 90
	Trèfle en coupe ou pâture. Luzerne.	23 73	60 27	96 63	274 50	207 17	132 68	91 32	5 88	407 89	124 72	409 07	104 50
	Lin et chanvre. . .	3 16	8 03	12 88	36 60	27 62	17 69	12 18	» 79	54 38	16 63	54 54	13 93
	Jachères.	11 07	28 12	45 09	128 10	96 68	61 92	42 61	2 75	190 35	58 20	190 90	48 76
TOTAUX GÉNÉRAUX du relevé cadastral. . .		158 19	401 78	644 17	1830 01	1381 16	884 50	608 77	39 22	2719 27	831 49	2727 13	696 64
Prairies naturelles. . .		24 18	66 90	74 51	327 28	158 42	107 09	79 21	18 10	382 88	137 56	634 01	110 66
Bois de haute futaie. .		50 60	13 27	29 56	44 79	31 58	52 09	28 16	2 21	90 56	11 76	94 62	15 41
Bois taillis.		25 69	44 81	190 35	143 23	115 59	137 66	115 36	29 57	976 43	56 53	718 37	43 51
Lande (ajonc) et seigle.		45 06	422 34	530 35	1414 08	780 38	447 17	430 32	30 19	1904 14	392 15	2487 35	150 63
TOTAUX GÉNÉRAUX de la quantité de terres employées aux différentes cultures. . . .		303 72	449 10	1468 84	3759 39	2467 13	1029 41	1201 82	119 29	6073 18	1420 49	6061 48	1016 85

…RENTES CULTURES DANS L'ARRONDISSEMENT DE MORLAIX.

…UNES DU CENTRE.

	BODILIS.	GUIMILIAU.	LAMPAUL.	PLOUGOURVEST.	PLOUNÉVENTER.	SAINT-SERVAIS.	TAULÉ.	HENVIC.	CARANTEC.	LOCQUÉNOLÉ.	GUICLAN.	S.-THÉGONNEC.	PLEYBER-CHRIST.	LANHOUARNEAU.	PLOUGAR.
	hect. a.	hect. a.	hect. a.	hect. a.	hect. a.	hect. a.	hect. a.	hect. a.	hect. a.	hect. a.	hect. a.	hect. a.	hect. a.	hect. a.	hect. a.
»	1220 »	864 »	1075 »	736 »	1904 »	576 »	1356 89	632 77	523 02	53 78	1888 39	2140 68	1823 03	583 73	772 24
46	244 »	172 80	215 »	147 20	380 80	115 20	271 38	120 55	104 61	11 10	377 68	428 14	364 61	116 75	154 45
05	183 »	129 60	161 25	110 40	285 60	86 40	203 54	94 92	78 45	8 37	283 26	321 10	273 46	87 56	115 84
40	244 »	172 80	215 »	147 20	380 80	115 20	271 38	120 55	104 61	11 10	377 68	428 14	364 61	116 75	154 45
16	97 60	69 12	86 »	58 88	152 32	46 08	108 55	50 62	41 84	4 46	151 07	171 25	145 84	46 70	61 77
35	61 »	43 20	53 75	36 80	95 20	28 80	67 84	31 64	26 15	2 79	94 42	107 03	91 15	29 19	38 61
35	61 »	43 20	53 75	36 80	95 20	28 80	67 84	31 64	26 15	2 79	94 42	107 03	91 15	29 19	38 61
81	36 60	25 92	32 25	22 08	57 12	17 28	40 70	18 98	15 69	1 67	56 65	64 23	54 69	17 51	23 17
05	183 »	129 60	161 25	110 40	285 60	86 40	203 54	94 92	78 45	8 37	283 20	321 10	273 45	87 55	115 84
54	24 40	17 28	21 50	14 72	38 08	11 52	27 14	12 66	10 46	1 11	37 77	42 81	36 46	11 67	15 44
89	85 40	60 48	75 25	51 52	133 28	40 32	94 98	44 29	36 61	3 90	132 18	149 85	127 01	40 86	54 00
»	1220 »	864 »	1075 »	730 »	1904 »	576 »	1356 89	632 77	523 02	55 78	1888 39	2140 68	1823 03	583 73	772 24
»	86 »	22 »	111 »	24 »	244 »	48 »	81 18	12 31	17 94	4 36	222 68	316 77	337 25	82 24	122 73
»	» »	1 »	» »	» »	» »	» »	30 39	12 42	14 34	3 57	24 06	20 23	22 32	14 96	6 14
»	86 »	22 »	111 »	24 »	244 »	48 »	81 18	12 31	17 94	4 36	222 68	375 38	500 95	46 08	36 65
»	675 »	75 »	277 »	471 »	1619 »	264 »	1132 92	236 87	262 10	15 89	1582 99	1150 22	1662 61	515 37	724 60
»	2067 »	984 »	1574 »	1255 »	4011 »	936 »	2682 50	906 68	835 34	83 96	3941 70	4003 28	4352 16	1242 98	1662 36

TABLEAU DE LA DIVISION DES TERRES EMPLOYÉES AUX DIFFÉRENTES CULTURES DANS L'ARRONDISSEMENT DE MORLAIX.

Troisième Série. — COMMUNES QUI LONGENT LES MONTAGNES D'ARÉES.

DÉSIGNATION des DIFFÉRENTES CULTURES.	GUERLESQUIN.	BOTSORHEL.	LANNÉANOU.	LE CLOÎTRE.	PLOUNÉOUR-MÉNEZ.	SIZUN.	SAINT-SAUVEUR.	COMMANA.	LOC-MÉLARD.
	hect. a.	hect. a.	hect. a.	hect. a.	hect. a.	hect. a.	hect. a.	hect. a.	hect. a.
Relevé cadastral des terres arables.	913 21	038 55	670 29	815 09	2341 41	2102 »	885 »	1635 »	509 »
DIVISION DES TERRES ARABLES. Froment	91 32	93 85	67 03	81 51	234 14	210 20	88 50	103 50	50 90
Orge	91 32	93 85	67 03	81 51	234 14	210 20	88 50	163 50	50 90
Avoine	182 64	187 71	134 06	163 02	468 28	420 40	177 »	327 »	101 80
Sarrasin	109 59	112 63	80 43	97 81	280 97	252 24	106 19	196 20	61 08
Pommes de terre	45 66	46 93	33 51	40 75	117 07	105 10	44 25	81 75	25 45
Panais	45 66	46 93	33 51	40 76	117 07	105 10	44 25	81 75	25 45
Autres racines sarclées et choux	18 27	18 77	13 41	16 30	46 83	42 04	17 70	32 70	10 18
Trefle en coupe ou pâture. Luzerne	45 66	46 93	33 51	40 75	117 07	105 10	44 25	81 75	25 45
Lin et chanvre	9 13	9 38	6 71	8 15	23 41	21 02	8 86	16 35	5 00
Jacheres	273 96	281 57	201 09	244 53	702 43	630 60	265 50	490 50	152 70
TOTAUX GÉNÉRAUX du relevé cadastral.	913 21	938 55	670 29	815 09	2341 41	2102 »	885 »	1635 »	509 »
Prairies naturelles	206 07	207 26	136 71	243 38	562 24	520 »	130 »	290 »	106 »
Bois de haute futaie	12 20	46 41	21 04	18 02	47 09	40 »	12 »	46 »	10 »
Bois taillis	187 66	172 18	115 34	69 43	397 06	197 »	27 »	85 »	63 »
Lande (ajonc) et seigle	791 61	1110 02	587 20	1603 31	2375 94	2635 »	177 »	1025 »	788 »
TOTAUX GÉNÉRAUX de la quantité de terres employées aux différentes cultures	2110 83	2480 52	1550 58	2740 23	5724 64	5494 »	1231 »	3781 »	1476 »

RÉCAPITULATION GÉNÉRALE.

		hectares.	ares.
Relevé cadastral des terres arables		63,234	32
DIVISION DES TERRES ARABLES.	Froment	12,817	71
	Orge	8,937	62
	Avoine	11,640	65
	Sarrasin	5,076	73
	Pommes de terre	3,793	44
	Panais	3,162	74
	Autres racines sarclées et choux	2,205	64
	Trèfle en coupe ou pâture. Luzerne	8,407	21
	Lin et chanvre	1,765	15
	Jachères	5,457	63
TOTAUX GÉNÉRAUX du relevé cadastral		63,234	52
Prairies naturelles		9,498	72
Bois de haute futaie		1,255	84
Bois taillis		7,428	02
Lande (ajonc) et seigle		42,536	35
TOTAUX GÉNÉRAUX de la quantité de terres employées aux différentes cultures		123,673	45

CHAPITRE 14.

AMENDEMENTS.

Le système d'écobuage est très-répandu dans l'arrondissement de Morlaix. On écobue lorsqu'on veut défricher un sol pour y mettre des céréales, ou, pour se servir de l'expression employée dans le pays, mettre une terre froide en terre chaude. On y sème ordinairement du seigle la première année. Sa récolte indemnise des frais de l'écobuage et il protége l'accroissement des jeunes plantes qu'on y a semées, ou celles qui y croissent spontanément, et auxquelles les cendres de l'écobuage forment un engrais.

Les terres sur lesquelles on pratique l'écobuage, dans l'arrondissement de Morlaix, sont celles à ajonc d'Europe, celles à bruyère, les terrains incultes et les vieux pâturages.

On pratique cette opération depuis la mi-Mars jusqu'à la Saint-Jean. Cette époque est la plus favorable, en ce sens, que les cultivateurs sont moins occupés aux autres travaux de la campagne, et aussi parce que, pratiquée plus tôt ou plus tard, elle aurait l'inconvénient ou de faire repousser les gazons enlevés, ou de ne pas les faire sécher d'une manière convenable.

Peu d'instruments sont employés à l'écobuage. Le principal, pour ne pas dire l'unique, est une étrèpe qu'on connaît dans le pays sous le nom de *grande mare*. C'est une espèce de houe à main, dont la lame presque ronde est recourbée et à bord tranchant.

La longueur du fer est de 34 centimètres.

La longueur de la lame et sa largeur, de 25 centimètres.

Le manche qui passe dans la douille a 80 centimètres de long.

Cet instrument doit être très-bien conditionné et peser de 5 à 6 kilogrammes; son prix est de 6 à 7 francs. (*Voyez planche* II, *fig.* 1.)

L'opération de l'écobuage se pratique le plus souvent de la manière suivante : deux hommes, armés chacun d'une mare, se partagent en longueur un petit sillon, qui a ordinairement un mètre de large. C'est sur une surface de cinquante centimètres de large que chaque homme opère. Les deux hommes se placent de front au haut du sillon, le dos tourné vers le bas, si l'un travaille de la main droite et l'autre de la main gauche. Ils enlèvent les gazons en reculant, à mesure qu'ils avancent dans leur opération.

Bas du sillon. — Longueur du sillon 1 mètre. — Haut du sillon.

Portion affectée à l'homme qui travaille de la main droite. o

. . . . Position des hommes.

Portion affectée à l'homme qui travaille de la main gauche. o

Il arrive quelquefois que les deux hommes travaillent soit de la main droite, soit de la main gauche. Dans ces deux cas, l'opération est la même; il n'y a que la position des hommes qui change.

L'homme de gauche commence le premier jusqu'à ce qu'il ait enlevé deux mètres de gazon environ; puis commence celui de droite. Ils se tiennent dans cette position jusqu'à ce qu'ils soient arrivés au bas du sillon.

Bas du sillon. — Haut du sillon.

o

. . . . Position des hommes. . . . .

o

La grandeur des mottes de gazon n'a rien de fixe; elle varie suivant la force et l'adresse des écobueurs. Les mottes sont jetées pêle-mêle; mais le plus grand nombre d'entre elles ne sont pas renversées. Elles n'ont guère plus de 6 à 8 centimètres d'épaisseur. Les mottes, ainsi enlevées et disposées, restent en plein air jusqu'à ce que le gazon soit entièrement sec. Ensuite, on en forme des petits tas qu'on place à un mètre de distance, puis on les brûle. Le feu dure de 48 à 72 heures, suivant que le temps est plus ou moins beau. Le lendemain du jour qu'on y a mis le feu, des personnes sont chargées de l'entretenir et de redresser les tas de manière à ce que les gazons soient uniformément brûlés partout. La cendre de l'écobue reste ainsi en tas jusqu'à ce qu'on s'occupe des semailles du seigle, ce qui a lieu vers la fin d'octobre. Alors un valet de ferme répand cette cendre aussi également que possible en se servant de la mare ou du croc à trois doigts, dont la longueur du fer est de 38 centimètres; la longueur des doigts du dedans à la pointe, de 26 centimètres, la longueur du manche, de 1 mètre 40 centimètres, et le prix de 3 fr. 50 cent. à 3 fr. 75 cent. (*Voyez planche* IV, *fig.* 1.)

La cendre étant bien répandue partout, on y sème du seigle et des graines d'ajonc d'Europe. (*Voyez les chapitres* 17 *et* 19 *de la première partie.*) Comme les petits sillons n'ont pas été entièrement détruits lors de l'enlèvement des gazons, on donne de chaque côté un trait de charrue pour approfondir la raie et mieux égoutter la terre, puis on recouvre la semence avec la terre soulevée par la charrue au moyen de la mare.

Il résulte, des renseignements qui nous ont été fournis, que, pour écobuer un hectare de terre à ajonc, il faut :

1° Pour enlever les gazons, 40 hommes à raison de 1 franc par jour pour chaque homme, la nourriture à la charge de l'ouvrier, ci. . . . . 40 fr. » c.

2° Pour faire les tas le premier jour et les brûler, 20 hommes à raison de 1 fr. par jour pour chacun d'eux, ci.. . . . . 20 »

3° Pour entretenir les tas et alimenter le feu le deuxième jour, 6 hommes ou femmes à raison de 1 fr. par jour l'un, ci. . . . . 6 »

4° Pour étendre la cendre, 8 hommes à raison de 75 centimes par jour pour chaque homme, ci. . . . . 6 »

5° Pour donner des traits de charrue, semer et recouvrir, 12 hommes travaillant une demi-journée, à raison de 50 centimes l'un, ci. . . . . 6 »

6° Quatre chevaux travaillant une demi-journée, à raison de 75 cent. l'un, ci. 3 »

Total des dépenses pour la main d'œuvre. . . . . . 81 fr. » c.

Les effets produits par l'écobuage sont de renouveler la semence de l'ajonc d'Europe. Au bout de cinq ans on a une première coupe, cinq ans après une seconde, et, si les racines ne sont pas détruites, on peut avoir une troisième six ou sept ans après et même une quatrième coupe.

Au bout de dix, seize, dix-sept et même trente ans, c'est-à-dire après la troisième coupe ou au plus tard après la quatrième, on écobue de nouveau.

L'usage de l'écobuage est général dans toutes les divisions agricoles de l'arrondissement de Morlaix; mais il est plus répandu dans la troisième division, où le mouvement et la disposition du terrain et la qualité siliceuse du sol nuisent à sa fertilité et portent les habitants à se livrer de préférence au commerce et à l'éducation du bétail. On peut dire que c'est le cas d'environ le tiers de cet arrondissement dans lequel il n'y a guère que les vallons qui offrent des avantages pour la culture des céréales ou des gros légumes. Aussi, n'y cultive-t-on que fort peu de terrain dans les deux autres tiers, et le reste est laissé en pâturage qu'on renouvelle de temps en temps par l'écobuage. La division qui avoisine les montagnes d'Arées est un pays à seigle et on y laboure avec des bœufs.

Les défrichements ne sont pas avantageux partout et demandent des frais presque toujours hors de la portée du simple fermier. Il n'y a, pour ainsi dire, que les propriétaires riches, ou du moins aisés, qui puissent entreprendre cette opération hasardeuse et presque toujours ruineuse, lorsqu'on n'a pas acquis une connaissance certaine de la nature du sol qu'on veut y soumettre. Des étrangers, d'ailleurs bons agriculteurs, ont échoué dans les opérations de cette nature entreprises par eux, et cependant ils étaient persuadés que si les paysans bas-bretons ne réussissaient pas, cela tenait à leur paresse et à leur ignorance. Ces étrangers ont échoué. Pourquoi ? Parce qu'ils ont voulu appliquer au sol de la Bretagne des méthodes qui ne lui convenaient pas et qu'ils avaient vu réussir dans l'intérieur de la France, placé dans des conditions différentes.

Les terres sur lesquelles on pratique des défrichements sont celles à ajonc d'Europe et de bois taillis.

La méthode généralement employée ne varie que très-peu, soit qu'on exécute un défrichement dans l'un ou l'autre de ces terrains.

Elle consiste à couper le bois ou l'ajonc le plus près possible de terre, et, ensuite, à en arracher les racines.

Les instruments ordinairement employés pour les défrichements sont : la pioche, la tranche, la pelle, la hache et rarement la charrue.

La pioche ne diffère pas de celle employée ailleurs.

La longueur du fer est de 20 centimètres.

La longueur du manche, de 50 centimètres.

Son prix, de 5 francs à 5 francs 50 centimes. (*Voyez planche* II, *fig.* 2.)

Le fer de la tranche à défricher a une longueur de 25 centimètres sur une largeur de 10 centimètres à son tranchant.

La longueur du manche est de 1 mètre.

Le prix de l'instrument, de 3 francs à 3 francs 75 centimes. (*Voyez planche* II, *fig.* 3.)

La pelle en fer a une longueur de 35 centimètres.

La longueur de la lame est de 24 centimètres et sa largeur de 17.

La longueur du manche, de 1 mètre 40 centimètres.

Prix, 3 francs. (*Voyez planche* II, *fig.* 4).

Le fer de la hache à défricher a 30 centimètres de long sur 10 centimètres de large.

La longueur du manche est de 1 mètre.

Prix, 5 francs à 5 francs 50 centimes. (*Voyez planche* II, *fig.* 5).

La charrue que l'on emploie ordinairement pour les défrichements étant celle du pays, nous en donnerons la description au chapitre 17 de la première partie.

Lorsque l'on veut défricher une terre à ajonc d'Europe ou un bois taillis, après que le bois ou l'ajonc a été coupé, on laisse la terre pendant une année sans la toucher. C'est alors que des ouvriers, armés de tranches, enlèvent les gazons qu'ils renversent entièrement. D'autres ouvriers, également armés de pioches, remuent la terre dans les endroits pierreux, et d'autres ouvriers, aussi armés de haches et de pelles, s'occupent d'enlever les racines. La profondeur à laquelle on pénètre varie selon le sol sur lequel on opère; elle n'est cependant jamais au-dessous de 30 centimètres.

Deux cents journées d'ouvriers à raison de 1 fr. la journée, sont ordinairement consacrées pour le défrichement d'un hectare de terre à ajonc d'Europe, et trois cents journées pour le défrichement d'un hectare de taillis, ce qui porte la dépense de la main-d'œuvre pour le premier hectare à 200 fr. et à 300 fr. pour le dernier.

Lorsque la terre à défricher a été suffisamment retournée, on y met du fumier d'animaux, du merl ou du goémon (varech); on laboure à la charrue pour y semer du seigle, du blé-noir (sarrasin), des navets ou des pommes de terre. Alors commence l'assolement que nous ferons connaître plus tard.

Il est une vérité incontestable, c'est qu'une des circonstances qui entrave plus ou moins les défrichements des terres de l'arrondissement de Morlaix, est d'abord la nature du sol, qui est tourmenté et accidenté, ce qui le condamne à l'état de petite culture, et ensuite, la division et la dissémination des propriétés en petites fermes, ce qui fait que le propriétaire, ne pouvant habiter que sur une petite portion de ses biens, se trouve dans la nécessité d'affermer tout ce qu'il ne peut cultiver par lui-même. La grande étendue des terres à ajonc appellerait de plus vastes exploitations. Ces terres se trouvent d'ordinaire ou sur des coupes de montagnes ou de côteaux plus ou moins escarpés, et alors elles sont toujours délavées par les pluies abondantes qui tombent dans cet arrondissement, surtout en hiver. Quelquefois ces terres se trouvent sur des plateaux plus ou moins vastes, où des dépressions forment quelquefois des fondrières et des marécages dont l'écoulement des eaux présente plus d'un genre de difficultés dans l'exécution. Presque toutes les vastes terres à landes de la Bretagne se trouvent, comme on peut le remarquer, dans cette situation, qui offre rarement un sol propre à la culture des céréales ou à celle des prairies artificielles, sans des avances considérables qui ne laissent que l'espoir d'un bénéfice problématique.

L'opération serait peut-être plus assurée, si l'on songeait à semer ou à élever des bois, objets dont l'arrondissement de Morlaix se voit si cruellement dépouillé, et où le chêne, cet arbre si précieux et si commun durant le siècle dernier, est devenu si rare et si cher.

Nous en parlerons plus longuement au chapitre bois et forêts.

L'arrondissement de Morlaix n'étant point un sol calcaire, l'usage de la marne fossile ne peut y exister comme amendement. D'après l'idée que nous attachons à ce mot, on peut dire que l'emploi des amendements est inconnu dans le pays, c'est-à-dire l'emploi d'une terre mélangée à celle du sol en assez grande quantité pour corriger, *amender*, son défaut physique.

Depuis quelque temps, des propriétaires intelligents ont employé dans leurs terres, et avec succès, les vases maritimes de nos rivières, mais en trop petite quantité pour y opérer un amendement. Ils se sont contentés de profiter de l'action chimique des sels qu'elles contiennent, qu'ils ont trouvé avantageuse.

Quelques fermiers les ont imités, mais l'usage n'en est pas encore fort répandu. D'ailleurs, il ne peut guère s'étendre qu'à une faible distance des bords de la mer, le poids de ces vases étant très-considérable. D'un autre côté, le cultivateur ne peut l'extraire par lui-même des rivières qui en fournissent. Des bateaux sont actuellement occupés à nettoyer et à élargir le chenal de la rivière de Morlaix. Les vases qu'on en retire toutes les secondes marées, sont déposées partie dans la rade et partie sur les deux rives de la rivière et sont enlevées par les cultivateurs.

On a remarqué que ces vases, employées immédiatement après leur extraction sur une terre arable, avaient l'inconvénient de tout brûler, quand, toutefois, on en met une certaine quantité.

D'après le rapport de quelques agronomes, les vases maritimes paraissent être avantageuses lorsqu'elles sont employées sur des terres nouvellement défrichées. Quoiqu'il en soit, les sables de mer sont toujours préférés par les cultivateurs qui sont éloignés de la côte.

Les agriculteurs de l'arrondissement de Morlaix n'emploient ni la marne, ni le falun, ni le plâtre, ni la cendre de houille. La chaux pure y est aussi peu employée, et quand elle l'est, ce n'est que mélangée en petites portions à du fumier non entièrement fait, dont elle active la décomposition des plantes avec lesquelles elle est mise en contact.

Les cultivateurs de l'arrondissement de Morlaix font un grand usage des sables de mer pour la culture des céréales et des gros légumes, dont ils activent et favorisent la végétation.

L'un de ces sables, entièrement calcaire, est appelé *merl*, et l'autre, en partie calcaire et siliceux, est nommé *trèz*.

Pour extraire le premier, on se sert de bateaux à voiles et d'un instrument appelé *drague*. Cet instrument est formé d'un triangle de fer rond, à angles arrondis et dont les extrémités sont soudées à une lame applatie et munie de petits trous à son bord postérieur. La partie supérieure du triangle est munie d'un anneau dans lequel se fixe une corde. Contre le bord postérieur de la lame et dans toute son étendue se trouve fixé un sac fait en forme de filet et confectionné avec de petites cordes d'étoupes très-grossières.

La longueur de la barre de fer formant le triangle est de 2 mètres 20 centimètres, son diamètre, de 2 centimètres. L'écartement des branches latérales entre elles est de 1 mètre 30 centimètres, et celui de ces dernières à l'angle du milieu, de 65 centimètres. La longueur de la lame est de 1 mètre 30 centimètres, et sa largeur, de 10 centimètres.

La capacité du sac est d'un double décalitre. Le prix de l'instrument est de 35 francs. (*Voyez planche* III, *fig.* 1).

Pour draguer le merl, trois hommes sont nécessaires. Ils jettent la drague dans la mer et lâchent la corde qui est fixée à l'anneau de l'instrument, jusqu'à ce que celui-ci soit rendu au fond. Cette corde est ensuite amarrée contre le bord du bateau. Pour faire avancer ce bateau, qu'on nomme aussi *gabare*, on déploie les voiles. Le bord inférieur de la lame de la drague traîne sur le merl et le sac ne tarde pas à s'emplir. Lorsque le sac est plein, les gabariers saisissent la corde et soulèvent la drague sur le bord du bateau, vident dans celui-ci le contenu du sac et continuent la même opération jusqu'à ce que la gabare soit entièrement pleine.

A la marée montante, les bateaux remontent les deux rivières de Morlaix et de Penzé, où ils déposent le merl sur les quais, puis on le livre au commerce.

La contenance d'une gabarée de merl est de 8 mètres cubes.

Son prix moyen, de 5 à 8 fr., prise sur place.

Les cultivateurs des cantons de Sizun, Saint-Thégonnec, Morlaix, Le Ponthou et Lanmeur viennent s'approvisionner sur les marchés de Morlaix et de Penzé. Ils charroient leur merl au moyen de petites charrettes à deux brancards pour celles qui sont destinées à recevoir un cheval ou une jument en limon, et à un timon pour celles destinées à des bœufs.

La longueur du corps de la charrette destinée à être traînée par des chevaux est de 4 mètres.

La largeur, de 71 centimètres.

La longueur des brancards est de 1 mètre 53 centimètres.

La hauteur des roues, de 1 mètre 47 centimètres.

La largeur des jantes, de 10 centimètres.

Le prix moyen, de 150 francs. (*Voyez planche* III, *fig.* 2.)

Le corps de la charrette destinée à être traînée par des bœufs est de 3 mètres 80 centimètres.

La largeur, de 68 centimètres.

La longueur du timon, de 1 mètre 53 centimètres.

La hauteur des roues, de 1 mètre 47 centimètres.

La largeur des jantes, de 10 centimètres.

Le prix moyen, de 140 francs. (*Voyez planche* III, *fig*. 3.)

On attèle à la première charrette un cheval ou une jument en limon, un autre cheval ou une autre jument en cheville et un poulain ou une pouliche devant; et, à la seconde, deux bœufs, l'un de chaque côté du timon, et deux poulains ou bidets devant.

Le merl se drague sur les bancs qui se forment aux environs de l'embouchure des rivières vaseuses, à une profondeur de 8 à 10 brasses. Comme toutes les rivières de l'arrondissement ne sont pas vaseuses, ce qui tient au sol qu'elles ont parcouru, on ne trouve pas le merl sur toutes les parties de nos côtes.

La seconde espèce de sable, qui paraît être l'espèce appelée *tangue* sur les côtes septentrionales de la France, où l'on en fait depuis longtemps un usage avantageux pour la fertilisation des terres, est blanc, jaune ou gris, et forme, en beaucoup d'endroits, le sol des anses et des plages qui ont une pente douce et qui sont situées sur le bord de la mer. Ce sable est apporté et jeté par la mer au fond de ces anses et de ces plages.

Les parties calcaires qui en forment le tiers ou le quart, car cette proportion varie suivant la localité, sont mélangées à du sable siliceux plus ou moins fin. Ce sable se prend sur la grève lorsque la mer l'a abandonnée.

Les cultivateurs des cantons de Lanmeur et du Ponthou en font un grand usage. Ils vont le chercher dans la grève de Saint-Michel, entre Lanmeur et Lannion.

Dans les cantons de Morlaix on emploie aussi le trèz, mais en moindre quantité. Comme le merl, il est transporté sur les quais de Morlaix par des gabares.

La contenance d'une gabarée de trèz est de 8 mètres cubes.

Son prix, de 5 à 8 francs.

On emploie, pour les charrois du trèz, les mêmes charrettes que pour le merl. On se sert aussi pour les deux, lors du déchargement sur les quais et pour le chargement dans les charrettes, d'une pelle en bois formée d'une seule pièce.

La longueur de cette pelle est de 50 centimètres.

Sa largeur, de 30 centimètres.

La longueur du manche, de 1 mètre 20 centimètres.

Son prix, de 1 franc 25 centimes a 1 franc 50 centimes. (*Voyez planche* III, *fig*. 4.)

OBSERVATIONS. — Le prix élevé du merl et les frais de transport le mettent souvent hors de la portée des petits fermiers qui habitent loin des bords de la mer. La durée de son effet dépend de la qualité du sol, de la manière de l'employer et de son degré de pureté. Il y a des terrains où son effet se fait sentir durant huit ou neuf ans, et d'autres où il est beaucoup moindre. Les uns merlent fortement et entretiennent l'effet de cet agent par l'emploi du fumier des animaux et des végétaux ; les autres emploient une moindre quantité à la fois, mais ils ont soin d'en ajouter une faible dose tous les trois ans. Dans tous les cas, le fumier accompagne l'usage de ce sable qui tend à l'économiser; les exceptions sont très-rares. Mais il y a des sols qui seraient brûlés par une dose plus forte de merl ; aussi, son emploi exige-t-il un peu de tâtonnement et l'on ne peut rien préciser à cet égard, non plus que pour l'usage de la marne.

L'effet du second sable ou trèz est sensiblement moindre. Contenant moins de parties calcaires, de dimensions plus petites et qui se décomposent plus facilement par l'action du sol, sa durée est plus courte et ne dépasse guère deux ou trois ans. Quant à son action chimique dans un terrain fortement *trézé*, elle est très-sensible et le sel marin, dont ce sable est imprégné comme le merl, en rend l'usage dangereux dans les terres situées sur le bord de la mer.

Le trèz convient surtout aux productions du jardinage, aux plantes bulbeuses et aux autres légumes délicats auxquels le merl serait nuisible quoiqu'il favorise éminemment la végétation des céréales. Nous citons ici le jardinage parce que, sur le littoral de Saint-Pol-de-Léon, de Roscoff et même de Plouescat, où ce genre de culture existe en plein champ, on se sert de trèz et jamais de merl pour cet objet. La chaux que contiennent ces sables joue sur notre sol un rôle d'autant plus marqué, qu'étant dépourvu de parties calcaires, il semble les appéter davantage. Aussi, leur usage, qui s'est répandu considérablement depuis quelques années, a-t-il sensiblement amélioré notre agriculture.

On emploie le trèz à défaut du merl dans les communes où il est à proximité et où l'on ne peut que plus difficilement se procurer celui-ci, comme, par exemple, à Guimaëc, Plouégat-Guérand, etc.

CHAPITRE 15.

ENGRAIS.

Les engrais dont on se sert généralement dans l'arrondissement de Morlaix sont les fumiers d'écuries et de crèches qu'on entasse et qu'on réunit en mulons. On les emploie abondamment et bien consommés dans les parties agricoles où l'on cultive le froment, l'orge, l'avoine, le sarrasin, le lin, le trèfle, les pommes de terre, les choux et les légumes racines, tant pour les hommes que pour les bestiaux. Ces bestiaux sont tenus toute la nuit et une partie du jour dans les étables et surtout, pendant quelques heures, dans des champs ou jachères réservés à cet effet. Les autres champs sont employés en production suivant la rotation et l'assolement réglés et adoptés par le cultivateur. Les labours et les charrois se font avec des chevaux et des juments dans les communes du littoral, et avec des bœufs dans celles qui avoisinent les montagnes d'Arées. Dans ces dernières communes, dont le sol offre moins de fertilité et qui sont éloignées des engrais de mer, la majeure partie des terres est laissée en pâture. On y spécule sur le commerce des bestiaux qu'on laisse paître tout le jour dans des champs où ils déposent leur fumier. Celui-ci n'offre donc qu'une faible ressource, puisqu'on ne peut profiter pour la culture que de celui qu'on conserve dans les étables où les animaux ne passent que la nuit. On ne peut, en conséquence, cultiver, dans ces communes, qu'une partie assez bornée de terrain pour la nourriture de la famille et l'acquittement des redevances, s'il en est dû en céréales. Les cultivateurs des communes précitées joignent à leur fumier d'étable quelques plantes qu'ils font macérer dans des mares ou qu'ils exposent sur les chemins fréquentés, pour être écrasées par les pieds des hommes et des animaux, genre d'engrais qui convient assez au seigle et dont on ne néglige pas de se servir dans les contrées agricoles.

Les goémons ou plantes marines, que les riverains des côtes de la Manche récoltent dans la mer et sur les rochers de leur territoire, jouent un grand rôle dans l'agriculture de l'arrondissement de Morlaix. Cet excellent engrais y est fort employé et très-recherché. Malheureusement son usage ne peut s'étendre à des communes éloignées de la côte ; son prix et les frais de transport le mettent souvent hors de la portée du petit laboureur et du petit fermier.

Les habitants de l'Ile-de-Batz et de la presqu'île de Callot, récoltent le goémon qu'ils font sécher et l'emploient pour les besoins domestiques en guise de bois de chauffage. Les cendres qui en proviennent, et qu'ils conservent avec le plus grand soin, sont livrées au commerce agricole, mais elles ne sont jamais pures; elles se trouvent mélangées à de la cendre provenant de la combustion de la bouse de vache, que les habitants des côtes font sécher au soleil et qu'ils emploient ensuite comme combustible. Les cendres de goémon les moins mélangées, et par conséquent celles qui sont le plus estimées et recherchées, sont celles qui proviennent de l'Ile-de-Batz. Celles de la presqu'île de Callot sont moins pures; elles sont mélangées à une grande quantité de terre noirâtre que produit la presqu'île et qui en diminue et la valeur et la propriété.

Les cendres de goémon ou de varech se vendent sur les marchés de Morlaix et de Penzé, vers la fin de Mai et le commencement de Juin, aux cultivateurs des cantons de Sizun et de Saint-Thégonnec, qui en font un grand usage pour les blés-noirs.

Les habitants des communes qui bordent le littoral, et particulièrement ceux de Santec, de Plougasnou et de Guimaëc, récoltent aussi des goémons qu'ils font sécher et qu'ils vendent en cet état aux cultivateurs des cantons de Saint-Thégonnec, de Saint-Pol-de-Léon, de Morlaix, et partie de ceux de Taulé et de Lanmeur qui les emploient comme engrais pour la culture des céréales. Les goémons secs ne sont généralement employés que dans les communes éloignées de la mer. Les cultivateurs les préfèrent ainsi, non parce qu'ils sont meilleurs que les goémons verts, mais parce qu'ils sont plus légers, ce qui rend leur transport plus facile.

Enfin, vers le commencement de Novembre, et ensuite pendant tout l'hiver, des gabariers de Plougasnou, de Plouézoch, de Taulé, de Locquénolé, de Carantec et d'Henvic, recueillent les goémons qui croissent sur les rochers libres, c'est-à-dire qui ne sont pas regardés comme biens communaux, et tous ceux qui sont détachés des rochers sous-marins et qui sont jetés à la côte par les tempêtes. Ces goémons sont transportés par des gabares sur les quais de Morlaix et de Penzé, où ils sont vendus aux cultivateurs des environs.

Il est malheureux que l'usage de ce précieux engrais soit en quelque sorte interdit aux communes éloignées de la mer. Son prix sur place, joint aux frais nécessités pour son transport, et plus encore le mauvais état des chemins vicinaux, qui s'améliorent, mais qui sont encore loin d'être ce qu'il faudrait qu'ils fussent dans l'intérêt de l'agriculture, ne permettent pas au petit fermier de se le procurer.

Quant aux cultivateurs aisés des communes éloignées de la mer, ils commencent à rechercher les goémons comme engrais, et, avec l'amélioration des chemins vicinaux que l'administration poursuit avec ardeur, l'usage s'en répand dans nos campagnes qui en étaient privées autrefois. Elles en consomment aujourd'hui des quantités assez considérables.

La contenance moyenne d'une gabarée de goémon vert est évaluée à 2 mètres cubes.

Son prix, sur les quais de Morlaix, varie de 7 à 9 francs.

Les cultivateurs emploient, pour le transport des goémons, des charrettes à deux brancards, dites charrettes à récoltes, et, pour les charger, le croc à trois doigts que nous avons décrit dans le chapitre précédent.

La longueur du corps de la charrette est de 4 mètres.

Sa largeur, de 72 centimètres.

La longueur des brancards, de 1 mètre 54 centimètres.

La hauteur des roues, de 1 mètre 48 centimètres.

La largeur des jantes, de 12 centimètres.

Le prix moyen, de 160 francs. (*Voyez planche* IV, *fig.* 1).

Les cultivateurs de l'arrondissement de Morlaix emploient encore comme engrais des cendres de lessive. Ces cendres proviennent de la combustion des bois de toute espèce. Celles que l'on obtient par la combustion du bois de chêne est préférée. On emploie ces cendres avec succès pour la culture du sarrasin, et l'on peut dire que cet usage est général dans l'arrondissement. Les cendres de goémon et de varech sont employées pour le même usage.

Les cendres de tabac, qu'on vendait il y a quelques années à la manufacture nationale de Morlaix, sont un engrais très-actif mais d'un prix trop élevé pour les cultivateurs. Il en est ainsi de la chaux et du plâtre, qui, du reste, n'étant pas des productions de l'arrondissement, ne peuvent être d'une grande ressource pour le pays. Toutefois, beaucoup de nos cultivateurs font usage de la dissolution très-concentrée de chaux, pour chauler leurs semences. Cette opération, qui réussit à préserver les blés de la carie et du charbon, est, pour eux, un objet peu dispendieux.

Des propriétaires-agriculteurs ont essayé l'usage du noir animal avec plus ou moins de succès; mais il n'est pas parvenu à se répandre. Peut-être cela tient-il à la mauvaise qualité du noir qu'ils ont pris pour essais. L'on sait que cet engrais est livré rarement pur, et que celui que l'on trouve dans le commerce est presque constamment falsifié. On peut dire la même chose de plusieurs recettes d'engrais artificiels (engrais Jauffret, etc.) qui ont été proposés et essayés, et qu'on n'a pas réussi à faire adopter.

Mais il est une grande quantité de substances qui seraient pour l'agriculteur bas-breton des engrais profitables s'il savait en tirer parti, et qu'il laisse perdre, soit par insouciance, négligence ou ignorance de leur valeur réelle. Tels sont : le purin, les eaux des fumiers, celles des lessives, des vieilles saumures, la suie des cheminées, toutes les substances animales et végétales qui sont susceptibles de décomposition, qui gênent et rebutent.

Le purin et les eaux provenant des fumiers sont laissés sur les chemins qu'ils salissent et sont enlevés par les eaux pluviales et cela sans aucun profit pour l'agriculture.

Cependant, tous les objets que nous avons énumérés plus haut devraient être portés et jetés sur la masse des fumiers qu'ils tendraient à augmenter, et auxquels ils ajouteraient des sels avantageux et actifs pour la végétation.

Il en est de même des débris de chaux et de plâtre provenant des démolitions et réparations des maisons, et dont l'action serait si favorable à notre agriculture; les matières stercoraires, celles provenant des vidanges des latrines, qu'on regarde comme si précieuses dans tous les pays où l'agriculture est plus avancée et où on les réduit en poudrette, sont à peine utilisées, quoique depuis quelques années les cultivateurs commencent à apprécier l'importance de ce dernier engrais.

Aujourd'hui, quelques habitants de la campagne, et particulièrement ceux de Pleyber-Christ et de Saint-Thégonnec, s'entendent avec les propriétaires des villes pour vider les fosses d'aisance et enlever ces matières dont ils fument leurs terres, après toutefois les avoir mélangées à d'autres engrais.

Les agriculteurs de l'arrondissement de Morlaix auraient mauvaise grâce à se plaindre du manque d'engrais, puisqu'ils ne savent tirer aucun parti avantageux de plusieurs subtances que nous venons d'indiquer et qu'ils n'en sentent même pas l'utilité.

CHAPITRE 16.

ASSOLEMENTS.

Les divers assolements en usage dans l'arrondissement de Morlaix, variant, non-seulement d'un canton à l'autre, mais de commune à commune et aussi de ferme à ferme, demanderaient une nomenclature très-étendue.

De l'examen de leurs diverses combinaisons, il résulte qu'ils ont pour base la jachère et l'alternation des récoltes, dont la durée et le retour sont déterminés par la proximité ou l'éloignement des exploitations de la mer, source inépuisable des engrais et des amendements.

Cette ligne de démarcation établit des différences très-sensibles dans la durée des assolements, mais non dans leur principe, et l'on peut les rapporter aux tableaux suivants.

En traitant, dans le chapitre 13, de la division agricole de l'arrondissement de Morlaix, nous avons dit qu'on le divisait en trois contrées agricoles : 1° la première qui se trouve sur le littoral ; 2° la seconde située dans l'intérieur de l'arrondissement; et 3° la troisième qui longe les montagnes d'Arécs ou l'arrondissement de Châteaulin. Nous suivrons absolument la même marche pour les assolements. Nous produirons ensuite d'autres tableaux qui traitent des divers assolements adoptés dans quelques communes. Notre travail sera incomplet, il est vrai, puisque nous ne pourrons pas produire un tableau spécial pour chaque commune, ce qui ne donnerait même pas encore un renseignement exact, car, comme nous l'avons dit au commencement de ce chapitre, les assolements varient d'une exploitation à l'autre.

Tableau *A*. — ASSOLEMENT DES COMMUNES SITUÉES SUR LE LITTORAL.

CHAMPS.	A.	B.	C.	D.	E.
1848.	Racines sarclées ou sarrasin (1) avec fumure. Peu de ce dernier produit.	Froment.	Orge avec fumure.	Trèfle, lin, froment ou avoine.	Après trèfle, 2e année de trèfle. Après lin, froment avec fumure ou avoine sans fumier.
1849.	Froment.	Orge avec fumure.	Trèfle, lin, froment ou avoine.	Après trèfle, 2e année de trèfle. Après lin, froment avec fumure ou avoine sans fumier.	Racines sarclées ou sarrasin avec fumure. Peu de ce dernier produit.
1850.	Orge avec fumure.	Trèfle, lin, froment ou avoine.	Après trèfle, 2e année de trèfle. Après lin, froment avec fumure ou avoine sans fumier.	Racines sarclées ou sarrasin avec fumure. Peu de ce dernier produit.	Froment.
1851.	Trèfle, lin, froment ou avoine.	Après trèfle, 2e année de trèfle. Après lin, froment avec fumure ou avoine sans fumier.	Racines sarclées ou sarrasin avec fumure. Peu de ce dernier produit.	Froment.	Orge avec fumure.
1852.	Après trèfle, 2e année de trèfle. Après lin, froment avec fumure ou avoine sans fumier.	Racines sarclées ou sarrasin avec fumure. Peu de ce dernier produit.	Froment.	Orge avec fumure.	Trèfle, lin, froment ou avoine.

(1) Dans le cas où la sole 4e aurait été ensemencée en froment ou avoine, elle prendrait le rang de la première année.

TABLEAU *B.* — ASSOLEMENT DES COMMUNES DU CENTRE.

CHAMPS.	A.	B.	C.	D.	E.	F.
1848.	Racines sarclées ou sarrasin (1) avec engrais.	Froment.	Orge avec fumier.	Trèfle, lin ou froment avec engrais, ou avoine sans engrais.	Après trèfle, 2e année de trèfle. Après lin, avoine. Après froment ou avoine, pâturage.	Jachère pâturée.
1849.	Froment.	Orge avec fumier.	Trèfle, lin ou froment avec engrais, ou avoine sans engrais.	Après trèfle, 2e année de trèfle. Après lin, avoine. Après froment ou avoine, pâturage.	Jachère pâturée.	Racines sarclées ou sarrasin avec engrais.
1850.	Orge avec fumier.	Trèfle, lin ou froment avec engrais, ou avoine sans engrais.	Après trèfle, 2e année de trèfle. Après lin, avoine. Après froment ou avoine, pâturage.	Jachère pâturée.	Racines sarclées ou sarrasin avec engrais.	Froment.
1851.	Trèfle, lin ou froment avec engrais, ou avoine sans engrais.	Après trèfle, 2e année de trèfle. Après lin, avoine. Après froment ou avoine, pâturage.	Jachère pâturée.	Racines sarclées ou sarrasin avec engrais.	Froment.	Orge avec fumier.
1852.	Après trèfle, 2e année de trèfle. Après lin, avoine. Après froment ou avoine, pâturage.	Jachère pâturée.	Racines sarclées ou sarrasin avec engrais.	Froment.	Orge avec fumier.	Trèfle, lin ou froment avec engrais, ou avoine sans engrais.
1853.	Jachère pâturée.	Racines sarclées ou sarrasin avec engrais.	Froment.	Orge avec fumier.	Trèfle, lin ou froment avec engrais, ou avoine sans engrais.	Après trèfle, 2e année de trèfle. Après lin, avoine. Après froment ou avoine, pâturage.

(1) Cette dernière récolte est plus abondante que dans l'assolement précédent.

NOTA. — Lorsqu'arrive le retour de la jachère, on sème assez généralement de la céréale qui précède, du trèfle pour pâturage et l'on repique aussi des plants de genêt qui occupent le sol pendant la durée de la jachère. S'il arrive que cet assolement se prolonge d'une année, c'est toujours une continuation de la jachère pâturée.

Tableau *C.* — ASSOLEMENT DES COMMUNES
qui longent les montagnes d'Arées.

Champs.	A.	B.	C.	D.	E.	F.
1848.	Racines sarclées ou sarrasin (1) avec fumure.	Seigle pur ou mélangé de froment (méteil). Blé de Mars.	Orge ou avoine dans laquelle on repique des plants de genêt.	Jachère.	Jachère.	Jachere.
1849.	Seigle pur ou mélangé de froment (méteil). Blé de Mars.	Orge ou avoine dans laquelle on repique des plants de genêt.	Jachère.	Jachère.	Jachère.	Récoltes sarclées ou sarrasin avec fumure.
1850.	Orge ou avoine dans laquelle on repique des plants de genêt.	Jachère.	Jachère.	Jachère.	Récoltes sarclées ou sarrasin avec fumure.	Seigle pur ou mélangé de froment (méteil). Blé de Mars.
1851.	Jachère.	Jachère.	Jachère.	Récoltes sarclées ou sarrasin avec fumure.	Seigle pur ou mélangé de froment (méteil). Blé de Mars.	Orge ou avoine dans laquelle on repique des plants de genêt.
1852.	Jachère.	Jachere.	Récoltes sarclées ou sarrasin avec fumure.	Seigle pur ou mélangé de froment (méteil). Blé de Mars.	Orge ou avoine dans laquelle on repique des plants de genêt.	Jachère.
1853.	Jachère.	Récoltes sarclées ou sarrasin avec fumure.	Seigle pur ou mélangé de froment (méteil). Blé de Mars.	Orge ou avoine dans laquelle on repique des plants de genêt.	Jachère.	Jachère.

(1) Cette dernière récolte est encore plus abondante que dans les assolements précédents.

Nota. — Lorsqu'il arrive qu'on sème du trèfle dans cet assolement, ce qui est très-rare, c'est toujours dans l'orge, et l'avoine vient après, puis la jachère commence. Cette dernière a quelque fois une durée de dix ans.

Dans les deux premiers assolements, la première sole est occupée en grande partie par des pommes de terre et des panais. On y cultive aussi, depuis quelques années, des carottes fourragères et des betteraves. Ces diverses cultures sont faites en planches que l'on entoure de quelques plants de choux de diverses espèces et qui sont employés pour la consommation des ménages et pour la nourriture du bétail. Le chanvre, dont la quantité se borne à ce qui est nécessaire aux besoins de chaque ferme, se cultive dans les jardins ou courtils destinés à la culture des légumes et qu'on laisse hors d'assolement.

Le navet se cultive également hors d'assolement.

Aussitôt après l'enlèvement des céréales d'hiver, on donne une fumure, on laboure et on sème. On arrache les navets pendant l'hiver et les premiers jours du printemps, au fur et à mesure des besoins, et l'on remplace par une céréale de printemps, ordinairement de l'orge.

Les frais que nécessitent ces divers assolements ne diffèrent pas très-sensiblement, puisque ce sont toujours les mêmes espèces de cultures, mais dans un ordre différent. Leurs produits, au contraire, varient considérablement selon qu'il s'agit des terres du littoral, de celles de l'intérieur ou de celles qui avoisinent les montagnes d'Arées. Quoique ces dernières soient d'une grande infériorité relative en tous genres de productions, cette infériorité est surtout remarquable pour le froment dont le rendement ne dépasse pas 10 à 12 hectolitres par hectare, tandis que, dans les premières, il atteint 40 à 50 hectolitres et quelquefois plus.

Quelques agriculteurs, en petit nombre il est vrai, ont adopté avec succès l'assolement alterne quadriennal et y font entrer la culture des plantes oléagineuses. Pour un grand nombre de fermes de l'arrondissement, ce progrès serait facile à réaliser, puisqu'il s'agirait simplement de faire disparaître une ou plusieurs années de jachères dans leur assolement. Ce qui s'y opposera pendant longtemps encore, c'est l'habitude assez générale où sont nos cultivateurs de nourrir leurs bestiaux aux pâturages, moins, toutefois, ceux qui sont destinés à la vente et qui sont parfaitement engraissés à l'étable.

Après avoir fait connaître les assolements généralement suivis dans les trois divisions agricoles de l'arrondissement de Morlaix, il nous reste à produire les tableaux des diverses assolements adoptés et pratiqués depuis un temps immémorial par les habitants de plusieurs communes de cet arrondissement.

TABLEAU D'ASSOLEMENT DES COMMUNES

DE SAINT-MARTIN-DES-CHAMPS, SAINTE-SÈVE, TAULÉ, HENVIC, CARANTEC ET LOCQUÉNOLÉ.

CHAMPS.	A.	B.	C.	D.	E.	F.
1848.	Sarrasin sans fumier, mais avec la cendre de lessive et du merl.	Froment avec fumier ou goémon vert ou sec.	Orge et trèfle avec fumier ou avec goémon vert ou sec.	Après orge, avoine. Après trèfle, 2e. année de trèfle.	Après avoine, jachère ou racines, choux ou pommes de terre avec fumure, ou froment sans fumure.	Après racines, lin ou froment sans fumure. Après froment, orge avec fumure.
1849.	Froment avec fumier ou goémon vert ou sec.	Orge et trèfle avec fumier ou avec goémon vert ou sec.	Après orge, avoine. Après trèfle, 2e année de trèfle.	Après avoine, jachère ou racines, choux ou pommes de terre avec fumure, ou froment sans fumure.	Après racines, lin ou froment sans fumure. Après froment, orge avec fumure.	Sarrasin sans fumier, mais avec la cendre de lessive et du merl.
1850.	Orge et trèfle avec fumier ou avec goémon vert ou sec.	Après orge, avoine. Après trèfle, 2e année de trèfle.	Après avoine, jachère ou racines, choux ou pommes de terre avec fumure, ou froment sans fumure.	Après racines, lin ou froment sans fumure. Après froment, orge avec fumure.	Sarrasin sans fumier, mais avec la cendre de lessive et du merl.	Froment avec fumier ou goémon vert ou sec.
1851.	Après orge, avoine. Après trefle, 2e année de trèfle.	Après avoine, jachère ou racines, choux ou pommes de terre avec fumure, ou froment sans fumure.	Après racines, lin ou froment sans fumure. Après froment, orge avec fumure.	Sarrasin sans fumier, mais avec la cendre de lessive et du merl.	Froment avec fumier ou goémon vert ou sec.	Orge et trèfle, avec fumier ou avec goémon vert ou sec.
1852.	Après avoine, jachère ou racines, choux ou pommes de terre avec fumure, ou froment sans fumure.	Après racines, lin ou froment sans fumure. Après froment, orge avec fumure.	Sarrasin sans fumier, mais avec la cendre de lessive et du merl.	Froment avec fumier ou goémon vert ou sec.	Orge et trèfle avec fumier ou avec goémon vert ou sec.	Après orge, avoine. Après trèfle, 2e année de trèfle.
1853.	Après racines, lin ou froment sans fumure. Après froment, orge avec fumure.	Sarrasin sans fumier, mais avec la cendre de lessive et du merl.	Froment avec fumier ou goémon vert ou sec.	Orge et trèfle avec fumier ou avec goémon vert ou sec.	Après orge, avoine. Après trèfle, 2e année de trèfle.	Après avoine, jachère ou racines, choux ou pommes de terre avec fumure, ou froment sans fumure.

Tableau *A*. — ASSOLEMENT

DE SAINT-POL-DE-LÉON ET DES COMMUNES VOISINES.

Champs.	A.	B.	C.	D.	E.	F.	G.	H.
1848	Sarrasin avec du fumier et de la charrée.	Froment avec fumier ou un mélange de fumier et de goëmon.	Lin. Apres lin, navets avec une fumure tres-forte.	Froment avec une demi-fumure ou avec goemon seul.	Panais ou pommes de terre sans fumier.	Froment ou orge avec fumier ou avec goemon.	Trefle qui a ete seme avec l'orge, ou pommes de terre ou avoine.	Paturage de trefle.
1849	Froment avec fumier ou un melange de fumier et de goémon.	Lin. Apres lin, navets avec une fumure tres-forte.	Froment avec une demi-fumure ou avec goémon seul.	Panais ou pommes de terre sans fumier.	Froment ou orge avec fumier ou avec guemon.	Trefle qui a été semé avec l'orge, ou pommes de terre ou avoine.	Pâturage de trefle.	Sarrasin avec du fumier et de la charree.
1850	Lin. Apres lin, navets avec une fumure tres-forte.	Froment avec une demi-fumure ou avec guemon seul.	Panais ou pommes de terre sans fumier.	Froment ou orge avec fumier ou avec goémon.	Trefle qui a ete seme avec l'orge, ou pommes de terre ou avoine.	Pâturage de trefle.	Sarrasin avec du fumier et de la charree.	Froment avec fumier ou un melange de fumier et de goemon.
1851	Froment avec une demi-fumure ou avec goémon seul.	Panais ou pommes de terre sans fumier.	Froment ou orge avec fumier ou avec goemon.	Trefle qui a été semé avec l'orge, ou pommes de terre ou avoine.	Pâturage de trefle.	Sarrasin avec du fumier et de la charree.	Froment avec fumier ou un melange de fumier et de goémon.	Lin. Apres lin, navets avec une fumure tres-forte.
1852	Panais ou pommes de terre sans fumier.	Froment ou orge avec fumier ou avec goemon.	Trefle qui a ete semé avec l'orge, ou pommes de terre ou avoine.	Pâturage de trefle.	Sarrasin avec du fumier et de la charree.	Froment avec fumier ou un mélange de fumier et de goémon.	Lin. Apres lin, navets avec une fumure tres-forte.	Froment avec une demi-fumure ou avec goemon seul.
1853	Froment ou orge avec fumier ou avec goémon.	Trefle qui a ete seme avec l'orge, ou pommes de terre ou avoine.	Paturage de trefle.	Sarrasin avec du fumier et de la charree.	Froment avec fumier ou un mélange de fumier et de goémon.	Lin. Apres lin, navets avec une fumure tres-forte.	Froment avec une demi-fumure ou avec goémon seul.	Panais ou pommes de terre sans fumier.
1854	Trefle qui a ete seme avec l'orge, ou pommes de terre ou avoine.	Pâturage de trefle.	Sarrasin avec du fumier et de la charree.	Froment avec fumier ou un melange de fumier et de guemon.	Lin. Apres lin, navets avec une fumure tres-forte.	Froment avec une demi-fumure ou avec goémon seul.	Panais ou pommes de terre sans fumier.	Froment ou orge avec fumier ou avec goémon.
1855	Paturage de trefle.	Sarrasin avec du fumier et de la charree.	Froment avec fumier ou un melange de fumier et de goemon.	Lin. Apres lin, navets avec une fumure tres-forte.	Froment avec une demi-fumure ou avec goémon seul.	Panais ou pommes de terre sans fumier.	Froment ou orge avec fumier ou avec goemon.	Trefle qui a ete semé avec l'orge, ou pommes de terre ou avoine.

Nota. — Tel est, en général, l'assolement suivi dans le canton de Saint-Pol-de-Léon. On s'en écarte cependant, suivant les besoins, et l'on remplace quelquefois une récolte par une autre. L'on peut dire que, généralement, le sarrasin et le froment sont remplacés par des panais, des pommes de terre, du lin ou de l'avoine.

Dans beaucoup de petites fermes, surtout dans celles qui sont situées au bord de la mer, l assolement est différent en raison de la petite quantite de terres exploitées. Les produits de ces terres doivent suffire pour les besoins de la famille, et aussi doivent pourvoir au paiement du fermage. Il arrive souvent que les membres de la famille sont si nombreux, qu'il faut, pour utiliser les bras, se livrer a une agriculture plus active. On suit alors l'assolement suivant.

Tableau *B*. — ASSOLEMENT DE ROSCOFF ET DU LITTORAL DU PAYS DE LÉON.

CHAMPS.	A.	B.	C.	D.	E.	F.
1848.	Pommes de terre ou panais.	Orge avec fumure de goémon ou de fumier, puis choux cavaliers.	Panais, pommes de terre et quelquefois orge.	Orge ou froment avec trèfle.	Trèfle en coupe réglée.	Choux-fleurs.
1849.	Orge avec fumure de goémon ou de fumier, puis choux cavaliers.	Panais, pommes de terre et quelquefois orge.	Orge ou froment avec trèfle.	Trèfle en coupe réglée.	Choux-fleurs.	Pommes de terre ou panais.
1850.	Panais, pommes de terre et quelquefois orge.	Orge ou froment avec trèfle.	Trèfle en coupe réglée.	Choux-fleurs.	Pommes de terre ou panais.	Orge avec fumure de goémon ou de fumier, puis choux cavaliers.
1851.	Orge ou froment avec trèfle.	Trèfle en coupe réglée.	Choux-fleurs.	Pommes de terre ou panais.	Orge avec fumure de goémon ou de fumier, puis choux cavaliers.	Panais, pommes de terre et quelquefois orge.
1852.	Trèfle en coupe réglée.	Choux-fleurs.	Pommes de terre ou panais.	Orge avec fumure de goémon ou de fumier, puis choux cavaliers.	Panais, pommes de terre et quelquefois orge.	Orge ou froment avec trefle.
1853.	Choux-fleurs.	Pommes de terre ou panais.	Orge avec fumure de goémon ou de fumier, puis choux cavaliers.	Panais, pommes de terre et quelquefois orge.	Orge ou froment avec trèfle.	Trèfle en coupe réglée.

Nota. — Pour mieux faire apprécier le système d'assolement établi dans le tableau A, nous croyons devoir donner l'état des cultures d'une ferme de la contenance de six hectares de bonne terre arable, et située sur le littoral de Saint-Pol-de-Léon.

1° Deux champs sous pâturage de trèfle.	1h	»a
2° Un champ sous trèfle, en coupe réglée.	»	50
3° Un champ sous panais.	»	50
4° Un champ sous pommes de terre.	»	50
5° Quatre champs sous froment.	2	»
6° Un champ sous avoine.	»	50
7° Un champ sous lin.	»	50
8° Un champ sous orge.	»	50
Total.	6	»

Le reste de la ferme, consistant en clos, petites parcelles et jardins, n'entre pas dans l'assolement. On y cultive des pommes de terre hâtives, des asperges, des choux, du chanvre, des petits pois, des fèves, des carottes, des choux-fleurs, des artichauts et les différentes variétés d'oignons. Nous avons désigné le nombre des champs, parce que d'ordinaire l'état dans lequel se trouve un champ détermine la plus ou moins grande quantité de culture de telle ou telle plante.

Enfin, dans les très-petites fermes du littoral et particulièrement à Roscoff, l'on se livre de préférence à la culture maraîchère.

L'assolement général du pays, que nous avons détaillé, n'a pas été modifié depuis longtemps. Quelques nouvelles plantes, comme le trèfle incarnat, auquel on fait succéder la pomme de terre ou le blé noir (sarrasin), commencent à se répandre. Dans les communes de Sibiril et de Cléder, ce trèfle devient assez commun, particulièrement sur le littoral.

La betterave champêtre se cultive aussi un peu, mais avec timidité, dans quelques parcelles de terre situées au bord de la mer. Nous ne pensons pas que cette culture s'étende beaucoup d'ici longtemps, car le produit d'un hectare ne répond pas toujours au prix du fermage.

Tableau *A*. — ASSOLEMENT DES COMMUNES DE PLOUR[...]

CHAMPS.	A.	B.	C.	D.
1848.	Navets avec fumier et merl.	Sarrasin sans fumier, mais avec de la charrée.	Seigle, orge ou froment avec fumier.	Avoine sans fumi[er]
1849.	Sarrasin sans fumier, mais avec de la charrée.			
1850.	Seigle, orge ou froment avec fumier.			
1851.	Avoine sans fumier.			
1852.	Panais avec choux, lin ou pommes de terre sans fumier, ou choux de Milan, navets ou disette avec fumier au pied.			
1853.	Seigle, orge ou froment avec fumier. Après panais, lin ou pommes de terre. Après navets, seigle, orge ou froment sans fumier.			
1854.	Trefle en coupe réglée.			
1855.	Trèfle coupé tout vert.			
1856.	Pâturage, veillon, jachère.	Navets avec fumier et Merl.	Sarrasin sans fumier, mais avec de la charrée.	Seigle, orge ou frome[nt] avec fumier.

Nota. — Les navets reçoivent, par hectare, cinquante charretées de fumier, à huit mètres cubes l'une, et [...]
l'orge et le froment reçoivent, la troisième année, de trente à quarante charretées de fumier, de huit mè[...]
Le trèfle se sème, avec les céréales, en Mars et Avril. La première année, on a une coupe ou on laisse pât[...]
d'autres. On fait du foin de trèfle avec la seconde coupe. La troisième année, on a encore une coupe ou on [...]

OUGONVEN ET LE CLOÎTRE (TERRES LÉGÈRES).

E.	F.	G.	H.	I.
anais avec choux, ou pommes de terre nsfumier, ou choux lan, navets ou disette ec fumier au pied.	Seigle, orge ou froment avec fumier. Après panais, lin ou pommes de terre. Après navets, seigle, orge ou froment sans fumier.	Trèfle en coupe réglée.	Trèfle coupé tout vert.	Pâturage, veillon, jachère,
				Navets avec fumier et merl.
				Sarrasin sans fumier, mais avec de la charrée.
				Seigle, orge ou froment avec fumier.
				Avoine sans fumier.
				Panais avec choux, lin ou pommes de terre sans fumier, ou choux de Milan, navets ou disette avec fumier au pied.
				Seigle, orge ou froment avec fumier. Après panais, lin ou pommes de terre. Après navets, seigle, orge ou froment sans fumier.
				Trèfle en coupe réglée.
voine sans fumier.	Panais avec choux, lin ou pommes de terre sans fumier, ou choux de Milan, navets ou disette avec fumier au pied.	Seigle, orge ou froment avec fumier. Après panais, lin ou pommes de terre. Après navets, seigle, orge ou froment sans fumier.	Trèfle en coupe réglée.	Trèfle coupé tout vert.

eaux de mille kilogrammes de merl; l'hectare sous sarrasin reçoit deux mille kilogrammes de charrée; le seigle,
es.

les bestiaux. La seconde année, on a plusieurs coupes, deux dans certaines terres, et trois et quatre dans
rer par les animaux.

Tableau *B*. — ASSOLEMENT DES COMMUNES DE PLOU[illegible]

Champs	A.	B.	C.	D.	E.	F.
1848.	Navets avec fumier et merl.	Sarrasin sans fumier, mais avec de la charrée.	Froment sans fumier.	Orge avec fumier.	Avoine sans fumier.	Panais, lin ou p[illegible] de terres, ou [illegible] choux, dis[illegible] avec fumier m[illegible]
1849.	Sarrasin sans fumier, mais avec de la charrée.					
1850.	Froment sans fumier.					
1851.	Orge avec fumier.					
1852.	Avoine sans fumier.					
1853.	Panais, lin ou pommes de terres; ou navets, choux, disette avec fumier mi-merlé.					
1854.	Apres lin, froment avec fumier. Apres disette, etc., sarrasin sans fumier.					
1855.	Orge avec fumier. Apres sarrasin, froment sans fumier.					
1856.	Apres orge, avoine sans fumier. Apres sarrasin, orge avec fumier.					
1857.	Trèfle en coupe réglée.					
1858.	Trefle tout coupé en vert.					
1859.	Pâturage, veillon, jachere.	Navets avec fumier et merl.	Sarrasin sans fumier, mais avec de la charrée.	Froment sans fumier.	Orge avec fumier.	Avoine sans f[illegible]

Nota. — Le champ *A* reçoit, pour navets, cinquante charretées de fumier, à huit mètres cubes, et dix ton[illegible]
Le champ *D* reçoit, pour orge, vingt-cinq charretées de fumier ou cinquante mètres cubes. Le champ *F*, pour [illegible]
cinquante mètres cubes de fumier pour froment après lin, ou soixante mètres cubes après disette, etc. Le cha[illegible]
trèfle, après sarrasin.

L'on voit, d'après ce tableau, qu'il n'y a que les navets qui reçoivent du fumier mélangé à du merl. Les panais

PLOUGONVEN ET LE CLOÎTRE (TERRES FORTES).

G.	H.	I.	J.	K.	L.
Apres lin, froment avec fumier. Apres disette, etc., sarrasin sans fumier.	Orge avec fumier. Après sarrasin, froment sans fumier.	Apres orge, avoine sans fumier. Apres sarrasin, orge avec fumier.	Trefle en coupe réglée.	Trefle tout coupé en vert.	Pâturage, veillon, jachere.
					Navets avec fumier et merl.
					Sarrasin sans fumier, mais avec de la charrée.
					Froment sans fumier.
					Orge avec fumier.
					Avoine sans fumier.
					Panais, lin ou pommes de terre; ou navets, choux, disette avec fumier mi-merlé.
					Apres lin, froment avec fumier. Après disette, etc., sarrasin sans fumier.
					Orge avec fumier. Après sarrasin, froment sans fumier.
					Après orge, avoine sans fumier. Après sarrasin, orge avec fumier.
					Trèfle en coupe réglée.
Panais, lin ou pommes de terre; ou navets, choux, disette, avec fumier mi-merlé.	Apres lin, froment avec fumier. Apres disette, etc, sarrasin sans fumier.	Orge avec fumier. Après sarrasin, froment sans fumier.	Apres orge, avoine sans fumier. Apres sarrasin, orge avec fumier.	Trèfle en coupe réglée.	Trèfle tout coupé en vert.

de mille kilogrammes de merl, par hectare. Le sarrasin reçoit, dans le champ *B*, deux cents mètres cubes de charrée.
choux ou disette, cent mètres cubes de fumier et quatre tonneaux de mille kilogrammes de merl. Le champ *G* reçoit
reçoit trente mètres cubes de fumier pour orge, et le champ *I*, cinquante mètres cubes de fumier pour orge et

pommes de terre, les choux, la disette et les navets apres avoine, reçoivent une fumure mi-merlée.

TABLEAU D'ASSOLEMENT DES COMMUNES DE PLEYBER-CHRIST, S.-THÉGONNEC, PLOUNÉOUR-

Champs.	A.	B.	C.	D.	E.	F.	G.	H.
1848.	Navets avec fumier et merl.	Froment sans fumier.	Orge avec fumier.	Avoine sans fumier.	Panais avec fumier ou goémon.	Orge et trefle avec la charrée.	Trefle tout coupé en vert.	Trèfle sous pâture.
1849.	Froment sans fumier.							
1850.	Orge avec fumier.							
1851.	Avoine sans fumier.							
1852.	Panais avec fumier ou goémon.							
1853.	Orge et trèfle avec la charrée.							
1854.	Trefle tout coupé en vert.							
1855.	Trèfle sous pâture.							
1856.	Froment d'hiver avec demi-fumure.							
1857.	Avoine sans fumier.							
1858.	Sarrasin avec la charrée ou la cendre de goémon.							
1859.	Froment ou avoine avec demi-fumure.							
1860.	Pommes de terre avec fumier.							
1861.	Froment d'hiver avec fumier.							
1862.	Avoine sans fumier.							
1863.	Jachère.	Navets avec fumier et merl.	Froment sans fumier.	Orge avec fumier.	Avoine sans fumier.	Panais avec fumier ou goémon.	Orge et trefle avec la charrée.	Trefle tout coupe en vert.

Nota. — L'assolement que l'on suivait il y a 30 et 35 ans, dans les communes précitées, différait peu de celui que

MÉNEZ, SAINT-SAUVEUR, SIZUN, GUIMILIAU, COMMANA, LAMPAUL ET LANDIVISIAU.

I.	J.	K.	L.	M.	N.	O.	P.
Froment d'hiver avec demi-fumure.	Avoine sans fumier.	Sarrasin avec la charrée ou la cendre de goémon.	Froment ou avoine avec demi-fumure.	Pommes de terre avec fumier.	Froment d'hiver avec fumier.	Avoine sans fumier.	Jachere.
							Navets avec fumier et merl.
							Froment sans fumier.
							Orge avec fumier.
							Avoine sans fumier.
							Panais avec fumier ou goémon.
							Orge et trefle avec la charrée.
							Trefle tout coupé en vert.
							Trèfle sous pâture.
							Froment d'hiver avec demi-fumure.
							Avoine sans fumier.
							Sarrasin avec la charrée ou la cendre de goémon.
							Froment ou avoine avec demi-fumure.
							Pommes de terre avec fumier.
							Froment d'hiver avec fumier.
Trèfle sous pâture.	Froment d'hiver avec demi-fumure.	Avoine sans fumier.	Sarrasin avec la charrée ou la cendre de goémon.	Froment ou avoine avec demi-fumure.	Pommes de terre avec fumier.	Froment d'hiver avec fumier.	Avoine sans fumier.

nous avons tracé dans ce tableau. La première année, on semait des navets qu'on fumait et merlait. La deuxième année, on semait du froment sans fumier. La troisième annee, de l'avoine également sans fumier. La quatrième année, des panais après avoir merlé la terre; puis on entourait les planches avec des choux à vaches ayant de la charrée au pied. La cinquième année, de l'orge avec du fumier. La sixième année, de l'avoine sans fumier. La septième année, du sarrasin avec la cendre de goémon, ou, à son défaut, avec la charrée. La huitième année, du froment d'hiver, puis du genêt qui restait en terre pendant quatre années, y comprise celle de la semence. La neuvième année, sous genêt pour la deuxième année, pendant laquelle on coupait les cinq sixièmes pour litière. La dixième année, sous genêt pour la troisième année; il servait pour la terre. La onzième année, sous genêt pour la quatrième année, servait de pâture jusqu'au moment de l'arrachis, et en été, on recommençait la sole indiquée. La culture du genêt y est aujourd'hui presque entièrement abandonnée; on l'a remplacée par celle du trèfle qui offre un avantage immense, surtout dans un pays d'élèves, en permettant au fermier de nourrir et d'élever un plus grand nombre d'animaux.

Il résulte des renseignements qui nous ont été fournis, qu'un hectare de terre destiné à recevoir des navets doit être fortement fumé par quatre-vingts charretées de fumier, à huit mètres cubes l'une. La valeur de cet engrais, son charroi, son transport, le labour de la terre, le semis et le hersage compris, exigent une dépense d'environ quatre cent vingt-six francs, tandis que la valeur des panais récoltés n'est que de cent-vingt à deux cents francs. Il y a donc, en perte, une somme de deux cent vingt-six francs. Mais la récolte de froment sans fumier qui suit immédiatement, étant de deux cent quatre-vingt-huit francs à trois cent quatre-vingt-seize francs, donne, la seconde année, un bénéfice de soixante-deux à cent soixante-six francs.

TABLEAU D'ASSOLEMENT

DE LANMEUR, PLOUÉGAT-GUÉRAND, PLOUÉZOC'H, PLOUGASNOU, SAINT-JEAN-DU-DOIGT, GUIMAËC ET GARLAN.

CHAMPS.	A.	B.	C.	D.	E.
1848.	Sarrasin.	Froment avec sable fin, dit tréz, de la grève de Saint-Michel.	Orge avec sable fin ou tréz, (1/6 sable fin, 5/6 manni (1) des chemins mélangés et reposés pendant un an.)	Panais, lin ou avoine.	Navets sans fumier après panais. Apres lin ou avoine, une demi-fumure.
1849.	Froment avec sable fin, dit tréz, de la grève de Saint-Michel.	/	/	/	Sarrasin.
1850.	Orge avec sable fin ou tréz, (1/6 sable fin, 5/6 manni des chemins mélangés et reposés pendant un an.)	/	/	/	Froment avec sable fin, dit trez, de la grève de Saint-Michel.
1851.	Panais, lin ou avoine.	/	/	/	Orge avec sable fin ou tréz, (1/6 sable fin, 5/6 manni des chemins mélangés et reposés pendant un an.
1852.	Navets sans fumier après panais. Après lin ou avoine, une demi-fumure.	Sarrasin.	Froment avec sable fin, dit tréz de la grève de Saint-Michel.	Orge avec sable fin ou tréz, (1/6 sable fin, 5/6 manni des chemins mélangés et reposés pendant un an.)	Panais, lin ou avoine.

(1) On donne dans le pays les noms de *manni* et *mannou* aux fumiers composés de feuilles et de débris

végétaux qui ont été écrasés et qui ont pourri sur les chemins et dans des mares. Ces substances végétales, ainsi préparées, sont employées comme engrais, après toutefois qu'elles ont été réduites en boue.

On remarquera l'analogie de ces mots bretons *manni* et *mannou* avec le terme anglais *manure*, qui a cependant une acception plus générale que le mot *engrais*.

Tels sont les divers assolements que l'on suit généralement dans l'arrondissement de Morlaix. Nous répéterons encore ici, ce que nous avons déjà dit au commencement de ce chapitre, que ces assolements varient à l'infini et qu'il est impossible d'établir à leur égard une règle fixe.

Il faut le reconnaître, cependant, les bons principes d'agriculture s'introduisent chez nos fermiers lentement, il est vrai, mais enfin ils s'y introduisent : des améliorations s'opèrent chaque jour et notre agriculture est incontestablement en voie de progrès.

CHAPITRE 17.

CULTURE DES CÉRÉALES.

PREMIÈRE SECTION.

FROMENT.

Les paysans bas-bretons sont convaincus que toutes les variétés de froment ne conviennent pas au même degré à toute espèce de sol et de climat. Aussi, ce n'est que guidés par l'expérience et après s'être livrés à de nombreux essais ou, en d'autres termes, après avoir bien étudié leur localité, qu'ils sont parvenus à distinguer les froments qui conviennent à tel sol et qui ne conviennent pas à tel autre.

Les froments qu'on cultive de préférence dans l'arrondissement de Morlaix sont de deux espèces :

1° Les froments d'hiver ;

2° Les froments de Mars.

Bien que toutes les espèces de froment conviennent à la culture de l'arrondissement de Morlaix, il n'est pas moins avéré qu'elles n'offrent pas partout les mêmes avantages. Les froments d'hiver réussissent mieux dans les communes qui longent le littoral, tandis que ceux de Mars sont préférés dans les communes de Saint-Thégonnec, Pleyber-Christ, etc., etc.

Il est un principe basé sur l'expérience, c'est que généralement les froments d'hiver aiment les terres fortes et franches, tandis que les froments de Mars préfèrent les terres plus légères et particulièrement celles à base *argilo-siliceuse*.

Il est une remarque faite aussi par tous les agronomes éminents, c'est que de tous les froments d'hiver, le plus rustique, le plus productif et, par conséquent, celui qui convient le mieux à la généralité de l'arrondissement de Morlaix est le froment sans barbes, dit *Lama*.

Les cultivateurs bretons, se basant encore sur l'expérience, ont, depuis bien longtemps, reconnu la nécessité de renouveler leur semence tous les trois ou quatre ans. Cette précaution est indispensable ; elle est nécessitée par le défaut de grandes chaleurs qui permettent rarement à nos blés d'atteindre une maturité complète. Aussi, les froments récoltés dans le pays et employés pour semences, finissent par dégénérer au bout de quelques années, et de là, suivant nous, l'obligation dans laquelle on se trouve de les renouveler.

Dans l'arrondissement de Morlaix, comme dans tous les pays où la culture du froment est mise en pratique, les cultivateurs s'attachent à choisir pour semences les froments qui réunissent les qualités suivantes :

1° Maturité complète ;

2° Dureté et cassure nette du grain sous la dent ;

3° Pureté, c'est-à-dire, sans aucun mélange avec des graines étrangères ;

4° Absence de carie et de charbon ;

5° Développement et grosseur des grains ;

6° Pesanteur qui empêche le grain de surnager quand on le jette sur l'eau ;

7° Provenance, autant que possible, d'une récolte récente.

La semence ayant été bien choisie, on lui fait subir, dans un grand nombre de localités, une opération préparatoire qu'on nomme *chaulage*.

Cette opération, qu'on pratique dans le but de préserver le blé du charbon et de la carie, se fait de plusieurs manières.

Voici les procédés les plus simples et les plus usités dans l'arrondissement de Morlaix.

Premier procédé. — On prend du purin, non celui nouvellement sorti de l'écurie ou de l'étable, mais celui qui s'est écoulé du tas de fumier et qui a séjourné pendant quelque temps en mare. Ce purin est mis dans une barrique et on y projette un hectolitre de froment qu'on laisse submerger pendant quarante-huit heures. Apres ce laps de temps, on retire le grain et on le fait sécher en le mélangeant avec de la chaux éteinte réduite en poudre.

Deuxième procédé. — On met de l'eau dans une barrique, un hectolitre environ. On dissout dans cette eau huit kilogrammes de chaux vive ; on fait tremper le grain pendant deux fois vingt-quatre heures, puis on le retire pour le faire sécher sur le plancher avant de le semer.

D'autres procédés de chaulage y sont pratiqués, mais ils varient à l'infini et nous croyons inutile de les énumérer. Nous nous contenterons de dire que feu M. Broustail, ancien juge de paix du canton de Taulé, laissait séjourner le grain qu'il destinait pour semence dans le purin jusqu'à la germination, et que, grâce à ce moyen, au dire de tous les cultivateurs ses voisins, il n'avait ni charbon ni carie.

La semence ayant été préparée par le chaulage, est, ou mise de côté pour servir en temps opportun, ou semée immédiatement après l'opération.

Nous avons vu, en parlant des différents assolements usités dans l'arrondissement de Morlaix, que dans les communes situées sur le littoral, le froment succède aux racines sarclées; que dans les communes de l'intérieur, il succède quelquefois aux mêmes racines et d'autres fois au sarrasin; enfin, que dans les communes qui longent les montagnes d'Arées, le froment d'hiver est semé avec l'orge, et que le froment de Mars se sème constamment seul. Dans l'un et l'autre de ces cas, le froment succède aux récoltes sarclées ou au sarrasin.

Il est une remarque à faire, c'est que le froment se sème sans fumier, la fumure de la récolte précédente suffisant; ou, si l'on fume la terre, on le fait avec des goémons (varechs ou plantes marines), dont l'effet ne dure pas plus d'une année.

Pour préparer la terre à recevoir du froment, nos cultivateurs sont dans l'habitude de la rendre aussi meuble et aussi nette que possible. Pour atteindre ce but, deux labours sont indispensables: 1° le labour préparatoire et 2° le labour de semence. L'un et l'autre de ces deux labours se font avec la charrue (charrue du pays, charrue Coquin, araire) et, dans tous les cas, avec la marre et la pelle.

Dans les communes qui longent les montagnes d'Arées on ne se sert que de la charrue du pays.

Cette charrue, comme toutes les autres charrues, se compose du soc, du coutre, du sep, du versoir, de l'age, du régulateur, du manche et de l'avant-train.

Le soc a une forme conique, un peu applati seulement du côté qui repose sur le sol, et est en fer acéré. Il est creux dans les deux tiers de sa longueur et reçoit l'extrémité du sep. Sa pointe est applatie de haut en bas et son extrémité découpée en biseau; sa longueur est de 53 centimètres.

Le coutre est ordinairement droit; quelquefois, cependant, il affecte la forme d'une lame de couteau, c'est-à-dire qu'il est droit en avant et convexe à sa partie postérieure. Sa longueur est de 30 centimètres et sa largeur de 5 centimètres.

Le sep est formé d'un morceau de bois de chêne équarri, de 67 centimètres de long; il fait corps antérieurement avec le mancheron de droite auquel il est uni d'une manière invariable, et est fixé à l'extrémité postérieure de l'age au moyen de deux étançons en bois.

Le versoir, qui est aussi en bois, est très-long et très-étroit. Sa face antérieure ou concave est garnie, sur une petite surface, d'une bande en fer, qui le garantit d'une prompte usure, par suite de son frottement avec la terre. La longueur du versoir est de 1 mètre 4 centimètres et sa largeur de 15 centimètres.

L'age est ordinairement en bois de frêne, d'une longueur de 2 mètres 53 centimètres. Son extrémité postérieure affecte une forme carrée, tandis que, dans le reste de son étendue, il est arrondi. Par son extrémité postérieure, il est fixé au sep par les deux étançons que nous avons indiqués plus haut. Il est percé à sa partie moyenne de cinq ou six trous inégalement espacés, dans lesquels se fixe une cheville ou broche en bois, destinée à maintenir l'anneau de la chaîne de l'avant-train.

Le régulateur de cette sorte de charrue est la cheville ou simple broche que nous venons d'indiquer et qui sert à régler l'entrure de la charrue, à modifier la profondeur et la largeur de la raie ouverte par le soc, en contribuant à élever ou à abaisser l'age sur son appui, à rapprocher ou à éloigner l'avant-train du corps de la charrue; enfin, à modifier la direction du tirage suivant qu'on la place dans l'un ou l'autre trou dont l'age est muni.

La charrue que nous décrivons a deux mancherons. Le droit, qui fait corps avec le sep, a une longueur de 2 mètres. Le gauche, qui n'a qu'une longueur de 1 mètre 48 centimètres, est reçu, par son extrémité inférieure, dans une mortaise ménagée à la face supérieure et postérieure du sep.

L'avant-train se compose de deux roues égales en diamètre, ayant chacune une hauteur de 55 centimètres; d'un essieu, d'un mètre de longueur; d'un timonier dont les proportions varient selon le caprice de celui qui le fait confectionner, et d'une chaîne munie de son anneau.

Les roues sont grossièrement faites. Le cercle en fer qui garnit les jantes est mince et étroit. L'essieu est constamment en bois. Le timonier est bifurqué à sa partie postérieure et est fixé au moyen de chevilles en bois à l'essieu, qu'il dépasse un peu; enfin, la chaîne et son anneau sont tout-à-fait communs.

Nous voyons, d'après la description que nous venons de donner, que la charrue généralement employée dans l'arrondissement de Morlaix est défectueuse. Malgré ses imperfections, la généralité des cultivateurs bas-bretons continue à s'en servir, d'abord par routine, et, ensuite, parce qu'elle est d'un prix peu élevé (29 francs) et, par conséquent, en rapport avec le peu d'aisance de nos petits fermiers. (*Voyez planche* IV, *fig*. 3.)

Une autre charrue, qui commence à se répandre dans quelques bonnes fermes des communes des cantons de Lanmeur, de Plouigneau, de Morlaix et de Saint-Thégonnec, est la charrue Coquin, du nom de son inventeur, humble maréchal, demeurant au bois de La Roche, en la commune de Garlan, près Morlaix. M. Coquin a eu l'idée d'adapter à la charrue du pays un versoir en fonte et un soc, en tout semblables à ceux de l'araire. La charrue Coquin n'est donc qu'une combinaison de la Dombasle et de la charrue bretonne à avant-train. La charrue Coquin est préférée à l'araire par plusieurs bons cultivateurs, parce que, pour eux, elle n'est que la charrue ordinaire du pays perfectionnée.

Le prix de la charrue Coquin, avec son avant-train, est de 45 francs.

Malgré toute la répugnance qu'ont la plupart de nos fermiers à se servir de l'araire, il ne commence pas moins, depuis quelques années, à s'introduire chez les riches propriétaires et chez quelques bons fermiers; mais il ne se répand que bien lentement, malgré tous les efforts de la Société d'agriculture de Morlaix qui, depuis sa création en 1820, ne cesse, dans toutes ses fêtes agricoles, de distribuer pour prix des instruments aratoires perfectionnés. Cela tient au prix de l'araire qui est trop élevé pour la plupart de nos fermiers, et, aussi, à l'empire de la routine et de l'habitude qui est si puissant dans notre Basse-Bretagne.

La terre destinée à être ensemencée en froment reçoit un labour plus ou moins profond, suivant la nature du sol, et, aussi, suivant que l'on emploie la charrue du pays, la charrue Coquin ou l'araire.

Lorsqu'on fait usage de la charrue du pays, la terre est labourée en petits billons convexes de 48 centimètres de largeur, sur 15 centimètres de hauteur. Quand, au contraire, on fait usage, soit de la charrue Coquin, soit de l'araire, les petits billons sont ordinairement remplacés par des planches. La terre est alors labourée à plat. Dans l'un et l'autre de ces cas, les mottes sont entièrement renversées, c'est-à-dire que dans un champ bien labouré on enfouit entièrement le gazon.

Au moment des semailles, on fait un second labour qui a pour effet de rendre la terre plus meuble en la divisant d'une manière suffisante.

La terre étant bien préparée, on procède à la semaille. Celle-ci se fait presque constamment à la main et à la volée. Ce n'est que chez un très-petit nombre de riches propriétaires qu'on se sert, pour semer le froment, du semoir à brouette. La Société d'agriculture de Morlaix a, depuis plusieurs années, fait venir un semoir Hugues, qu'elle a cherché à répandre sans avoir pu y parvenir.

L'emploi de tous ces instruments, plus ou moins perfectionnés, constitue donc une exception dans la culture de l'arrondissement de Morlaix. Leurs prix trop élevés seront toujours un empêchement à ce qu'ils s'introduisent d'ici longtemps chez nos petits fermiers.

Les époques de la semaille des froments sont : depuis le commencement du mois d'Octobre jusqu'à Noël pour les froments d'hiver, et depuis le commencement de Février jusqu'à la fin de Mars pour les froments de printemps.

Les froments se sèment presque à la surface du sol ; on recouvre la semence avec la mare.

Les quantités de semences à employer par hectare varient suivant la nature du sol et son exposition. Il n'est pas rare de voir employer des quantités tout-à-fait différentes dans les terres de la même exploitation. Cependant, on peut établir la moyenne des semences employées par hectare, dans l'arrondissement de Morlaix, à deux hectolitres pour les froments d'hiver et à un cinquième en plus pour les froments de Mars.

Dans quelques communes et particulièrement dans celles des cantons de Lanmeur, de Plouigneau et de Morlaix, après le premier labour, pour rendre la terre plus meuble, on la divise au moyen du *brise-mottes*. Cet instrument a la forme d'un rateau, seulement les dents en fer sont remplacées par cinq ou six dents en bois, épaisses et très-courtes. Le brise-mottes se confectionne dans les fermes. Il est grossièrement fait, et sa valeur peut être évaluée à 1 franc. On s'en sert de la manière suivante : le cultivateur le saisit par le manche avec les deux mains ; il l'élève au-dessus de sa tête et frappe un coup sec sur la motte à briser, en faisant subir à l'instrument un mouvement de droite à gauche, puis de gauche à droite, de manière à décrire la forme d'un V. (*Voyez planche* IV, *fig.* 4.)

Il n'est pas d'usage, dans l'arrondissement de Morlaix, de biner et de sarcler les froments quand la terre ne contient pas une grande quantité de plantes étrangères. Ce n'est que lorsque ces dernières sont abondantes qu'on a recours à ces moyens.

Pour sarcler, on se sert de la binette, ou pioche à deux dents, dont la valeur, dans le pays, est de 1 franc 25 centimes. (*Voyez planche* IV, *fig,* 6.)

Les froments étant arrivés à leur état de maturité, ce qui a ordinairement lieu du 15 Août au 15 Septembre, suivant que le temps est plus ou moins pluvieux, on procède à la récolte. Une seule méthode est en usage dans l'arrondissement, c'est celle de moissonner la paille au ras de terre, et, pour cette opération, on se sert de la faucille dont le prix est de 1 franc 50 centimes à 1 franc 75 centimes. (*Voyez planche* V, *fig.* 1.)

Après la coupe des froments, on ne laisse la paille étalée sur le champ que le moins de temps possible, surtout si le blé est parfaitement mûr et que la paille ne se trouve pas mélangée à une grande quantité d'herbe. Ce n'est que dans ces deux derniers cas que la paille reste couchée sur le sol pendant un laps de temps qui ne dépasse guère trois jours. Le blé est ensuite mis en gerbes. Quand le blé n'est pas suffisamment sec, et que le temps est convenable, on espace dans le champ des petites meules, dont chacune comprend douze gerbées, en disposant ces dernières en croix. Si, au contraire, le blé est suffisamment sec, et surtout quand le temps est incertain, on donne à chaque meule une forme conique, en ayant soin de mettre les épis en dedans, et de lier fortement le sommet de la meule, de manière à ce que les épis soient à l'abri de la pluie.

Autrefois il était d'usage, dans l'arrondissement de Morlaix, de faire de grandes meules de blé, qu'on disposait en plein vent et de manière à conserver les gerbes jusqu'au beau temps, époque à laquelle on procédait au battage des grains. Mais on y a renoncé depuis longtemps. On dit que cet usage subsiste encore dans les communes de Henvic et de Carantec. Pour nous, nous ne connaissons qu'une seule ferme, au Croissant Penzé, en la commune de Taulé, où on l'ait conservé.

Après la coupe des blés et après les avoir disposés en gerbes, ces dernières sont placées sur des charrettes à récolte, et transportées sur l'aire à battre.

Nos fermiers n'ayant pas à leur disposition de vastes granges pour ramasser leurs blés, comme ceux de la Normandie et des plaines de la Beauce, ils se voient dans la nécessité, peu de temps après leur coupe, de les battre sur l'aire.

L'aire à battre est un lieu carré, ordinairement placé auprès des bâtiments d'exploitation, et dont le sol, dans le plus grand nombre des cas, est fait avec de la terre argileuse, détrempée et foulée aux pieds. C'est un jour de fête, dans les fermes bretonnes, que celui fixé pour l'aire neuve.

Quelques jours à l'avance, on publie cette fête dans les communes voisines. Au jour dit, les jeunes paysans et les jeunes paysannes, parés et endimanchés, s'empressent de s'y rendre. Là, ils dansent pendant tout le jour au son du *biniou* et du *hautbois*, sur une terre nouvellement détrempée et dans laquelle ils enfoncent jusqu'à la cheville du pied.

Par ces danses champêtres, on presse et resserre le sol de l'aire, non d'une manière suffisante, mais d'une manière telle, qu'il reste peu de chose à faire pour la rendre ferme et unie. Une bonne aire ne doit être renouvelée que tous les cinq ans.

Dans quelques fermes des communes de Plouézoch, de Plougasnou, de Saint-Jean-du-Doigt, de Guimaëc et de Loquirec, le sol de l'aire est fait avec des pierres plates, dites de *Loquirec*. Mais la disposition de ces aires est trop dispendieuse pour nos petits cultivateurs, bien qu'elles soient d'une plus longue durée. Aussi donnent-ils la préférence au sol fait avec de la terre argileuse.

La grandeur de l'aire à battre est toujours en rapport avec l'importance de l'exploitation rurale. Hors le temps du battage des grains, on recouvre le sol en y étendant de la paille, qu'on n'enlève que quelques jours avant la moisson, et seulement pour la réparer et lui donner le temps de sécher.

L'aire étant bien disposée, son sol étant parfaitement sec, et les gerbes de blé ayant été transportées du champ dans un lieu rapproché de l'aire à battre, tous les gens de la ferme, hommes et femmes, défont les gerbes et les étalent par couches sur l'aire, en ayant soin que les épis soient toujours en dessus.

Le sol étant suffisamment couvert, les batteurs et les batteuses s'arment chacun d'un fléau, dont la forme varie suivant les localités. Cet instrument se compose de trois pièces :

1° Le manche, 2° l'œil, et 3° la tige.

Le manche est quelquefois fait au tour et quelquefois brut. Dans le premier cas, il a de 58 à 66 centimètres de long; et, dans le second, il a une longueur de 80 centimètres.

L'œil, qu'on nomme *cabel* en Basse-Bretagne, est formé de deux morceaux de bois très-flexibles, aplatis d'un côté et cannelés de l'autre, et pourvus de deux échancrures, une de chaque côte vers leur milieu. Le bois ayant été ainsi préparé, on le plie sur lui-même, la partie cannelée en dedans, et de manière à former un demi-anneau vers la partie pourvue d'échancrures. L'un de ces *cabels* s'adapte à l'extrémite du manche. Il y est fixé, par de la ficelle, d'une manière mobile, c'est-à-dire qu'il doit tourner librement. L'autre *cabel* est maintenu fixe à l'extrémité de la tige, aussi au moyen de ficelle. Ces deux *cabels* sont unis l'un à l'autre par trois ou quatre tours d'une petite courroie de cuir blanc.

La tige, qui est en bois de houx, a une longueur qui varie de 82 à 90 centimètres. Son épaisseur n'a rien de fixe. Toutefois, plus la tige est mince et plus elle est longue, *et vice versâ*. *(Voyez planche* V. *fig.* 3 *et* 4.)

Les batteurs, hommes et femmes, armés chacun d'un fléau, se placent sur deux rangs et face à face, dans un des coins de l'aire. Alors commence l'opération. Chaque rangée, par un mouvement cadencé, frappe un coup sec qui est immédiatement suivi de celui de la rangée opposée. A chaque coup frappé sur les épis, les batteurs avancent ou reculent d'un petit pas, et l'opération continue ainsi jusqu'à ce qu'on soit arrivé à l'autre bout de l'aire. Alors les travailleurs cessent de battre; ils reviennent se placer comme précédemment près du lieu du départ, et l'opération se poursuit jusqu'à ce que tous les épis aient été soumis à l'action du fléau.

La même opération recommence une seconde fois, mais elle dure moins longtemps que la première.

Le blé ayant été suffisamment battu, chaque moissonneur enlève la paille en l'agitant avec une fourche en bois, de manière à faire tomber sur le sol le grain qui s'y trouvait mélangé.

Cette paille, qui est toute brisée par l'effet du battage, est mise en mulons, et le grain ramassé dans des draps et transporté dans la grange.

Cette opération se répète, se renouvelle et se continue jusqu'à ce que la totalité du blé soit battu.

Ce mode de battre le blé est des plus pénibles. Hommes et femmes sont exposés pendant toute la journée aux rayons brûlants du soleil; car c'est alors que l'égrenage se fait le mieux. Quelques-uns de nos agronomes ont voulu venir en aide à nos pauvres cultivateurs, en inventant des machines à battre plus ou moins compliquées. Mais aucune d'elles n'a encore pris faveur dans l'arrondissement de Morlaix, et cela

1° Par le peu d'aisance de nos petits cultivateurs, comme nous l'avons dit plus haut;

2° Par le prix excessivement élevé de chacune de ces machines;

3° Par le grand nombre de bras qui se trouveraient inoccupés par suite de leur adoption ; car ce ne sont pas les bras qui manquent dans l'arrondissement de Morlaix; le capital seul fait défaut.

Dès que le blé a été battu et le grain renfermé dans la grange, on vanne ce dernier, dans le but de le débarrasser des corps étrangers avec lesquels il se trouve mélangé.

Voici comment se pratique cette opération :

Une femme commence par étendre un drap bien blanc sur le sol; elle choisit de préférence un endroit où se fait sentir un courant d'air; elle place, à côté de ce drap, un banc ou un siége en bois, sur lequel elle se met debout. Alors elle prend du grain dans un crible; elle élève les deux bras le plus haut possible, et, par une agitation précipitée et une inclinaison donnée au crible, elle projette le grain peu à peu sur le drap. Par ce moyen la poussière et la balle qui se trouvent mélangées au grain sont chassées au loin par le vent, et le grain se trouve nettoyé.

Cette manière de vanner est, comme on le voit, des plus économiques, bien qu'elle ne remplace que d'une manière imparfaite le Tarrare, qui commence à se répandre chez nos cultivateurs aisés. Le grain ayant été débarrassé, par le vannage, des corps étrangers, nos fermières profitent d'un beau soleil pour finir de le sécher. Elles l'exposent donc aux rayons d'un soleil ardent, étendu sur des draps blancs; puis on le renferme dans des huches, ou on l'étend sur le plancher des greniers, et on le conserve pour l'usage domestique ou pour être livré au commerce.

La paille de froment est d'un fréquent usage. Elle sert de litière aux animaux; hachée et mélangée à du vert, elle forme pour ces derniers une nourriture excellente qu'ils apètent avec délices.

Dans les communes de la première série, il y a en moyenne, sous culture de froment, les vingt-six centièmes de la terre arable cadastrée; dans celles de la deuxième, les vingt centièmes; tandis que, dans celles de la troisième série, il n'y a que les dix centièmes.

Le poids moyen de l'hectolitre de froment, dans l'arrondissement de Morlaix, est de soixante-quinze kilogrammes, et son prix moyen de dix-huit francs.

L'arrondissement de Morlaix compte, année moyenne, sous culture de froment, douze mille huit cent dix-sept hectares soixante-onze ares. Chaque hectare fournit en moyenne, dans les communes de la première série, vingt-huit hectolitres de grains; dans celles de la deuxième, vingt hectolitres ; et dans celles de la troisième, dix-huit hectolitres. Le produit moyen d'un hectare en paille, pour les trois séries, est de quatre mille kilogrammes.

Les douze mille huit cent dix-sept hectares soixante-onze ares produisent donc deux cent-quatre-vingt dix-sept mille cent soixante-dix-huit hectolitres quatre-vingt-six litres, ou vingt-deux millions trois cent dix mille neuf cent quatorze kilogrammes cinquante hectogrammes de grains, et cinquante-un millions deux cent soixante-treize mille trois cent cinquante kilogrammes de paille.

Pour ensemencer les douze mille huit cent dix-sept hectares soixante-onze ares, il faut, à raison de deux hectolitres par hectare, vingt-cinq mille six cent trente-six hectolitres cinquante-huit litres de grains. Il reste donc, pour la consommation locale et pour être livrés au commerce, deux cent soixante-onze mille huit cent quarante-trois hectolitres seize litres.

La valeur totale et moyenne de la récolte de grains de froment, à raison de dix-huit francs l'hectolitre, est de cinq millions trois cent cinquante-six mille six cent vingt-trois francs huit centimes; et celle de la paille, à raison de vingt-quatre francs les mille kilogrammes, d'un million deux cent trente mille neuf cent cinquante-huit francs vingt-quatre centimes.

La valeur totale de la récolte, tant en grains qu'en paille, est de six millions cinq cent quatre-vingt-sept mille cinq cent quatre-vingt-un francs trente-deux centimes.

TABLEAU DE LA CULTURE DU FROMEN

DÉSIGNATION et NOMBRE DES SÉRIES.	NOMS DES COMMUNES.	ÉTENDUE de CHAQUE CULTURE en hectares.		PRODUIT TOTAL DES GRAIN		
				en kilogrammes.		en hectolitre
		hectares.	ares.	kilogram.	déca.	hectolit.
1re SÉRIE. — CULTURE du Littoral.	Ploujean	313	91	659,211	»	8,789
	Plouezoc'h	216	53	454,713	»	6,062
	Guimaëc	259	17	544,257	»	7,256
	Saint-Jean-du-Doigt	214	21	449,841	»	5,997
	Loquirec	91	43	192,003	»	2,560
	Plougasnou	493	92	1,037,232	»	13,829
	Plouzévédé	275	20	577,920	»	7,705
	Trézélidé	57	21	120,141	»	1,601
	Tréflaouénan	119	58	251,118	»	3,348
	Cléder	596	78	1,253,238	»	16,709
	Saint-Pol-de-Léon	473	98	995,358	»	13,271
	Roscoff	166	66	349,986	»	4,666
	Ile-de-Batz	44	46	93,366	»	1,244
	Plouénan	376	22	790,062	»	10,534
	Mespaul	141	96	298,116	»	3,974
	Plougoulm	308	88	648,648	»	8,648
	Sibiril	180	44	378,924	»	5,052
	Plouescat	260	15	546,315	»	7,284
	Plounévez-Lochrist	623	63	1,309,623	»	17,461
	Tréflez	195	05	409,605	»	5,461
2me SÉRIE. — CULTURE du Centre.	Morlaix	31	64	47,460	»	632
	Sainte-Sève	80	36	120,540	»	1,607
	Saint-Martin-des-Champs	128	83	193,245	»	2,576
	Plourin	366	»	549,000	»	7,320
	Lanmeur	276	23	414,345	»	5,524
	Plouégat-Guérand	176	90	265,350	»	3,538
	Garlan	121	75	182,625	»	2,435
	Le Ponthou	7	84	11,760	»	156
	Plouigneau	543	86	815,790	»	10,877
	Plouégat-Moysan	166	30	249,450	»	3,326
	Plougonven	545	43	818,145	»	10,908
	Saint-Vougay	139	33	208,995	»	2,786
	A reporter	7,993	84	15,236,382	»	303,151

L'ARRONDISSEMENT DE MORLAIX.

…DUIT TOTAL de LA PAILLE en …logrammes.		PRIX MOYEN de l'hectolitre de FROMENT		PRIX MOYEN des 1,000 kilo. de PAILLE.		QUANTITÉ de SEMENCES en hectolitres.		QUANTITÉ restante en grains pour la consommation locale et pour être livrée au Commerce.		VALEUR TOTALE de la RÉCOLTE des Grains.		VALEUR TOTALE de la RÉCOLTE de la Paille.		VALEUR TOTALE de la RÉCOLTE DES GRAINS et de la Paille.	
…gram.	déca.	fr.	c.	fr.	c.	hectolit.	lit.	hectolit.	lit.	fr.	c.	fr.	c.	fr.	c.
255,640	»	18	»	24	»	627	82	8,161	66	158,210	64	30,135	36	188,346	»
866,120	»	18	»	24	»	433	06	5,629	78	109,131	12	20,786	88	129,918	»
,036,680	»	18	»	24	»	518	34	6,738	42	130,621	68	24,880	32	155,502	»
856,840	»	18	»	24	»	428	42	5,569	46	107,961	84	20,564	16	128,526	»
365,720	»	18	»	24	»	182	86	2,377	18	46,080	72	8,777	28	54,858	»
,975,680	»	18	»	24	»	987	84	12,841	92	248,935	68	47,416	32	296,352	»
,100,800	»	18	»	24	»	550	40	7,155	20	138,700	80	26,419	20	165,120	»
228,840	»	18	»	24	»	114	42	1,487	46	28,833	84	5,492	16	34,326	»
478,320	»	18	»	24	»	239	16	3,109	08	60,268	32	11,479	68	71,748	»
,387,120	»	18	»	24	»	1,193	56	15,516	28	300,777	12	57,290	88	358,068	»
,895,920	»	18	»	24	»	947	96	12,323	48	238,885	92	45,502	08	284,388	»
666,640	»	18	»	24	»	333	32	4,333	16	83,996	64	15,999	36	99,996	»
177,840	»	18	»	24	»	88	92	1,155	96	22,407	84	4,268	16	26,676	»
,504,884	»	18	»	24	»	752	44	9,781	72	189,614	88	36,117	12	225,732	»
567,840	»	18	»	24	»	283	92	3,690	96	71,547	84	13,628	16	85,176	»
,235,520	»	18	»	24	»	617	76	8,030	88	155,675	52	29,652	48	185,328	»
721,760	»	18	»	24	»	360	88	4,691	44	90,941	76	17,322	24	108,264	»
1,040,600	»	18	»	24	»	520	30	6,763	90	131,115	60	24,974	40	156,090	»
2,494,520	»	18	»	24	»	1,247	26	16,214	38	314,309	52	59,868	48	374,178	»
780,200	»	18	»	24	»	390	10	5,071	30	98,305	20	18,724	80	117,030	»
126,560	»	18	»	24	»	63	28	569	52	11,390	40	3,037	44	14,427	84
321,440	»	18	»	24	»	160	72	1,446	48	28,929	60	7,714	56	36,643	16
515,320	»	18	»	24	»	257	66	2,318	94	46,378	80	12,367	68	58,746	48
1,404,000	»	18	»	24	»	732	»	6,588	»	131,760	»	35,136	»	166,896	»
1,104,920	»	18	»	24	»	552	40	4,972	14	99,442	80	26,518	08	125,960	88
707,600	»	18	»	24	»	353	80	3,184	20	63,684	»	16,982	40	80,666	40
487,000	»	18	»	24	»	243	50	2,191	50	43,830	»	11,688	»	55,518	»
31,360	»	18	»	24	»	15	68	141	12	2,822	40	752	64	3,575	04
2,175,440	»	18	»	24	»	1,087	72	9,789	48	195,789	60	52,210	56	248,000	16
665,200	»	18	»	24	»	332	60	2,993	40	59,868	»	15,964	80	75,832	80
2,151,720	»	18	»	24	»	1,090	86	9,817	74	196,354	80	52,361	28	248,716	08
557,320	»	18	»	24	»	278	66	2,507	94	50,158	80	13,375	68	63,534	48
1,975,360	»	18	»	24	»	15,987	78	219,139	54	3,656,731	68	767,408	64	4,424,140	32

TABLEAU DE LA CULTURE DU FRO…

DÉSIGNATION et NOMBRE DES SÉRIES.	NOMS DES COMMUNES.	ÉTENDUE de CHAQUE CULTURE en hectares.		PRODUIT TOTAL DES GRA… en kilogrammes.		en hectol…
		hectares.	ares.	kilogram.	déca.	hectolit.
	Report.	7,993	84	15,236,382	»	303,151
Suite de la 2me SÉRIE. — CULTURE du Centre.	Plouvorn.	327	77	491,655	»	6,555
	Landivisiau.	185	40	278,100	»	3,708
	Bodilis.	244	»	366,000	»	4,880
	Guimiliau.	272	80	259,200	»	3,456
	Lampaul.	215	»	322,500	»	4,300
	Plougourvest.	147	20	220,800	»	2,944
	Plounéventer.	380	80	571,200	»	7,616
	Saint-Servais.	115	20	172,800	»	2,304
	Taulé.	271	38	407,070	»	5,427
	Henvic.	126	55	189,825	»	2,531
	Carantec.	104	61	156,915	»	2,092
	Locquénolé.	11	16	16,740	»	223
	Guiclan.	377	68	566,520	»	7,553
	Saint-Thégonnec.	428	14	642,210	»	8,562
	Pleyber-Christ.	364	61	546,915	»	7,292
	Lanhouarneau.	116	75	175,125	»	2,335
	Plougar.	154	45	231,675	»	3,089
3me SÉRIE. — CULTURE des Communes qui longent les montagnes d'Arées.	Guerlesquin.	91	32	123,282	»	1,643
	Botsorhel.	93	85	126,697	50	1,689
	Lannéanou.	67	03	90,490	50	1,206
	Le Cloître.	81	51	110,038	50	1,467
	Plounéour-Ménez.	234	14	316,089	»	4,214
	Sizun.	210	20	283,770	»	3,783
	Saint-Sauveur.	88	50	119,475	»	1,594
	Commana.	163	50	220,725	»	2,943
	Loc-Mélard.	50	90	68,715	»	916
	TOTAUX.	12,817	71	22,310,914	50	297,178
Première Série.		5,409	37	11,359,667	»	151,463
Deuxième Série.		6,327	97	9,491,955	»	126,559
Troisième Série.		1,080	37	1,459,282	50	19,157
	TOTAUX.	12,817	71	22,310,914	50	297,178

L'ARRONDISSEMENT DE MORLAIX.

…UIT TOTAL de LA PAILLE en …ogrammes.		PRIX MOYEN de l'hectolitre de FROMENT.		PRIX MOYEN des 1,000 kilo. de PAILLE		QUANTITÉ de SEMENCES en hectolitres.		QUANTITÉ restante en grains pour la consommation locale et pour être livrée au Commerce.		VALEUR TOTALE de la RÉCOLTE des Grains.		VALEUR TOTALE de la RÉCOLTE de la Paille.		VALEUR TOTALE de la RÉCOLTE DES GRAINS et de la Paille.	
…gram.	déca.	fr.	c.	fr.	c.	hectolit.	lit.	hectolit.	litr.	fr.	c.	fr.	c.	fr.	c.
…973,360	»	18	»	24	»	15,987	78	219,139	54	3,656,731	68	767,408	64	4,424,140	32
…311,080	»	18	»	24	»	655	54	5,890	86	117,997	20	31,465	92	149,463	12
741,600	»	18	»	24	»	370	80	3,337	20	66,744	»	17,798	40	84;542	40
976,000	»	18	»	24	»	488	»	4,392	»	87,840	»	23,424	»	111,264	»
691,200	»	18	»	24	»	345	60	3,110	40	62,208	»	16,588	80	78,796	80
860,000	»	18	»	24	»	430	»	3,870	»	77,400	»	20,640	»	98,040	»
588,800	»	18	»	24	»	294	40	2,649	60	52,992	»	14,131	20	67,123	20
…523,200	»	18	»	24	»	761	60	6,854	40	137,088	»	36,556	80	173,644	80
460,800	»	18	»	24	»	230	40	2,073	60	41,472	»	11,059	20	52,531	20
…085,520	»	18	»	24	»	542	76	4,884	84	97,696	80	26,052	48	123,749	28
506,200	»	18	»	24	»	253	10	2,277	90	45,558	»	12,148	80	57,706	80
418,440	»	18	»	24	»	209	22	1,882	98	37,659	60	10,042	56	47,702	16
44,640	»	18	»	24	»	22	32	200	88	4,017	60	1,071	36	5,088	96
…510,720	»	18	»	24	»	755	36	6,798	24	135,964	80	36,257	28	172,222	08
…712,560	»	18	»	24	»	856	28	7,706	52	154,130	40	41,101	44	195,231	84
…458,440	»	18	»	24	»	729	22	6,562	98	131,259	60	35,002	56	166,262	16
467,000	»	18	»	24	»	233	50	2,101	50	42.030	»	11,208	»	53,238	»
617,800	»	18	»	24	»	308	90	2,780	10	55,602	»	14,827	20	70,429	20
365,280	»	18	»	24	»	182	64	1,461	12	29,587	68	8,766	72	38,354	40
375,400	»	18	»	24	»	187	70	1,501	60	30,407	40	9,009	60	39,417	»
268,120	»	18	»	24	»	134	06	1,072	48	21,717	72	6,434	88	28,152	60
326,040	»	18	»	24	»	163	02	1,304	16	26,409	24	7,824	96	34,234	20
936,560	»	18	»	24	»	468	28	3,746	24	75,861	36	22,479	44	98,340	80
840,800	»	18	»	24	»	420	40	3,363	20	68,104	80	20,179	20	88,284	»
354,000	»	18	»	24	»	177	»	1,416	»	28.674	80	8,496	»	37,170	80
654,000	»	18	»	24	»	327	»	3,616	»	52,974	»	15,696	»	68,670	»
203,600	»	18	»	24	»	101	80	814	40	16,491	60	4,886	40	21,378	»
…273,350	»	18	»	24	»	25,636	58	271,843	16	5,356,623	08	1,230,958	24	6,587,581	32
…637,580	»	18	»	24	»	10,818	74	140,644	52	2,728,322	48	519,301	92	3,247,624	40
…311,880	»	18	»	24	»	12,655	94	113,903	46	2,278,072	80	607,885	12	2,885,957	92
…323,890	»	18	»	24	»	2,161	90	17,295	20	350,227	80	103,771	20	453,999	»
…273,350	»	18	»	24	»	25,636	58	271,843	16	5,356,623	08	1,230,958	24	6,587,581	32

DEUXIÈME SECTION.

—

ORGE.

—

Bien que l'orge se cultive en grand dans l'arrondissement de Morlaix, toutes les espèces ne réussissent pas également partout. Celles qu'on y cultive le plus ordinairement et auxquelles nos cultivateurs donnent la préférence, sont :

1° L'orge commune *(hordeum vulgare)*;
2° L'orge à six rangs ou exastiques *(hordeum hexasticum)*;
3° L'orge à éventail *(hordeum zeocriton)*.

On a aussi essayé, mais sur une très-petite échelle, et à titre d'expérience seulement, la culture de l'orge trifurquée, mais son produit est relativement faible et on y a renoncé.

De toutes les variétés de l'orge commune, une seule est mise sous culture. C'est celle connue sous le nom d'orge commune escourgeon *(hordeum vulgare hyternum)*. Cette variété, dont la culture est très-répandue, demande une terre franche, bien meuble et de première qualité; car, comme le disent nos paysans bas-bretons, l'orge escourgeon est, chez nous, plus difficile que le froment sur la nature et la qualité de la terre sur laquelle on la sème.

La culture de l'orge à six rangs a été très-répandue dans l'arrondissement de Morlaix, parce qu'elle passait pour être très-productive ; mais, aujourd'hui, elle est abandonnée dans plusieurs cantons. Les cultivateurs prétendent qu'elle est moins riche en farine que l'escourgeon et que l'orge à éventail.

Enfin, l'orge à éventail est l'espèce dont la culture paraît être plus ancienne dans cet arrondissement. Sa culture, en quelque sorte négligée d'abord, pour adopter celle de l'orge à six rangs, a repris son ancienne importance, principalement dans les cantons de Plouigneau, de Lanmeur, de Morlaix, etc.

Les espèces et les variétés d'orge succèdent à toutes les espèces de froment, dans les communes situées sur le littoral et du centre; dans celles qui longent les montagnes d'Arées, elles succèdent au froment de Mars.

L'orge se sème en automne et au printemps.

Lorsqu'on la sème en automne, c'est presque immédiatement après la récolte qu'elle se pratique. Lorsqu'au contraire, on ne le fait qu'au printemps, le semis a lieu depuis la fin de Mars jusque vers la mi-Avril.

Dans l'un et l'autre de ces cas, le champ dans lequel on sème l'orge est fortement fumé, tantôt avec des engrais d'animaux, tantôt avec des goémons ou varechs (plantes marines).

Deux labours sont indispensables et trois même quelquefois. Le premier, ou le labour préparatoire, se fait profond et de manière à diviser et à rendre la terre très-meuble; le second, ou le labour de semis, se fait moins profond que le premier. Il a pour but de diviser la terre à l'infini; car, il est une remarque faite par nos agronomes les plus éminents, c'est que plus la terre est divisée, plus la réussite de l'orge est certaine.

La terre à orge est labourée tantôt en planches de deux à trois mètres de large, et le plus communément, dans la généralité des communes, en petits billons.

La semence est choisie parmi les grains qui ont atteint leur maturité complète, qui ont acquis le plus de développement, et, autant que possible, parmi ceux qui proviennent de la dernière récolte.

Dans quelques communes, avant de confier la semence à la terre, on est dans l'habitude de la chauler, et cela dans le but de prévenir le charbon, seule maladie qui attaque l'orge dans nos contrées. *(Voyez, pour le chaulage, l'article Froment.)*

Le semis de l'orge, comme celui du froment, se fait à la volée et à la main. Immédiatement après que les grains ont été répandus sur la terre on les recouvre, et on nivelle cette dernière au moyen d'un léger hersage. On n'est pas dans l'habitude, comme cela se pratique dans plusieurs pays, d'humecter le champ avec du fumier liquide. Cette opération ne se pratique pas non plus quand l'orge est parvenue à une certaine hauteur.

La terre ensemencée d'orge ne demande aucune préparation, à moins qu'il ne s'y trouve une grande quantité de plantes parasites. Dans ce cas seulement, on la débarrasse par un léger binage.

Pour ce qui a rapport à la moisson, au battage et à la conservation des grains d'orge, voir ce que nous avons dit à l'article *Froment*.

Dans quelques bonnes fermes, on coupe l'herbe verte de l'orge pour la donner à manger aux chevaux et aux bestiaux. Mais cette habitude n'est pas générale, elle est même très-restreinte, les habitants de la campagne préférant en recueillir les grains.

La paille de l'orge, quoiqu'un peu dure, est aussi employée à la nourriture des animaux de la race équine. Rarement elle est donnée seule; on la mélange avec du trèfle ou avec l'herbe verte des prairies naturelles, et, alors, elle constitue un fourrage excellent. Les animaux de la race bovine en font aussi un fréquent usage, surtout quand elle est mélangée à du foin. Le surplus de la paille est employé pour litière.

L'orge en grain est peu usitée pour la nourriture des chevaux. Ce n'est que dans quelques fermes qu'on la donne sans lui avoir fait subir la cuisson ; dans d'autres, elle n'est utilisée qu'à ce dernier état. L'eau dans laquelle on a délayé de l'orge réduite en farine forme une boisson très-nourrissante, qui pousse promptement à la graisse les animaux qui en font un fréquent usage.

On a conseillé de remplacer l'avoine par l'orge en grain, pour la nourriture des chevaux. Nous ne savons jusqu'à quel point cette substitution pourrait être avantageuse. Outre que l'avoine est moins difficile que l'orge sur la nature des terres dans lesquelles elle est ensemencée, il ne nous est jamais arrivé de voir aucun accident survenir chez les chevaux qui avaient mangé une grande quantité d'avoine, quand toutefois on ne la donne pas trop fraîche, c'est-à-dire peu de temps après sa récolte, tandis que nous avons constamment observé une fourbure rebelle, qui résistait à tous les agents thérapeutiques mis en usage pour la combattre, chez les chevaux qui, dans un repas, faisaient une grande consommation de grains d'orge.

La farine d'orge sert aussi à la nourriture de l'homme. On en fait du pain qui est d'un fréquent usage dans les fermes bretonnes. Quelquefois on y mélange de la farine de seigle et de froment ; le pain, alors, n'est que meilleur et d'une plus facile digestion.

Dans les communes de la première et de la deuxième série, la culture de l'orge comprend les 15 centièmes, et, dans celles de la troisième, les 10 centièmes seulement de la terre arable cadastrée. L'hectare fournit en moyenne, dans les communes de la première série, trente hectolitres de grains d'orge ; dans celles de la deuxième, vingt-six hectolitres ; dans celles de la troisième, vingt hectolitres ; et, dans les communes des trois séries, deux mille six cents kilogrammes de paille.

L'hectolitre pèse en moyenne soixante-cinq kilogrammes.

L'arrondissement de Morlaix compte, en moyenne, sous culture d'orge, huit mille neuf cent cinquante-sept hectares soixante-deux ares, qui produisent aussi en moyenne deux cent trente-huit mille six cent trente-huit hectolitres dix litres, ou quinze millions cinq cent onze mille quatre cent cinquante-six kilogrammes cinquante décagrammes de grains, et vingt-trois millions deux cent soixante-quatre mille soixante-douze kilogrammes de paille.

Les huit mille neuf cent cinquante-sept hectares soixante-deux ares, demandent pour être ensemencés, à raison de trois hectolitres par hectare, vingt-sept mille cinq cent quarante-deux hectolitres quatre-vingt-seize litres de grains. Il reste donc, pour la consommation locale et pour être livrés au commerce, deux cent onze mille quatre-vingt-quatorze hectolitres quatre-vingt-quatorze litres.

La valeur totale de la récolte du grain, à raison de treize francs l'hectolitre, est de trois millions cent deux mille deux cent quatre-vingt-quinze francs trente centimes, et celle de la paille, à raison de vingt francs les mille kilogrammes, de quatre cent soixante-cinq mille deux cent quatre-vingt-un francs quarante-quatre centimes. La valeur totale de la récolte du grain et de la paille d'orge est de trois millions cinq cent soixante-sept mille cinq cent soixante-seize francs soixante-quatorze centimes.

TABLEAU DE LA CULTURE DE L'

DÉSIGNATION et NOMBRE DES SÉRIES.	NOMS DES COMMUNES.	ÉTENDUE de CHAQUE CULTURE en hectares.		PRODUIT TOTAL DES GRAINS en kilogrammes.		en hectolit[res]
		hectares.	ares.	kilogram.	déca.	hectolit.
1re SÉRIE. — CULTURE du Littoral.	Ploujean	181	10	353,145	»	5,433
	Plouézoc'h	124	92	243,594	»	3,747
	Guimaëc	149	52	291,564	»	4,485
	Saint-Jean-du-Doigt	123	58	240,981	50	3,707
	Loquirec	52	75	102,862	50	1,582
	Plougasnou	284	95	555,652	50	8,548
	Plouzévédé	158	77	309,601	50	4,763
	Trézélidé	33	01	64,369	50	990
	Tréflaouénan	68	98	134,511	»	2,069
	Cléder	344	29	671,365	50	10,328
	Saint-Pol-de-Léon	273	43	533,227	50	8,203
	Roscoff	96	15	187,492	50	2,884
	Ile-de-Batz	25	65	50,017	50	769
	Plouénan	217	05	423,247	50	6,511
	Mespaul	81	90	159,705	»	2,457
	Plougoulm	178	20	347,490	»	5,346
	Sibiril	104	10	202,995	»	3,123
	Plouescat	150	09	292,675	50	4,502
	Plounévez-Lochrist	359	78	701,571	»	10,793
	Tréflez	112	53	219,433	50	3,375
2me SÉRIE. — CULTURE du Centre.	Morlaix	23	73	40,103	70	616
	Sainte-Sève	60	27	101,856	30	1,567
	Saint-Martin-des-Champs	96	63	163,304	70	2,512
	Plourin	274	50	463,905	»	7,137
	Lanmeur	207	17	350,117	30	5,386
	Plouégat-Guérand	132	68	224,229	20	3,449
	Garlan	91	32	154,330	80	2,374
	Le Ponthou	5	88	9,937	20	152
	Plouigneau	407	89	689,334	10	10,605
	Pouégat-Moysan	124	72	210,776	80	3,242
	Plougonven	409	06	691,311	40	10,635
	Saint-Vougay	104	50	176,605	»	2,717
	A reporter	5,059	12	13,153,712	»	144,030

L'ARRONDISSEMENT DE MORLAIX.

UIT TOTAL de LA PAILLE en grammes.		PRIX MOYEN de l'hectolitre D'ORGE.		PRIX MOYEN des 1,000 kilo. de PAILLE.		QUANTITÉ de SEMENCES en hectolitres.		QUANTITÉ restante en grains pour la consommation locale et pour être livrée au Commerce		VALEUR TOTALE de la RÉCOLTE des Grains.		VALEUR TOTALE de la RÉCOLTE de la Paille.		VALEUR TOTALE de la RÉCOLTE DES GRAINS et de la Paille.	
gram.	déca.	fr.	c.	fr.	c.	hectolit.	lit.	hectolit.	lit.	fr.	c.	fr.	c.	fr.	c.
470,860	»	13	»	20	»	543	30	4,889	70	70,629	»	9,417	20	80,046	20
321,792	»	13	»	20	»	374	76	3,372	84	48,718	80	6,495	84	55,214	64
388,752	»	13	»	20	»	448	56	4,037	04	58,312	80	7,775	04	66,087	84
321,308	»	13	»	20	»	370	74	3,336	66	48,196	20	6,426	16	54,622	36
137,150	»	13	»	20	»	158	25	1,424	35	20,572	50	2,743	»	23,315	50
740,870	»	13	»	20	»	854	83	7,693	65	111,130	50	14,817	40	125,947	90
412,802	»	13	»	20	»	476	31	4,286	79	61,920	30	8,256	04	70,176	34
85,826	»	13	»	20	»	99	03	891	27	12,873	90	1,716	52	14,590	42
179,348	»	13	»	20	»	206	94	1,862	46	26,902	20	3,586	96	28,618	72
895,154	»	13	»	20	»	1,032	87	9,295	83	134,273	10	17,903	08	152,176	18
710,970	»	13	»	20	»	820	35	7,383	15	106,645	50	14,219	40	120,864	90
249,990	»	13	»	20	»	288	45	2,596	05	37,498	50	4,999	80	42,498	30
66,690	»	13	»	20	»	76	95	692	55	10,003	50	1,333	80	11,337	30
564,330	»	13	»	20	»	651	15	5,860	35	84,649	50	11,286	60	95,936	10
212,940	»	13	»	20	»	245	70	2,211	30	31,941	»	4,258	80	36,199	80
463,320	»	13	»	20	»	534	60	4,811	40	69,498	»	9,266	40	78,764	40
270,660	»	13	»	20	»	312	30	2,810	70	40,599	»	5,413	20	46,022	20
390,234	»	13	»	20	»	450	27	4,052	43	58,535	10	7,804	68	66,339	78
935.428	»	13	»	20	»	1,079	34	9,714	06	140,314	20	18,708	56	159,022	66
292,578	»	13	»	20	»	337	59	3,038	31	43,886	70	5,851	56	49,738	26
61,698	»	13	»	20	»	71	19	545	79	8,020	74	1,233	96	9,254	70
156,702	»	13	»	20	»	180	81	1,386	21	20,371	26	3,134	04	23,505	30
251,238	»	13	»	20	»	289	89	2,222	49	32,660	94	5,024	76	37,685	70
713,700	»	13	»	20	»	823	50	6,313	50	92,781	»	14,274	»	107,055	»
538,642	»	13	»	20	»	621	51	4,764	50	70,023	46	10,772	84	80,796	30
344,968	»	13	»	20	»	398	04	3,051	64	44,845	84	6,899	36	51,745	20
237,432	»	13	»	20	»	273	96	2,100	36	30,866	16	4,748	64	35,614	80
15,432	»	13	»	20	»	17	64	135	24	1,987	44	305	76	2,293	20
.060,514	»	13	»	20	»	1,223	67	9,381	47	137,866	82	21,210	28	159,077	10
304,272	»	13	»	20	»	374	16	2,868	56	42,155	36	6,485	44	48,640	80
,063,582	»	13	»	20	»	1,227	18	9,408	38	138,262	28	21,271	11	159,533	39
271,700	»	13	»	20	»	313	50	2,403	50	35,321	»	5,434	»	40,755	»
.133,856	»	13	»	20	»	15,177	34	128,842	43	1,872,262	60	263,074	23	2,135,336	83

TABLEAU DE LA CULTURE DE L…

DÉSIGNATION et NOMBRE DES SÉRIES.	NOMS DES COMMUNES.	ÉTENDUE de CHAQUE CULTURE en hectares.		PRODUIT TOTAL DES GRAI… en kilogrammes.		en hectoli…
		hectares.	ares.	kilogram.	déca.	hectolit.
	Report.	5,059	12	13,133,712	»	144,030
Suite de la 2me **SÉRIE.** — CULTURE du Centre.	Plouvorn	245	83	415,452	70	6,391
	Landivisiau	139	05	234,994	50	3,615
	Bodilis	183	»	309,270	»	4.758
	Guimiliau	129	60	219,024	»	3,469
	Lampaul	161	25	272,512	50	4,192
	Plougourvest	110	40	186,576	»	2.870
	Plounéventer	285	60	482,664	»	7.425
	Saint-Servais	86	40	146,016	»	2.246
	Taulé	203	54	343,982	60	5,292
	Henvic	94	92	160,414	80	2,467
	Carantec	78	45	132,580	50	2,039
	Locquénolé	8	37	14,145	30	217
	Guiclan	283	26	478,709	40	7,364
	Saint-Thégonnec	321	10	542,659	»	8,348
	Pleyber-Christ	273	46	462,147	40	7,108
	Lanhouarneau	87	56	147,976	40	2,276
	Plougar	115	84	195,769	60	3,011
3me **SÉRIE.** — CULTURE des Communes qui longent les montagnes d'Arées.	Guerlesquin	91	32	118,716	»	1,826
	Botsorhel	93	85	122,005	»	1,877
	Lannéanou	67	03	87,139	»	1,340
	Le Cloître	81	51	105,963	»	1,630
	Plounéour-Ménez	234	14	304,382	»	4,682
	Sizun	210	20	273,260	»	4,204
	Saint-Sauveur	88	50	115,050	»	1,770
	Commana	163	50	212,550	»	3,270
	Loc-Mélard	50	90	66,170	»	1,018
	TOTAUX	8,957	62	15,511,476	50	238,638
Première Série		3,130	77	6,085,501	50	93,623
Deuxième Série		4,746	»	8,020,740	»	123,396
Troisième Série		1,080	85	1,405,235	»	21,619
	TOTAUX	8,957	62	15,511,476	50	238,638

L'ARRONDISSEMENT DE MORLAIX.

…IIT TOTAL de LA PAILLE en …grammes.	PRIX MOYEN de l'hectolitre D'ORGE.	PRIX MOYEN des 1,000 kilo. de PAILLE.	QUANTITÉ de SEMENCES en hectolitres.	QUANTITÉ restante en grains pour la consommation locale et pour être livrée au Commerce.	VALEUR TOTALE de la RÉCOLTE des Grains.	VALEUR TOTALE de la RÉCOLTE de la Paille.	VALEUR TOTALE de la RÉCOLTE DES GRAINS et de la Paille.
…gram. déca.	fr. c.	fr. c.	hectolit. lit.	hectolit. lit.	fr. c.	fr. c.	fr. c.
…133,856 »	13 »	20 »	15,177 34	128,842 43	1.872,262 60	263,074 23	2,135,336 83
…639,158 »	13 »	20 »	737 49	5,654 09	83,090 54	12,783 16	95,873 70
…361,530 »	13 »	20 »	417 15	3,198 15	46,998 90	7,230 60	54,229 50
…475,800 »	13 »	20 »	549 »	4,209 »	61,854 »	9,516 »	71,370 »
…336,960 »	13 »	20 »	388 80	2,980 80	43,804 80	6,739 20	50,544 »
…419,250 »	13 »	20 »	483 75	3,708 75	54,502 50	8,385 »	62,887 50
…287,040 »	13 »	20 »	331 20	2,539 20	37,315 20	5,740 80	43,056 »
…742,560 »	13 »	20 »	836 80	6,568 80	96,532 80	1.485 20	98,018 »
…224,640 »	13 »	20 »	259 20	1.987 20	29,203 20	4,492 80	33,696 »
…529,204 »	13 »	20 »	610 62	4,681 42	68,796 52	10,584 08	79,380 60
…246,792 »	13 »	20 »	284 76	2,183 16	32,082 96	4,935 84	37,018 80
…203,970 »	13 »	20 »	235 35	1,804 35	26,516 10	4,079 40	30,575 50
…21,762 »	13 »	20 »	25 11	192 51	2,829 06	435 24	3,264 30
…736,476 »	13 »	20 »	849 78	6,514 98	95,741 88	14,729 52	110,471 40
…834,860 »	13 »	20 »	963 30	7,385 30	108,531 80	16,697 20	125,229 »
…710,996 »	13 »	20 »	820 38	6.289 58	93,429 48	14,219 92	106,649 40
…227,656 »	13 »	20 »	262 68	2,013 88	29,595 28	4,553 12	34,148 40
…301,184 »	13 »	20 »	347 50	2,664 32	39,153 92	6,023 68	45,177 60
…237,432 »	13 »	20 »	273 96	1,552 44	23,743 20	4,748 64	28,491 84
…244,010 »	13 »	20 »	281 55	1,595 45	24,401 »	4,880 20	29,281 20
…174,278 »	13 »	20 »	201 09	1,139 51	17,427 80	3,485 56	20,913 36
…211,926 »	13 »	20 »	244 53	1,385 67	21,192 60	4,238 52	25,431 12
…608,764 »	13 »	20 »	702 42	3,980 38	60,876 40	12,175 28	73,051 68
…546,520 »	13 »	20 »	630 60	3,573 40	54,652 »	10,930 40	65,582 40
…230,100 »	13 »	20 »	265 50	1,504 50	23,010 »	4,602 »	27,612 »
…425,100 »	13 »	20 »	490 50	2,779 50	42,510 »	8,502 »	51,012 »
…132,340 »	13 »	20 »	152 70	865 30	13,234 »	2,646 80	15,880 80
…264,072 »	13 »	20 »	27,542 96	211,094 94	3,102,295 30	465,281 44	3,567,576 74
…114,002 »	13 »	20 »	9,362 31	84,260 79	1,217,100 30	162,280 04	1,379,380 34
…339,600 »	13 »	20 »	14,938 »	108,458 »	1,604,148 »	246,792 »	1,850,940 »
…810,470 »	13 »	20 »	3,242 85	18,376 15	281,047 »	56,209 40	337,256 40
…264,072 »	13 »	20 »	27,542 96	211,094 94	3,102,295 30	465,281 44	3,567,576 74

TROISIÈME SECTION.

SEIGLE.

Bien que le seigle n'entre pas dans les assolements suivis dans l'arrondissement de Morlaix, c'est-à-dire qu'il ne se cultive pas dans les terres arables, mais dans les terres dites *froides* ou à ajonc d'Europe, nous ne nous en occupons pas moins au chapitre *Culture des Céréales.*

C'est après l'écobuage qu'on prépare la terre qui doit être ensemencée en seigle. (*Voyez pour l'écobuage, le chapitre 14 de la première partie*).

Le grain de seigle que nos cultivateurs préfèrent pour semence est celui qui est bien mûr et, autant que possible, qui provient de la dernière récolte.

Le seigle, comme toutes les autres céréales, se sème à la main et à la volée. Le plus ordinairement il n'est pas semé seul, mais mélangé avec des grains d'ajonc d'Europe; on le recouvre au moyen d'un léger hersage fait avec une herse en bois. (*Voyez planche* VI, *fig.* 5.)

L'entretien des terres, la récolte, le battage, le vannage et la conservation des grains de seigle ne différant pas de ce qui se pratique pour le froment, nous ne reproduirons pas ici ce que nous avons déjà dit. (*Voyez article Froment.*)

Le seigle est rarement employé seul pour les usages domestiques. Mélangé à du froment et à de l'orge, il forme la base d'un pain dont l'usage est très-répandu dans les fermes de l'arrondissement de Morlaix.

La paille de seigle sert à différents usages. Bien qu'elle soit généralement employée pour litière, on l'utilise encore pour la nourriture des animaux de la race bovine. C'est avec cette paille qu'on garnit les paillasses des lits et qu'on rempaille les chaises. On s'en sert aussi pour la confection des chapeaux des gens de la campagne et pour les toitures des habitations rurales. Ces dernières ne manquent pas, quand elles sont bien faites, de durée et de solidité.

Au chapitre 10 de la première partie, en parlant des constructions rurales, nous avons dit que ces sortes de couvertures tendent à diminuer dans l'arrondissement de Morlaix, et qu'on leur substitue généralement des couvertures en ardoises.

Des renseignements qui nous ont été fournis par les cultivateurs les plus recommandables de l'arrondissement, il résulte que, dans les communes de la première série, on met annuellement sous culture de seigle la trentième partie du relevé cadastral de la terre à ajonc d'Europe ; dans celles de la deuxième série, la vingtième, et dans celles de la troisième série, la quinzième.

Il résulte des mêmes renseignements, que chaque hectare produit en moyenne, pour tout l'arrondissement, seize hectolitres de grains de seigle et quinze cents kilogrammes de paille.

Chaque hectolitre de grains de seigle pèse soixante-dix kilogrammes. Son prix moyen, pour tout l'arrondissement de Morlaix, est de douze francs, et celui des mille kilogrammes de paille de vingt-quatre francs.

Les deux mille cent cinquante-sept hectares soixante-huit ares produisent, en moyenne, trente-quatre mille cinq cent vingt-deux hectolitres quatre-vingt-six litres, ou deux millions quatre cent seize mille six cent un kilogrammes soixante décagrammes de grains, et trois millions deux cent trente-six mille cinq cent vingt kilogrammes de paille.

Les deux mille cent cinquante-sept hectares soixante-huit ares demandent pour être ensemencés, à raison de deux hectolitres par hectare, quatre mille trois cent quinze hectolitres trente-six litres. Il reste donc, pour la consommation locale et pour être livré au commerce, trente mille deux cent sept hectolitres cinquante-deux litres.

La valeur totale et moyenne de la récolte des grains est de quatre cent quatorze mille deux cent soixante-quatorze francs cinquante-six centimes, et celle de la paille, de soixante-dix-sept mille six cent soixante-seize francs quarante-huit centimes.

La valeur totale de la récolte des grains et de la paille réunis est de quatre cent quatre-vingt-onze mille neuf cent cinquante-un francs quatre centimes.

TABLEAU DE LA CULTURE DU SE

DÉSIGNATION et NOMBRE DES SÉRIES	NOMS DES COMMUNES.	ÉTENDUE de CHAQUE CULTURE en hectares.		PRODUIT TOTAL DES GRAI[NS] en kilogrammes.		en hectolitres
		hectares.	ares.	kilogram.	déca.	hectolit.
1re SÉRIE. — CULTURE du Littoral.	Ploujean.	14	45	16,184	»	231
	Plouézoc'h.	16	01	17,931	20	256
	Guimaec.	21	46	24,035	20	343
	Saint-Jean-du-Doigt.	28	16	31,539	20	450
	Loquirec.	5	88	6,585	60	94
	Plougasnou.	33	60	37,632	»	537
	Plouzévédé.	21	36	23,923	20	341
	Trézélidé.	5	05	5,656	»	80
	Tréflaouénan.	6	97	7,806	40	111
	Cléder.	29	05	32,536	»	464
	Saint-Pol-de-Léon.	6	63	7,425	60	106
	Roscoff.	2	26	2,531	20	36
	Ile-de-Batz.	»	33	369	60	5
	Plouénan.	30	76	34,451	20	492
	Mespaul.	10	86	12,163	20	173
	Plougoulm.	9	»	10,180	»	144
	Sibiril.	6	66	7,459	20	106
	Plouescat.	9	30	10,416	»	148
	Plounévez-Lochrist.	43	60	48,832	»	697
	Tréflez.	22	22	24,886	40	355
2me SÉRIE. — CULTURE du Centre.	Morlaix.	2	25	2,520	»	36
	Sainte-Sève.	21	11	23,643	20	337
	Saint-Martin-des-Champs.	26	51	29,691	20	424
	Plourin.	70	70	79,184	»	1,131
	Lanmeur.	39	01	43,691	20	624
	Plouégat-Guérand.	22	35	25,032	»	357
	Garlan.	21	51	24,091	20	344
	Le Ponthou.	1	50	1,680	»	24
	Plouigneau.	93	»	116,400	»	1,520
	Pouégat-Moysan.	19	60	21,952	»	313
	Plougonven.	124	36	139,283	20	1,989
	Saint-Vougay.	7	53	8,433	60	120
	A reporter.	775	04	878,044	80	12,400

L'ARRONDISSEMENT DE MORLAIX.

ODUIT TOTAL de LA PAILLE en logrammes.		PRIX MOYEN de l'hectolitre de SEIGLE.		PRIX MOYEN des 1,000 kilo. de PAILLE.		QUANTITÉ de SEMENCES en hectolitres.		QUANTITÉ restante en grains pour la consommation locale et pour être livrée au Commerce.		VALEUR TOTALE de la RÉCOLTE des Grains.		VALEUR TOTALE de la RÉCOLTE de la Paille.		VALEUR TOTALE de la RÉCOLTE DES GRAINS et de la Paille.	
logram.	déca.	fr.	c.	fr.	c.	hectolit.	lit.	hectolit.	lit.	fr.	c.	fr.	c.	fr.	c.
21,675	»	12	»	24	»	28	90	202	30	2,774	40	520	20	3,494	60
24,015	»	12	»	24	»	32	02	224	14	3,073	92	576	36	3,650	28
32,190	»	12	»	24	»	42	92	300	44	4,120	32	772	56	4,892	88
42,240	»	12	»	24	»	56	32	394	24	5,406	72	1,013	76	6,420	48
8,820	»	12	»	24	»	11	76	82	32	1,128	96	211	68	1,340	64
50,400	»	12	»	24	»	67	20	470	40	6,451	20	1,209	60	7,660	80
32,040	»	12	»	24	»	42	72	299	04	4,101	12	768	96	4,870	08
7,575	»	12	»	24	»	10	10	70	70	969	60	181	80	1,151	40
10,455	»	12	»	24	»	13	94	97	58	1,338	24	250	92	1,589	16
43,575	»	12	»	24	»	58	10	406	70	5,577	60	1,045	80	6,623	40
9,945	»	12	»	24	»	13	26	92	82	1,272	96	238	68	1,511	64
3,390	»	12	»	24	»	4	52	31	64	433	92	81	36	515	28
495	»	12	»	24	»	»	66	4	62	63	36	11	88	75	24
46,140	»	12	»	24	»	61	52	430	64	5,905	92	1,107	36	7,013	28
16,290	»	12	»	24	»	21	72	152	04	2,085	12	390	96	2,476	08
13,500	»	12	»	24	»	18	»	126	»	1,728	»	324	»	2,052	»
9,990	»	12	»	24	»	13	32	93	24	1,278	72	239	76	1,518	48
13,950	»	12	»	24	»	18	60	130	»	1,785	60	334	80	2,120	40
65,400	»	12	»	24	»	87	20	610	40	8,371	20	1,569	60	9,940	80
33,330	»	12	»	24	»	44	44	311	08	4,266	24	799	92	5,066	16
3,375	»	12	»	24	»	4	50	31	50	432	»	81	»	513	»
31,665	»	12	»	24	»	42	22	205	54	4,053	12	759	96	4,813	08
39,765	»	12	»	24	»	53	02	371	14	5,089	92	954	36	6,044	28
106,050	»	12	»	24	»	141	40	989	80	13,574	40	2,545	20	16,119	60
58,515	»	12	»	24	»	78	02	546	14	7,489	92	1,404	36	8,894	28
33,525	»	12	»	24	»	44	70	312	90	4,291	20	804	60	5,095	80
32,265	»	12	»	24	»	43	02	301	14	4,129	92	774	36	4,904	28
2,250	»	12	»	24	»	3	»	21	»	288	»	54	»	342	»
142,500	»	12	»	24	»	190	»	1,330	»	18,240	»	3,420	»	21,660	»
29,400	»	12	»	24	»	39	20	274	40	3,763	20	705	60	4,468	80
186,540	»	12	»	24	»	248	72	1,741	04	23,877	12	4,476	96	28,354	08
11,295	»	12	»	24	»	15	06	105	42	1,445	76	271	08	1,716	84
1,162,560	»	12	»	24	»	1,550	08	10,850	56	148,807	68	27,901	44	176,709	12

TABLEAU DE LA CULTURE DU S[...]

DÉSIGNATION et NOMBRE DES SÉRIES.	NOMS DES COMMUNES.	ÉTENDUE de CHAQUE CULTURE en hectares.		PRODUIT TOTAL DES GRA[...] en kilogrammes.		en hectoli[...]
		hectares.	ares.	kilogram.	déca.	hectolit.
	Report.	775	04	878,044	80	12,400
Suite de la 2me SÉRIE. — CULTURE du Centre.	Plouvorn.	58	14	65,116	80	930
	Landivisiau.	13	25	14,840	»	212
	Bodilis.	33	75	37,800	»	540
	Guimiliau.	3	75	4,200	»	60
	Lampaul.	13	85	15,512	»	221
	Plougourvest.	23	55	26,376	»	376
	Plounéventer.	80	95	90,664	»	1,395
	Saint-Servais.	13	20	14,784	»	211
	Taulé.	56	64	63,436	80	906
	Henvic.	11	84	13,260	80	189
	Carantec.	13	10	14,672	»	209
	Locquénolé.	»	75	840	»	12
	Guiclan.	79	15	88,648	»	1,266
	Saint-Thégonnec.	57	51	64,411	20	920
	Pleyber-Christ.	83	13	93,105	60	1,330
	Lanhouarneau.	25	26	28,291	20	404
	Plougar.	36	23	40,577	60	579
3me SÉRIE. — CULTURE des Communes qui longent les montagnes d'Arées.	Guerlesquin.	51	42	57,590	40	822
	Botsorhel.	74	44	83,372	80	1.191
	Lannéanou.	39	14	43,836	80	626
	Le Cloître.	106	88	119,705	60	1,710
	Plounéour-Ménez.	158	39	177,396	80	2,534
	Sizun.	175	66	196,739	20	2,810
	Saint-Sauveur.	11	80	13,216	»	188
	Commana.	108	33	121,329	60	1.733
	Loc-Mélard.	52	53	58,833	60	840
	TOTAUX.	2,157	68	2,416,601	60	34,522
Première Série.		323	61	362,443	20	5,177
Deuxième Série.		1,055	48	1,182,137	60	16,887
Troisième Série.		778	59	872,020	80	12,457
	TOTAUX.	2,157	68	2,416.601	60	34.522

L'ARRONDISSEMENT DE MORLAIX.

…IT TOTAL de la PAILLE en …grammes.	PRIX MOYEN de l'hectolitre de SEIGLE	PRIX MOYEN des 1,000 kilo. de PAILLE.	QUANTITÉ de SEMENCES en hectolitres.	QUANTITÉ restante en grains pour la consommation locale et pour être livrée au Commerce.	VALEUR TOTALE de la RÉCOLTE des Grains.	VALEUR TOTALE de la RÉCOLTE de la Paille.	VALEUR TOTALE de la RÉCOLTE DES GRAINS et de la Paille.
…ram. déca.	fr. c.	fr. c.	hectolit. lit.	hectolit. litr.	fr. c.	fr. c.	fr. c.
2,560 »	12 »	24 »	1,550 08	10,850 56	148,807 68	27,901 44	176,709 12
.210 »	12 »	24 »	116 28	813 96	11,662 88	2,093 04	13,755 92
,875 »	12 »	24 »	26 50	185 50	2,544 »	477 »	3,021 »
.625 »	12 »	24 »	67 50	472 50	6,480 »	1,215 »	7,703 »
.625 »	12 »	24 »	7 50	52 50	720 »	135 »	855 »
,775 »	12 »	24 »	27 70	193 90	2,659 20	498 68	3,157 88
,325 »	12 »	24 »	47 10	329 70	4,521 60	847 80	5,369 40
,425 »	12 »	24 »	161 90	1,130 30	15,542 40	2,914 20	18,456 60
,800 »	12 »	24 »	26 40	184 80	2,534 40	475 20	3,009 60
,960 »	12 »	24 »	113 28	792 96	10,874 88	2,039 04	12,913 92
,760 »	12 »	24 »	23 68	165 76	2.273 28	426 24	2,699 52
.650 »	12 »	24 »	26 30	183 40	2,515 20	271 60	2,786 80
,125 »	12 »	24 »	1 50	10 50	144 »	27 »	171 »
,725 »	12 »	24 »	158 30	1,108 10	15,196 80	2,849 40	18,046 20
.265 »	12 »	24 »	115 02	805 14	11,041 92	2,070 36	13,112 28
,695 »	12 »	24 »	166 26	1,163 82	15.960 96	2,992 68	18,953 64
,890 »	12 »	24 »	50 52	353 64	4,849 92	909 36	5,759 28
.345 »	12 »	24 »	72 46	507 22	6,956 16	1,304 28	8,260 44
,130 »	12 »	24 »	102 84	719 88	9,872 64	1,851 12	11,723 76
.660 »	12 »	24 »	148 88	1,042 16	14,292 40	2,679 84	16,972 24
,740 »	12 »	24 »	78 28	547 96	7,514 88	1,409 04	8,923 92
.320 »	12 »	24 »	213 76	1,496 32	20,520 96	3,847 68	24,368 64
.385 »	12 »	24 »	316 78	2,217 46	30,410 88	5,702 04	36,112 92
,490 »	12 »	24 »	351 32	2,459 24	38.726 72	6,323 76	40,050 48
,700 »	12 »	24 »	23 60	165 20	2,265 60	424 80	2,690 40
,495 »	12 »	24 »	216 66	1,516 62	20.799 36	3,899 88	24,699 24
,795 »	12 »	24 »	105 06	735 42	10,085 76	1,891 08	11,976 84
,520 »	12 »	24 »	4,315 36	30,207 52	414,274 56	77,676 48	491,951 04
,415 »	12 »	24 »	647 22	4,530 54	62,133 12	11,649 96	73,783 08
.220 »	12 »	24 »	2,110 96	14,776 72	202,652 16	37,997 28	240,649 44
,885 »	12 »	24 »	1,557 18	10,900 26	149,489 28	28,029 24	177,518 52
,520 »	12 »	24 »	4,315 36	30,207 52	414,274 56	77,676 48	491,951 04

QUATRIÈME SECTION.

MÉTEIL.

On désigne sous le nom de méteil un mélange de grains de froment, d'orge et de seigle. Ce mélange est semé en beaucoup d'endroits en des proportions qui n'ont rien de fixe. Comme cette culture est très-bornée dans l'arrondissement de Morlaix, et que les cultivateurs préfèrent faire ce mélange sur l'aire à battre que de le semer dans leurs terres, nous renvoyons aux articles froment, orge et seigle, que nous avons traités plus haut.

CINQUIÈME SECTION.

AVOINE.

Les cultivateurs de l'arrondissement de Morlaix ne cultivent, pour ainsi dire, qu'une seule espèce d'avoine, qui est l'avoine commune *(avena sativa)*. Cette espèce offre plusieurs variétés. Celles auxquelles on donne la préférence sont l'avoine blanche, l'avoine d'hiver et l'avoine noire de Brie.

Toutes ces variétés réussissent bien dans toutes les terres de l'arrondissement. On les voit germer, croître, fleurir, fructifier et arriver à une maturité complète, tantôt sur des terres tourbeuses, marécageuses et d'étangs nouvellement desséchés; tantôt sur des terres sablonneuses, sur les riches défriches, etc., etc.

L'avoine est donc peu difficile sur le choix des terres sur lesquelles elle est semée. Cependant, il faut convenir que son rendement n'est pas le même partout.

Toutes les variétés d'avoine cultivées dans l'arrondissement de Morlaix ont un mérite réel et incontestable, tant sous le rapport de leur rendement que sous celui de leurs qualités. L'avoine blanche est préférée dans quelques cantons, tandis que dans d'autres c'est la noire.

Depuis quelques années on a essayé d'introduire dans la culture de l'arrondissement une autre espèce d'avoine, qui est celle de Hongrie. Cette espèce qui, comme on le sait, n'a été introduite de Pologne en France que vers le milieu du siècle dernier, est peu sujette à la carie. A part cette bonne qualité, elle se recommande encore en ce qu'elle rend davantage, tant en paille qu'en grains. Ces derniers sont blancs, plus pesants, plus gros et plus farineux que ceux produits par les variétés de l'espèce commune.

Malgré tous les avantages qu'offre l'avoine de Hongrie, sa culture n'est encore que peu répandue. Cela tient peut-être à ce que les essais qu'on en a faits n'ont été ni assez répétés, ni assez multipliés.

L'avoine, comme nous l'avons vu au chapitre des Assolements, se sème ordinairement après orge ou froment, dans toutes les communes de l'arrondissement.

La terre reçoit constamment une bonne fumure.

L'avoine se sème le plus communément dans le courant d'octobre.

Nous avons dit plus haut que toutes les terres, fortes ou légères, sèches ou humides, bonnes ou médiocres sont ensemencées sous avoine. La préparation de celles-ci varie suivant les localités. Dans quelques cantons, avant de confier le grain à la terre, on fait un trait de charrue, puis on sème à la main, sur la tranche renversée, et on recouvre la semence au moyen d'un plombage. Ce procédé est le meilleur. Dans d'autres cantons, on fait deux, trois et jusqu'à quatre traits de charrue. On sème, on brise les mottes de terre au moyen de la grande mare et on recouvre par le plombage.

Les grains d'avoine ne sont jamais soumis à l'action du chaulage. On les choisit parmi les plus lourds et surtout parmi ceux qui proviennent de la dernière récolte.

Vers la fin de Mars ou au commencement d'Avril, et surtout si les terres deviennent dures et compactes par l'effet des pluies abondantes d'abord, puis d'une grande sécheresse qui se prolonge pendant longtemps, on fait un léger hersage. Cette opération, qu'on appelle herser à la seconde feuille, se fait constamment par un temps sec, et a pour but, d'une part, de dégager les plantes de la terre qui les comprimait et, par là, d'annuler les obstacles qui ralentissent la végétation, et, d'autre part, de détruire la plupart des plantes nuisibles qui entourent les plants d'avoine.

Dans quelques fermes seulement, et avant que le tuyau du plant ne paraisse, surtout dans les terres légères, on emploie avec avantage l'usage du rouleau pour raffermir la terre et la rendre plus compacte; mais ce moyen n'est qu'exceptionnel.

Il n'est pas d'usage, dans l'arrondissement de Morlaix, de biner ni de sarcler les avoines. Cette pratique n'a lieu que dans le canton de Saint-Pol-de-Léon.

L'avoine de printemps exige les mêmes soins et les mêmes préparations que l'avoine d'automne. Cette avoine se sème en Mars et Avril.

La quantité moyenne de semences, pour toutes les communes de l'arrondissement, est de deux hectolitres par hectare.

L'avoine se récolte :

1° Avant sa pleine maturité ;

2° Après sa maturité complète.

On la récolte avant sa pleine maturité, parce que, s'égrenant facilement, les cultivateurs craignent de perdre une certaine quantité de grains. Dans ce cas, après la coupe de l'avoine, qui se fait avec la faucille, on laisse les pailles couchées sur le sol, afin que le grain s'imprègne de l'humidité de l'air. Le grain se gonfle, paraît plus mûri et acquiert une belle apparence au dépens de sa qualité ; on dit alors que l'avoine est plus marchande.

On la récolte, au contraire, après sa maturité complète, quand on veut conserver le grain pour semence.

La seule maladie qui attaque l'avoine dans l'arrondissement de Morlaix est l'*Ergot*.

Pour tout ce qui concerne le battage, le vannage, le séchage et la conservation des grains d'avoine, voyez l'article froment.

La paille d'avoine est ici d'un fréquent usage. On ne l'utilise, pour ainsi dire, qu'à l'état sec. Cependant, elle est quelquefois employée en vert pour la nourriture des animaux ; mais cet usage n'est pas général. Il fait même une exception à la règle suivie dans les fermes.

La paille d'avoine, après avoir été privée de son grain, sert à la nourriture des animaux. Elle est employée tantôt seule et tantôt mélangée à d'autres fourrages verts. Elle est aussi employée pour litière et pour garnir les paillasses des lits de la ferme, et, lorsqu'elle est vieille, elle sert encore de litière.

Les grains d'avoine sont aussi utilisés pour la nourriture des chevaux qui appartiennent aux riches propriétaires, aux maîtres de poste, aux relayeurs des messageries, aux entrepreneurs des voitures publiques et aux loueurs de chevaux ; il est rare qu'on en donne aux chevaux de la ferme. Il est des animaux de la race équine, dans l'arrondissement de Morlaix, qui ne connaissent l'avoine que pour l'avoir charroyée du champ sur l'aire à battre, et de la ferme au marché ou chez le négociant. Cependant, depuis quelques années, quelques riches propriétaires ou fermiers commencent à donner à leurs jeunes poulains de l'avoine concassée. Le nombre en est très-restreint il est vrai. C'est à l'état de farine que l'avoine est le plus généralement utilisée. A cet état, elle sert non-seulement à la nourriture des animaux, après avoir préalablement été délayée dans de l'eau, mais aussi à la nourriture des gens de la campagne et à celle des personnes peu aisées des villes, qui en font de la bouillie qu'ils mangent avec du lait caillé.

Il y a annuellement, et en moyenne, sous culture d'avoine, les quinze centièmes du relevé cadastral de la terre arable, dans les communes de la première série, tandis que, dans celles de la deuxième et de la troisième série, cette culture atteint les vingt centièmes.

L'arrondissement de Morlaix possède, en moyenne, sous culture d'avoine, onze mille six cent dix hectares soixante-cinq ares.

Chaque hectare rapporte, en moyenne, dans les communes de la première série, trente-deux hectolitres de grains, et trente hectolitres dans celles de la deuxième et de la troisième série, et, pour toutes les communes des trois séries, trois mille cinq cents kilogrammes de paille.

Chaque hectolitre de grains d'avoine pèse cinquante-un kilogrammes. Son prix moyen, pour tout l'arrondissement, est de sept francs, et celui des mille kilogrammes de paille de vingt-quatre francs.

Les onze mille six cent dix hectares soixante-cinq ares produisent donc, en moyenne, trois cent cinquante-quatre mille cinq cent soixante-un hectolitres quatre litres de grains, ou dix-huit millions soixante-douze mille six cent treize kilogrammes quatre décagrammes, et quarante millions six cent trente-sept mille deux cent soixante-quinze kilogrammes de paille.

Les onze mille six cent dix hectares soixante-cinq ares de terres sous avoine demandent, pour être ensemencés, vingt-trois mille deux cent vingt-un hectolitres trente litres ou deux hectolitres par hectare. Il reste donc, pour la consommation locale et pour être livré au commerce, trois cent trente-un mille trois cent trente-neuf hectolitres soixante-quatorze litres.

La valeur totale et moyenne de la récolte des grains est de deux millions quatre cent quatre-vingt-un mille neuf cent vingt-sept francs vingt-huit centimes, et celle de la paille de neuf cent soixante-quinze mille deux cent quatre-vingt-quatorze francs soixante centimes.

La valeur totale de la récolte des grains et de la paille réunis est de trois millions quatre cent cinquante-sept mille deux cent vingt-un francs quatre-vingt-huit centimes.

TABLEAU DE LA CULTURE DE L'AV[...]

DÉSIGNATION et NOMBRE DES SERIES	NOMS DES COMMUNES.	ÉTENDUE de CHAQUE CULTURE en hectares.		PRODUIT TOTAL DES GRAI[NS] en kilogrammes.		en hectolit[res].
		hectares.	ares.	kilogram.	déca.	hectolit.
1re SÉRIE. — CULTURE du Littoral.	Ploujean.	181	10	295,555	20	5,795
	Plouézoc'h.	124	92	203,869	44	3,997
	Guimaec.	149	52	244,016	64	4,784
	Saint-Jean-du-Doigt.	123	58	201,682	56	3,954
	Loquirec.	52	75	86,088	»	1,688
	Plougasnou.	284	95	465,038	40	9,118
	Plouzévédé.	158	77	259,112	64	5,080
	Trézélidé.	33	01	53,872	32	1,056
	Tréflaouénan.	68	98	112,575	36	2,207
	Cléder.	344	29	561,881	28	11,017
	Saint-Pol-de-Léon.	273	45	446,270	40	8,750
	Roscoff	96	15	156,916	80	3,076
	Ile-de-Batz.	25	65	41,860	80	820
	Plouénan.	217	05	354,225	60	6,945
	Mespaul.	81	90	133,660	80	2,260
	Plougoulm.	178	20	290,822	40	5,702
	Sibiril.	104	10	169,891	20	3,331
	Plouescat.	150	09	244,946	88	4,802
	Plounévez-Lochrist.	359	78	587,160	96	11,512
	Tréflez.	112	53	183,648	96	3,600
2me SÉRIE. — CULTURE du Centre.	Morlaix.	31	64	48,409	20	949
	Sainte-Sève.	80	36	122,950	80	2,410
	Saint-Martin-des-Champs.	128	83	197,109	90	3,864
	Plourin.	366	»	559,980	»	10,980
	Lanmeur.	276	23	422,631	90	8,286
	Plouégat-Guérand.	176	90	270,657	»	5,307
	Garlan.	121	75	186,277	50	3,652
	Le Ponthou.	7	84	11,995	20	235
	Plouigneau.	543	86	832,105	80	16,315
	Plouégat-Moysan.	166	30	254,439	»	4,989
	Plougonven.	545	43	834,507	90	16,362
	Saint-Vougay	139	33	313,174	90	4,179
	A reporter.	5,705	24	9,147,335	74	177,498

S L'ARRONDISSEMENT DE MORLAIX.

ODUIT TOTAL de LA PAILLE en ilogrammes.		PRIX MOYEN de l'hectolitre D'AVOINE.		PRIX MOYEN des 1,000 kilo. de PAILLE.		QUANTITÉ de SEMENCES en hectolitres.		QUANTITÉ restante en grains pour la consommation locale et pour être livrée au Commerce		VALEUR TOTALE de la RÉCOLTE des Grains.		VALEUR TOTALE de la RÉCOLTE de la Paille.		VALEUR TOTALE de la RÉCOLTE DES GRAINS et de la Paille.	
ilogram.	déca.	fr.	c.	fr.	c.	hectolit.	lit.	hectolit.	lit.	fr.	c.	fr.	c.	fr.	c.
633,850	»	7	»	24	»	362	20	5,433	»	40,566	40	15,212	40	55,778	80
437,220	»	7	»	24	»	249	84	3,747	60	27,982	08	10,493	28	38,475	36
523,320	»	7	»	24	»	299	04	4,485	60	33,492	48	12,559	68	46,052	16
432,530	»	7	»	24	»	247	16	3,707	40	27,681	92	10,380	72	38,062	64
184,625	»	7	»	24	»	105	50	1,582	50	11,816	»	4,431	»	16,247	»
997,325	»	7	»	24	»	569	90	8,548	50	63,828	80	23,935	80	87,764	60
555,695	»	7	»	24	»	317	54	4,763	10	35,564	48	13,336	68	48,901	16
115,535	»	7	»	24	»	66	02	990	30	7,394	24	2,772	84	10,167	08
241,430	»	7	»	24	»	137	96	2,069	40	15,451	52	5,794	32	21,245	84
1,205,015	»	7	»	24	»	688	58	1,328	70	77,120	96	28,930	36	106,051	32
957,075	»	7	»	24	»	546	90	8,203	50	61,252	80	22,969	80	84,222	60
336,525	»	7	»	24	»	192	30	2,884	50	21,537	60	8,076	60	29,614	20
89,775	»	7	»	24	»	51	30	769	50	5,745	60	2,154	60	7,500	20
759,675	»	7	»	24	»	434	10	6,511	50	48,619	20	18,232	20	66,851	40
286,650	»	7	»	24	»	163	80	2,457	»	18,345	60	6,879	60	25,225	20
623,700	»	7	»	24	»	356	40	5,346	»	39,916	80	14,968	80	54,885	60
364,350	»	7	»	24	»	208	20	3,123	»	23,318	40	8,744	40	32,062	80
525,315	»	7	»	24	»	300	18	4,502	70	33,620	16	12,607	56	46,227	72
1,259,230	»	7	»	24	»	719	56	10,793	40	80,590	72	30,221	52	110,812	24
393,855	»	7	»	24	»	225	06	3,375	90	25,206	72	9,452	52	34,659	24
110,740	»	7	»	24	»	63	28	885	92	6,644	40	2,657	76	9,302	16
281,260	»	7	»	24	»	160	72	2,250	08	16,875	60	6,750	24	23,625	84
450,905	»	7	»	24	»	257	66	3,607	24	27,054	30	10,821	72	37,876	02
1,281,000	»	7	»	24	»	732	»	10,248	»	76,860	»	30,744	»	107,681	»
966,805	»	7	»	24	»	552	46	7,734	44	58,008	30	23,203	32	81,211	62
619,150	»	7	»	24	»	353	80	4,953	20	37,149	»	14,859	60	52,008	60
426,125	»	7	»	24	»	243	50	3,409	»	25,567	50	10,227	»	35,794	50
27,440	»	7	»	24	»	15	68	219	52	1,646	40	658	56	2,304	96
1,903,510	»	7	»	24	»	1,087	72	15,228	08	114,210	60	45,684	24	159,894	24
582,050	»	7	»	24	»	332	60	4,656	40	34,923	»	13,969	20	48,892	20
1,909,005	»	7	»	24	»	1,090	86	15,272	04	114,540	30	45,816	12	160,432	50
487,655	»	7	»	24	»	278	66	3,901	24	29,259	30	11,703	72	40,963	02
19,968,340	»	7	»	24	»	11,410	48	165,998	26	1,241,791	18	479,240	16	1,721,183	92

TABLEAU DE LA CULTURE DE L'A…

DÉSIGNATION et NOMBRE DES SÉRIES.	NOMS DES COMMUNES.	ÉTENDUE de CHAQUE CULTURE en hectares.		PRODUIT TOTAL DES GRA… en kilogrammes.		en hectoli…
		hectares.	ares.	kilogram.	déca.	hectolit.
	Report.	5,705	24	9,147,335	74	177,408
Suite de la 2me **SÉRIE.** — CULTURE du Centre.	Plouvorn.	327	77	501,488	10	9,833
	Landivisiau.	185	40	283,662	»	5,562
	Bodilis.	244	»	373,320	»	7,320
	Guimiliau.	172	80	264,384	»	5,184
	Lampaul.	215	»	328,950	»	6,450
	Plougourvest.	147	20	225,216	»	4,416
	Plounéventer.	380	80	582,624	»	11,424
	Saint-Servais.	115	20	176,256	»	3,456
	Taulé.	271	38	415,211	40	8,141
	Henvic.	126	55	193.621	50	3,796
	Carantec.	104	61	160,053	30	3,138
	Locquénolé.	11	16	17.074	80	334
	Guiclan.	377	68	577,850	40	11,330
	Saint-Thégonnec.	428	14	655,054	20	12,844
	Pleyber-Christ.	364	61	557,853	30	10,938
	Lanhouarneau.	116	75	178,627	50	3,502
	Plougar.	154	45	236,308	50	4,633
3me **SÉRIE.** — CULTURE des Communes qui longent les montagnes d'Arées.	Guerlesquin.	182	64	279,439	20	5,479
	Botsorhel.	187	71	287,196	30	5,631
	Lannéanou.	134	06	205,111	80	4,021
	Le Cloitre.	163	02	249,420	60	4,890
	Plounéour-Ménez.	468	28	716,468	40	14,048
	Sizun.	420	40	643,212	»	12,612
	Saint-Sauveur.	177	»	270,810	»	5,310
	Commana.	327	»	500,310	»	9,810
	Loc-Mélard.	101	80	155,754	»	3,054
	TOTAUX.	11,610	65	18,072,613	04	354,561
Première Série.		3,120	77	5,093,096	64	99,864
Deuxième Série.		6,327	97	9,671,794	10	189,839
Troisième Série.		2,161	91	3,307,722	30	64,857
	TOTAUX.	11,610	65	18,072,613	04	354,561

L'ARRONDISSEMENT DE MORLAIX.

[..]DUIT TOTAL de LA PAILLE en [..]ogrammes.		PRIX MOYEN de l'hectolitre D'AVOINE.		PRIX MOYEN des 1,000 kilo. de PAILLE.		QUANTITÉ de SEMENCES en hectolitres.		QUANTITÉ restante en grains pour la consommation locale et pour être livrée au Commerce.		VALEUR TOTALE de la RÉCOLTE des Grains.		VALEUR TOTALE de la RÉCOLTE de la Paille.		VALEUR TOTALE de la RÉCOLTE DES GRAINS et de la Paille.	
[..]gram.	déca.	fr.	c.	fr.	c.	hectolit.	lit.	hectolit.	lit.	fr.	c.	fr.	c.	fr.	c.
[..]968,340	»	7	»	24	»	11,410	48	165,998	26	1,241,791	18	479,240	16	1,721,183	92
[..]147,195	»	7	»	24	»	655	54	9,177	56	68,831	70	27,532	68	96,364	38
618,900	»	7	»	24	»	370	80	5,191	20	38,934	»	15,573	60	54,507	60
854,000	»	7	»	24	»	488	»	6,832	»	51,240	»	20,496	»	71,736	»
604,800	»	7	»	24	»	345	60	4,838	40	36,288	»	14,515	20	50,803	20
752,500	»	7	»	24	»	430	»	6,020	»	45,150	»	18,060	»	63,210	»
515,200	»	7	»	24	»	294	40	4,121	60	30,912	»	12,364	80	43,276	80
[..]332,800	»	7	»	24	»	761	60	10,662	40	79,968	»	31,987	20	111,955	20
403,200	»	7	»	24	»	230	40	3,225	60	24,192	»	9,676	80	33,868	80
949,830	»	7	»	24	»	542	76	7,598	64	56,989	80	22,795	92	79,785	72
442,925	»	7	»	24	»	253	10	3,543	40	26,575	50	10,630	20	37,205	70
366,133	»	7	»	24	»	209	22	2,929	08	21,968	10	8,787	24	30,755	34
39,060	»	7	»	24	»	22	32	312	48	2,343	60	937	44	3,281	04
[..]321,880	»	7	»	24	»	755	36	10,575	04	79,312	80	31,725	12	111,037	92
[..]458.490	»	7	»	24	»	856	28	11,987	92	89,909	40	35,003	76	124,913	16
[..]276,135	»	7	»	24	»	729	22	10,209	08	76,568	10	30,627	24	107,195	34
408.625	»	7	»	24	»	233	50	3,269	»	24,517	50	9,807	»	34,324	50
540,535	»	7	»	24	»	308	90	4,324	60	32,434	50	12,973	80	45,408	30
639,240	»	7	»	24	»	365	28	5,113	92	38,354	40	15,341	76	53,696	16
656,985	»	7	»	24	»	375	42	5,255	88	39,419	10	15,757	64	55,176	74
469,210	»	7	»	24	»	268	12	3,753	68	28.152	60	11,261	04	39,413	64
570,570	»	7	»	24	»	326	04	4,564	56	34,234	20	13,693	68	47,927	88
[..]638,980	»	7	»	24	»	936	56	13,111	84	98,338	80	39,335	52	137,674	32
[..]471,400	»	7	»	24	»	840	80	11,771	20	88,284	»	35,313	60	123,597	60
619,500	»	7	»	24	»	354	»	4,956	»	37,170	»	14,868	»	52,038	»
[..]144,500	»	7	»	24	»	654	»	9,156	»	68,670	»	27,468	»	96,138	»
356,300	»	7	»	24	»	203	60	2,850	40	21,378	»	8,551	20	29,929	20
[..]637,273	»	7	»	24	»	23,221	30	331,339	74	2,481,927	28	975,294	60	3,457,221	88
[..]922,695	»	7	»	24	»	6,241	54	93,623	10	699,052	48	262,144	68	961,197	16
[..]147.895	»	7	»	24	»	12,655	94	177,183	16	1,328,873	70	531,549	48	1,860,423	18
[..]366.685	»	7	»	24	»	4,323	82	60,533	48	454,001	10	181,600	44	635,601	54
[..]637,273	»	7	»	24	»	23,221	30	331,339	74	2,481,927	28	975,294	60	3,457,221	88

SIXIÈME SECTION.

SARRASIN.

On cultive, dans l'arrondissement de Morlaix, deux espèces de sarrasin. Le sarrasin commun *(Polygonum fagopyrum)*, et le sarrasin de Barbarie ou de Tartarie *(Polygonum tataricum)*. Ces deux espèces y réussissent bien, quand, toutefois, les gelées, le froid humide et les pluies torrentielles ne les détruisent pas avant que les plantes n'aient atteint leur maturité.

Le sarrasin se plaît dans toutes sortes de terres, qu'elles soient fortes ou légères, pourvu qu'elles ne soient pas marécageuses ou même humides.

Dans les communes de la première série, on fait succéder la culture du sarrasin à celles du trèfle ou du froment. Dans celles de la deuxième série, le sarrasin est semé après la troisième année de trèfle ou après une année de jachère. Et, dans celles de la troisième série, il succède à trois années de jachère.

La terre qui doit être ensemencée en sarrasin, exige ordinairement deux labours.

En automne, on fume et on fait un labour préparatoire à la charrue. Le second labour se fait au printemps et immédiatement avant de semer le grain. Celui-ci se sème, comme toutes les autres céréales, à la volée et à la main.

C'est ordinairement vers les premiers jours de Juin qu'on sème le *Polygonum fagopyrum*. Le *Poligonum tataricum* se sème un peu plus tôt, parce qu'il est plus rustique et qu'il craint moins les intempéries de l'atmosphère.

Immédiatement après que le grain de sarrasin a été répandu sur le sol, on le recouvre au moyen d'un léger hersage fait avec une herse en bois.

La terre ensemencée en sarrasin ne demande aucune préparation jusqu'au moment de la récolte, c'est-à-dire qu'elle n'est ni sarclée ni binée.

Pour ce qui a rapport à la récolte, au battage, au vannage et au criblage. *(Voyez l'article Froment.)*

Lorsque le sarrasin a été dépiqué, on le place en couches très-minces sur le plancher du grenier pour le faire sécher. Pendant cette opération, on a soin de le remuer et de le retourner souvent pour l'empêcher de moisir. Quand il est suffisamment sec, on le conserve comme les autres céréales. *(Voyez Froment.)*

La paille de sarrasin n'est que rarement employée pour la nourriture des animaux, même quand ses tiges sont encore vertes. Il n'est pas d'usage, non plus, de la convertir en engrais, en l'enfouissant dans la terre, un peu avant ou pendant la floraison, comme cela se pratique dans plusieurs endroits. Que la récolte réussisse ou qu'elle ne réussisse pas, elle n'est pas moins constamment conservée jusqu'à son entière maturité.

La paille sèche de sarrasin ne sert que pour litière et pour couvrir l'aire à battre.

Le sarrasin en grains est peu employé pour la nourriture des animaux domestiques. Sa farine sert à la nourriture de l'homme qui en fait de la bouillie, des galettes, des crêpes et une espèce de fard, qu'il fait cuire dans son pot au feu, après l'avoir préalablement délayée dans de l'eau; y avoir ajouté du beurre et l'avoir renfermé dans un sac en toile, serré au moyen d'une ficelle.

Le son de la farine de sarrasin est aussi employé, avec des morceaux de pain et des restants de bouillie, à la nourriture des porcs.

La culture du sarrasin dans l'arrondissement de Morlaix était autrefois plus étendue qu'elle ne l'est aujourd'hui. Cependant, en compulsant le tableau suivant, on pourra se convaincre que cette culture n'est pas encore sans importance. La culture du sarrasin a diminué à mesure que celle des pommes de terre s'est propagée et a pris du développement.

Dans les communes de la première série, la culture du sarrasin occupe les six centièmes de la terre arable; dans celles de la deuxième série, les huit centièmes, et dans celles de la troisième série, les douze centièmes.

L'hectare fournit, en moyenne, quarante hectolitres de grains et deux mille kilogrammes de paille.

Chaque hectolitre pèse, en moyenne, soixante-cinq kilogrammes.

Il faut, pour ensemencer un hectare, un hectolitre de grains.

La valeur moyenne de l'hectolitre est de huit francs et celle des mille kilogrammes de paille, de dix-huit francs.

L'arrondissement de Morlaix compte donc, en moyenne, sous culture de sarrasin, cinq mille soixante-seize hectares soixante-treize ares, qui produisent deux cent trois mille soixante-neuf hectolitres vingt litres, ou treize millions cent quatre-vingt-dix-neuf mille quatre cent quatre-vingt-dix-huit kilogrammes de grains et dix millions cent-cinquante-trois mille cinq cent vingt kilogrammes de paille.

Pour ensemencer les cinq mille soixante-seize hectares soixante-treize ares, il faut la même quantité de grains, c'est-à-dire cinq mille soixante-seize hectolitres soixante-treize litres. Il reste donc, pour la consommation locale et pour être livré au commerce, cent quatre-vingt-dix-sept mille neuf cent quatre-vingt-douze hectolitres quarante-sept litres.

La valeur totale de la récolte des grains est de un million six cent vingt-quatre-mille cinq cent cinquante-trois francs soixante centimes, et celle de la paille de cent quatre-vingt-deux mille sept cent soixante-trois francs soixante centimes.

La valeur totale de la récolte, tant en paille qu'en grains, est de un million huit cent sept mille trois cent dix-sept francs vingt centimes.

TABLEAU DE LA CULTURE DU SARR

DÉSIGNATION et NOMBRE DES SÉRIES.	NOMS DES COMMUNES.	ÉTENDUE de CHAQUE CULTURE en hectares.		PRODUIT TOTAL DES GRA		
				en kilogrammes.		en hectolit
		hectares.	ares.	kilogram.	déca.	hectolit.
1re SÉRIE. — CULTURE du Littoral.	Ploujean	72	44	188,344	»	2,897
	Plouézoc'h	49	97	129,922	»	1,999
	Guimaec	59	81	155,506	»	2,392
	Saint-Jean-du-Doigt	49	43	128,518	»	1,977
	Loquirec	21	10	54,860	»	844
	Plougasnou	113	98	296,348	»	4,559
	Plouzévédé	63	50	165,100	»	2,540
	Trézélidé	13	21	34,366	»	528
	Tréflaouénan	27	59	71,734	»	1,103
	Cléder	137	72	358,072	»	5,508
	Saint-Pol-de-Léon	109	38	284,388	»	4,375
	Roscoff	38	46	99,996	»	1,538
	Ile-de-Batz	10	26	26,676	»	410
	Plouénan	86	82	225,732	»	3,472
	Mespaul	32	76	85,176	»	1,310
	Plougoulm	71	28	185,328	»	2,851
	Sibiril	41	64	108,264	»	1,665
	Plouescat	60	04	156,104	»	2,401
	Plounévez-Lochrist	143	91	374,166	»	5,756
	Tréflez	45	01	117,026	»	1,800
2me SÉRIE. — CULTURE du Centre.	Morlaix	12	66	32,916	»	506
	Sainte-Sève	32	14	83,564	»	1,285
	Saint-Martin-des-Champs	51	54	134,004	»	2,061
	Plourin	146	41	380,666	»	5,856
	Lanmeur	110	50	287,300	»	4,420
	Plouégat-Guérand	70	76	183,976	»	2,830
	Garlan	48	70	126,620	»	1,948
	Le Ponthou	3	14	8,164	»	125
	Plouigneau	217	54	565,604	»	8,701
	Pouégat-Moysan	66	52	172,952	»	2,660
	Plougonven	218	17	567,502	»	8,730
	Saint-Vougay	55	73	144,898	»	2,229
	A reporter	2,282	22	5,933,772	»	91,288

…L'ARRONDISSEMENT DE MORLAIX.

…OIDS TOTAL de LA PAILLE en …ogrammes.		PRIX MOYEN de l'hectolitre de SARRASIN		PRIX MOYEN des 1,000 kilo. de PAILLE.		QUANTITÉ de SEMENCES en hectolitres.		QUANTITÉ restante en grains pour la consommation locale et pour être livrée au Commerce.		VALEUR TOTALE de la RÉCOLTE des Grains.		VALEUR TOTALE de la RÉCOLTE de la Paille.		VALEUR TOTALE de la RÉCOLTE DES GRAINS et de la Paille.	
…gram.	déca.	fr.	c.	fr.	c.	hectolit.	lit.	hectolit.	lit.	fr.	c.	fr.	c.	fr.	c.
144,880	»	8	»	18	»	72	44	2,825	16	23,180	80	2,607	84	25,788	64
99,940	»	8	»	18	»	49	97	1,949	83	15,998	40	1,798	92	17,706	82
119,620	»	8	»	18	»	59	81	2,332	39	18,959	20	2,136	16	21,095	36
98,860	»	8	»	18	»	49	43	1,927	77	15,817	60	1,779	48	17,597	08
42,200	»	8	»	18	»	21	10	822	90	6,752	»	759	60	7,511	60
227,960	»	8	»	18	»	113	98	4,445	22	36,473	60	4,103	28	40,576	88
127,000	»	8	»	18	»	63	50	2,476	50	20,320	»	2,286	»	22,606	»
26,420	»	8	»	18	»	13	21	515	19	4,227	20	476	56	4,704	26
55,180	»	8	»	18	»	27	59	1,076	01	8,828	80	993	24	9,822	04
275,440	»	8	»	18	»	137	72	5,371	08	44,070	40	4,957	92	49,028	32
218,760	»	8	»	18	»	109	38	4,265	82	35,001	60	3,937	68	38,939	28
76,920	»	8	»	18	»	38	46	1,499	94	12,307	20	1,384	56	13,691	76
20,520	»	8	»	18	»	10	26	400	14	3,283	20	369	36	3,652	56
173,640	»	8	»	18	»	86	82	3,385	98	27,782	40	3,125	52	30,907	92
65,520	»	8	»	18	»	32	76	1,277	64	10,483	20	1,179	36	11,662	56
142,560	»	8	»	18	»	71	28	2,779	92	22,809	60	2,566	08	25,375	68
83,280	»	8	»	18	»	41	64	1,623	96	13,324	80	1,499	04	14,823	84
120,080	»	8	»	18	»	60	04	2,341	56	19,212	80	2,161	44	21,374	24
287,820	»	8	»	18	»	143	91	5,612	49	46,051	20	5,180	76	51,231	96
90,020	»	8	»	18	»	45	01	1,755	39	14,403	20	1,620	36	16,023	56
25,320	»	8	»	18	»	12	66	493	74	4,051	20	455	76	4,506	96
64,280	»	8	»	18	»	32	14	1,253	46	10,284	80	1,157	04	11,441	84
103,080	»	8	»	18	»	51	54	2,010	06	16,492	80	1,855	44	18,348	24
292,820	»	8	»	18	»	146	41	5,709	99	46,851	20	5,270	76	52,121	96
221,000	»	8	»	18	»	110	50	4,309	50	35,360	»	3,978	»	39,338	»
141,520	»	8	»	18	»	70	76	2,759	64	22,643	20	2,547	36	25,190	56
97,400	»	8	»	18	»	48	70	1,899	30	15,584	»	1,753	20	17,337	20
6,280	»	8	»	18	»	3	14	122	46	1,004	80	113	04	1,117	84
435,080	»	8	»	18	»	217	54	8,484	06	69,612	80	7,831	44	77,444	24
133,040	»	8	»	18	»	66	52	2,594	28	21,286	40	2,394	72	23,681	12
436,340	»	8	»	18	»	218	17	8,512	63	69,846	40	7,854	01	77,700	41
111,460	»	8	»	18	»	55	73	2,173	47	17,833	60	2,008	28	19,841	88
…564,440	»	8	»	18	»	2,282	22	89,006	58	730,310	40	82,159	92	812,470	32

TABLEAU DE LA CULTURE DU SA

DÉSIGNATION et NOMBRE DES SÉRIES	NOMS DES COMMUNES.	ÉTENDUE de CHAQUE CULTURE en hectares.		PRODUIT TOTAL DES GRA		
				en kilogrammes.		en hectol
		hectares.	ares.	kilogram.	déca.	hectolit.
	Report.	2,282	22	5,933,772	»	91,288
Suite de la **2me SÉRIE.** — CULTURE du Centre.	Plouvorn	131	11	340,886	»	5,244
	Landivisiau	74	16	192,816	»	2,966
	Bodilis	97	60	253,760	»	3,904
	Guimiliau	69	12	179,712	»	2,764
	Lampaul	86	»	223,600	»	3,440
	Plougourvest	58	88	153,088	»	2,355
	Plounéventer	152	32	396,032	»	6,092
	Saint-Servais	46	08	119,808	»	1,843
	Taulé	108	55	282,230	»	4,342
	Henvic	50	62	131,612	»	2,024
	Carantec	41	84	108,784	»	1,673
	Locquénolé	4	46	11,596	»	178
	Guiclan	151	07	392,782	»	6,042
	Saint-Thégonnec	171	25	445,250	»	6,850
	Pleyber-Christ	145	84	379,184	»	5,833
	Lanhouarneau	46	70	121,420	»	1,868
	Plougar	61	77	160,602	»	2,470
3me SÉRIE. — CULTURE des Communes qui longent les montagnes d'Arées.	Guerlesquin	109	59	284,934	»	4,383
	Botsorhel	112	63	292,838	»	4.505
	Lannéanou	80	43	209,118	»	3,217
	Le Cloître	97	81	254,306	»	3.912
	Plounéour-Ménez	280	97	730,522	»	11,238
	Sizun	252	24	655,824	»	10,089
	Saint-Sauveur	106	19	276,094	»	4,247
	Commana	196	21	510,120	»	7,848
	Loc-Mélard	61	08	158,808	»	2,443
	TOTAUX	5,076	73	13,199,498	»	203,069
Première Série		1,248	41	3,245,866	»	49,936
Deuxième Série		2,531	18	6,581,068	»	101,247
Troisième Série		1,297	14	3,372,564	»	51,885
	TOTAUX	5,076	73	13,199,498	»	203,069

L'ARRONDISSEMENT DE MORLAIX.

…DUIT TOTAL de LA PAILLE en …ogrammes.		PRIX MOYEN de l'hectolitre de SARRASIN.		PRIX MOYEN des 1,000 kilo. de PAILLE.		QUANTITÉ de SEMENCES en hectolitres.		QUANTITÉ restante en grains pour la consommation locale et pour être livrée au Commerce.		VALEUR TOTALE de la RÉCOLTE des Grains.		VALEUR TOTALE de la RÉCOLTE de la Paille.		VALEUR TOTALE de la RÉCOLTE DES GRAINS et de la Paille.	
…gram.	déca.	fr.	c.	fr.	c.	hectolit.	lit.	hectolit.	litr.	fr.	c.	fr.	c.	fr.	c.
…364,440	»	8	»	18	»	2,282	22	89,006	58	730,310	40	82,159	92	812,470	32
…262,220	»	8	»	18	»	131	11	5,113	29	41,955	20	4,719	96	46,675	16
…148,320	»	8	»	18	»	74	16	2,892	24	23,731	20	2,669	76	26,400	96
…195,200	»	8	»	18	»	97	60	3,806	40	31,232	»	3,513	60	34,745	60
…138,240	»	8	»	18	»	69	12	2,695	68	22,118	40	2,488	32	24,606	72
…172,000	»	8	»	18	»	86	»	3,354	»	27,520	»	3,096	»	30,616	»
…117,760	»	8	»	18	»	58	88	2,296	32	18,841	60	2,119	68	20,961	28
…304,640	»	8	»	18	»	152	32	5,940	48	48,742	40	5,483	52	54,225	92
…92,160	»	8	»	18	»	46	08	1,797	12	14,745	60	1,658	88	16,404	48
…217,100	»	8	»	18	»	108	55	4,233	45	34,736	»	3,907	80	38,643	80
…101,240	»	8	»	18	»	50	62	1,974	18	16,198	40	1,822	32	18,020	72
…83,680	»	8	»	18	»	41	84	1,631	76	13,388	80	1,506	24	14,895	04
…8,920	»	8	»	18	»	4	46	173	94	1,427	20	160	56	1,587	76
…302,140	»	8	»	18	»	151	07	5,891	73	48,342	40	5,438	52	53,780	92
…342,500	»	8	»	18	»	171	25	6,678	75	54,800	»	6,165	»	60,965	»
…291,680	»	8	»	18	»	145	84	5,687	76	46,668	80	5,250	24	51,919	04
…93,400	»	8	»	18	»	46	70	1,821	30	14,944	»	1,681	20	16,625	20
…123,540	»	8	»	18	»	61	77	2,409	03	19,766	40	2,223	72	21,990	12
…219,180	»	8	»	18	»	109	59	4,274	01	35,068	80	3,945	24	39,014	04
…225,260	»	8	»	18	»	112	63	4,392	57	36,041	60	4,054	68	40,096	28
…160,860	»	8	»	18	»	80	43	3,136	77	25,737	00	2,895	48	28,633	08
…195,620	»	8	»	18	»	97	81	3,814	59	31,299	20	3,521	16	34,820	36
…561,940	»	8	»	18	»	280	97	10,957	83	89,910	40	10,114	92	100,025	32
…504,480	»	8	»	18	»	252	24	9,837	36	80,716	80	9,080	64	89,797	44
…212,380	»	8	»	18	»	106	19	4,141	41	33,980	80	3,822	84	37,803	64
…392,400	»	8	»	18	»	196	20	7,651	80	62,784	00	7,063	20	69,847	20
…122,160	»	8	»	18	»	61	08	2,382	12	19,545	60	2,198	88	21,744	48
…153,520	»	8	»	18	»	5,076	73	197,992	47	1,624,553	60	182,763	60	1,807,317	20
…496,820	»	8	»	18	»	1,248	41	48,687	99	399,491	20	44,942	76	444,433	96
…062,360	»	8	»	18	»	2,531	18	98,716	02	809,963	60	91,122	48	901,086	08
…594,280	»	8	»	18	»	1,297	14	50,588	46	415,084	80	46,697	04	461,781	84
…153,520	»	8	»	18	»	5,076	73	197,992	47	1,624,553	60	182,763	60	1,807,317	20

CHAPITRE 18.

CULTURE DES PRAIRIES NATURELLES.

FOURRAGES GRAMINÉS. — FOURRAGES LÉGUMINEUX. — FOIN.

Au chapitre 3 de la première partie, nous avons fait connaître qu'indépendamment des principaux cours d'eau qui existent dans l'arrondissement de Morlaix, son sol est sillonné, dans tous les sens, de petits ruisseaux qui proviennent des sources et des fontaines qui y sont en très-grand nombre.

Cette facilité de se procurer de l'eau en grande abondance, jointe à la disposition de nombreuses pièces de terres, qui, par leur exposition, leur inclinaison et leur voisinage des cours d'eau, ne peuvent être livrées à l'action de la charrue, font que les prairies naturelles y sont très-répandues.

Dans l'arrondissement de Morlaix, comme dans toutes les autres parties de la Bretagne, on compte trois sortes de prairies naturelles :

1° Les prairies hautes ;

2° Les prairies basses ;

3° Les prairies marécageuses.

La culture des prairies hautes y est très-restreinte, par la raison que toutes les fois que le sol le permet, tant par sa nature, son exposition haute et sa position plane, on préfère le convertir en terre arable plutôt que d'en faire des prairies naturelles.

Les prairies basses y sont très-nombreuses. Elles se divisent en deux classes ou catégories :

1° Les prairies basses dont l'inclinaison est très-prononcée pour permettre à l'eau un écoulement facile ;

2° Les prairies basses dont le sol est plane ou presque plane.

Les unes et les autres sont situées dans les gorges des vallées.

Les premières sont préférées, en ce sens que, par leur inclinaison, elles peuvent être arrosées ou privées d'eau à volonté. Aussi, le foin qu'elles fournissent est-il très-abondant et ordinairement de bonne qualité. Les dernières, au contraire, produisent un foin de qualité inférieure, parce que l'écoulement des eaux ne s'y fait qu'avec difficulté et qu'elles sont souvent submergées en hiver, par suite du débordement des rivières.

Les prairies, ou en d'autres termes, les terres marécageuses, sont celles dont le sous-sol est argileux et la couche végétale d'une mince épaisseur. Dans ces sortes de prairies, les eaux séjournent et croupissent par l'impossibilité où l'on se trouve souvent de leur donner un écoulement facile. Aussi le foin qu'elles produisent est-il constamment grossier et de très-mauvaise qualité.

Le foin fourni par nos prairies naturelles est généralement mauvais ou du moins d'une qualité médiocre. Cela tient à trois causes principales :

1° Au système d'irrigations employé par les cultivateurs ;

2° A l'époque tardive de la fauchaison ;

3° A la manière de fanner et de récolter le foin.

Excepté dans le canton de Saint-Thégonnec, où les cultivateurs entendent assez bien la pratique des irrigations, et dans quelques autres communes traversées par des cours d'eau, nos agriculteurs paraissent se préoccuper très-peu des avantages qu'ils pourraient retirer d'une pratique d'irrigations bien entendue. Et cependant, comme nous l'avons dit plus haut, ce ne sont pas les éléments qui leur manquent.

Dans les vallées, la pratique des irrigations est des plus faciles.

Là, se rencontrent de nombreux moulins à eaux, qui, pour fonctionner, ont besoin de canaux ou d'étangs qui leur servent de réservoirs. Par la construction de ces canaux et de ces étangs, on élève le niveau de la rivière et l'on rend l'arrosement des prairies qui les bordent ou qui se trouvent en dessous d'une exécution prompte et facile.

Lorsque le moulin est alimenté par l'eau d'un canal, cette eau est détournée de la rivière à une distance qui varie suivant la pente de cette dernière. Plus cette pente est rapide, moins le canal a d'étendue. (*Voyez planche* VII, *fig.* 1.) Quand, au contraire, le moulin est alimenté par un étang, la prairie ou les prairies qui se trouvent placées en dessous reçoivent l'eau, tantôt par un des côtés et tantôt par les deux. (*Voyez planche* VIII, *fig.* 1.) Dans l'un et l'autre de ces cas, les rigoles qui partent du réservoir, et qui sont destinées à répandre l'eau sur la prairie, prennent une direction différente, selon le degré d'inclinaison du terrain. Cette inclinaison est-elle très-rapide, les rigoles prennent une direction oblique de haut en bas. Cette disposition est nécessaire pour que l'eau puisse recouvrir, en s'écoulant, toute la surface de la prairie. (*Voyez planche* IX, *fig.* 1.) L'inclinaison est-elle nulle ou presque nulle, les rigoles ont une direction presque perpendiculaire. (*Voyez planche* X, *fig.* 1.)

Quelquefois, l'eau d'une rivière ou d'un ruisseau n'est pas détournée pour alimenter un moulin ; alors ce détournement ne se fait que pour servir aux irrigations. C'est ordinairement au passage d'un chemin que le barrage a lieu. Il consiste à former un petit réservoir sur le chemin même au moyen de pierres ou d'un morceau de bois équarri, de manière à élever le niveau de l'eau et à lui donner écoulement sur la prairie. (*Voyez planche* XI, *fig.* 1.)

L'eau de pluie est aussi utilisée dans quelques endroits pour arroser les prairies naturelles. Cette sorte d'arrosage n'a ordinairement lieu que pour les prairies hautes, lorsque celles-ci ont une pente plus ou moins prononcée et, surtout, lorsqu'elles sont privées d'eau de source ou de fontaine. Dans ce cas, il faut que le chemin ait une certaine inclinaison. On y fait une rigole, dont la largeur et la profondeur varient suivant la grandeur de la prairie à arroser et, aussi, suivant le volume d'eau qu'elle doit recevoir. Cette rigole est constamment pratiquée du côté du talus qui sépare le chemin de la prairie et pénètre dans celle-ci, en traversant le même talus à sa base. (*Voyez planche* XII, *fig.* 1.)

Dans presque toutes les fermes bretonnes, et surtout dans celles dont les bâtiments d'exploitation sont situés sur le versant d'un terrain en pente et qui domine la prairie, on se sert du purin pour arroser celle-ci. Voici comment se pratique cette opération : les urines qui proviennent des étables et des écuries ne sont pas reçues dans une fosse à purin, elles restent exposées en nappe, soit dans la cour, soit à côté du tas de fumier. Le purin qui en découle vient se mêler à l'urine des animaux. Ce purin n'est pas ordinairement versé pur sur la prairie, car, à cet état, il brûlerait les plantes avec lesquelles il se trouverait en contact. Son écoulement n'a lieu que mélangé avec une très-grande quantité d'eau de pluie.

Ce mode d'irrigation est très-économique. Il offre, d'une part, le double avantage, tout en arrosant la prairie, de lui procurer un engrais riche en matières fertilisantes. Aussi, ces sortes de prairies qu'on nomme *Fraîches*, offrent-elles une végétation vigoureuse et abondante, et produisent plusieurs coupes d'herbes vertes chaque année. Mais, d'un autre côté, ce mode offre un inconvénient, c'est d'employer constamment, pour la même prairie, tout le purin de la ferme au détriment des autres.

Cette grande quantité de purin, mieux utilisée, suffirait pour engraisser la Fraîche d'une manière convenable, et pour engraisser aussi quelques-unes des autres prairies appartenant à l'exploitation.

Il n'est pas d'usage, dans l'arrondissement de Morlaix, d'arroser les prairies par immersion, par des reprises d'eau, ni de se servir des grandes machines hydrauliques pour élever l'eau à une grande hauteur dans des réservoirs. Tous les travaux d'art se réduisent, comme nous venons de le voir, à détourner l'eau de son cours ordinaire et à faire quelques rigoles soit avec la pelle, soit avec la grande marc.

Les irrigations ont ordinairement lieu à trois époques différentes :

1° En automne ;

2° En hiver ;

3° Au printemps.

Dans quelques fermes on les continue, même après que la végétation est en pleine activité. Le mode généralement suivi dépend de la nature du sol et de son exposition.

Les cultivateurs de l'arrondissement de Morlaix n'apportent généralement que peu de soins à l'entretien de leurs prairies naturelles. A part ceux qui laissent écouler le purin avec les eaux pluviales sur la prairie la plus voisine de leur ferme, les autres n'y mettent jamais aucun engrais. Le seul engrais pour eux est l'eau claire, dont ils font un usage fréquent et abondant. Ils ne sont pas dans l'habitude de défoncer et de renouveler leurs anciennes prairies. L'herbe croit comme elle peut et est récoltée telle qu'elle.

Il ne faut pas croire, cependant, que nos prairies naturelles sont toutes ainsi abandonnées. Quelques riches propriétaires, et entre autres MM. de La Fruglaye, Lozach et quelques autres membres de la Société d'agriculture de Morlaix ont créé des prairies naturelles qui ne laissent rien à désirer, tant sous le rapport de la qualité que de la quantité de leurs produits.

Les plantes qui, généralement, forment le foin dans l'arrondissement de Morlaix, sont les suivantes :

1° POUR LES PRAIRIES HAUTES

Flouve odorante. — *Anthoxantum odoratum.*
Phléau des prés. — *Phleum pratense.*
Agrostis traçante. — *Agrostis stolonifera.*
Agrostis commune — *Agrostis vulgaris.*
Houlque molle. — *Holcus mollis.*
Dactyle pelotonné ou aggloméré. — *Daclytis agglomerata*
Crételle à crête. — *Cynosurus cristatus.*
Brome mou. — *Bromus mollis.*
Fétuque ovine. — *Festuca ovina.*
Fétuque élevée. — *Festuca elatior.*
Paturin des prés. — *Poa pratensis.*
Paturin commun. — *Poa trivialis.*
Brize vulgaire. — *Briza media.*
Avoine des prés. — *Avena pratensis.*
Brunelle commune. — *Brunella vulgaris.*
Centaurée noircissante. — *Centaurea nigrissum.*
Chrysanthème leucanthème, grande marguerite. — *Chrysanthemum leucanthemum.*
Inule aulnée. — *Inula helenium.*
Inule dysenterica. — *Inula dysenterica.*
Achillée mille feuilles. — *Achillea mille folium.*
Scabieuse succise. — *Scabiosa succisa.*
Lierre grimpant ou commun. — *Hedera helix.*
Cervi terre noix. — *Carum bulbo castanum.*
Impératoire sauvage. — *Imperatoria sylvestris.*
Ciguë commune. — *Cicuta major.*
Berce branc ursine. — *Heracleum spondylium.*
Renoncule rampante. — *Renonculus repens.*
Renoncule bulbeuse. — *Renonculus bulbosus.*
Cresson des prés. — *Cardamine pratensis.*
Mauve sauvage. — *Malva sylvestris.*

Tormentille rampante ou couchée. — *Tormentilla reptans.*
Tormentille droite. — *Tormentilla erecta.*
Potentille rampante. — *Potentilla reptans.*
Luzerne lupuline. — *Midicago lupulina.*
Trèfle rampant. — *Trifolium repens.*
Trèfle des prés. — *Trifolium pratense.*
Lotier corniculé. — *Lotus corniculatus.*

2° POUR LES PRAIRIES BASSES.

Flouve odorante. — *Anthoxanthum odoranthum.*
Vulpin des prés. — *Alopecurus pratensis.*
Calamagrostis colorée. — *Calamagrostis colorata.*
Alpiste roseau. — *Phalaris arundinacea.*
Houlque laineuse. — *Holcus lanatus.*
Houlque molle. — *Holcus mollis.*
Couche touffue. — *Aira cœspitosa.*
Seslérie bleuâtre. — *Sesleria cœrulea.*
Dactyle pelotonné ou aggloméré. — *Dactylis agglomerata.*
Ivraie vivace. — *Lolium perenne.*
Brome des prés. — *Bromus pratensis.*
Brome élevé ou gigantesque. — *Bromus giganteus.*
Fétuque des prés. — *Festuca pratensis.*
Paturin commun. — *Poa trivialis.*
Glycérie flottante. — *Gliceria fluitans.*
Jonc aggloméré. — *Juncus conglomeratus.*
Jonc articulé. — *Juncus articulatus.*
Rumex patience. — *Rumex patientia.*
Sauge verveine. — *Salvia verbenaca.*
Bugle rampante. — *Adjuga reptans.*
Consoude officinale. — *Symphytum officinale.*
Salsifix des prés. — *Tragopogon pratense.*
Cirse d'Angleterre. — *Cirsium anglicum.*
Cirse des prés. — *Cirsium palustre.*
Eupatoire à feuilles de chanvre. — *Eupatorium cannabinum.*
Gaillet des marais. — *Galium palustre.*
Ciguë tachée. — *Conium maculatum.*
Ciguë vireuse. — *Conium virosa.*
Ænanthe safranée ou à suc jaune. — *Ænante crocato.*
Hydrocatyle commune. — *Hydrocatyle vulgaris.*

Renoncule scélérate. — *Renonculus sceleratus.*
Renoncule âcre. — *Renonculus acris.*
Renoncule flammette. — *Renonculus flammula.*
Renoncule ficaire. — *Renonculus ficaria.*
Anémone sylvie. — *Anemone nemorosa.*
Spirée ulmaire. — *Spiræa ulmaria.*
Luzerne lupuline. — *Medicago lupulina*
Trèfle des prés. — *Trifolium pratense.*
Trèfle fraise ou fraisier. — *Trifolium fragiferum.*
Houblon grimpant ou ordinaire. — *Humulus lupulus.*

3° POUR LES PRAIRIES MARÉCAGEUSES OU TERRAINS MARÉCAGEUX.

Laiche dioïque. — *Corex dioica.*
Laiche élevée. — *Corex maxima.*
Linaigrette à larges feuilles et à plusieurs épis. — *Eriophorum latifolium sive polystachion.*
Linaigrette engainée. — *Eriophorum vaginatum.*
Linaigrette de vaillant. — *Eriophorum vaillantis.*
Scirpe des marais. — *Scirpus palustris.*
Scirpe de lacs. — *Scirpus lacustis.*
Souchet long. — *Cyperus longus.*
Vulpin genouillé. — *Alopecurus geniculatus.*
Alpiste roseau. — *Phalaris arundinacea.*
Calamagrostis colorée. — *Calamagrostis colorata.*
Agrostis des chiens. — *Agrostis canina.*
Agrostis rouge. — *Agrostis rubra.*
Agrostis vulgaire. — *Agrostis vulgaris.*
Roseau commun. — *Arundo phragmatis.*
Jonc aggloméré. — *Juncus agglomeratus.*
Jonc articulé. — *Juncus orticulatus.*
Fléau plantin d'eau. — *Alisma plantago.*
Fléau renoncule. — *Alisma renonculoïdes.*
Iris des marais ou faux acore. — *Iris pseudo acorus.*
Iris fétide. — *Iris fœtidissima.*
Pédiculaire des marais. — *Pedicularis palustris.*
Véronique bécabunga. — *Veronica becabunga.*
Rhinanthe glabre crête de coq. — *Rhinanthus glabra crista galli.*
Scrofulaire aquatique. — *Scrofularia aquatica.*
Consoude officinale. — *Symphytum officinale.*
Myosote des marais. — *Myosotis palustris.*

Ményanthe trèfle d'eau. — *Menyanthes trifolia.*
Scorzonaire humble. — *Scorzonera humilis.*
Cirse d'Angleterre. — *Cirsium anglicum.*
Cirse des marais. — *Cirsium palustre.*
Eupathoire à feuilles de chanvre. — *Eupathorium cannabinum.*
Gaillet des marais. — *Galicum palustre.*
Renoncule longue. — *Renonculus lingua.*
Renoncule flammette. *Renonculus flammula.*
Populage des marais. — *Caltha palustris.*
Cresson des prés. — *Cardamine pratensis.*
Violette des marais. — *Viola palustris.*
Lychnide, fleur à coucou. — *Lychnis flos coculé.*
Genêt d'Angleterre. — *Genista anglica.*
Saule rampant. — *Salix repens.*

Lorsque la généralité des plantes que nous venons d'énumérer sont, non pas en pleine floraison, mais lorsque leurs graines sont arrivées à leur maturité complète, on procède à la récolte du foin La méthode suivie est d'autant plus vicieuse, que les tiges, ayant cédé une partie de leur principe nutritif à la création et au développement de la graine, deviennent plus dures, plus ligneuses et par conséquent, d'une qualité inférieure. Cette pratique est presque générale dans les fermes de l'arrondissement de Morlaix.

Le cultivateur bas-breton croirait éprouver une grande perte s'il fauchait son foin quand la plus grande partie des plantes sont en fleurs. Aussi ne fait-il cette opération que le plus tard possible, et celà, dans l'espoir d'obtenir une plus grande quantité de fourrages.

Une autre considération lui fait encore agir ainsi : c'est qu'il estfermement convaincu que, si un grand nombre de graines ne tombaient tous les ans sur la prairie, il serait de toute impossibilité de la conserver longtemps en bon état de production. C'est en vain qu'on lui dit que presque toutes les plantes qui composent nos prairies naturelles sont vivaces, et que leurs racines s'épuisent moins lorsqu'on coupe les tiges, les plantes étant en fleurs, que lorsqu'elles portent graines, surtout lorsque ces dernières arrivent à une maturité complète. Tous ces raisonnements viennent échouer contre une routine vicieuse, enracinée dans les familles depuis un temps immémorial et qui se propage avec les générations.

Nous avons dit que, dans les vallées et sur quelques autres points, il existe des prairies dont la pente est très-rapide. Ces prairies, par leur voisinage des rivières, des ruisseaux ou de fortes sources, pouvant être facilement arrosées, présentent une végétation très-active et fournissent plusieurs coupes de fourrages, qu'on récolte en vert et qu'on destine à la nourriture des herbivores.

Les coupes de ces fourrages verts se font avec la faucille à mesure des besoins. Elles commencent vers le milieu de Mars, se succèdent sans interruption pendant tout le printemps, l'été et une partie de l'automne, si l'on agit sur une fraîche qu'on ne destine pas à produire du foin. Ce fourrage vert est employé comme aliment, tantôt seul et tantôt mélangé à d'autres fourrages.

Dans le courant d'Avril, ce mélange se fait avec de l'ajonc pilé et, dans les autres temps, avec de la paille et du foin.

Quand on destine une fraîche à produire du foin, les coupes de fourrages verts commencent à la même époque, c'est-à-dire vers le 15 Mars et elles se terminent à la fin d'Avril.

Dans les autres prairies dont la végétation est moins active et moins riche, on ne coupe pas de fourrages en vert. Les plantes croissent sans interruption jusqu'au moment de les convertir en foin.

L'époque de la fenaison varie suivant que la température est plus ou moins convenable à cette opération. Cependant, il est rare qu'elle commence avant le 25 Juin. Le plus généralement elle a lieu dans la première quinzaine de Juillet.

Trois instruments sont nécessaires pour la récolte des foins :

1° La faulx;

2° La fourche en bois;

3° Le rateau.

La faulx, dont le prix est de 5 à 6 francs, ne diffère pas sensiblement de celle employée dans les autres pays. (*Voyez planche* VI, *fig.* 2.)

La fourche en bois, ordinairement en frêne, en orme, en chêne ou en châtaignier, se confectionne dans les fermes. On la choisit bien droite, on l'écorche et on la fait sécher au four pour la rendre plus dure et cependant moins cassante. Son prix est de 1 franc. (*Voyez planche* V. *fig.* 5 *et* 6.)

Le rateau affecte deux formes. Il est quelquefois droit, c'est-à-dire que le manche forme avec le rateau deux angles droits (*voyez planche* VI, *fig.* 3), et quelquefois oblique, c'est-à-dire que le manche forme avec le rateau un angle ouvert et un angle aigu. (*Voyez planche* VI, *fig.* 4.)

Le mode de faucher le foin dans l'arrondissement de Morlaix, ne diffère pas essentiellement de celui usité dans les autres pays. Les tiges qui tombent sous la faulx forment des espèces de sillons auxquels on donne le nom d'andains, par corruption du mot ondains, parce que, dit M. Pelletier, la surface de la prairie ressemble assez aux vagues de la mer.

Dans plusieurs fermes, ces andains restent exposés sur la prairie pendant cinq et six jours sans être remués. Cette méthode est vicieuse en ce qu'elle ne produit qu'un foin d'une qualité médiocre. Dans d'autres fermes, dès qu'une certaine superficie est abattue, des hommes ou des femmes, munis chacun d'une fourche en bois, régularisent les plantes et les disposent d'une manière égale sur toute la prairie. Le foin reste ainsi exposé aux rayons solaires pendant tout le jour. Dès que vient le soir, on rassemble le foin en petits tas pour passer la nuit, avec la fourche d'abord, puis on attire vers chaque tas, au moyen du rateau, les petits brins qui l'entourent et qui ont échappé à l'action de la fourche.

Le lendemain, si toutefois le temps est convenable, on défait les tas et l'on étend de nouveau le foin sur la prairie, dans le but d'obtenir sa dessication. Cette opération est rendue plus facile par l'habitude qu'ont les cultivateurs de le retourner souvent en l'élevant et en l'agitant dans l'air au moyen de la fourche en bois. Tous les soirs, le foin est amulonné comme nous venons de le dire, à cette différence près que plus le fanage s'opère, plus les tas sont volumineux.

Quand le temps est très-chaud et que rien ne vient contrarier la récolte du foin, le fanage dure ordinairement de quatre à cinq jours. Après ce laps de temps, on place le foin sur la charrette à récolte (*voyez planche* IV, *fig.* 2), et on le transporte à une certaine distance des bâtiments d'exploitation, pour être mis en meule.

Cette opération se pratique de la manière suivante : l'emplacement où doit être faite la meule ayant été choisi, on dispose sur le sol une couche de fagots de soixante à soixante-dix centimètres d'épaisseur, dans le but d'isoler le foin de la terre et d'empêcher que l'humidité ne pénètre jusqu'à lui. C'est sur ces fagots que le foin est disposé par couches. La forme qu'on donne à la meule est toujours la même; c'est celle d'un carré long. Sa longueur, sa largeur et sa hauteur varient selon la quantité de foin à amulonner. Dans tous les cas, on couvre la meule avec de la paille disposée de manière à ce que l'eau de pluie ruisselle, glisse et tombe à terre sans pénétrer jusqu'au foin.

Le foin de première qualité, comme l'on sait, constitue un des meilleurs fourrages pour les chevaux, pour les bêtes bovines et pour les moutons.

Le meilleur foin, c'est-à-dire celui provenant des prairies hautes, qui se compose de plantes qui, sous un petit volume, contiennent une grande quantité de substances nutritives, est employé à alimenter les animaux des races équines et ovines. Celui des prairies basses convient aux bêtes à cornes, qui sont moins difficiles sur le choix de ces aliments, et le reste est employé pour litière.

Chaque hectare de prairie naturelle, dans l'arrondissement de Morlaix, fournit en moyenne trois mille kilogrammes de foin. Le prix moyen des mille kilogrammes est de trente francs. L'étendue de cette culture, dans l'arrondissement, d'après le relevé cadastral, est de neuf mille cent quatre-vingt-dix-huit hectares soixante-douze ares qui produisent vingt-sept millions cinq cent quatre-vingt-seize mille cent soixante kilogrammes de foin. La valeur totale de la récolte est de huit cent vingt-sept mille huit cent quatre-vingt-quatre francs quatre-vingts centimes.

TABLEAU DE LA CULTURE DES PRAIRIES NATURELLES DANS L'ARRONDISSEMENT DE MORLAIX.

DÉSIGNATION et NOMBRE DES SÉRIES	NOMS des COMMUNES.	ÉTENDUE DE LA CULTURE en hectares.		PRODUIT TOTAL en kilogrammes.		PRIX MOYEN des 1,000 kilo.		VALEUR TOTALE de la Récolte.	
		hecta.	ares.	kilogram.	déca.	fr.	c.	fr.	c.
1re SÉRIE. — CULTURE du Littoral.	Ploujean	117	97	353,910	»	30	»	10,617	30
	Plouézoc'h	73	46	220,380	»	30	»	6,611	40
	Guimaec	70	51	235,530	»	30	»	7,065	90
	Saint-Jean-du Doigt	99	01	297,030	»	30	»	8,910	90
	Loquirec	13	80	41,400	»	30	»	1,242	»
	Plougasnou	175	04	525,120	»	30	»	15,753	60
	Plouzévédé	117	79	353,370	»	30	»	10,601	10
	Trézélidé	24	61	73,830	»	30	»	2,214	90
	Tréflaouénan	64	35	193,050	»	30	»	5,791	50
	Cléder	195	30	585,900	»	30	»	17,577	»
	Saint-Pol-de-Léon	224	»	672,000	»	30	»	20,160	»
	Roscoff	165	»	495,000	»	30	»	14,850	»
	Ile-de-Batz	94	»	282.000	»	30	»	8,460	»
	Plouénan	188	»	564,000	»	30	»	16,920	»
	Mespaul	124	»	372,000	»	30	»	11,160	»
	Plougoulm	162	»	486,000	»	30	»	14,580	»
	Sibiril	81	»	243,000	»	30	»	7,290	»
	Plouescat	71	15	213,450	»	30	»	6,403	50
	Plounévez-Lochrist	281	72	845,160	»	30	»	25,354	80
	Tréflez	45	16	135,480	»	30	»	4,064	40
2me SÉRIE. — CULTURE du Centre.	Morlaix	24	18	72,540	»	30	»	2,176	20
	Sainte-Sève	66	90	200,700	»	30	»	6,021	»
	St-Martin-des-Champs	74	51	223,530	»	30	»	6,705	90
	Plourin	327	28	981,840	»	30	»	29,455	20
	Lanmeur	158	42	475,260	»	30	»	14,257	80
	Plouégat-Guérand	107	09	321,270	»	30	»	9,638	10
	Garlan	79	21	237,630	»	30	»	7,128	90
	Le Ponthou	18	10	54,300	»	30	»	1,629	»
	Plouigneau	382	88	1,148,640	»	30	»	34,459	20
	Plouégat-Moysan	137	56	412,680	»	30	»	12,380	40
	Plougonven	634	01	1,902,030	»	30	»	57,060	90
	Saint-Vougay	110	66	331,980	»	30	»	9,959	40
	A reporter	4,508	67	13,526,010	»	30	»	405,780	30

TABLEAU DE LA CULTURE DES PRAIRIES NATURELLES
DANS L'ARRONDISSEMENT DE MORLAIX.

DÉSIGNATION et NOMBRE DES SÉRIES.	NOMS des COMMUNES.	ÉTENDUE DE LA CULTURE en hectares.		PRODUIT TOTAL en kilogrammes.		PRIX MOYEN des 1,000 kilo.		VALEUR TOTALE de la Récolte.	
		hecta.	ares.	kilogram.	déca.	fr.	c.	fr.	c.
	Report.	4,508	67	13,526,010	»	30	»	405,780	30
Suite de la 2me SÉRIE. — CULTURE du Centre.	Plouvorn.	206	93	620,790	»	30	»	18,623	70
	Landivisiau.	221	»	663,000	»	30	»	19,890	»
	Bodilis.	86	»	258,000	»	30	»	7,740	»
	Guimiliau.	22	»	66,000	»	30	»	1,980	»
	Lampaul.	111	»	333,000	»	30	»	9,990	»
	Plougourvest.	24	»	72,000	»	30	»	2,170	»
	Plounéventer.	244	»	732,000	»	30	»	21,960	»
	Saint-Servais.	48	»	144,000	»	30	»	4,320	»
	Taulé.	81	18	243,540	»	30	»	7,306	20
	Henvic.	12	31	36,930	»	30	»	1,107	90
	Carantec.	17	94	53,820	»	30	»	1,614	60
	Locquénolé.	4	36	13,080	»	30	»	392	40
	Guiclan.	222	68	668,040	»	30	»	20,041	20
	Saint-Thégonnec. . .	316	77	950,310	»	30	»	28,509	30
	Pleyber-Christ.	337	25	1,011,750	»	30	»	30,352	50
	Lanhouarneau.	82	24	246,720	»	30	»	7,401	60
	Plougar.	122	73	368,190	»	30	»	11,045	70
3me SÉRIE. — CULTURE des Communes qui longent les montagnes d'Arées.	Guerlesquin.	206	07	618,210	»	30	»	18,546	30
	Botsorhel.	207	26	621,780	»	30	»	18,653	40
	Lannéanou.	156	71	470,130	»	30	»	14,103	90
	Le Cloitre.	243	38	730,140	»	30	»	21,904	20
	Plounéour-Ménez. . .	562	24	1,686,720	»	30	»	50,601	60
	Sizun.	520	»	1,560,000	»	30	»	46,800	»
	Saint-Sauveur.	130	»	390,000	»	30	»	11,700	»
	Commana.	390	»	1,170,000	»	30	»	35,100	»
	Loc-Mélard.	106	»	318,000	»	30	»	9,540	»
	TOTAUX.	9,198	72	27,596,160	»	30	»	827,884	80
Première Série.		2,385	87	7,157,610	»	30	»	214,728	30
Deuxième Série.		4,281	19	12,843,570	»	30	»	385,307	10
Troisième Série.		2,531	66	7,594,980	»	30	»	227,849	40
TOTAUX.		9,198	72	27,596,160	»	30	»	827,884	80

CHAPITRE 19.

CULTURE DES PRAIRIES ARTIFICIELLES.

PREMIÈRE SÉRIE. — FOURRAGES RACINES

PREMIÈRE SECTION. — POMMES DE TERRE.

La culture de la pomme de terre (*Solanum tuberosum*), comme toutes celles des racines fourragères, entre dans les assolements de l'arrondissement de Morlaix. Dans les communes de la première série, après trèfle, lin ou froment ; dans celles de la deuxième série, après une année de jachère, et dans celles de la troisième, après trois années de jachère.

Toutes les variétés de pommes de terre y sont cultivées en grand. On en reconnaît de deux espèces : les hâtives et les tardives. Toutes ne réussissent pas au même degré. Cela tient au choix et à la convenance des variétés, à la nature du sol, à son exposition, en un mot, aux circonstances dans lesquelles on se trouve.

Nos cultivateurs sont convaincus, et en cela ils se basent sur l'expérience, que la culture des pommes de terre hâtives est préférable dans les terres argileuses, tandis que les tardives aiment de préférence les terres sablonneuses et chaudes, les terres fortes et bien ameublies, soit par du trèz soit par du merl.

Ainsi, une des premières conditions de réussite pour la culture des pommes de terre est d'abord de bien choisir le terrain, puis, ensuite, les variétés qui lui conviennent. Ces différents choix ayant été faits, on procède à la préparation du sol.

Dans tous les cas, cette culture exige une bonne fumure, et une terre meuble et profonde, que cet ameublissement provienne de la nature du sol ou des différentes préparations qu'on lui fait subir.

Le nombre de labours varie de trois à quatre, suivant que l'on agit sur une terre légère ou sur une terre forte. Mais le plus souvent on fait trois labours très-profonds, en ayant soin, toutefois, de ne pas élever le sous-sol à la surface. Ainsi, la profondeur varie suivant que la couche arable est plus ou moins épaisse.

Le premier labour se fait avant l'hiver. C'est toujours le plus profond. Le second, qui est moins profond, se fait au commencement du printemps. Enfin, le troisième, qui est encore moins profond que les deux premiers, se fait au moment de la plantation.

Les tubercules qu'on destine pour semences doivent être, non seulement bien choisis, mais encore bien préparés. Les tubercules doivent être sains, bien mûrs et pas trop humides.

Trois procédés sont employés pour la préparation des semences de pommes de terre. Le premier consiste à choisir de la dernière récolte les plus petits tubercules que l'on place et que l'on conserve dans un endroit sec, jusqu'au moment de la plantation. Le second est de se servir indistinctement de tous les tubercules; les petits ne sont point divisés, les moyens le sont en deux parties et les plus gros en trois et même quatre morceaux. Enfin, pour le troisième procédé, on se contente d'enlever du pourtour du tubercule des couches de peu d'épaisseur, qu'on plante presque immédiatement après leur préparation.

Ce dernier procédé est le plus économique puisqu'on conserve ainsi une grande partie des tubercules, qui sert soit à la nourriture de l'homme, soit à celle des animaux domestiques. Nous avons vu, dans une ferme de la commune de Saint-Martin-des-Champs, mettre ce procédé en usage, et les champs, ainsi plantés, produire un rendement au moins égal à ceux plantés d'après le premier et le second procédé. Cependant, il faut convenir que si ce mode offre un grand avantage sous le rapport de l'économie, il offre aussi un désavantage sous le rapport du temps qu'il faut employer pour la préparation de la semence; ce procédé n'est donc praticable que dans la petite culture. Il serait trop onéreux pour la grande culture; car, outre que la main-d'œuvre serait très-dispendieuse, les portions de pommes de terre restantes et qui seraient destinées à servir d'aliments ne pouvant se conserver ainsi divisées, devraient être consommées dans un très-court délai.

Quel que soit le procédé auquel on donne la préférence, que les tubercules soient employés en entiers pour semences, qu'ils soient plus ou moins divisés, ou qu'on n'emploie à cet usage que les parties les plus externes, toujours est-il que la plantation des pommes de terre se fait de deux manières différentes :

1° Avec des instruments à main;

2° Avec des instruments mus par les animaux.

Le premier procédé n'a lieu que dans les petites fermes et chez les malheureux auxquels on loue une parcelle de terre pour la culture d'une année en pommes de terre. Le second se pratique chez les riches propriétaires et chez quelques bons fermiers.

Le premier procédé, c'est-à-dire celui qui se fait avec des instruments à main, est très-simple. Deux hommes ou plutôt un homme et une femme suffisent pour mener à bien cette opération.

Dès que la terre est bien ameublie par les labours et les plombages et qu'elle se trouve débarrassée des plantes parasites au moyen de hersages, un ouvrier, tenant la houe des deux mains, pratique un trou en enlevant une certaine quantité de terre. L'autre homme ou la femme qui lui sert d'aide y place immédiatement la semence qui est aussitôt recouverte. Cette opération se fait sur une ligne droite et dans le sens de la longueur du champ. Elle commence à l'un des bouts et se termine à l'autre bout. Le même procédé se renouvelle et se continue jusqu'à ce que le champ soit entièrement planté.

Dans quelques fermes on ne fume pas le champ qui doit être planté en pommes de terre, lors des labours et des plombages. Dans celles-ci, on met le fumier en terre en même temps que la semence.

Le deuxième procédé, ou celui qui se fait au moyen des instruments mus par les animaux, est plus compliqué que le précédent. C'est avec la charrue que les plantations s'exécutent alors. Le labour qu'on fait est donc un labour préparatoire de semaille.

La charrue étant attelée de trois chevaux et conduite par deux hommes, comme pour les labours exécutés pour la culture des céréales, on fait un trait d'une moyenne profondeur d'un bout à l'autre du champ. L'aide place dans cette raie, de distance en distance, les morceaux de pommes de terre qui doivent servir de semences. On recouvre le tout par un autre trait de charrue et ainsi de suite jusqu'à ce que le champ soit entièrement planté.

Les autres méthodes en usage dans plusieurs endroits pour la préparation de la pomme de terre, comme par exemple, par drageons, par tubercules de rejet, par les pelures et par semis ne sont pas employées dans l'arrondissement de Morlaix. Ce n'est qu'en 1847, seulement, que ce dernier procédé a été mis en usage. M. Cunin-Gridaine, ministre de l'agriculture et du commerce, avait mis à la disposition de la Société d'agriculture de Morlaix une certaine quantité de graines de pommes de terre qui furent partagées entre plusieurs membres de la Société, et semées à titre d'essai. Nous n'avons pas encore eu lieu d'en constater les résultats.

Les terres plantées en pommes de terre sont bien entretenues dans l'arrondissement de Morlaix. Dès que les tiges sont sorties de terre, on procède à un binage, dans le but de débarrasser la terre des mauvaises herbes qui la couvrent, et, par conséquent, de la rendre aussi nette que possible. Cette opération se renouvelle autant de fois qu'il en est besoin. Dès que les tiges sont plus élevées on procède au buttage, qui se renouvelle aussi un nombre de fois qui varie suivant que les plantes sont plus ou moins vigoureuses.

L'époque de la récolte des pommes de terre dépend de la variété cultivée et, aussi, de l'état de l'atmosphère pendant la croissance de la tige, pendant la floraison et au moment de la maturité des tubercules. Dans la commune de Roscoff, on cultive des pommes de terre hâtives, et particulièrement la violette, qu'on récolte, quand le temps est convenable, dès les premiers jours de Juin. Cette espèce, dont la pulpe est tendre et qui est bien goûtée, est très-recherchée pour la table.

Les espèces tardives ne se récoltent ordinairement que vers la mi-Septembre ou même à la fin du mois. Cette récolte, aussi bien que celle des pommes de terre hâtives, se fait constamment avec des instruments à main. On ne se sert que d'un seul procédé, et, à vrai dire, que d'un seul instrument, qui est le croc ou crochet. (*Voyez planche* IV, *fig.* 5.) Cette opération, quoique longue, est celle que les paysans bas-bretons préfèrent, en ce qu'elle permet de ne laisser que peu ou point de tubercules dans le sol. A mesure que les pommes de terre sont enlevées, on les jette dans un panier à osier et à anses, dont le prix est de soixante centimes. (*Voyez planche* XIII, *fig.* 1), et on les transporte dans la charrette à fumier. (*Voyez planche* III, *fig.* 2.) Quand cette charrette est suffisamment remplie, on y attèle deux ou trois chevaux pour la conduire dans le corps de ferme.

La méthode employée pour la conservation des pommes de terre, dans l'arrondissement de Morlaix, consiste, immédiatement après que les pommes de terre ont été extraites de la terre, à les placer dans un endroit sec. On choisit de préférence, pour cet usage, le plancher d'un grenier. On couvre ce plancher d'une couche de paille sur laquelle on étend et amulonne les pommes de terre, puis on les recouvre d'une autre couche de paille. Une remarque faite par les cultivateurs est celle-ci : toutes les fois que les tubercules sont mis en contact avec un mur, si l'hiver est rigoureux ceux qui touchent ce mur gèlent avec la plus grande facilité, et, si l'on ne prenait pas garde, les tubercules atteints finiraient par détériorer, de proche en proche, tous ceux avec lesquels ils se trouveraient en contact. Aussi, pour obvier à cet inconvenient, les cultivateurs ont-ils la précaution de faire le tas au milieu du plancher et à une certaine distance de tout mur.

Une autre précaution, que les cultivateurs peu aisés mettent en pratique lors des hivers rigoureux, est de préserver leurs pommes de terre de la gelée en les enfouissant dans la paille de leurs lits clos; par ce moyen, ils parviennent à les conserver.

Les usages de la pomme de terre sont les mêmes dans l'arrondissement de Morlaix que dans le reste de la France. Ce précieux tubercule se sert aussi bien sur la table du riche que sur celle du pauvre. C'est surtout pour la nourriture de ce dernier que les pommes de terre sont employées. Elles forment presque à elles seules son principal, pour ne pas dire son unique aliment.

Les riches et les personnes aisées des villes les font préparer de mille manières différentes, suivant le goût de chacun.

Les pauvres et les ouvriers peu aisés se contentent de les faire cuire dans de l'eau de source ou de fontaine, dans laquelle ils font dissoudre un peu d'hydro-chlorate de soude (sel de cuisine). et les mangent ainsi préparées en les trempant tantôt dans du lait doux, le plus souvent dans du lait caillé.

Les pommes de terre ne servent pas seulement à la nourriture de l'homme, elles entrent aussi pour beaucoup dans l'alimentation des animaux domestiques. Les pommes de terre crues augmentent la sécrétion lactée chez les vaches laitières, tandis que cuites elles les poussent à la graisse.

Tous les animaux des races équines, bovines et porcines les mangent crues. Mais outre les animaux des races précitées, ceux des races ovines, canines et même la volaille les mangent avec avidité lorsqu'elles sont cuites et qu'elles sont écrasées et délayées dans une certaine quantité d'eau. Elles forment alors une espèce de soupe très-nourrissante, qui engraisse promptement les animaux qui en font un fréquent usage.

La culture de la pomme de terre occupe, dans l'arrondissement de Morlaix, les huit centièmes de la terre arable cadastrée dans les communes de la première série, tandis que dans celles de la deuxième et de la troisième série, elle n'occupe que les cinq centièmes.

L'hectare sous pommes de terre fournit, en moyenne, deux cents hectolitres de tubercules. Chaque hectolitre, mesuré ras, pèse, en moyenne, soixante kilogrammes. Il faut, pour planter un hectare, dix-huit hectolitres de pommes de terre, ou mille quatre-vingts kilogrammes. Le prix moyen de l'hectolitre est de deux francs cinquante centimes.

Il y a donc annuellement et en moyenne sous culture de pommes de terre, dans l'arrondissement de Morlaix, trois mille sept cent quatre-vingt-treize hectares quarante-quatre ares qui produisent aussi, en moyenne, sept cent cinquante-huit mille six cent quatre-vingt-quatorze hectolitres, ou quarante-cinq millions cinq cent vingt-un mille cent quatre-vingts kilogrammes.

Pour planter les trois mille sept cent quatre-vingt-treize hectares quarante-quatre ares, il faut soixante-huit mille cent quatre-vingt-un hectolitres quatre-vingt-douze litres. Il reste donc, pour la consommation locale et pour être livré au commerce, six cent quatre-vingt-dix mille cinq cent six hectolitres huit litres. La valeur totale de la récolte est de un million huit cent quatre-vingt-seize mille sept cent vingt francs.

TABLEAU DE LA CULTURE DES POMMES DE TERRE
DANS L'ARRONDISSEMENT DE MORLAIX.

DÉSIGNATION et Nombre des SÉRIES.	NOMS des COMMUNES.	ÉTENDUE de la Culture en HECTARES.	PRODUIT TOTAL en kilogrammes.	PRODUIT TOTAL en hectolitres.	PRIX moyen de l'hectolitre.	QUANTITÉS de Semences en HECTOLIT.	QUANTITÉ restante pour la consommation locale et pour être livrée au Commerce	VALEUR totale de la RÉCOLTE
		h. a.	kilog. d.	hectol. l.	fr. c.	hect. lit.	hect. lit.	fr. c.
PREMIÈRE SÉRIE. — Culture du Littoral.	Ploujean.	96 50	1,139,080 »	19,318 »	2 50	1,738 62	17,579 38	48,295 »
	Plouézoc'h.	66 62	799,440 »	13,324 »	2 50	1,199 16	12,124 84	33,310 »
	Guimaëc.	79 75	957,000 »	15,950 »	2 50	1,435 50	14,514 50	39,875 »
	Saint-Jean-du-Doigt. .	65 92	791,040 »	13,184 »	2 50	1,186 56	11,997 44	32,960 »
	Loquirec.	28 14	337,680 »	5,628 »	2 50	506 52	5,121 48	14,070 »
	Plougasnou.	151 98	1,823,760 »	30,396 »	2 50	2,735 64	27,660 36	75,990 »
	Plouzévédé.	84 68	1,016,160 »	16,936 »	2 50	1,524 24	15,411 76	42,340 »
	Trézélidé.	17 60	211,200 »	3,520 »	2 50	316 80	3,203 20	8,800 »
	Tréflaouénan.	36 80	441,600 »	7,360 »	2 50	662 40	6,697 60	18,400 »
	Cléder.	183 63	2,203,560 »	36,726 »	2 50	3,305 34	33,420 66	91,815 »
	Saint-Pol-de-Léon. . .	145 84	1,750,080 »	29,168 »	2 50	2,625 12	26,542 88	72,920 »
	Roscoff.	51 28	615,360 »	10,256 »	2 50	923 04	9,332 96	25,640 »
	Ile-de-Batz.	34 20	410.400 »	6,840 »	2 50	615 60	6,224 40	17,100 »
	Plouénan.	115 76	1,389,120 »	23,152 »	2 50	2,083 68	21,068 32	57,820 »
	Mespaul.	43 68	524,160 »	8,736 »	2 50	786 24	7,949 76	21,840 »
	Plougoulm.	95 04	1,140,480 »	19,008 »	2 50	1,710 72	17,297 28	47,520 »
	Sibiril.	55 52	666,240 »	11,104 »	2 50	999 36	10,104 64	27,760 »
	Plouescat.	80 05	960,600 »	16,010 »	2 50	1,440 90	14,569 10	40,025 »
	Plounévez-Lochrist. .	191 89	2,302,680 »	38,378 »	2 50	3,454 02	30,923 98	95,945 »
	Tréflez.	60 02	720,240 »	12,004 »	2 50	1,080 36	10,923 64	30,010 »
DEUXIÈME SÉRIE. — Culture du Centre.	Morlaix.	7 91	94,920 »	1,582 »	2 50	142 38	1,439 62	3,955 »
	Sainte-Sève.	10 09	121,180 »	2,018 »	2 50	181 62	1,836 38	5,045 »
	St-Martin-des-Champs.	32 21	386,520 »	6,442 »	2 50	579 78	5,862 22	16,105 »
	Plourin.	91 50	1,098,000 »	18,300 »	2 50	1,647 »	16,653 »	45,750 »
	Lanmeur.	69 06	828,720 »	13,812 »	2 50	1,243 08	12,568 92	34,530 »
	Plouégat-Guérand. . .	44 22	530,640 »	8,844 »	2 50	795 96	8,048 04	22,110 »
	Garlan.	30 44	365,280 »	6,088 »	2 50	547 92	5,540 08	15,220 »
	Le Ponthou.	1 96	23,720 »	392 »	2 50	35 28	356 78	980 »
	Plouigneau.	135 96	1,631,520 »	27,192 »	2 50	2,447 28	24,744 72	67,980 »
	Plouégat-Moysan. . .	41 58	498,960 »	8,316 »	2 50	748 44	7,567 56	20,790 »
	Plougonven.	136 36	1,636,320 »	27,272 »	2 50	2,454 48	24,817 52	68,180 »
	Saint-Vougay.	34 83	417,960 »	6,966 »	2 50	226 94	6,339 06	17,415 »
	A reporter. . . .	2,321 11	27,853,320 »	464,222 »	2 50	41,779 98	422,442 02	1,160,555 »

TABLEAU DE LA CULTURE DES POMMES DE TERRE
DANS L'ARRONDISSEMENT DE MORLAIX.

DÉSIGNATION et Nombre des SÉRIES.	NOMS des COMMUNES.	ÉTENDUE de la Culture en HECTARES.	PRODUIT TOTAL en kilogrammes.	PRODUIT TOTAL en hectolitres.	PRIX moyen de l'hectolitre	QUANTITÉS de Semences en HECTOLIT.	QUANTITÉ restant pour la consommation locale et pour être livrée au Commerce.	VALEUR totale de la RÉCOLTE.
		h. a.	kilog. d.	hectol. l.	fr. c.	hect. lit.	hect. lit.	fr. c.
	Report.	2,321 11	27,853,320 »	464,222 »	2 50	41,779 98	422,412 02	1,160,555 »
Suite de la **DEUXIÈME SÉRIE.** — Culture du Centre.	Plouvorn.	81 94	983,280 »	16,388 »	2 50	1,474 92	14,913 08	40,970 »
	Landivisiau.	46 35	556,200 »	9,270 »	2 50	834 30	8,435 70	23,175 »
	Bodilis.	61 »	732,000 »	12,200 »	2 50	1,098 »	11,102 »	30,500 »
	Guimiliau.	43 20	518,400 »	8,640 »	2 50	777 60	7,862 40	21,600 »
	Lampaul.	53 75	645,000 »	10,750 »	2 50	967 50	9,782 50	26,875 »
	Plougourvest.	36 80	441,600 »	7,360 »	2 50	662 40	6,697 60	18,400 »
	Plounéventer.	95 20	1,142,400 »	19,040 »	2 50	1,713 60	17,326 40	47,600 »
	Saint-Servais.	28 80	345,600 »	5,760 »	2 50	518 40	5,241 60	14,400 »
	Taulé.	67 84	814,080 »	13,568 »	2 50	1,221 12	12,346 88	33,920 »
	Henvic.	31 64	379,680 »	6,328 »	2 50	569 52	5,758 48	15,820 »
	Carantec.	26 15	313,800 »	5,230 »	2 50	470 70	4,759 30	13,075 »
	Locquénolé.	2 79	33,480 »	558 »	2 50	50 22	507 78	1,395 »
	Guiclan.	94 42	1,133,040 »	18,884 »	2 50	1,699 56	17,184 44	47,210 »
	Saint-Thégonnec.	107 03	1,284,360 »	21,406 »	2 50	1,926 54	19,479 46	53,515 »
	Pleyber-Christ.	91 15	1,093,800 »	18,230 »	2 50	1,640 70	16,589 30	45,575 »
	Lanhouarneau.	29 19	350,280 »	5,838 »	2 50	525 42	5,312 58	14,595 »
	Plougar.	38 61	463,320 »	7,723 »	2 50	694 98	7,027 02	19,305 »
TROISIÈME SÉRIE. — Culture des Communes qui longent les montagnes d'Arées.	Guerlesquin.	45 66	547,920 »	9,132 »	2 50	821 88	8,310 12	22,830 »
	Botsorhel.	46 93	563,160 »	9,386 »	2 50	844 74	8,541 26	23,465 »
	Lannéanou.	31 31	402,120 »	6,702 »	2 50	603 18	6,098 82	16,755 »
	Le Cloître.	40 75	489,000 »	8,150 »	2 50	733 50	7,416 50	20,375 »
	Plounéour-Ménez.	117 07	1,404,840 »	23,414 »	2 50	2,107 26	21,306 74	58,535 »
	Sizun.	105 10	1,261,200 »	21,020 »	2 50	1.891 80	19,128 20	52,550 »
	Saint-Sauveur.	44 25	531,000 »	8,850 »	2 50	796 50	8,053 50	22,125 »
	Commana.	81 75	981,000 »	16,350 »	2 50	1,471 50	14,878 50	40,875 »
	Loc-Mélard.	25 45	305,400 »	5,090 »	2 50	458 10	4,631 90	12,725 »
	TOTAUX.	3,793 44	45,521,180 »	758,688 »	2 50	68,181 92	690,506 08	1,896,720 »
Première Série.		1,684 99	20,219,880 »	336,998 »	2 50	30,329 82	306,668 18	842,495 »
Deuxième Série.		1,569 98	18,889,760 »	313,996 »	2 50	28,159 64	285,806 36	784,990 »
Troisième Série.		538 47	6,461,640 »	107,694 »	2 50	9,692 46	98,001 54	269,235 »
	TOTAUX.	3.793 44	45,521,180 »	758,688 »	2 50	68,181 92	690,506 08	1,896,720 »

DEUXIÈME SECTION. — PANAIS.

La culture du panais *(pastinaca)* est en usage dans l'arrondissement de Morlaix depuis un temps immémorial. Nos agronomes ne cultivent qu'une seule espèce, qui est le panais cultivé *(pastinaca sativa)*.

Cette espèce présente deux variétés. La première, petite, se cultive particulièrement dans les jardins de quelques communes qui avoisinent les Côtes-du-Nord, et sert à la nourriture de l'homme.

La deuxième variété, plus grande et plus développée, se cultive dans les champs et est utilisée pour la nourriture des animaux domestiques.

Nous ne parlerons que de la culture de cette dernière.

Le panais, qui se cultive ordinairement après orge, se plait de préférence dans une terre franche, meuble et fraîche. Il faut que celle-ci soit un peu humide sans cependant être marécageuse.

La terre à panais demande, dans quelques circonstances, deux ou trois labours.

Lorsque sa culture vient après céréales et que la terre ne contient pas une grande quantité de plantes parasites, un seul labour profond suffit. Ce n'est donc que dans le cas contraire que les labours se multiplient.

Dans quelques communes, on ne fume pas la terre à panais avant d'être ensemencée. Dans d'autres, on donne une légère fumure quelques jours seulement avant de confier la semence à la terre.

La graine de panais doit être choisie, autant que possible, parmi celles qui proviennent de la dernière récolte. Il faut aussi qu'elle soit lourde et qu'elle n'ait pas été récoltée avant sa maturité complète.

La quantité de semences que nos cultivateurs emploient par hectare varie de dix à douze litres. Il faut que cette graine soit semée très-claire, et c'est pour cela qu'on lui fait subir la préparation suivante : on mélange la quantité de graines à semer avec quatre à cinq fois son poids de cendre de bois à brûler ; la graine étant ainsi mélangée et la terre qui doit la recevoir étant aussi suffisamment préparée, un homme la répand sur la terre, à la volée et à la main.

Cette manière de semer la graine de panais offre un double avantage : 1° de la semer très-claire et 2° de répandre sur le sol, en même temps que la graine, un engrais très-actif.

La terre ayant été suffisamment ensemencée, on recouvre la graine par un léger hersage.

C'est ordinairement à la fin de Février, ou au plus tard dans les premiers jours de Mars, que se fait la semaille de la graine de panais. Dès que les plantes apparaissent hors de terre, on débarrasse celle-ci des mauvaises herbes qui la recouvrent, par un sarclage. C'est surtout pour la terre à panais qu'on est obligé d'avoir souvent recours à ce moyen.

Dès la fin d'Octobre ou au commencement de Novembre on fait la récolte, en se servant, pour l'arrachage des racines, d'une tranche ou d'une pelle.

Pour ce qui concerne le mode de récolter et de conserver les panais, voyez ce que nous avons dit pour les pommes de terre. Il est une remarque à faire, c'est que les panais craignent moins les gelées que ce dernier tubercule.

L'usage des panais est très-répandu dans l'arrondissement de Morlaix pour la nourriture des animaux domestiques. On les emploie pour cet usage sous deux états : 1° à l'état de crudité et 2° après leur avoir fait subir la cuisson.

A l'état de crudité, les panais conviennent parfaitement aux chevaux, aux bêtes à grosses cornes et aux cochons. Ils peuvent même, à cet état, remplacer en grande partie l'avoine pour les chevaux qui fatiguent beaucoup. Il faut convenir, cependant, que l'usage des panais n'est pas toujours sans danger. Quand on les donne en très-grande abondance à la fois, ils occasionnent, chez le cheval surtout, des indigestions souvent aussi mortelles que celles produites par l'usage du trèfle. Un autre inconvénient, c'est que, en hiver, et quand l'eau de végétation contenue dans la racine devient acre, on la donne crue aux chevaux, il apparaît chez eux, au bout de quelques jours, des ophthalmies internes très-intenses, et si les animaux ont une prédisposition à contracter la fluxion périodique des yeux, cette affection ne tarde pas à se déclarer chez eux.

Le seul moyen de guérir ces sortes d'ophthalmies est de supprimer l'usage des panais pendant quelque temps et de lotionner les yeux, plusieurs fois par jour, avec un collyre adoucissant calmant.

L'usage des panais à l'état de crudité est moins dangereux pour les bœufs, les vaches et les cochons que pour le cheval. Cette racine, donnée aux vaches laitières, en quantité suffisante, augmente chez elles la sécrétion lactée. Le lait est plus *butireux*. La crème est épaisse et affecte une couleur jaunâtre. Le beurre qu'on en retire est aussi d'une couleur jaune, d'un goût exquis et est très-recherché par les gourmets et par le commerce.

Les panais ne sont ordinairement soumis à l'action de la cuisson qu'en hiver et quand on veut pousser promptement à la graisse les animaux qui en font usage. On les donne alors délayés dans de l'eau.

Il y a sous culture de panais, dans toutes les communes des trois séries, les cinq centièmes de la terre arable cadastrée.

Chaque hectare fournit en moyenne treize mille cinq cents kilogrammes de panais. Le prix moyen des mille kilogrammes est de vingt-cinq francs.

L'arrondissement de Morlaix compte donc, année moyenne, sous culture de panais, trois mille cent soixante-deux hectares soixante-quatorze ares, qui produisent quarante-deux millions six cent quatre-vingt-seize mille neuf cent quatre-vingt-dix kilogrammes.

La valeur totale de la récolte est de un million soixante-sept mille quatre cent vingt-quatre francs soixante-quinze centimes.

TABLEAU DE LA CULTURE DES PANAIS DANS L'ARRONDISSEMENT DE MORLAIX.

DÉSIGNATION et NOMBRE DES SÉRIES.	NOMS des COMMUNES.	ÉTENDUE de LA CULTURE en hectares.		PRODUIT TOTAL en kilogrammes.		PRIX MOYEN des 1,000 kilogrammes.		VALEUR TOTALE de la Récolte.	
		hect.	ares.	kilogram.	déca.	fr.	c.	fr.	c.
1re SÉRIE. — CULTURE du Littoral.	Ploujean	60	37	814,995	»	25	»	20,374	87 ½
	Plouézoc'h	41	64	562,140	»	25	»	14,053	50
	Guimaec	49	84	672,840	»	25	»	16,821	»
	Saint-Jean-du-Doigt	41	20	556,200	»	25	»	13,905	»
	Loquirec	17	59	237,465	»	25	»	5,936	62 ½
	Plougasnou	94	99	1,282,365	»	25	»	32,059	12 ½
	Plouzévédé	52	93	714,555	»	25	»	17,863	87 ½
	Trézélidé	11	»	148,500	»	25	»	3,712	50
	Tréflaouénan	22	99	310,365	»	25	»	7,759	12 ½
	Cléder	114	76	1,549,260	»	25	»	38,731	50
	Saint-Pol-de-Léon	91	15	1,230,525	»	25	»	30,763	12 ½
	Roscoff	32	05	432,675	»	25	»	10,816	87 ½
	Ile-de-Batz	8	55	115,425	»	25	»	2,885	62 ½
	Plouénan	72	35	976,725	»	25	»	24,418	12 ½
	Mespaul	27	30	368,550	»	25	»	9,213	75
	Plougoulm	59	40	801,900	»	25	»	20,047	50
	Sibiril	34	70	468,450	»	25	»	11,711	25
	Plouescat	50	03	675,405	»	25	»	16,885	12 ½
	Plounévez-Lochrist	119	93	1,619,055	»	25	»	40,476	37 ½
	Tréflez	37	51	506,385	»	25	»	12,659	62 ½
2me SÉRIE. — CULTURE du Centre.	Morlaix	7	91	106,785	»	25	»	2,669	62 ½
	Sainte-Sève	20	09	271,215	»	25	»	6,780	37 ½
	St-Martin-des-Champs	32	21	434,835	»	25	»	10,870	87 ½
	Plourin	91	50	1,235,250	»	25	»	30,881	25
	Lanmeur	69	06	932,310	»	25	»	23,307	75
	Plouégat-Guérand	44	22	596,970	»	25	»	14,924	25
	Garlan	30	44	410,940	»	25	»	10,273	50
	Le Ponthou	1	96	26,460	»	25	»	661	50
	Plouigneau	135	96	1,835,460	»	25	»	45,886	50
	Plouégat-Moysan	41	58	561,330	»	25	»	14,033	25
	Plougonven	136	36	1,840,860	»	25	»	46,021	50
	Saint-Vougay	34	83	470,205	»	25	»	11,755	12 ½
	A Reporter	1,686	40	22,766,400	»	25	»	569,160	»

TABLEAU DE LA CULTURE DES PANAIS DANS L'ARRONDISSEMENT DE MORLAIX.

DÉSIGNATION et NOMBRE DES SÉRIES.	NOMS des COMMUNES.	ÉTENDUE de LA CULTURE en hectares.		PRODUIT TOTAL en kilogrammes.		PRIX MOYEN des 1,000 kilogrammes.		VALEUR TOTALE de la Récolte.	
		hect.	ares.	kilogram.	déca.	fr.	c.	fr.	c.
	Report.	1,686	40	22,766,400	»	25	»	569,160	»
Suite de la 2me **SÉRIE.** — CULTURE du Centre.	Plouvorn	81	94	1,166,190	»	25	»	27,654	75
	Landivisiau	46	35	625,725	»	25	»	15,643	12 1/2
	Bodilis	61	»	823,500	»	25	»	20,587	50
	Guimiliau	43	20	583,200	»	25	»	14,580	»
	Lampaul	53	75	725,625	»	25	»	18,140	62 1/2
	Plougourvest	36	80	496,800	»	25	»	12,420	»
	Plounéventer	95	20	1,285,200	»	25	»	32,130	»
	Saint-Servais	28	80	388,800	»	25	»	9,720	»
	Taulé	67	84	915,840	»	25	»	22,896	»
	Henvic	31	64	427,140	»	25	»	10,678	50
	Carantec	26	15	353,025	»	25	»	8,825	62 1/2
	Locquénolé	2	79	37,665	»	25	»	941	62 1/2
	Guiclan	94	42	1,274,670	»	25	»	31,866	75
	Saint-Thégonnec	107	03	1,444,905	»	25	»	36,122	62 1/2
	Pleyber-Christ	91	15	1,230,525	»	25	»	30,763	12 1/2
	Lanhouarneau	29	19	394,065	»	25	»	9,851	62 1/2
	Plougar	38	61	521,235	»	25	»	13,030	87 1/2
3me **SÉRIE.** — CULTURE des Communes qui longent les montagnes d'Arées.	Guerlesquin	45	66	616,410	»	25	»	15,410	25
	Botsorhel	46	93	633,555	»	25	»	15,838	87 1/2
	Lannéanou	33	51	452,385	»	25	»	11,309	62 1/2
	Le Cloître	40	76	550,260	»	25	»	13,756	50
	Plounéour-Ménez	117	07	1,580,445	»	25	»	39,511	12 1/2
	Sizun	105	10	1,418,850	»	25	»	35,471	25
	Saint-Sauveur	44	25	597,375	»	25	»	14,934	37 1/2
	Commana	81	75	1,103,625	»	25	»	27,590	62 1/2
	Loc-Mélard	25	45	343,575	»	25	»	8,589	37 1/2
	TOTAUX	3,162	74	42,696,990	»	25	»	1,067,424	75
Première Série		1,040	28	14,043,780	»	25	»	351,094	50
Deuxième Série		1,581	98	21,356,730	»	25	»	533,918	25
Troisième Série		540	48	7,296,480	»	25	»	182,412	»
	TOTAUX	3,162	74	42,696,990	»	25	»	1,067,424	75

TROISIÈME SECTION. — NAVETS.

La culture des navets *(brassica napus)* et des raves *(brassica napa)* est aussi très-répandue dans l'arrondissement de Morlaix. C'est celle qui, quant à la quantité de terres employées et aux produits, vient immédiatement après la culture des pommes de terre et des panais.

On cultive, dans l'arrondissement de Morlaix, plusieurs variétés de navets.

Les plus répandues sont :

1° Le navet des vertus ;

2° Le turneps ou rave du Limousin :

3° Le rutabaga ou navet de Suède;

4° La rave à tête rose ou grande rave.

Presque toutes les terres arables de l'arrondissement de Morlaix produisent des navets, bien qu'ils ne réussissent pas également dans toutes. Les terres qui leur conviennent le mieux sont celles qui offrent de la profondeur, qui sont peu compactes et qui sont fraîches sans être trop humides.

La culture des navets commence une rotation de récolte. Dans les communes de la première série, cette culture succède à une deuxième ou troisième année de trèfle ; et dans celles de la deuxième et troisième série, elle succède aux jachères.

La sole qui suit le navet est ordinairement du froment dans les communes de la première et de la deuxième série , et du seigle ou du froment de Mars dans les communes de la troisième.

Dans toutes les communes, on attache une grande importance à la culture des navets, parce que , d'une part , ces racines fournissent un fourrage abondant pour la nourriture des animaux domestiques , et , d'autre part , parce que cette culture, comme culture de jachère, a pour effet d'ameublir et de nettoyer le sol.

La terre qui doit être ensemencée en navets exige, en automne, et immédiatement après la récolte, qu'on lui donne un labour profond. Cette terre est ensuite laissée ainsi jusqu'au mois d'Avril, époque à laquelle on exécute un second labour à plat et à larges planches. La terre est divisée, autant que possible, soit avec le brise-mottes, soit avec la grande herse en fer. (*Voyez planche* XIII, *fig.* 2).

Ce labour préparatoire a pour but de débarrasser la terre des plantes étrangères qui la recouvrent. On les dépose ensuite en tas dans le champ , et puis elles sont étendues dans les chemins pour être écrasées par les pieds des hommes et des animaux et former une sorte d'engrais qu'on nomme *manou*.

Lorsque la terre est ainsi préparée, on sème la graine de navets, en prenant les memes précautions et de la même manière que pour la graine de panais. *(Voyez l'article Panais.)*

Les semailles se font depuis la fin de Mai jusqu'à la fin de Juin. La quantité de semences employée pour un hectare ne peut être déterminée. Cette quantité varie à l'infini. On sème toujours au-delà du nécessaire.

Dès que les jeunes pousses sont sorties de terre, on exécute un fort hersage.

Les cultivateurs bas-bretons sont persuadés que la réussite de la récolte dépend souvent de la manière dont ce hersage est fait.

Lorsque les feuilles de navets sont bien développées, on arrache les plus belles pour les faire manger par les animaux, qui s'en accommodent bien.

On ne récolte jamais dans l'arrondissement de Morlaix les racines de navets que lorsqu'elles sont à maturité complète. Cette époque ne peut être précisée, elle varie en raison de l'état de l'atmosphère. Elle se fait plus tôt quand la saison est favorable à la végétation et plus tard dans le cas contraire.

La récolte des navets, comme celle des panais, se fait par arrachage et par un temps très-sec. Les feuilles sont consommées d'abord par les bœufs et les vaches, et les racines sont mises de côté pour être conservées pour l'hiver.

On les place dans un endroit bien sec, et l'on prend à leur égard les mêmes précautions que pour les pommes de terre. *(Voyez l'article Pommes de terre.)*

Les navets servent bien dans l'arrondissement de Morlaix à la nourriture de l'homme; mais c'est principalement pour la nourriture des animaux domestiques, et particulièrement pour celle des bêtes bovines qu'on les cultive.

Les racines de navets se donnent constamment crues et jamais entières. Avant de les faire manger par les animaux on a le soin de les diviser en petites tranches au moyen d'un couteau de poche.

La culture des navets n'occupe, dans notre arrondissement, que les deux tiers de l'étendue totale sous cultures de navets, betteraves, carottes et choux dans les communes de la première et de la deuxième série, tandis qu'elle occupe les quatre cinquièmes dans celles de la troisième série.

L'hectare sous culture de navets fournit, en moyenne, vingt mille kilogrammes de racines. Le prix moyen des mille kilogrammes est de dix francs.

L'arrondissement de Morlaix compte donc, année moyenne, sous culture de navets, mille cinq cents hectares huit ares, qui produisent trente millions mille six cents kilogrammes de racines. La valeur totale de la récolte est de trois cent mille seize francs.

TABLEAU DE LA CULTURE DES NAVETS DANS L'ARRONDISSEMENT DE MORLAIX.

DÉSIGNATION et NOMBRE DES SÉRIES.	NOMS des COMMUNES.	ÉTENDUE générale de la culture sous Navets, Betteraves, Carottes et Choux		ÉTENDUE de LA CULTURE sous Navets.		PRODUIT TOTAL en kilogrammes.		PRIX MOYEN des 1,000 kilogram.		VALEUR totale de LA RÉCOLTE.	
		hect.	ar.	hect.	ar.	kilogr.	déca.	fr.	c.	fr.	c.
1re SÉRIE. — CULTURE du Littoral.	Ploujean.	60	37	40	24	804,800	»	10	»	8,048	»
	Plouézoc'h.	41	64	27	78	555,600	»	10	»	5,556	»
	Guimaec.	49	84	33	22	664,400	»	10	»	6,644	»
	Saint-Jean-du-Doigt. .	41	20	27	46	549,200	»	10	»	5,492	»
	Loquirec.	17	59	11	74	234,800	»	10	»	2,348	»
	Plougasnou.	94	99	63	34	1,266,800	»	10	»	12,668	»
	Plouzévédé.	52	93	35	96	719,200	»	10	»	7,192	»
	Trézélidé.	11	»	7	34	146,800	»	10	»	1,468	»
	Tréflaouénan.	22	99	15	34	306,800	»	10	»	3,068	»
	Cléder.	114	76	76	51	1,530,200	»	10	»	15,302	»
	Saint-Pol-de-Léon. . .	91	15	60	76	1,215,200	»	10	»	12,152	»
	Roscoff.	32	05	21	37	427,400	»	10	»	4,274	»
	Ile-de-Batz.	8	55	5	70	114,000	»	10	»	1,140	»
	Plouénan.	72	35	48	23	964,600	»	10	»	9,646	»
	Mespaul.	27	30	18	21	364,200	»	10	»	3,642	»
	Plougoulm.	59	40	39	60	792,000	»	10	»	7,920	»
	Sibiril.	34	70	23	12	462,400	»	10	»	4,624	»
	Plouescat.	50	03	33	35	667,000	»	10	»	6,670	»
	Plounévez-Lochrist. .	119	93	79	94	1,598,800	»	10	»	15,988	»
	Tréflez.	37	51	25	»	600,000	»	10	»	5,000	»
2me SÉRIE. — CULTURE du Centre.	Morlaix.	4	74	3	18	63,600	»	10	»	636	»
	Sainte-Sève.	12	05	8	03	160,600	»	10	»	1,606	»
	St-Martin-des-Champs.	19	32	12	90	258,000	»	10	»	2,580	»
	Plourin.	54	90	36	60	732,000	»	10	»	7,320	»
	Lanmeur.	41	44	27	64	552,800	»	10	»	5,528	»
	Plouégat-Guérand. . .	26	53	17	68	353,600	»	10	»	3,536	»
	Garlan.	18	26	12	17	243,400	»	10	»	2,434	»
	Le Ponthou.	1	18	»	79	15,800	»	10	»	158	»
	Plouigneau.	81	58	54	40	1,088,000	»	10	»	10,880	»
	Plouégat-Moysan. . .	24	94	16	63	332,600	»	10	»	3,326	»
	Plougonven.	81	81	54	54	1,090,800	»	10	»	10,908	»
	Saint-Vougay.	20	90	13	94	278,800	»	10	»	2,788	»
	A reporter.	1,427	93	952	71	19,054,200	»	10	»	190,542	»

TABLEAU DE LA CULTURE DES NAVETS DANS L'ARRONDISSEMENT DE MORLAIX.

DÉSIGNATION et NOMBRE DES SÉRIES.	NOMS des COMMUNES.	ÉTENDUE générale de la culture sous Navets, Betteraves, Carottes et Choux		ÉTENDUE de LA CULTURE sous Navets.		PRODUIT TOTAL en kilogrammes.		PRIX MOYEN des 1,000 kilogram.		VALEUR totale de LA RÉCOLTE	
		hect.	ar.	hect.	ar.	kilogr.	déca.	fr.	c.	fr.	c.
	Report.	1,427	93	952	71	19,054,200	»	10	»	190,542	»
Suite de la 2me SÉRIE. — CULTURE du Centre.	Plouvorn.	49	17	32	79	655,800	»	10	»	6,558	»
	Landivisiau.	27	81	18	54	370,800	»	10	»	3,708	»
	Bodilis.	36	60	24	42	488,400	»	10	»	4,884	»
	Guimiliau.	25	92	17	28	435,600	»	10	»	3,456	»
	Lampaul.	32	25	21	51	430,200	»	10	»	4,302	»
	Plougourvest.	22	08	14	73	294,600	»	10	»	2,946	»
	Plounéventer.	57	12	38	10	762,000	»	10	»	7,630	»
	Saint-Servais.	17	28	11	52	230,400	»	10	»	2,304	»
	Taulé.	40	70	27	14	542,800	»	10	»	5,428	»
	Henvic.	18	98	12	65	253,000	»	10	»	2,530	»
	Carantec.	15	69	10	47	209,400	»	10	»	2,094	»
	Locquénolé.	1	67	1	10	22,000	»	10	»	220	»
	Guiclan.	56	65	37	78	755,600	»	10	»	7,556	»
	Saint-Thégonnec. . .	64	22	42	80	856,000	»	10	»	8,560	»
	Pleyber-Christ. . . .	54	69	36	48	729,600	»	10	»	7,296	»
	Lanhouarneau. . . .	17	51	11	66	233,200	»	10	»	2,332	»
	Plougar.	23	17	15	46	309,200	»	10	»	3,092	»
3me SÉRIE. — CULTURE des Communes qui longent les montagnes d'Arées.	Guerlesquin.	18	27	14	61	292,200	»	10	»	2,922	»
	Botsorhel.	18	77	15	01	300,200	»	10	»	3,002	»
	Lannéanou.	13	41	10	73	214,600	»	10	»	2,146	»
	Le Cloître.	16	30	13	06	261,200	»	10	»	2,612	»
	Plounéour-Ménez. . .	46	83	37	46	749,200	»	10	»	7,492	»
	Sizun.	42	04	33	62	672,400	»	10	»	6,724	»
	Saint-Sauveur.	17	70	14	16	283,200	»	10	»	2,832	»
	Commana.	32	70	26	16	523,200	»	10	»	5,232	»
	Loc-Mélard.	10	18	8	13	162,600	»	10	»	1,626	»
	TOTAUX. . . .	2,205	64	1,500	08	30,001,600	»	10	»	300,016	»
Première Série.		1,040	28	694	21	13,884,200	»	10	»	138,842	»
Deuxième Série.		949	16	632	93	12,658,600	»	10	»	126,586	»
Troisième Série.		216	20	172	94	3,458,800	»	10	»	34,588	»
	TOTAUX.	2,205	64	1,500	08	30,001,600	»	10	»	300,016	»

QUATRIÈME SECTION. — BETTERAVES

La culture de la betterave, malgré tous les efforts de la Société d'agriculture de l'arrondissement de Morlaix, qui ne cesse de la propager par tous les moyens en son pouvoir, en achetant tous les ans une certaine quantité de graines qu'elle distribue gratuitement aux cultivateurs, n'a encore fait chez nous que quelques progrès. Elle a été admise d'abord, dans la culture de quelques fermes et abandonnée ensuite.

Le peu de progrès qu'a fait cette culture tient à ce qu'on ne cultive pas la betterave comme plante industrielle, les fabriques de sucre indigène manquant chez nous. Elle n'est cultivée que comme plante fourragère, et, à ce titre, quelqu'avantageuse que soit sa culture, nos agriculteurs préfèrent celles des pommes de terre, des panais et des navets, pour des raisons que nous ferons connaître plus bas.

Quoi qu'il en soit, la culture de la betterave a encore son importance dans l'arrondissement de Morlaix. On en cultive deux variétés :

1° La betterave champêtre *(Belta sylvestris)*;

2° La betterave de Silésie *(Belta alba)*.

Ce sont les seules variétés que la Société d'agriculture ait essayé d'introduire et de propager dans notre arrondissement.

Comme pour la plupart des autres racines, la terre qui convient à la culture de la betterave est celle qui est franche, meuble, profonde et riche en principes nutritifs.

La betterave ne réussit pas bien dans une terre légère quand, surtout, la couche arable est peu épaisse et que le sous-sol est entièrement argileux et par conséquent imperméable.

La terre destinée à être ensemencée en betterave doit être bien fumée avec des engrais frais d'animaux. Elle doit recevoir deux ou trois labours, être plombée et hersée pour la rendre meuble et pour la débarrasser des plantes nuisibles qui y croissent.

Nous avons vu semer la graine de betterave avec le semoir à brouette et avec le semoir Hugues de la Société d'agriculture, chez quelques riches propriétaires et, particulièrement, dans l'ancienne ferme-modèle de Bréventec; mais ce mode est une exception à celui généralement mis en pratique par nos petits fermiers, qui labourent à la pelle un petit carré de leur jardin ou de leur courtil, et y sèment à la main la graine de betterave, en ayant soin de la recouvrir sur le champ, soit en se servant de la même pelle, soit au moyen d'un rateau.

Dès que les plants ont acquis la grosseur d'une plume ordinaire à écrire, on les arrache pour les transplanter dans le champ qui a été préalablement préparé et qui doit les recevoir. Le cultivateur fait une raie sur toute la longueur du champ, pour marquer la ligne sur laquelle doit se faire la plantation.

Cette opération, qui se pratique ordinairement dans le courant de Juin, se fait d'une manière très-simple. Pour repiquer les plants de betterave, on choisit de préférence un temps humide; des hommes, armés chacun d'un plantoir, l'enfoncent à une certaine profondeur dans la terre; ils y placent les plants à repiquer, en ayant soin de comprimer la terre contre la racine. Les plants sont espacés de quarante à cinquante centimètres les uns des autres.

Quelques cultivateurs repiquent les plants de betterave sans leur avoir fait subir aucune préparation préalable. D'autres ne les plantent en terre qu'après avoir coupé les radicules de la racine et les avoir trempées dans une espèce de sauce faite avec de la bouse de vache délayée dans une certaine quantité d'eau.

Dès que les betteraves ont acquis une certaine élévation, et, surtout, si la terre contient une grande quantité de plantes parasites, on nettoie celle-ci par un bon sarclage.

Plus tard, et quand elles ont acquis un certain développement, on détache les plus grandes feuilles pour les donner à manger aux bêtes bovines.

A l'époque de la maturité des betteraves, ce qui a lieu ordinairement dans le courant d'Octobre, on procède à leur arrachement.

La récolte a lieu, autant que faire se peut, par un temps très-sec. Elle se fait aisément avec une pioche ou avec une bèche. La seule précaution que prennent nos cultivateurs est de ne pas endommager les racines, soit en les arrachant, soit en les décoletant. Après l'arrachage, on les laisse ressuyer au soleil avant de les rentrer.

On prend pour leur conservation les mêmes précautions que pour les pommes de terre. *(Voyez Pommes de terre.)*

Les feuilles de betteraves servent, comme nous l'avons dit plus haut, à la nourriture du gros bétail. Les racines sont aussi employées à celle des animaux domestiques.

Les chevaux la refusent d'abord. Nous en avons vus qui ne la mangeaient que poussés par la faim et quand on les privait pendant quelques jours de toute autre espèce d'aliment; mais, une fois habitués, ils la mangent avec avidité.

Cette racine est excellente pour la nourriture et l'engraissement des porcs: mais c'est surtout à alimenter les animaux de la race bovine qu'elle est généralement utilisée. Donnée aux vaches laitières, elle augmente la graisse plus que la sécrétion du lait.

Un des inconvénients qu'on lui reproche, et peut-être même l'unique, c'est de donner au beurre qu'on retire de la crème une couleur blanche, ce qui le rend d'une qualité inférieure. Il est alors, comme on le dit vulgairement, *moins marchand*, et, par conséquent, moins recherché pour les usages domestiques et par le commerce.

Les racines de betteraves, qu'elles servent à la nourriture des chevaux, des bêtes bovines ou des porcs, sont constamment données à l'état de crudité et jamais entières. On les coupe avec un couteau, en tranches très-minces, avant de les servir aux animaux. Dans quelques bonnes fermes on se sert, pour les diviser, du hache-racines, mais cet instrument, dont le prix est assez élevé, n'est pas en usage dans la généralité des fermes bretonnes.

La culture de la betterave, dans l'arrondissement de Morlaix, occupe le neuvième de la contenance générale sous cultures de navets, betteraves, carottes et choux, dans les communes de la première et de la deuxième série. Elle n'est pas cultivée dans celles de la troisième série.

L'hectare sous betteraves fournit, en moyenne, quarante mille kilogrammes de racines. Le prix moyen des mille kilogrammes est de dix francs.

Il y a donc, année moyenne, sous culture de betteraves, dans l'arrondissement de Morlaix, deux cent vingt-un hectares neuf ares qui produisent, aussi en moyenne, huit millions huit cent quarante-trois mille six cents kilogrammes. La valeur totale de la récolte est de quatre-vingt-huit mille quatre cent trente-six francs.

TABLEAU DE LA CULTURE DE LA BETTERAVE
DANS L'ARRONDISSEMENT DE MORLAIX.

DÉSIGNATION et NOMBRE DES SÉRIES.	NOMS des COMMUNES.	ÉTENDUE générale de la culture sous Navets, Betteraves, Carottes et Choux		ÉTENDUE de LA CULTURE sous Betteraves.		PRODUIT TOTAL en kilogrammes.		PRIX MOYEN des 1,000 kilogram.		VALEUR totale de LA RÉCOLTE.	
		hect.	ar.	hect.	ar.	kilog.	déca.	fr.	c.	fr.	c.
	Ploujean.	60	37	6	70	268,000	»	10	»	2,680	»
	Plouézoc'h.	41	64	4	62	184,800	»	10	»	1,848	»
	Guimaëc.	49	84	5	54	221,600	»	10	»	2,216	»
	Saint-Jean-du-Doigt. .	41	20	4	58	183,200	»	10	»	1,832	»
	Loquirec.	17	59	1	95	78,000	»	10	»	780	»
	Plougasnou.	94	99	10	55	422,000	»	10	»	4,220	»
	Plouzévédé.	52	93	5	99	239,600	»	10	»	2,396	»
	Trézélidé.	11	»	1	22	48,800	»	10	»	488	»
1re SÉRIE.	Tréflaouénan.	22	99	2	55	102,000	»	10	»	1,020	»
—	Cléder.	114	76	12	75	510,000	»	10	»	5,100	»
CULTURE	Saint-Pol-de-Léon. . .	91	15	10	13	405,200	»	10	»	4,052	»
du Littoral.	Roscoff.	32	05	3	56	142,400	»	10	»	1,424	»
	Ile-de-Batz.	8	55	»	95	38,000	»	10	»	380	»
	Plouénan.	72	35	8	04	321,600	»	10	»	3,216	»
	Mespaul.	27	30	3	03	121,200	»	10	»	1,212	»
	Plougoulm.	59	40	6	60	264,000	»	10	»	2,640	»
	Sibiril.	34	70	3	86	154,400	»	10	»	1,544	»
	Plouescat.	50	03	5	56	222,400	»	10	»	2,224	»
	Plounévez-Lochrist. .	119	93	13	33	533,200	»	10	»	5,332	»
	Tréflez	37	51	4	17	166,800	»	10	»	1,668	»
	Morlaix.	4	74	»	52	20,800	»	10	»	208	»
	Sainte-Sève.	12	05	1	34	53,600	»	10	»	536	»
	St-Martin-des-Champs.	19	32	2	14	85,600	»	10	»	856	»
2me SÉRIE.	Plourin.	54	90	6	10	244,000	»	10	»	2,440	»
—	Lanmeur.	41	44	4	60	184,000	»	10	»	1,840	»
	Plouégat-Guérand. . .	26	53	2	95	118,000	»	10	»	1,180	»
CULTURE	Garlan.	18	26	2	03	81,200	»	10	»	812	»
du Centre.	Le Ponthou.	1	18	»	13	5,200	»	10	»	52	»
	Plouigneau.	81	58	9	06	362,400	»	10	»	3,624	»
	Plouégat-Moysan. . .	24	94	2	77	110,800	»	10	»	1,108	»
	Plougonven.	81	81	9	09	363,600	»	10	»	3,636	»
	Saint-Vougay.	20	90	2	32	92,800	»	10	»	928	»
	A reporter.	1,427	93	138	73	6,349,200	»	10	»	63,497	»

TABLEAU DE LA CULTURE DE LA BETTERAVE DANS L'ARRONDISSEMENT DE MORLAIX.

DÉSIGNATION et NOMBRE DES SÉRIES.	NOMS des COMMUNES.	ÉTENDUE générale de la culture sous Navets, Betteraves, Carottes et Choux		ÉTENDUE de LA CULTURE sous Betteraves.		PRODUIT TOTAL en kilogrammes.		PRIX MOYEN des 1,000 kilogram.		VALEUR totale de LA RÉCOLTE.	
		hect.	ar.	hect.	ar.	kilog.	déca.	fr.	c.	fr.	c.
	Report.	1,427	93	138	73	6,349,200	»	10	»	63,497	»
Suite de la 2me **SÉRIE.** — CULTURE du Centre.	Plouvorn.	49	17	5	46	218,400	»	10	»	2,184	»
	Landivisiau.	27	81	3	09	123,600	»	10	»	1,236	»
	Bodilis.	36	60	4	06	162,400	»	10	»	1,624	»
	Guimiliau.	25	92	2	88	115,200	»	10	»	1,152	»
	Lampaul.	32	25	3	58	143,200	»	10	»	1,432	»
	Plougourvest.	22	08	2	45	98,000	»	10	»	980	»
	Plounéventer.	57	12	6	34	253,600	»	10	»	2,536	»
	Saint-Servais.	17	28	1	92	76,800	»	10	»	768	»
	Taulé.	40	70	4	52	180,800	»	10	»	1,808	»
	Henvic.	18	98	2	11	84,400	»	10	»	844	»
	Carantec.	15	69	1	74	69,600	»	10	»	696	»
	Locquénolé.	1	67	»	19	7,600	»	10	»	76	»
	Guiclan.	56	65	6	29	251,600	»	10	»	2,516	»
	Saint-Thégonnec. . .	64	22	7	14	285,600	»	10	»	2,856	»
	Pleyber-Christ. . . .	54	69	6	07	242,800	»	10	»	2,428	»
	Lanhouarneau. . . .	17	51	1	95	78,000	»	10	»	780	»
	Plougar	23	17	2	57	102,800	»	10	»	1,028	»
3me **SÉRIE.** — CULTURE des Communes qui longent les montagnes d'Arées.	Guerlesquin.	18	27	»	»	»	»	»	»	»	»
	Botsorhel.	18	77	»	»	»	»	»	»	»	»
	Lannéanou.	13	41	»	»	»	»	»	»	»	»
	Le Cloître.	16	30	»	»	»	»	»	»	»	»
	Plounéour-Ménez. . .	46	83	»	»	»	»	»	»	»	»
	Sizun.	42	04	»	»	»	»	»	»	»	»
	Saint-Sauveur. . . .	17	70	»	»	»	»	»	»	»	»
	Commana.	32	70	»	»	»	»	»	»	»	»
	Loc-Mélard.	10	18	»	»	»	»	»	»	»	»
	TOTAUX. . . .	2,205	64	221	09	8,843,600	»	10	»	88,436	»
Première Série.		1,040	28	115	68	4,627,200	»	10	»	46,272	»
Deuxième Série.		949	16	105	41	4,216,400	»	10	»	42,164	»
Troisième Série.		216	20	»	»	»	»	»	»	»	»
	TOTAUX.	2,205	64	221	09	8,843,600	»	10	»	88,436	»

CINQUIÈME SECTION. — CAROTTES.

Comme la culture de la betterave, celle de la carotte a pris peu d'extension dans l'arrondissement de Morlaix, malgré les sacrifices que s'impose, tous les ans, la Société d'Agriculture. Cependant, on y cultive, dans quelques exploitations, quelques variétés de carottes qui méritent de fixer notre attention.

Ces variétés sont :

1° La carotte jaune dorée *(Docus carotta radice auzantii coloris)*;

2° La carotte jaune commune *(Docus carotta radice lutea)*;

3° La carotte rouge de Flandre *(Docus carotta radice atro Rubense)*;

4° La carotte d'Archicourt, dite grande fourrage ;

5° La carotte à collet vert.

Les deux premières variétés se cultivent dans les jardins, c'est pourquoi nous ne parlerons pas de leur culture. Les trois autres se cultivent dans les champs et font, par conséquent, partie de l'agriculture proprement dite.

La culture de la carotte demandant le même sol, les mêmes labours, les mêmes soins d'entretien des terres, le même mode de semaille, d'arrachage et de conservation des racines que celles des panais et des pommes de terre, pour ne pas nous répéter, nous renvoyons nos lecteurs à ces deux articles. *(Voyez Pommes de terre et Panais.)*

Nous dirons seulement que, dans plusieurs fermes de l'arrondissement de Morlaix, on sème, en même temps que la graine de carotte, de la graine de panais. C'est ordinairement de la graine de carotte rouge de Flandre qu'on choisit de préférence dans ce cas.

On sait qu'aucune racine n'est meilleure que la carotte pour l'alimentation des grands animaux domestiques. Les chevaux la mangent avec goût et même avec avidité. Les bœufs et principalement les vaches laitières se trouvent bien de l'usage de cette racine.

On a remarqué que les différentes variétés de carottes jouissaient de la propriété de donner au beurre, même en hiver, une belle couleur jaune qui le fait estimer et rechercher.

Les carottes sont aussi utilisées pour nourrir les animaux de la race porcine. On leur attribue même une supériorité marquée, pour les pousser à l'engraissement, sur tous les grains et même sur la pomme de terre.

La culture des différentes variétés de carottes occupe, dans l'arrondissement de Morlaix, comme celle de la betterave, le neuvième de la contenance générale sous culture de navets, de betteraves, de carottes et de choux, dans les communes de la première et de la deuxième série. On ne cultive pas la carotte dans celles de la troisième série.

L'hectare sous culture de carottes fournit, en moyenne, dix-huit mille kilogrammes de racines. Le prix moyen des mille kilogrammes est de quinze francs.

Il y a donc, année moyenne, sous culture de carottes, dans l'arrondissement de Morlaix, deux cent vingt-un hectares neuf ares qui produisent, aussi en moyenne, trois millions neuf cent soixante-dix-neuf mille six cent vingt kilogrammes de racines. La valeur totale de la récolte est de cinquante-neuf mille six cent quatre-vingt-quatorze francs trente centimes.

TABLEAU DE LA CULTURE DES CAROTTES
DANS L'ARRONDISSEMENT DE MORLAIX.

DÉSIGNATION et NOMBRE DES SÉRIES.	NOMS des COMMUNES.	ÉTENDUE générale de la culture sous Navets, Betteraves, Carottes et Choux		ÉTENDUE de LA CULTURE sous Carottes.		PRODUIT TOTAL en kilogrammes.		PRIX MOYEN des 1,000 kilogram.		VALEUR totale de LA RÉCOLTE.	
		hect.	ar.	hect.	ar.	kilog.	déca.	fr.	c.	fr.	c.
1re SÉRIE. — CULTURE du Littoral.	Ploujean	60	37	6	70	120,600	»	15	»	1,809	»
	Plouézoc'h	41	64	4	62	83,160	»	15	»	1,247	40
	Guimaec	49	84	5	54	99,720	»	15	»	1,495	80
	Saint-Jean-du-Doigt	41	20	4	58	82,440	»	15	»	1,236	60
	Loquirec	17	59	1	95	35,100	»	15	»	526	50
	Plougasnou	94	99	10	55	189,900	»	15	»	2,848	50
	Plouzévédé	52	93	5	99	107,830	»	15	»	1,617	30
	Trézélidé	11	»	1	22	21,960	»	15	»	329	40
	Tréflaouénan	22	99	2	55	45,900	»	15	»	688	50
	Cléder	114	76	12	75	229,500	»	15	»	3,442	50
	Saint-Pol-de-Léon	91	15	10	13	182,340	»	15	»	2,735	10
	Roscoff	32	05	3	56	64,080	»	15	»	961	20
	Ile-de-Batz	8	55	»	95	17,100	»	15	»	256	50
	Plouénan	72	35	8	04	144,720	»	15	»	2,170	80
	Mespaul	27	30	3	03	54,540	»	15	»	818	10
	Plougoulm	59	40	6	60	118,800	»	15	»	1,782	»
	Sibiril	34	70	3	86	69,480	»	15	»	1,042	20
	Plouescat	50	03	5	56	100,080	»	15	»	1,501	20
	Plounévez-Lochrist	119	93	13	33	239,940	»	15	»	3,599	10
	Tréflez	37	51	4	17	75,060	»	15	»	1,125	90
2me SÉRIE. — CULTURE du Centre.	Morlaix	4	74	»	52	9,360	»	15	»	140	40
	Sainte-Sève	12	05	1	34	24,120	»	15	»	361	80
	St-Martin-des-Champs	19	32	2	14	38,520	»	15	»	577	80
	Plourin	54	90	6	10	109,800	»	15	»	1,647	»
	Lanmeur	41	44	4	60	82,800	»	15	»	1,242	»
	Plouégat-Guérand	26	53	2	95	53,100	»	15	»	796	50
	Garlan	18	26	2	03	36,540	»	15	»	548	10
	Le Ponthou	1	18	»	13	2,340	»	15	»	35	10
	Plouigneau	81	58	9	06	163,080	»	15	»	2,446	20
	Plouégat-Moysan	24	94	2	77	49,860	»	15	»	747	90
	Plougonven	81	81	9	09	163,620	»	15	»	2,454	30
	Saint-Vougay	20	90	2	32	41,760	»	15	»	626	40
	A reporter	1,427	93	158	73	2,857,140	»	15	»	42,857	10

TABLEAU DE LA CULTURE DES CAROTTES
DANS L'ARRONDISSEMENT DE MORLAIX.

DÉSIGNATION et NOMBRE DES SÉRIES.	NOMS des COMMUNES.	ÉTENDUE générale de la culture sous Navets, Betteraves, Carottes et Choux		ÉTENDUE de LA CULTURE sous Carottes.		PRODUIT TOTAL en kilogrammes.		PRIX MOYEN des 1,000 kilogram.		VALEUR totale de LA RÉCOLTE.	
		hect.	ar.	hect.	ar.	kilog.	déca.	fr.	c.	fr.	c.
	Report.	1,427	93	138	73	2,837,140	»	15	»	42,857	10
Suite de la 2me SÉRIE. — CULTURE du Centre.	Plouvorn.	49	17	3	46	98,280	»	15	»	1,474	20
	Landivisiau.	27	81	3	09	55,620	»	15	»	834	30
	Bodilis.	36	60	4	06	73,080	»	15	»	1,096	20
	Guimiliau.	25	92	2	88	51,840	»	15	»	777	60
	Lampaul.	32	25	3	58	64,410	»	15	»	966	60
	Plougourvest.	22	08	2	45	44,100	»	15	»	661	50
	Plounéventer.	57	12	6	34	114,120	»	15	»	1,711	80
	Saint-Servais	17	28	1	92	34,560	»	15	»	518	40
	Taulé.	40	70	4	52	81,360	»	15	»	1,220	40
	Henvic.	18	98	2	11	37,980	»	15	»	569	70
	Carantec.	15	69	1	74	31,320	»	15	»	469	80
	Locquénolé.	1	67	»	19	3,420	»	15	»	51	30
	Guiclan.	56	65	6	29	113,220	»	15	»	1,698	30
	Saint-Thégonnec. . .	64	22	7	14	128,520	»	15	»	1,927	80
	Pleyber-Christ. . . .	54	69	6	07	109,260	»	15	»	1,638	90
	Lanhouarneau.	17	51	1	95	35,100	»	15	»	526	50
	Plougar	23	17	2	57	46,260	»	15	»	693	90
3me SÉRIE. — CULTURE des Communes qui longent les montagnes d'Arées.	Guerlesquin.	18	27	»	»	»	»	»	»	»	»
	Botsorhel.	18	77	»	»	»	»	»	»	»	»
	Lannéanou.	13	41	»	»	»	»	»	»	»	»
	Le Cloître.	16	30	»	»	»	»	»	»	»	»
	Plounéour-Ménez. . .	46	83	»	»	»	»	»	»	»	»
	Sizun.	42	04	»	»	»	»	»	»	»	»
	Saint-Sauveur. . . .	17	70	»	»	»	»	»	»	»	»
	Commana.	32	70	»	»	»	»	»	»	»	»
	Loc-Mélard.	10	18	»	»	»	»	»	»	»	»
	TOTAUX. . . .	2,205	64	221	09	3,979,620	»	15	»	59,694	30
Première Série.		1,040	28	115	68	2,082,240	»	15	»	31,233	60
Deuxième Série.		949	16	105	41	1,897,380	»	15	»	28,460	70
Troisième Série.		216	20	»	»	»	»	»	»	»	»
	TOTAUX.	2,205	64	221	09	3,979,620	»	15	»	59,694	30

DEUXIÈME SÉRIE. — FOURRAGES LÉGUMINEUX.

PREMIÈRE SECTION. — AJONC D'EUROPE.

L'ajonc d'Europe *(Ulex Europeus)* croît naturellement dans l'arrondissement de Morlaix. Les nombreuses pièces de terre qui s'y trouvent *(voyez le tableau ci-après)* font que les cultivateurs bas-bretons se livrent en grand à la culture de cette plante précieuse, dont les produits sont employés tantôt comme combustibles et tantôt comme fourrages.

Toutes nos terres à landes et à bruyères sont considérées comme terres froides, et ne peuvent être livrées avec avantage, en cet état, à la culture des céréales et des racines fourragères. Ce n'est qu'en les soumettant aux nombreuses opérations des défrichements qu'on peut les faire changer de nature, c'est-à-dire les transformer de terres froides en terres chaudes ou arables.

L'ajonc d'Europe ne se cultive donc pas dans les terres arables et, par conséquent, dans le but d'améliorer le sol pour la culture des céréales, comme cela se pratique dans plusieurs endroits.

Bien que l'ajonc croisse partout, il n'est pas moins certain qu'il ne réussit pas également bien dans toutes sortes de terres. Pour qu'il prospère, il faut : 1° une terre profonde et sèche, et 2° un lieu qui ne soit pas trop abrité ; car cet arbuste aime l'air et les rayons solaires. On le voit bien pousser dans une terre humide et même marécageuse, mais, dans ce cas, sa durée est très-courte. Cette plante reste rabougrie quand, à l'humidité de la terre, se joint un sous-sol entièrement argileux et compacte. Lorsqu'elle est entièrement abritée par des arbres de haute futaie, et particulièrement par du hêtre, elle finit par disparaître.

Comme cette plante est très-rustique chez nous, qu'elle ne craint ni les grands vents ni les fortes gelées, on la cultive de préférence sur les talus qui séparent les champs dans toutes les communes situées sur le littoral, où les essences qui forment les taillis ne réussissent pas. Aussi, dans ces communes, devient-elle d'un grand secours en produisant un combustible qui remplace celui fourni par les taillis.

On cultive deux espèces d'ajonc dans l'arrondissement de Morlaix : la première, *Lan Brézonnec* (ajonc de Bretagne ou ajonc mineur), s'élève peu et n'est en quelque sorte employé que pour faire des couvertures aux constructions rurales et pour faire du fumier. La deuxième espèce ou ajonc majeur acquiert un grand développement ; toutes ses parties sont utilisées : les jeunes pousses pour la nourriture des animaux ; ses racines, ses tiges et ses branches comme combustible.

C'est constamment après écobuage ou après défrichement qu'on sème l'ajonc d'Europe. L'écobuage a lieu dans les mois de Mai et de Juin. Lorsque la graine d'ajonc est destinée à être semée dans une terre à lande, on la mélange avec du seigle, et les semailles se font dans le courant d'Octobre; quand elle est cultivée sur les talus, elle se sème seule et dans tous les temps de l'année.

Lorsque la terre a été suffisamment préparée, on fait un mélange de quinze kilogrammes de graines d'ajonc et de trois hectolitres de grains de seigle par hectare qu'on sème à la main et à la volée. Dans quelques communes on y ajoute aussi un peu de graines de genêt à balai.

On recouvre la semence au moyen de la grande marc. Cette culture ne demande aucun soin particulier.

L'ajonc et le seigle poussent simultanément. Le seigle est le premier qui sort de terre. Après que la paille de celui-ci a acquis une certaine hauteur, l'on voit apparaître les jeunes pousses d'ajonc.

La première année on obtient une récolte de seigle. *(Voyez l'article Seigle.)* Après cette récolte, les jeunes pousses d'ajonc qui ont déjà une certaine hauteur se développent rapidement. Cette croissance se fait même pendant l'hiver, et au printemps de l'année suivante chaque pousse présente un arbrisseau rameux d'un très-bel aspect.

Les cultivateurs défendent, pendant toute la première année, l'*ajonnière* de l'approche des animaux qui détruiraient, avec les dents, les jeunes pousses des plantes et nuiraient à leur accroissement.

Ce n'est qu'au commencement de l'hiver de la deuxième année qu'ils recueillent les jeunes pousses, en ayant soin de ne pas les enlever entièrement. Ils se servent, pour cette opération, d'une petite fourche en bois (*voyez planche* V, *fig.* 7) et de la faucille. La petite fourche sert à maintenir les branches lors de la coupe; les cultivateurs se mettent ainsi à l'abri des épines.

Lorsque l'on a coupé une quantité suffisante d'ajonc, quantité qui varie suivant que les animaux de la ferme sont plus ou moins nombreux, on forme un fagot de tous les brins coupés qu'on transporte dans la grange pour être écrasés dans une auge en granit, au moyen d'une masse en bois garnie d'une virole en fer à son extrémité.

L'ajonc, ainsi préparé, sert à la nourriture des chevaux et des bêtes bovines. On le donne souvent seul, et quelquefois mélangé à d'autres aliments. Ce précieux fourrage d'hiver convient spécialement à la nourriture des vaches laitières; il augmente la sécrétion de leur lait, rend la crème très-butireuse et donne au beurre qu'on en retire des qualités qui le font estimer et rechercher.

L'ajonc d'Europe croît pendant trois ans dans les bonnes terres à landes, et jusqu'à six dans les terres médiocres et mauvaises. La moyenne de sa durée est de quatre ans.

On procède alors à sa récolte en se servant des instruments dont nous avons parlé plus haut.

Dans quelques communes, ces fagots sont très-petits; dans d'autres, ils sont une ou deux fois plus volumineux.

Lorsque l'ajonc est cultivé dans une bonne terre à landes, celle-ci peut produire cinq ou six coupes dans l'intervalle de deux écobuages, tandis que les terres médiocres ne produisent que deux ou tout au plus trois coupes.

On peut estimer que l'écobuage d'une terre à landes, dans l'arrondissement de Morlaix, pour le renouvellement de la semence de l'ajonc, se fait tous les trente ans. C'est donc le trentième de la terre à landes qu'on cultive tous les ans sous seigle (*voyez le tableau de la culture du Seigle et le tableau suivant*), et le reste est consacré à la culture de l'ajonc. (*Voyez le tableau ci-après*).

Il y a donc, année moyenne, sous culture d'ajonc d'Europe, dans l'arrondissement de Morlaix, quarante mille trois cent quatre-vingt-huit hectares soixante-un ares, qui produisent, aussi en moyenne, deux cent quarante-deux mille trois cent trente-un stères soixante-six décastères, à raison de six stères par année. Le prix moyen du stère, sur place, est de deux francs cinquante centimes. Le produit annuel est donc de six cent cinq mille huit cent vingt-neuf francs quinze centimes.

TABLEAU DE LA CULTURE DE L'AJONC D'EUROPE

DANS L'ARRONDISSEMENT DE MORLAIX.

DÉSIGNATION et Nombre des SÉRIES.	NOMS des COMMUNES.	ÉTENDUE de la Culture DU SEIGLE en hectares.	ÉTENDUE de la Culture DE L'AJONC D'EUROPE en hectares	ÉTENDUE générale de la contenance DES TERRES À LANDES en hectares.	PRODUIT de quatre ans en stères.	PRIX moyen du stère	VALEUR totale DU PRODUIT de quatre ans.
		h. a.	h. a.	h. a.	sté. déc.	fr. c.	fr. c.
PREMIÈRE SÉRIE. — Culture du Littoral.	Ploujean.	14 45	419 29	433 74	2,515 74	2 50	6,289 35
	Plouézoc'h.	16 01	464 51	480 52	2,787 06	2 50	6,967 65
	Guimaëc.	21 46	622 50	643 96	3,735 »	2 50	9,337 50
	Saint-Jean-du-Doigt. .	28 16	816 87	845 03	4,901 22	2 50	12,253 »
	Loquirec.	5 88	170 80	176 68	1,024 80	2 50	2,562 »
	Plougasnou.	33 60	974 45	1,008 05	5,846 70	2 50	14,616 75
	Plouzévédé.	21 36	619 65	641 01	3,717 90	2 50	9,294 75
	Trézélidé.	5 05	145 26	150 31	871 56	2 50	2,178 90
	Tréflaouénan.	6 97	203 16	209 33	1,218 96	2 50	3,047 40
	Cléder.	29 05	842 62	871 67	5,055 72	2 50	12,639 30
	Saint-Pol-de-Léon. . .	6 63	192 37	199 »	1,154 22	2 50	2,885 55
	Roscoff.	2 26	65 74	68 »	394 44	2 50	986 10
	Ile-de-Batz.	» 33	9 65	10 »	58 02	2 50	145 05
	Plouénan.	30 76	892 24	923 »	5,353 44	2 50	13,383 60
	Mespaul.	10 86	815 14	326 »	1,890 84	2 50	4,727 10
	Plougoulm.	9 »	261 »	270 »	1,566 »	2 50	3,915 »
	Sibiril.	6 66	193 34	200 »	1,160 04	2 50	2,900 10
	Plouescat.	9 30	269 95	279 25	1,619 70	2 50	4,049 25
	Plounévez-Lochrist. .	45 60	1,264 48	1,308 08	7,586 88	2 50	18,967 20
	Tréflez.	22 22	645 56	667 78	3,873 36	2 50	9,683 40
DEUXIÈME SÉRIE. — Culture du Centre.	Morlaix.	2 25	42 81	45 06	356 86	2 50	642 15
	Sainte-Sève.	21 11	401 23	422 34	2,407 38	2 50	6,018 45
	St-Martin-des-Champs.	26 51	503 84	530 35	3,023 04	2 50	7,557 60
	Plourin.	70 70	1,343 38	1,414 08	8,060 28	2 50	20,150 70
	Lanmeur.	39 01	750 37	780 38	4,502 22	2 50	11,255 55
	Plouégat-Guérand. . .	22 35	424 82	447 17	2,548 92	2 50	6,372 30
	Garlan.	21 51	408 81	430 32	2,452 86	2 50	6,132 15
	Le Ponthou.	1 50	28 69	30 19	172 14	2 50	430 35
	Plouigneau.	95 »	1,809 14	1,904 14	10,854 84	2 50	27,137 10
	Plouégat-Moysan. . .	19 60	372 55	392 15	2,235 30	2 50	5,588 25
	Plougonven.	124 36	2,362 99	2,487 35	14,177 94	2 50	35,444 85
	Saint-Vougay.	7 53	143 10	150 63	858 60	2 50	2,146 50
	A reporter. . . .	775 04	17,980 33	18,745 61	107,981 98	2 50	269,704 95

TABLEAU DE LA CULTURE DE L'AJONC D'EUROPE
DANS L'ARRONDISSEMENT DE MORLAIX.

DÉSIGNATION et Nombre des SÉRIES.	NOMS des COMMUNES.	ÉTENDUE de la Culture DU SEIGLE en hectares	ÉTENDUE de la Culture DE L'AJONC D'EUROPE en hectares.	ÉTENDUE générale de la contenance DES TERRES A LANDES en hectares.	PRODUIT de quatre ans en stères.	PRIX MOYEN du stère.	VALEUR totale DU PRODUIT de quatre ans.
		h. a.	h. a.	h. a.	stè. dec.	fr. c.	fr. c.
	Report.	755 04	17,980 33	18,745 61	107.981 98	2 50	269,704 95
Suite de la **DEUXIÈME SÉRIE.** — Culture du Centre.	Plouvorn.	58 14	1,104 69	1,162 83	6,628 14	2 50	16,570 35
	Landivisiau.	13 25	251 75	265 »	1,510 50	2 50	3,776 25
	Bodilis.	33 75	641 25	675 »	3,847 50	2 50	9,618 75
	Guimiliau.	3 75	71 25	75 »	427 50	2 50	1,068 75
	Lampaul.	13 85	263 15	277 »	1,578 90	2 50	3,947 25
	Plougourvest.	23 55	447 45	471 »	2,684 70	2 50	6,711 75
	Plounéventer.	80 95	1,538 05	1,619 »	9,228 30	2 50	23,070 75
	Saint-Servais.	13 20	250 80	264 »	1,504 80	2 50	3,762 »
	Taulé.	56 64	1,076 28	1.131 92	6,457 68	2 50	16,144 20
	Henvic.	11 84	225 03	336 87	1,350 18	2 50	3,375 45
	Carantec.	13 10	249 »	262 10	1,494 »	2 50	3,735 »
	Locquénolé.	» 75	15 14	15 89	90 84	2 50	227 10
	Guiclan.	79 15	1,503 84	1,582 99	9,023 04	2 50	22,557 60
	Saint-Thégonnec.	57 51	1,092 71	1,150 22	6,556 26	2 50	16,393 65
	Pleyber-Christ.	83 13	1,579 48	1,662 61	9,476 88	2 50	23,692 20
	Lanhouarneau.	25 26	490 11	515 37	2,940 66	2 50	7,351 65
	Plougar.	36 23	688 37	724 60	4,130 22	2 50	10,325 55
TROISIÈME SÉRIE. — Culture des Communes qui longent les montagnes d'Arées.	Guerlesquin.	51 42	740 19	791 61	4,441 14	2 50	11,102 85
	Botsorhel.	74 44	1,042 38	1,116 82	6,254 28	2 50	15,635 70
	Lannéanou.	39 14	547 10	587 10	3,282 60	2 50	8,206 50
	Le Cloître.	106 88	1,496 43	1,603 31	8,978 50	2 50	22,446 45
	Plounéour-Ménez.	158 39	2,217 15	2,375 54	13,302 90	2 50	33,257 25
	Sizun.	175 66	2,459 34	2,635 »	14,756 04	2 50	36,890 10
	Saint-Sauveur.	11 80	165 20	177 »	991 20	2 50	2,478 »
	Commana.	108 33	1,516 67	1,625 »	9,100 02	2 50	22,750 05
	Loc-Mélard.	52 53	735 47	788 »	4,412 82	2 50	11,032 05
	TOTAUX.	2,157 68	40,388 61	42,536 35	242,331 66	2 50	605,829 15
Première Série.		323 61	9,388 60	9,711 41	56,331 60	2 50	140,829 »
Deuxième Série.		1,055 48	20,080 08	21,125 56	120,480 48	2 50	301,201 20
Troisième Série.		778 59	10,919 93	11,699 38	65,519 58	2 50	163,798 95
	TOTAUX.	2,157 68	40,388 61	42,536 35	242,331 66	2 50	605,820 15

DEUXIÈME SECTION. — GENÊT.

La culture du genêt était autrefois très-répandue dans quelques cantons de l'arrondissement de Morlaix, et principalement dans ceux de Saint-Thégonnec et de Sizun. Bien qu'elle ait perdu aujourd'hui de son importance, elle n'est pas abandonnée partout.

L'espèce de genêt qu'on cultive dans cette arrondissement est le genêt à balai *(Spartium scoparium)*. Sa semence est répandue sur la terre en même temps que celle de l'ajonc d'Europe, dans les terres à landes et sur les talus.

Dans les communes de Saint-Thégonnec, de Pleyber-Christ, de Sizun, de Commana, de Saint-Sauveur, de Loc-Mélard, etc., on repique le genêt en lignes dans les jachères. Il forme alors une espèce de taillis.

Le genêt à balai atteint, dans les bonnes terres, de trois à quatre mètres d'élévation. L'herbe qui croît entre chaque rangée est toujours plus abondante que celle qui vient dans les jachères dont le sol est à découvert.

Les jachères plantées en genêt servent pour pâturages. Non-seulement, les animaux qui y paissent en liberté y trouvent une herbe assez abondante, mais encore, et surtout en été, lors des grandes chaleurs, un abri contre les rayons du soleil.

Le genêt sert, dans l'arrondissement de Morlaix, comme son nom l'indique, à la confection de balais, et le reste de la plante est employé comme combustible.

Cette culture offrant peu d'intérêt, eu égard à ses produits, nous n'ajouterons rien à ce qui précède.

TROISIÈME SECTION. — TRÈFLE.

De toutes les plantes fourragères, la culture du trèfle est la plus répandue dans l'arrondissement de Morlaix. On le cultive pour fourrage et non pour en recueillir les graines.

Les espèces cultivées sont au nombre de deux :

1° Le trèfle commun *(Trifolium pratense)*;

2° Le trèfle incarnat *(Trifolium incarnatum)*.

La culture du trèfle commun date, dans cet arrondissement, d'une époque très-reculée. C'est cette espèce qui est la plus répandue et celle que nos cultivateurs préfèrent, en ce qu'elle est trisannuelle.

Le trèfle incarnat, dont la culture n'a été introduite dans notre arrondissement que depuis peu d'années, aura peine à se répandre, par la raison qu'il n'est qu'annuel; aussi ne le voit-on généralement que dans les terres d'un petit nombre de cultivateurs, et dans les communes de Cléder et de Tréflaouénan, où on le cultive en grand.

Le trèfle se plait de préférence dans les terres argileuses, un peu humides sans être marécageuses. et surtout lorsqu'elles ont été rendues meubles par les amendements de mer, tels que le très et le merl. *(Voyez Amendements, première partie, chapitre 14).*

La graine de trèfle n'est jamais semée seule; elle est toujours mélangée à des grains de froment ou d'orge. *(Voyez ces deux articles).*

Une des premières conditions de réussite, pour la culture du trèfle, consiste dans le bon choix de la semence. Il faut que celle-ci soit bien mûre, bien développée, bien pesante et aussi nette que possible, c'est-à-dire, ne pas être mélangée à d'autres graines étrangères. Celle qui nous provient de nos départements septentrionaux est la plus estimée.

La céréale qui a été semée en même temps que le trèfle paraît la première, et ce dernier vient ensuite. Au moment de la récolte des céréales, le trèfle a déjà acquis un certain développement. Dans les bonnes terres, il fournit, après la récolte et dès la première année, une coupe de fourrage; dans les terres médiocres, il ne produit qu'un bon pâturage.

Dans l'un et l'autre de ces cas, le trèfle est plus aqueux que nutritif; aussi, quand on le coupe en cet état, a-t-on le soin de le mélanger avec de la paille ou du foin avant de le faire manger aux animaux. Ce n'est que quand il est consommé sur place que ce mélange n'a pas lieu.

La deuxième année, le trèfle donne ordinairement trois coupes : la première est celle qui fournit, sous un volume donné, la plus grande quantité de substances nutritives ; la deuxième en donne moins, et la troisième encore moins.

La troisième année, lorsque la tréflière est excellente, on a encore une coupe, puis on fait pâturer le reste sur place.

L'époque à laquelle on fait la fauchaison du trèfle, soit qu'on le destine à être consommé en vert, soit qu'on veuille le convertir en foin de trèfle, est celle où la plupart des plantes sont en pleine floraison.

Pour couper le trèfle vert on ne se sert que d'un seul instrument, qui est la faucille. On le coupe alors quelques heures avant le repas. On le place debout, adossé contre un mur, en lui donnant un certain degré d'inclinaison, de manière à laisser, entre lui et le mur, un espace vide qui établit un courant d'air propre à l'empêcher de s'échauffer. Les différentes coupes de trèfle ne se font alors qu'à mesure des besoins.

Quand, au contraire, on veut le convertir en foin de trèfle, on procède immédiatement à son fauchage au moyen de la faulx ordinaire. Le fanage de ce fourrage offre de grandes difficultés : car, pour peu qu'il soit mouillé au moment du fauchage et de la fenaison, sa dessication se fait d'une manière imparfaite. Il noircit, s'échauffe et se détériore avec la plus grande promptitude. Aussi, les cultivateurs ont-ils le soin de ne faire cette opération que quand le temps est bien sec, chaud et certain. Une des précautions prises par eux c'est, pendant la fenaison, de ne pas remuer le trèfle avec la fourche en bois, pour opérer sa dessication, quand la chaleur est trop forte. Comme les feuilles se dessèchent les premières, elles se détachent facilement, tombent en poussière et altèrent la nature du foin. Cette opération ne se pratique donc que quand le temps est frais, comme par exemple de bonne heure le matin, et le soir un peu avant la nuit.

Le foin de trèfle se conserve comme celui provenant des prairies naturelles. (*Voyez l'article Foin au chapitre 18 de la première partie*).

Le trèfle, comme nourriture verte ou sèche, convient aux animaux des races équine, bovine ovine et porcine. En vert, il ne doit être donné qu'avec circonspection, car, quand il est échauffé, et surtout quand les animaux en prennent une grande quantité, il occasionne souvent chez eux la diarrhée ou des indigestions compliquées de tympanites mortelles. A l'état sec, il resserre le corps et occasionne souvent une constipation rebelle.

Le trèfle convient à tous les animaux herbivores. Il engraisse les porcs, qui le mangent avec avidité. Donné en abondance à nos vaches laitières, il augmente chez elles la sécrétion lactée. Le lait devient plus butireux et le beurre qu'on en retire est toujours d'une très-bonne qualité.

On peut dire, avec vérité, que le trèfle constitue en grande partie la nourriture de nos animaux domestiques pendant une partie du printemps, pendant tout l'été et une grande partie de l'automne.

Il y a, année moyenne, sous culture de trèfle, dans l'arrondissement de Morlaix, huit mille quatre cent sept hectares vingt-un ares, qui produisent, aussi en moyenne, cent soixante-huit millions cent quarante-quatre mille deux cents kilogrammes, le produit moyen d'un hectare étant, chaque année, de vingt-mille kilogrammes. La valeur totale de la récolte, à raison de quatre francs cinquante centimes les mille kilogrammes, est de sept cent cinquante-six mille, six cent quarante-huit francs quatre-vingt-dix centimes.

TABLEAU DE LA CULTURE DU TRÈFLE
DANS L'ARRONDISSEMENT DE MORLAIX.

DÉSIGNATION et NOMBRE DES SÉRIES.	NOMS des COMMUNES.	ÉTENDUE DE LA CULTURE en hectares.		PRODUIT TOTAL ET ANNUEL en kilogrammes.		PRIX MOYEN des 1,000 kilo.		VALEUR TOTALE de la Récolte.	
		hecta.	ares.	kilogram.	déca.	fr.	c.	fr.	c.
1re SÉRIE. — CULTURE du Littoral.	Ploujean.	181	10	3,622,000	»	4	50	16,299	»
	Plouézoc'h.	124	92	2,498,400	»	4	50	11,242	80
	Guimaëc.	149	52	2,990,400	»	4	59	13,456	80
	Saint-Jean-du-Doigt. .	123	58	2,471,600	»	4	50	11,122	20
	Loquirec.	52	75	1,055,000	»	4	50	4,747	50
	Plougasnou.	284	95	5,699,000	»	4	50	25,645	50
	Plouzévédé.	158	77	3,175,400	»	4	50	14,289	30
	Trézélidé.	33	01	660,200	»	4	50	2,270	90
	Tréflaouénan.	68	98	1,379,600	»	4	50	6,208	20
	Cléder.	344	29	6.885,800	»	4	50	30,996	10
	Saint-Pol-de-Léon. . .	273	45	5,469,000	»	4	50	24,610	50
	Roscoff.	96	15	1,923,000	»	4	50	8,653	50
	Ile-de-Batz.	25	65	513,000	»	4	50	2,308	50
	Plouénan.	217	05	4,341,000	»	4	50	19,534	50
	Mespaul.	81	90	1,638,000	»	4	50	7,371	»
	Plougoulm.	178	20	3,564,000	»	4	50	16,038	»
	Sibiril.	104	10	2,082,000	»	4	50	9,369	»
	Plouescat.	150	09	3,001,800	»	4	50	13,508	10
	Plounévez-Lochrist. .	359	78	7,495,600	»	4	50	32,380	20
	Tréflez.	112	53	2,250,600	»	4	50	10,127	70
2me SÉRIE. — CULTURE du Centre.	Morlaix.	23	73	474,600	»	4	50	2,135	70
	Sainte-Sève.	60	27	1,205,400	»	4	50	5,424	30
	St-Martin-des-Champs.	96	63	1,932,600	»	4	50	8,696	70
	Plourin.	274	50	5,490,000	»	4	50	24,705	»
	Lanmeur.	207	17	4,143,400	»	4	50	18,645	30
	Plouégat-Guérand. . .	132	68	2,653,600	»	4	50	11,941	20
	Garlan.	91	32	1,826,400	»	4	50	8,218	80
	Le Ponthou.	5	88	117,600	»	4	50	529	20
	Plouigneau.	407	89	8,157,800	»	4	50	36,710	10
	Plouégat-Moysan. . . .	124	72	2,494,400	»	4	50	11,224	80
	Plougonven.	409	07	8,181,400	»	4	50	36,816	30
	Saint-Vougay.	104	50	2,090,000	»	4	50	9,405	»
	A reporter.	5,039	13	101,182,600	»	4	50	455,321	70

TABLEAU DE LA CULTURE DU TRÈFLE
DANS L'ARRONDISSEMENT DE MORLAIX.

DÉSIGNATION et NOMBRE DES SÉRIES.	NOMS des COMMUNES.	ÉTENDUE DE LA CULTURE en hectares.		PRODUIT TOTAL ET ANNUEL en kilogrammes.		PRIX MOYEN des 1,000 kilo.		VALEUR TOTALE de la Récolte.	
		hecta.	ares.	kilogram.	déca.	fr.	c.	fr.	c.
	Report	5,059	13	101,182,600	»	30	»	455,321	70
Suite de la 2me **SÉRIE.** — CULTURE du Centre.	Plouvorn	245	85	4,916,600	»	4	50	22,124	70
	Landivisiau	139	05	2,781,000	»	4	50	12,514	50
	Bodilis	183	»	3,660,000	»	4	50	16,470	»
	Guimiliau	129	60	2,592,000	»	4	50	11,664	»
	Lampaul	161	25	3,225,000	»	4	50	14,512	50
	Plougourvest	110	40	2,008,000	»	4	50	9,936	»
	Plounéventer	285	60	5,712,000	»	4	50	25,704	»
	Saint-Servais	86	40	1,728,000	»	4	50	7,776	»
	Taulé	203	54	4,070,800	»	4	50	18,318	60
	Henvic	94	92	1,898,400	»	4	50	8,542	80
	Carantec	78	45	1,569,000	»	4	50	7,060	50
	Locquénolé	8	37	167,400	»	4	50	753	30
	Guiclan	283	26	5,665,200	»	4	50	25,493	40
	Saint-Thégonnec	321	10	6,422,000	»	4	50	28,899	»
	Pleyber-Christ	273	45	5,469,000	»	4	50	24,610	50
	Lanhouarneau	87	55	1,751,000	»	4	50	7,879	50
	Plougar	115	84	2,316,800	»	4	50	10,425	60
3me **SÉRIE.** — CULTURE des Communes qui longent les montagnes d'Arées.	Guerlesquin	45	66	913,200	»	4	50	4,109	40
	Botsorhel	46	93	938,600	»	4	50	4,223	70
	Lannéanou	33	51	670,200	»	4	50	3,015	90
	Le Cloître	40	75	815,000	»	4	50	3,667	50
	Plounéour-Ménez	117	07	2,341,400	»	4	50	10,536	30
	Sizun	105	10	2,102,000	»	4	50	9,459	»
	Saint-Sauveur	44	25	885,000	»	4	50	3,982	50
	Commana	81	75	1,635,000	»	4	50	7,357	50
	Loc-Mélard	25	45	509,000	»	4	50	2,290	50
	TOTAUX	8,407	21	168,144,200	»	4	50	756,648	90
Première Série		3,120	77	62,415,400	»	4	50	280,869	30
Deuxième Série		4,745	97	94,919,400	»	4	50	427,137	30
Troisième Série		540	47	10,809,400	»	4	50	48,642	30
TOTAUX		8,407	21	168,144,200	»	4	50	756,648	90

QUATRIÈME SECTION. — LUZERNE.

La luzerne (*Médicago*) ne se cultive pour ainsi dire pas dans l'arrondissement de Morlaix. Quelques propriétaires, dans le but d'y introduire et d'y propager la culture de cette légumineuse, se sont livrés à des essais qui n'ont pas répondu à leurs espérances. Cela tient à une cause générale, c'est que presque toutes les terres de cet arrondissement manquent d'une profondeur suffisante pour que la racine de cette plante puisse pivoter suffisamment. Cependant, il paraît qu'il existe quelques bonnes *Luzernières*, en petit nombre, il est vrai, dans les deux communes de Roscoff et de l'île de Batz, qui prospèrent bien et qui fournissent un nombreux et excellent produit. Mais cette culture de la luzerne est une exception dans l'arrondissement de Morlaix. Il en est de même des autres légumineuses, qui ne se cultivent en quelque sorte que dans les jardins.

CHAPITRE 20.

PATURAGES. — JACHÈRES.

Les pâturages se divisent, dans l'arrondissement de Morlaix, comme dans tous les autres pays :

1° En pâturages permanents ou naturels,

2° En pâturages temporaires ou artificiels;

3° En pâturages accidentels.

On reconnaît quatre sortes de pâturages permanent ou naturels :

1° Les pâturages gras;

2° Les pâturages humides ou marécageux ;

3° Les pâturages secs ou élevés;

4° Les pâturages à ajonc d'Europe et à bruyère.

Les pâturages gras sont si peu nombreux dans cet arrondissement, qu'on peut dire qu'il n'en existe pas. Nulle part on ne rencontre de ces pâturages gras que possèdent en très-grand nombre la Normandie, l'Angleterre et l'Allemagne. Quelques petites parcelles de terre pourraient tout au plus être classées dans cette catégorie, et encore, le nombre en est si minime qu'il ne peut être mis en règle de compte.

Les pâturages humides ou marécageux sont ceux desquels nous avons parlé en traitant des prairies basses et marécageuses. (*Voyez l'article Prairies naturelles.*) Leurs produits ne servent en quelque sorte que pour augmenter la masse des fumiers.

Les pâturages secs et élevés sont ceux que fournissent les terrains situés sur le versant des collines escarpées et sur les hauteurs des mêmes collines. La nature de ces pâturages varie a l'infini suivant les localités. On ne les rencontre que dans les terres qui n'offrent aucun avantage à être mises en culture réglée. Le plus souvent cette culture est même rendue impossible par le peu de profondeur de la couche arable, les couches granitiques et même schisteuses venant effleurer ou s'élever au-dessus du sol. Dans d'autres circonstances, ces terres sont tellement escarpées, que la conduite des instruments aratoires, les transports des fumiers et des récoltes se feraient avec la plus grande difficulté et entraîneraient de très-fortes dépenses.

Enfin, les pâturages fournis par les terres à ajonc et à bruyère offrent une grande ressource comme fournissant un excellent fourrage d'hiver, par les jeunes pousses de l'ajonc d'Europe, la présence d'une grande quantité de bruyère (*Erica vulgaris*), et de quelques autres plantes qui y croissent, bien que ce soit en petit nombre.

Les soins d'entretien des pâturages permanents sont à-peu-près nuls. Les bonnes et les mauvaises plantes y croissent sans que la main de l'homme vienne propager les premières et détruire les dernières.

Les pâturages temporaires ou artificiels étaient autrefois très-répandus dans l'arrondissement de Morlaix. Ce système, qui est celui des jachères ou système mixte, consiste à laisser une partie des terres de l'exploitation sous pâturages et à abandonner l'autre partie à la culture des céréales.

Schwerz le caractérise parfaitement en disant qu'une agriculture de ce genre n'a pour prairies que ses terres et pour terres que ses prairies.

A l'époque peu reculée où la culture des fourrages-racines n'avait pas encore été introduite dans notre arrondissement, la culture qu'on y suivait était :

1re Année. — Sarrasin avec la charrée.
2e Année. — Froment sans fumier.
3e Année. — Orge avec fumier.
4e Année. — Avoine sans fumier.
5e Année. — Panais avec fumier.
6e Année. — Froment d'hiver avec demi-fumure.
7e Année. — Avoine sans fumier.
8e Année. — Trèfle avec la charrée.
9e, 10e, 11e, 12e, 13e, 14e et 15e année. — Pâturage.

On voit, d'après cet assolement, que les cultivateurs de l'arrondissement de Morlaix suivaient, à quelques modifications près, pour leurs pâturages temporaires ou artificiels, la même méthode que ceux du Holstein, du Mecklembourg et de quelques autres contrées d'Allemagne. Aussi, à cette époque, ce système de culture était basé sur la conviction où étaient les cultivateurs qu'il fallait, au bout d'un certain nombre d'années d'une culture réglée, laisser la terre se reposer si l'on voulait obtenir de bonnes récoltes subséquentes.

Cette méthode était rationnelle par suite de l'assolement adopté et suivi à cette époque, puisqu'elle consistait, comme nous venons de le voir, à ne récolter dans la même terre, et ce, pendant plusieurs années, que des céréales. Cette terre devait donc s'épuiser promptement, et de là la nécessité de la laisser en pâturage pendant un temps plus ou moins long, mais qui n'était jamais de moins de six à sept ans.

Plus tard, et lorsque s'introduisit chez nous la culture des plantes fourragères, on modifia ce système d'assolement.

Dans les communes de la première série on finit bientôt par l'abandonner, à tel point, qu'aujourd'hui, on ne trouve plus, dans ces communes, aucune ou que très-peu de jachères. (*Voyez Assolements*).

Les pâturages accidentels se subdivisent :

1° En pâturages des prairies naturelles ;

2° En pâturages des taillis ;

3° En pâturages des terrains vagues.

Les prairies naturelles sont pâturées avant et après la récolte du foin. Avant la récolte, c'est-à-dire au printemps, ce mode de pâturer a un inconvénient incontestable, quand surtout il a lieu dans une prairie basse et humide : les pieds des animaux, en s'enfonçant dans le sol, le couvrent d'excavations où l'eau séjourne; les meilleures plantes finissent par disparaître et les mauvaises ne tardent pas à dominer. Cet inconvénient est moindre quand le pâturage a lieu après la récolte ou en automne, puisqu'avant la fin de l'hiver on peut réparer les prairies, en comblant les excavations et en réparant les brèches faites aux maîtresses rigoles et aux raies d'arrosement. Le pâturage de printemps a encore un inconvénient, celui de reculer la màturité des plantes et d'empêcher les annuelles et les bisannuelles de répandre leurs semences sur le sol de la prairie et de se propager les années suivantes.

Si, d'un côté, le pâturage de printemps a les inconvénients que nous venons de signaler plus haut, d'un autre côté il offre un avantage réel, en ce qu'il permet aux animaux de pâturer certaines mauvaises plantes précoces qui mûrissent leurs graines avant la fenaison du foin. De ce nombre est la crête de coq. (*Rhinanthus cristagalli, etc.*)

Le pâturage des taillis n'a lieu que quand les jeunes plants des essences qui le composent ont déjà acquis une certaine hauteur; sans cela, les jeunes branches seraient infailliblement détruites par les dents des animaux. Ces sortes de pâturages sont plus nuisibles qu'utiles. Aussi, les cultivateurs de l'arrondissement de Morlaix n'y ont-ils recours que dans les années de disette, c'est-à-dire, quand les autres fourrages leur font défaut.

Le pâturage des chaumes, des jachères et des terrains vagues est très-usité dans cet arrondissement. Immédiatement après la récolte des céréales on fait pâturer les chaumes et l'herbe verte qui croît dans les jachères. Malgré tous les désavantages attribués à ces sortes de pâturages, ils n'en sont pas moins très-répandus.

Dans l'arrondissement de Morlaix, la vaine pâture n'est pas en usage et toutes les parcelles de terre sont closes par des talus couronnés d'une haie vive. Chaque champ ferme au moyen d'une barrière à clair-voie. Les cultivateurs y peuvent donc faire pâturer leurs animaux sans qu'il y ait à craindre que ceux de leurs voisins viennent se mêler aux leurs.

Trois manières de faire pâturer le bétail sont usitées dans l'arrondissement de Morlaix :

1° Pâturage libre ;

2° Pâturage avec entraves ;

3° Pâturage pendant le jour et la nuit.

Le pâturage libre est le plus usité. Dès le matin, et quel que soit l'état de l'atmosphère, tous les animaux des races équine, bovine et ovine sont placés pêle-mêle dans les différents pâturages.

Ils y restent pendant tout le jour, ce n'est que le soir qu'on les rentre; là ils paissent en liberté les fourrages verts qui y croissent. Cette méthode est excellente quand elle a lieu sur une terre arable; car, outre qu'elle procure aux animaux un exercice modéré, qu'ils respirent un air pur, elle offre encore le double avantage de faire pâturer sur place l'herbe qui y croît et qui ne pourrait être fauchée, et d'engraisser la terre par les excréments et les urines que les animaux y répandent. Mais, mise en pratique dans les terres à ajonc, à bruyère et dans les taillis, elle offre le désavantage de faire perdre une très-grande quantité de fumier qui serait mieux utilisé dans une terre soumise à une culture réglée.

Dans quelques communes, et particulièrement dans celles qui avoisinent les montagnes d'Arées, on entrave les animaux avant de les mettre dans les pâturages. Ces entraves varient suivant l'espèce d'animal auquel on les applique.

Pour les animaux de la race équine, ces entraves sont de deux sortes : 1° en corde, et 2° en fer.

Les premières sont faites avec une corde de moyenne grosseur, munie d'un nœud coulant à chacune de ses extrémités. Ces nœuds sont destinés à embrasser les paturons d'un bipède latéral. Les deuxièmes sont formées de deux anneaux en fer, réunis entre eux au moyen d'une chaîne de même métal et qu'on emploie de la même manière. Quand on se sert de doubles entraves, qu'elles soient en corde ou en fer, on place chaque paire d'entraves autour des paturons d'un bipède diagonal, de manière à se croiser sous le ventre.

L'emploi de ces moyens d'assujétissement n'est pas toujours sans danger. Quand les animaux sont vifs ou méchants, ils se livrent à des mouvements désordonnés. Ils font de vains efforts pour se dégager et sortir de l'état de gêne dans lequel ils se trouvent, et il arrive souvent qu'ils se blessent. Des enchevêtrures se développent dans le pli des paturons, affections toujours très-douloureuses et qui laissent souvent après elles des cicatrices apparentes qui déprécient la valeur des animaux.

Pour les animaux de la race bovine, on se sert, pour les entraves, d'une corde dont une de ses extrémités embrasse les deux cornes et l'autre extrémité vient se nouer un peu au-dessus du genou. Pour les vaches dites *voleuses*, on se contente de leur placer sur le front une petite planchette qui leur masque la vue en avant et qui se fixe aux cornes.

Pour les animaux de la race ovine, on se sert d'entraves faites avec une petite corde. Ces entraves sont confectionnées comme celles des chevaux et se placent de la même manière.

Le but qu'on se propose d'atteindre en se servant d'entraves pour les animaux vagabonds est de les assujétir et de les empêcher de franchir les clôtures des pâturages dans lesquels on les place.

Les cultivateurs de l'arrondissement de Morlaix ont pour habitude de faire pâturer leurs animaux tout le jour, pendant une grande partie de l'année. Le soir, en rentrant, ils trouvent dans leurs écuries, étables ou bergeries, une nourriture choisie et de première qualité. Ce n'est que dans la saison rigoureuse, et seulement quand la terre est couverte de neige, qu'ils ne sortent pas.

Dans les communes qui avoisinent les montagnes d'Arées, dès que vient la belle saison, on laisse les animaux nuit et jour dans les pâturages.

Les animaux qui pâturent et la nuit et le jour sont moins maladifs que ceux qui ne pâturent que pendant le jour seulement. Par l'habitude qu'ils ont contractée, dès leur jeune âge, d'être exposés aux intempéries de l'atmosphère, de passer brusquement de la chaleur du jour au froid saisissant de la nuit, ils ne sont pas incommodés par ces transitions, qui peuvent exercer une influence fâcheuse sur la santé des autres animaux.

Nous avons dit plus haut qu'il n'existe pas de jachères dans les communes de la première série.

Dans celles de la deuxième série, il existe, sous jachères, les sept centièmes de la terre arable cadastrée,

Et dans celle de la troisième série, les vingt-neuf centièmes.

On compte donc, dans l'arrondissement de Morlaix, sous pâturages de jachères, cinq mille quatre cent cinquante hectares soixante-trois ares, qui produisent, à raison de soixante francs par hectare de jachère, trois cent vingt-sept mille quatre cent cinquante-sept francs quatre-vingts centimes.

TABLEAU DE LA CULTURE DES JACHÈRES DANS L'ARRONDISSEMENT DE MORLAIX.

DÉSIGNATION et NOMBRE des SÉRIES.	NOMS DES COMMUNES.	ÉTENDUE de LA CULTURE en hectares.		PRIX MOYEN de l'hectare.		VALEUR TOTALE des PRODUITS.	
		hect.	ares.	fr.	c.	fr.	c.
1re SÉRIE. — CULTURE du Littoral.	Ploujean	»	»	»	»	»	»
	Plouézoc'h	»	»	»	»	»	»
	Guimaëc	»	»	»	»	»	»
	Saint-Jean-du-Doigt	»	»	»	»	»	»
	Loquirec	»	»	»	»	»	»
	Plougasnou	»	»	»	»	»	»
	Plouzévédé	»	»	»	»	»	»
	Trézélidé	»	»	»	»	»	»
	Tréflaouénan	»	»	»	»	»	»
	Cléder	»	»	»	»	»	»
	Saint-Pol-de-Léon	»	»	»	»	»	»
	Roscoff	»	»	»	»	»	»
	Ile-de-Batz	»	»	»	»	»	»
	Plouénan	»	»	»	»	»	»
	Mespaul	»	»	»	»	»	»
	Plougoulm	»	»	»	»	»	»
	Sibiril	»	»	»	»	»	»
	Plouescat	»	»	»	»	»	»
	Plounévez-Lochrist	»	»	»	»	»	»
	Tréflez	»	»	»	»	»	»
2me SÉRIE. — CULTURE du Centre.	Morlaix	11	07	60	»	664	20
	Sainte-Sève	28	12	60	»	1,687	20
	Saint-Martin-des-Champs	45	09	60	»	2,705	40
	Plourin	128	10	60	»	7,686	»
	Lanmeur	96	68	60	»	5,800	80
	Plouégat-Guérand	61	92	60	»	3,715	20
	Garlan	42	61	60	»	2,556	60
	Le Ponthou	2	75	60	»	165	»
	Plouigneau	190	35	60	»	11,421	»
	Plouégat-Moysan	58	20	60	»	3,492	»
	Plougonven	190	90	60	»	11,454	»
	Saint-Vougay	48	76	60	»	2,925	60
	A reporter	904	55	60	»	54,273	»

TABLEAU DE LA CULTURE DES JACHÈRES DANS L'ARRONDISSEMENT DE MORLAIX.

DÉSIGNATION et NOMBRE des SÉRIES.	NOMS DES COMMUNES.	ÉTENDUE de LA CULTURE en hectares.		PRIX MOYEN de l'hectare.		VALEUR TOTALE des PRODUITS.	
		hect.	ares.	fr.	c.	fr.	c.
	Report.	904	55	60	»	54,273	»
Suite de la 2me SÉRIE. — CULTURE du Centre.	Plouvorn.	114	72	60	»	6,883	20
	Landivisiau.	64	89	60	»	3,893	40
	Bodilis.	85	40	60	»	5,124	»
	Guimiliau.	60	48	60	»	3,628	80
	Lampaul.	75	25	60	»	4,515	»
	Plougourvest.	51	52	60	»	3,091	20
	Plounéventer.	133	28	60	»	7,996	80
	Saint-Servais.	40	32	60	»	2,419	20
	Taulé.	94	98	60	»	5,698	80
	Henvic.	44	29	60	»	2,657	40
	Carantec.	36	61	60	»	2,196	60
	Locquénolé.	3	90	60	»	234	»
	Guiclan.	132	18	60	»	7,930	80
	Saint-Thégonnec.	149	85	60	»	8,991	»
	Pleyber-Christ.	127	61	60	»	7,656	60
	Lanhouarneau.	40	86	60	»	2,451	60
	Plougar.	54	06	60	»	3,243	60
3me SÉRIE. — CULTURE des Communes qui longent les montagnes d'Arées.	Guerlesquin.	273	96	60	»	16,437	60
	Botsorhel.	281	57	60	»	16,894	20
	Lannéanou.	201	09	60	»	12,065	40
	Le Cloître.	244	53	60	»	14,671	80
	Plounéour-Ménez.	702	43	60	»	42,145	80
	Sizun.	630	60	60	»	37,836	»
	Saint-Sauveur.	265	50	60	»	15,930	»
	Commana.	490	50	60	»	29,430	»
	Loc-Mélard.	152	70	60	»	9,162	»
	TOTAUX.	5,457	63	60	»	327,457	80
Première Série.		»	»	60	»	132,885	00
Deuxième Série.		2,214	75	60	»	132,885	00
Troisième Série.		3.242	88	60	»	194,572	80
	TOTAUX.	5,457	63	60	»	327,457	80

CHAPITRE 21.

CULTURE DES FOURRAGES DIVERS.

PREMIÈRE SECTION. — CHOUX.

Les cultivateurs de l'arrondissement de Morlaix se livrent en grand à la culture des choux, comme plantes économiques et fourragères, et non pour en recueillir les graines.

Les espèces de choux qu'on y cultive ordinairement sont :

Le chou cavalier ou le grand chou à vaches (*Brassica oleracea orocerior*) ;
Le chou navet (*Brassica napo brassica*) ;
Le rutabaga ou navet de Suède (*Brassica rutabaga*) ;
Les choux frisés du Nord (*Brassica oleracea firabriata*) ;
Le chou vert branchu ou chou à mille têtes du Poitou (*Brassica oleracea ramosa*).

Toutes ces espèces ne réussissent pas au même degré dans toutes nos terres. Toutes demandent pour prospérer que celles-ci soient bonnes et riches en principes nutritifs.

Les choux ne se cultivent en masse que dans quelques parcelles de terres qui avoisinent les bâtiments ruraux. On les rencontre aussi dans les terres cultivées en racines fourragères, sur les talus des champs et, dans quelques communes, sur le versant interne des mêmes talus.

De toutes les espèces de choux que nous avons énumérées plus haut, celle dont la culture est la plus répandue comme plante fourragère est, sans contredit, le chou cavalier. Les autres espèces se cultivent aussi, mais comme plantes économiques. Toutes les espèces de choux, pour réussir, demandent une bonne fumure.

Les graines de choux se sèment dans le courant des mois d'Août et de Septembre, dans les jardins et courtils, après que la terre a été bien fumée. Dans le courant des mois de Mars et d'Avril, les cultivateurs, ou plutôt les maraîchers de Roscoff, viennent aux marchés de Morlaix, de

Saint-Pol-de-Léon, de Landivisiau, vendre leurs jeunes plants qu'ils livrent en petits paquets, non-seulement aux cultivateurs des autres communes de l'arrondissement, mais même à ceux des autres arrondissements et du département des Côtes-du-Nord.

Ces jeunes plants sont repiqués, au moyen du plantoir, sur le bord des fossés qui séparent les larges sillons, et tout autour des champs cultivés en pommes de terre, en panais, en navets, etc.

Quand on les cultive en masse dans les jardins de la ferme, dans les courtils ou dans les champs, on les plante en raies au moyen de la grande marre. Un ouvrier fait une petite fosse dans laquelle on met, de distance en distance, du fumier consommé, et c'est sur le fumier même qu'on place la racine, puis on la recouvre en nivelant la terre.

Cette culture ne demande aucun soin particulier. Les espèces économiques ou choux pommés se vendent sur les marchés et sont consommés par l'homme. Le chou cavalier, au contraire, sert à la nourriture des bêtes bovines et des porcs. Il offre le précieux avantage de produire des feuilles à mesure qu'on les lui enlève.

L'étendue de la culture, en choux, occupe le neuvième de l'étendue générale sous culture de navets, betteraves, carottes et choux dans les communes de la première et de la deuxième série, tandis qu'elle occupe le cinquième dans celles de la troisième.

La quantité de choux qu'on plante dans un hectare est, en moyenne, de quatorze mille quatre cents; mais, comme ils ne réussissent pas tous, on peut réduire ce chiffre à quatorze mille. Le prix moyen de chaque chou, qu'il soit pommé et employé aux usages domestiques, ou qu'il ne soit pas pommé et employé à l'alimentation des animaux, est de cinq centimes, ou cinquante francs les mille têtes.

Il y a donc, année moyenne, sous culture de choux, dans l'arrondissement de Morlaix, deux cent soixante-quatre hectares trente-sept ares, qui produisent trois millions sept cent un mille cent quatre-vingts têtes de toutes espèces. La valeur totale de la récolte est, à raison de cinquante francs les mille têtes, de cent quatre-vingt-cinq mille cinquante-neuf francs.

TABLEAU DE LA CULTURE DES CHOUX DANS L'ARRONDISSEMENT DE MORLAIX.

DÉSIGNATION et NOMBRE DES SÉRIES.	NOMS des COMMUNES.	ÉTENDUE générale de la culture sous Navets, Betteraves, Carottes et Choux		ÉTENDUE de LA CULTURE sous Choux.		NOMBRE des Choux.	PRIX MOYEN des 1,000 Choux.		VALEUR totale de LA RÉCOLTE.	
		hect.	ar.	hect.	ar.	nombre.	fr.	c.	fr.	c.
1re SÉRIE. — CULTURE du Littoral.	Ploujean	60	37	6	70	93,800	50	»	4,690	»
	Plouézoc'h	41	64	4	62	64,680	50	»	3,234	»
	Guimaëc	49	84	5	54	77,560	50	»	3,878	»
	Saint-Jean-du-Doigt	41	20	4	58	64,120	50	»	3,206	»
	Loquirec	17	59	1	95	27,300	50	»	1,365	»
	Plougasnou	94	99	10	55	147,700	50	»	7,385	»
	Plouzévédé	52	03	5	99	83,860	50	»	4,193	»
	Trézélidé	11	»	1	22	17,080	50	»	854	»
	Tréflaouénan	22	99	2	55	35,700	50	»	1,785	»
	Cléder	114	76	12	75	178,500	50	»	8,925	»
	Saint-Pol-de-Léon	91	15	10	13	141,820	50	»	7,091	»
	Roscoff	32	05	3	56	49,840	50	»	2,492	»
	Ile-de-Batz	8	55	»	95	13,300	50	»	665	»
	Plouénan	72	35	8	04	112,560	50	»	5,628	»
	Mespaul	27	30	3	03	42,420	50	»	2,121	»
	Plougoulm	59	40	6	60	92,400	50	»	4,620	»
	Sibiril	34	70	3	86	54,040	50	»	2,702	»
	Plouescat	50	03	5	56	77,840	50	»	3,892	»
	Plounévez-Lochrist	119	93	13	33	186,620	50	»	9,331	»
	Tréflez	37	51	4	17	58,380	50	»	2,919	»
2me SÉRIE. — CULTURE du Centre.	Morlaix	4	74	»	52	7,280	50	»	364	»
	Sainte-Sève	12	05	1	34	18,760	50	»	938	»
	St-Martin-des-Champs	19	32	2	14	29,960	50	»	1,498	»
	Plourin	54	90	6	10	85,400	50	»	4,270	»
	Lanmeur	41	44	4	60	64,400	50	»	3,220	»
	Plouégat-Guérand	26	53	2	95	41,300	50	»	2,065	»
	Garlan	18	26	2	03	28,420	50	»	1,421	»
	Le Ponthou	1	18	»	13	1,820	50	»	91	»
	Plouigneau	81	58	9	06	126,840	50	»	6,342	»
	Plouégat-Moysan	24	94	2	77	38,780	50	»	1,939	»
	Plougonven	81	81	9	09	127,260	50	»	6,363	»
	Saint-Vougay	20	90	2	32	32,480	50	»	1,624	»
	A reporter	1,427	93	158	73	2,212,120	50	»	111,111	»

TABLEAU DE LA CULTURE DES CHOUX DANS L'ARRONDISSEMENT DE MORLAIX.										
DÉSIGNATION et NOMBRE DES SÉRIES.	NOMS des COMMUNES.	ÉTENDUE générale de la culture sous Navets, Betteraves, Carottes et Choux		ÉTENDUE de LA CULTURE sous Choux.		NOMBRE des Choux.	PRIX MOYEN des 1,000 Choux.		VALEUR totale de LA RÉCOLTE	
		hect.	ar.	hect.	ar.	nombre.	fr.	c.	fr.	c.
	Report.	1,427	93	158	73	2,222,220	50	»	111,111	»
Suite de la 2me SÉRIE. — CULTURE du Centre.	Plouvorn.	49	17	5	46	76,440	50	»	3,822	»
	Landivisiau.	27	81	3	09	43,260	50	»	2,163	»
	Bodilis.	36	60	4	06	56,840	50	»	2,842	»
	Guimiliau.	25	92	2	88	40,320	50	»	2,016	»
	Lampaul.	32	25	3	58	50,120	50	»	2,506	»
	Plougourvest.	22	08	2	45	34,300	50	»	1,715	»
	Plounéventer.	57	12	6	34	88,760	50	»	4,438	»
	Saint-Servais.	17	28	1	92	26,880	50	»	1,344	»
	Taulé.	40	70	4	52	63,280	50	»	3,164	»
	Henvic.	18	98	2	11	29,540	50	»	1,477	»
	Carantec.	15	69	1	74	24.360	50	»	1,218	»
	Locquénolé.	1	67	»	19	2,660	50	»	133	»
	Guiclan.	56	65	6	29	88,060	50	»	4,403	»
	Saint-Thégonnec. . .	64	22	7	14	99,960	50	»	4,998	»
	Pleyber-Christ.	54	69	6	07	84,980	50	»	4,249	»
	Lanhouarneau. . . .	17	51	1	95	27,300	50	»	1,365	»
	Plougar.	23	17	2	57	35,980	50	»	1,799	»
3me SÉRIE. — CULTURE des Communes qui longent les montagnes d'Arées.	Guerlesquin.	18	27	3	66	51,240	50	»	2,562	»
	Botsorhel.	18	77	3	76	52,640	50	»	2,632	»
	Lannéanou.	13	41	2	68	37,520	50	»	1,876	»
	Le Cloitre.	16	30	3	26	45,640	50	»	2,282	»
	Plounéour-Ménez. . .	46	83	9	37	131,180	50	»	6,559	»
	Sizun.	42	04	8	42	117,880	50	»	5,894	»
	Saint-Sauveur.	17	70	3	54	49,560	50	»	2,478	»
	Commana.	32	70	6	54	91,560	50	»	4,578	»
	Loc-Mélard.	10	18	2	05	28,700	50	»	1,435	»
	TOTAUX. . . .	2,205	64	264	37	3,701,180	50	»	185,059	»
Première Série.		1,040	28	115	68	1,619,520	50	»	80,976	»
Deuxième Série.		949	16	105	41	1,475,740	50	»	73,787	»
Troisième Série.		216	20	43	28	605,920	50	»	30,296	»
	TOTAUX.	2,205	64	264	37	3,701,180	50	»	185,059	»

DEUXIÈME SECTION. — COLZA. — NAVETTE.

La culture du colza et de la navette a été essayée par quelques propriétaires. Ces essais ont assez bien réussi. Cependant on n'a pas étendu cette culture, parce que les produits n'ont pu se placer qu'avec difficulté.

On peut donc dire que ces plantes ne sont pas cultivées dans notre arrondissement.

CHAPITRE 22.

CULTURE DES PLANTES ÉCONOMIQUES.

PREMIÈRE SECTION. — LIN.

La culture du lin (*Linum*) était autrefois plus répandue dans l'arrondissement de Morlaix qu'elle ne l'est aujourd'hui. Le commerce considérable de fils et de toiles qui s'y faisait portait le cultivateur à se livrer en grand à la culture d'une plante qui formait la principale richesse du pays et qui occupait une grande partie de sa population. Au littoral, surtout, appartenait la préparation et le filage du lin; à l'intérieur, le blanchiment et le tissage. Les ancêtres de nos riches cultivateurs des cantons de Sizun et de Saint-Thégonnec étaient plutôt fabricants qu'agriculteurs.

Le bas prix des tissus de coton joint à la législation qui devint de moins en moins protectrice pour l'industrie linière, firent perdre de son importance à cette culture; cependant, elle n'est pas entièrement abandonnée. Le tableau suivant en est une preuve, et, aujourd'hui, l'on peut espérer qu'elle reprendra une partie de son ancienne splendeur, si les efforts que tentent la Société linière et les Sociétés d'agriculture de notre département pour améliorer le produit et le rendre propre à la filature mécanique sont couronnés de succès.

Notre pays fournit des lins aussi beaux que ceux récoltés dans le département du Nord. Il ne s'agit que de les bien rouir et d'en extraire la filasse d'une manière convenable, ce qui est chose facile si le premier point est obtenu.

Notre sol produit autant que partout ailleurs et même peut-être plus; car, si nous consultons les documents de M. Charles Homon, l'un des gérants de la Société linière du Finistère, nous voyons que là où le rouissage s'est modifié, ainsi que le brisage et le teillage, le littoral a donné, en moyenne, par hectare :

Lin en bois.	3,200 kilogrammes.
Lin en filasse.	640 —
En belles graines.	de 18 à 20 hectolitres.

L'intérieur a aussi donné :

Lin en bois.	2,600 kilogrammes.
Lin en filasse.	520 —
En belles graines.	de 14 à 15 hectolitres.

On ne cultive, dans tout l'arrondissement de Morlaix, qu'une seule espèce de lin, qui est le lin commun (*Linum usitatissimum*).

Parmi ses nombreuses variétés, nous indiquerons, comme étant préféré par les cultivateurs bas-bretons, le lin de Liban.

Le lin, comme l'on sait, étant d'une délicatesse exquise, sa culture demande une terre franche, divisible, profondément ameublie et richement fumée par les cultures précédentes. Aussi le voit-on figurer dans les assolements suivis dans les communes des trois séries, après trèfle ou après racines sarclées.

La réussite de la culture du lin dépend, non-seulement de la nature du sol dans lequel on le sème, mais aussi de l'état de l'atmosphère. Il réussit parfaitement dans les terres un peu fortes, grasses, humides, dans les années de sécheresse. Il réussit aussi dans les terres légères, lorsque les pluies printanières viennent activer sa végétation ; mais il ne réussit pas dans les deux cas diamétralement opposés.

Les lins dégénèrent promptement dans les terres de l'arrondissement de Morlaix ; aussi les cultivateurs se voient-ils dans la nécessité de renouveler la graine au bout de deux ans (1).

On reconnaît deux espèces de lin, eu égard aux époques auxquelles on les sème :

1° Le lin d'hiver ;

2° Le lin d'été.

Le lin d'hiver est plus rustique et moins difficile sur le choix du terrain ; mais comme les rigueurs de l'hiver rendent sa culture très-incertaine, on ne le cultive pas ici. On ne cultive que le lin d'été, dont la réussite est plus assurée.

La préparation du sol varie en raison de sa nature et des circonstances dans lesquelles on se trouve. Cependant, il est constant que la terre qui doit recevoir la semence du lin doit être rendue aussi meuble que possible, soit par les récoltes précédentes, soit par des labours répétés, soit enfin par ces deux moyens à la fois.

Dans tous les cas, deux ou trois labours sont indispensables. Le premier, ou le labour préparatoire, se fait dans le courant de Septembre ou d'Octobre, quinze jours au moins après que la terre

(1) La semence du lin, bien récoltée, provenant de graines exotiques nouvelles, vaut ces dernières pour semences, la première année ; mais on perd son lin en semant de la graine de deux ans. (*Note de* M. Charles Homon.)

a été débarrassée de sa récolte. Dans le courant d'Octobre, on étend le fumier sur le sol et on l'enterre soit par un second labour à la charrue, soit par un plombage. La terre reste ainsi pendant l'hiver. Vers les mois de Février et Mars, on profite des premières journées favorables pour donner les dernières façons au moyen de la pelle, de la houe ou de la grande marc.

Le fumier frais, provenant de la litière des animaux, employé dans une terre à lin, ne peut être, quoi que l'on fasse, assez également répandu, et il en résulte une inégalité de végétation très-préjudiciable pour les produits de cette plante. On fume, et c'est ce qu'il y a de mieux, dans quelques fermes, avec du fumier entièrement fait, et, dans le plus grand nombre, avec de la charrée ou cendre de lessive.

Dans d'autres, on se sert de plantes marines vertes ou sèches.

On n'est pas dans l'usage de se servir, pour la terre à lin, d'aucun engrais liquide. Quelques riches propriétaires seulement, et un très-petit nombre de fermiers ont essayé l'emploi du *guano* délayé dans de l'eau ou jeté en poudre sur la terre par un temps humide; mais ce moyen n'est pas généralement adopté.

Le bon choix de la semence est indispensable pour obtenir une bonne récolte en lin. Il faut donc que les graines aient été récoltées à l'époque de leur maturité complète, qu'elles soient grosses, lourdes et très-luisantes.

Le mode ordinaire de semer le lin est à la volée et à la main, puis on recouvre la semence par un léger hersage. La quantité de semence employée par hectare varie suivant la nature du sol. Mais il résulte des renseignements pris à de bonnes sources que la quantité moyenne est d'un peu plus d'un hectolitre par hectare.

Les soins d'entretien d'une terre ensemencée en lin consistent en des sarclages dont le nombre varie en raison de la propreté ou de la malpropreté de la terre.

Comme dans l'arrondissement de Morlaix les cultivateurs n'ont pas précisément en vue de recueillir les graines, ils ont la précaution de procéder à l'arrachage du lin avant que les premières aient atteint leur maturité complète. Ils choisissent donc le moment où les tiges prennent une teinte jaune doré pour les arracher. Cette opération se fait à la main, et à mesure de l'arrachage des tiges on en forme de petites bottes qu'on étale sur le sol. D'autres personnes procèdent à l'égrenage. On se sert, pour cela, d'un peigne dont les dents en fer, à un ou deux rangs, ont trente-trois centimètres de long et qu'on implante perpendiculairement à l'extrémité d'un chevalet. (*Voyez planche* XIII, *fig*. 3). On étend un drap bien blanc sous le chevalet pour recevoir la graine (1). Le tout étant bien disposé, l'ouvrier prend par les racines une des petites bottes de lin. Il fait pénétrer les extrémités des tiges entre les dents du peigne, et les retire vers lui par un mouvement brusque. La même opération se renouvelle jusqu'à ce que toutes les graines soient tombées. L'opération étant terminée, on renferme la graine dans le drap et on la transporte à la ferme.

Pour obtenir la dessication de la graine, on l'étend pendant quelques jours, en une couche très-mince, sur l'aire à battre, exposée aux rayons solaires. Le soir, et pour passer la nuit, on la

(1) Le battage vaut mieux suivant la méthode flamande. (*Note de* M. Charles Homon).

relève en petits tas allongés, et le lendemain on l'étend de nouveau comme le premier jour. Lorsque la graine est suffisamment sèche, on la bat au fléau, on la vanne et on la crible comme les céréales, puis on la renferme dans de petits barils pour être livrée au commerce ou pour être conservée pour semence.

Le lin, pour être transformé en filasse propre à faire des fils, exige plusieurs opérations que nous allons indiquer. La première qu'on lui fait subir est le rouissage. Le rorage ou sereinage n'est pas usité dans l'arrondissement de Morlaix; on n'y pratique que le rouissage à l'eau.

Voici de quelle manière on s'y prend :

Dès que les tiges ont été privées de leurs graines et réunies en petites bottes, on les place sur la charrette à récolte et on les transporte au routoir. Celui-ci est tantôt rond et tantôt carré. Sa capacité varie en raison de la quantité de lin à rouir. Sa profondeur est de quatre-vingt-dix centimètres à un mètre. Le routoir est constamment alimenté par de l'eau claire, provenant d'une source ou d'une rivière; dans ce dernier cas, on la détourne et on la fait arriver au moyen d'une rigole.

Le routoir, ayant été préalablement curé et nettoyé à grandes eaux, on y place horizontalement, et par couches superposées, les bottes de lin. Quand il contient un peu plus que la moitié de sa capacité, on place sur les bottes de grandes pierres qui les empêchent de surnager, puis on fait arriver l'eau, qui ne tarde pas à couvrir les couches de lin et à remplir le routoir.

Dans tous les pays où l'on s'entend à bien rouir le lin, on a la précaution de munir les routoirs de petites vannes pour l'introduction de l'eau; elles se placent au fond de la fosse; d'autres vannes se placent, pour l'évacuation de l'eau, à l'opposé et à la surface du routoir. Cette disposition à donner aux vannes n'est pas à dédaigner; car en agissant ainsi on obtient un rouissage à eau courante, qui est plus long, il est vrai, que celui à eau stagnante, mais qui offre plusieurs avantages sur ce dernier. Ces avantages sont de rendre la filasse moins colorée et plus facile à blanchir; de la rendre plus facile à diriger et d'offrir moins de dangers pour les personnes qui sont exposées aux émanations délétères que laissent dégager les routoirs à lin.

Dans l'arrondissement de Morlaix, la disposition des vannes est tout autre que celles dont nous venons de parler. La vanne d'introduction de l'eau et celle de son évacuation sont placées à l'opposé l'une de l'autre, mais toutes deux à la surface du routoir. L'eau coule donc au-dessus des couches de lin, et comme elle est plus légère que celle de macération qui se trouve au fond du routoir, il se fait qu'elle ne pénètre pas plus avant et qu'elle s'écoule immédiatement par la vanne de trop plein.

Le rouissage du lin, en Bretagne, dure de sept à huit jours. Lorsqu'on le croit suffisamment roui, ce dont on s'assure par certains indices connus, et qui s'observent dans tous les pays, on retire le lin du routoir, on le lave à grandes eaux pour le débarrasser des corps étrangers qui y adhèrent et le rendre aussi net que possible, puis on le fait sécher sur un pré ou sur une prairie nouvellement fauchée, en ayant soin de l'étendre bien clair. Le lin reste ainsi exposé pendant un temps qui varie suivant que l'état de l'atmosphère est plus ou moins favorable à sa dessication et à son blanchiment. Ce temps peut durer de trois à quatorze jours et même quelquefois plus.

M. Pitot Duhellès, ancien député du Finistère et président élu de la Société d'agriculture de Morlaix, a fait connaître à la société qu'il préside un nouveau procédé de rouissage du lin, duquel il dit avoir obtenu les plus beaux résultats. Ce procédé consiste : 1° à écraser les tiges encore vertes, immédiatement après leur arrachage, au moyen de maillets en bois ; 2° à réunir les tiges en bottes et à les disposer dans le routoir comme nous l'avons dit plus haut, et 3° à renouveler l'eau du routoir toutes les quarante-huit heures.

Ce procédé de rouir le lin offre un avantage sur celui mis en pratique par nos cultivateurs. C'est que les tiges ayant été écrasées encore vertes et avant de les placer dans le routoir, l'eau attaque et dissout d'une manière plus prompte et plus directe le principe gommo-résineux qu'elles contiennent, et la fermentation ne tarde pas à s'opérer. Mais aussi, n'offre-t-il pas un désavantage, en ce que, par le renouvellement de l'eau toutes les quarante-huit heures, on retarde et suspend même l'effet de cette macération? C'est une observation que nous faisons en passant (1).

Lorsque le lin a été suffisamment séché sur le pré, on le rentre au grenier où il est placé dans un endroit très-sec, exposé à un courant d'air vif. Cette mesure est de toute nécessité ; car quelque sec que paraisse le lin quand on le rentre, il contient toujours une certaine quantité d'humidité.

On s'aperçoit que sa dessication est complète, quand la chenevotte ou le bois se rompt d'une manière nette et que la couche extérieure ou fibreuse s'en détache entièrement et avec la plus grande facilité.

Les autres opérations qu'on fait subir au lin sont :

1° Le hâlage;
2° Le maillage;
3° Le broyage;
4° L'espadage;
5° Le peignage ou serançage;
6° Le filage;
7° Le tissage.

On hâle le lin en exposant les bottes pendant trois ou quatre jours à l'air libre. Après ce laps de temps, on défait les javelles et on adosse les tiges debout contre un mur en les plaçant au soleil. Tous les soirs on rentre le lin pour qu'il ne soit pas mouillé par la rosée, et le lendemain et les jours suivants on renouvelle la même opération qui se continue jusqu'à ce qu'il soit suffisamment hâlé.

Le lin étant très-sec on le soumet au maillage. Cette opération se fait en Bretagne de trois

(1) Je ne puis admettre le rouissage du lin en vert, dit M. Charles Homon, celui à eau stagnante étant toujours préférable, et il l'est même, lorsque le lin a été au préalable exposé pendant 12 à 15 jours sur le champ. On obtient alors un rouissage plus facile à apprécier pendant l'opération. Toutefois, lorsque le lin a été exposé à l'air, ce qui est déjà un demi-rouissage, l'eau n'a pas besoin d'être croupie comme pour le lin en vert; il suffit de le retenir pendant 15 à 20 jours dans le routoir. Ainsi même, sous le rapport de la salubrité, cela répond à tout ce qu'a pu écrire l'honorable M. Dubellés, qui n'écrase le lin que pour le faire rouir à une eau courante. La filasse est plus brune, il est vrai, mais elle ne blanchit pas moins bien que le lin jaune, souvent il ne blanchit que mieux. Les lins jaunes et blancs, que l'on fait dans quelques localités et particulièrement dans les environs de Courtrai, se rouissent bien à eau courante, mais toujours après avoir été exposés à l'air, sans avoir été couchés sur le champ. Je crois inutile de pousser notre pays à faire des lins jaunes. (*Note de* M. Charles Homon)

manières. Dans quelques communes du canton de Lanmeur, on se sert d'un maillet en bois très-dur, avec lequel on frappe les tiges après les avoir préalablement étalées soit sur une pierre plane, soit sur un billot en bois également plane.

Le but de cette opération est d'aplatir les tiges, de casser la chenevotte et de la détacher de l'enveloppe fibreuse. Dans d'autres cantons, et particulièrement dans ceux de Plouigneau, de Morlaix et de Taulé, on étend les tiges sur une grande route ou sur tout autre chemin très-fréquenté, et on les écrase en faisant passer dessus, à plusieurs reprises, des charrettes vides attelées de deux ou trois chevaux. Dans d'autres communes, et spécialement dans celles du canton de Plouzévédé, on dispose les tiges sur le sol en y formant un cercle d'un grand diamètre, puis on les fait piétiner par les pieds des chevaux, qu'on fait passer dessus au trot et en guise de manège. L'opération n'est terminée que quand les plantes ont été suffisamment écrasées.

Par ces deux derniers procédés on n'opère jamais que d'une manière imparfaite. Il nous est souvent arrivé d'examiner des lins ainsi préparés, et nous avons pu nous convaincre que beaucoup de tiges restaient intactes après l'opération, l'action des roues et des pieds des chevaux n'ayant nullement agi sur elles.

L'opération du maillage n'est autre chose qu'une opération préparatoire qu'on fait subir au lin avant de le soumettre au broyage.

Pour broyer celui-ci, on se sert d'une braie ordinaire. (*Voyez planche* XIV, *fig.* 1.) (1) L'ouvrier prend de la main gauche une poignée de lin, tandis que de la droite il soulève le manche de la mâchoire supérieure de la braie. Il engage la moitié de cette poignée entre les deux mâchoires, puis il abaisse par des mouvements vifs et souvent répétés la mâchoire supérieure, tandis qu'il tire à lui, par petites saccades, la poignée de lin, et, par cette manœuvre, brise la chenevotte et l'oblige à quitter la filasse. Quand cette première moitié est suffisamment broyée, il change de bout à la poignée de lin et il agit de même sur l'autre moitié.

Quand une certaine quantité de lin a été broyée, on en forme des paquets, qu'on tord légèrement en deux et qu'on noue par les petits bouts. C'est ce qui constitue la filasse brute.

Le lin, quelque bien broyé qu'il ait été, contient encore une certaine quantité de chenevotte. Pour l'en débarrasser entièrement on le soumet à l'espadage.

L'espadage du lin se fait contre une planche de hêtre, longue de quatre-vingt-deux centimètres, large de vingt-deux et épaisse de deux centimètres. Cette planche, qui fait l'office d'un couteau à tranchant mousse, est taillée en biseau à un de ses bouts qui est reçu dans une ouverture étroite et allongée que présente une des extrémités d'un chevalet et y est maintenue fixe et dans une position verticale au moyen d'une cheville en bois.

Le chevalet a un mètre vingt centimètres de long sur seize centimètres de large à ses extrémités, et douze seulement vers son milieu; sa hauteur est de vingt-cinq centimètres. (*Voyez planche* XIII, *fig.* 4.)

L'ouvrier se place sur le chevalet en face et en arrière de l'espade. Il déploie une poignée de

(1) Cet instrument étant très-connu dans tous les pays, nous croyons pouvoir nous dispenser d'en donner la description.

lin qu'il tient avec les deux mains par les deux bouts et la place entre le bord de l'espade qui lui est opposé, c'est-à-dire contre la partie tranchante; puis, par un frottement précipité qu'il exécute de droite à gauche et de gauche à droite, il nettoie ainsi le lin des brins de chenevotte et des parties non brisées par la braie.

Cette méthode a un inconvénient, celui de ne pas nettoyer entièrement le lin des brins de chenevotte qu'il contient. Quelque longue et quelque bien faite que soit cette opération, il en reste toujours qui adhèrent à la filasse, ce qui rend la soie d'une qualité inférieure.

Lorsque le lin a été suffisamment espadé, avant d'être soumis au filage il a besoin d'être privé des dernières traces de la gomme résine qui adhère encore à ses fils, démêlé, refendu et affiné. Cette opération se nomme peignage ou sérançage.

Les peignes ou sérans employés dans l'arrondissement de Morlaix ont les formes suivantes: les dents sont rondes dans toute leur étendue et pointues à leur extrémité supérieure; elles sont sur quatre rangs et en nombre indéterminé; plus elles sont fines et plus le nombre en est grand; elles sont implantées dans un morceau de bois dur, aplati et d'une forme carrée, que l'on fixe solidement au moyen de platefiches sur un fort billot en bois. (*Voyez planche* XIV, *fig.* 2.)

Le mode usité dans l'arrondissement de Morlaix pour le peignage et le filage du lin, étant en quelque sorte celui adopté dans les autres pays, nous ne le décrirons pas. Nous dirons seulement que le filage du lin se fait chez nous de deux manières différentes: 1° au fuseau et 2° au rouet.

Le filage au fuseau n'est pas aussi expéditif que celui exécuté au rouet; mais il fournit un fil plus délié, plus tordu, plus estimé et plus recherché. Celui filé au rouet est commun et n'atteint que très-rarement une grande finesse. Cependant nous avons vu des fileuses. dans les communes qui avoisinent le département des Côtes-du-Nord, filer au rouet des fils aussi fins et aussi beaux que ceux filés au fuseau; mais les fileuses qui atteignent ce degré de perfection sont extrêmement rares.

Le lin récolté et préparé en Bretagne d'après la méthode que nous avons indiquée ne peut se filer à la mécanique. Il est donc essentiel que l'agriculture du pays accepte les modifications provoquées par la société linière du Finistère, qui peut déjà lui offrir un emploi de 8 à 900,000 kilogrammes de filasse dans la filature dont elle a doté le pays, et, à l'avance, nous prédisons que notre pays deviendra l'un des premiers marchés de lin de France dès qu'il s'en fera de propres à la filature mécanique.

Le dévidage, l'ourdissage, l'encollage et le tissage des fils de lin, ne différant pas essentiellement des méthodes adoptées et suivies partout ailleurs. pour ne pas surcharger notre travail par des descriptions inutiles, nous renvoyons nos lecteurs aux ouvrages spéciaux qui traitent de ces matières.

Chaque hectare ensemencé en lin fournit, année moyenne, dans l'arrondissement de Morlaix. sept hectolitres de graines et six cents kilogrammes de filasse brute.

Le prix moyen de l'hectolitre de graines de lin est de dix-huit francs et celui du kilogramme de filasse de quatre-vingt-dix centimes.

L'étendue de la culture générale sous lin et chanvre, occupe, dans cet arrondissement, cinq pour cent de la terre arable cadastrée dans les communes de la première série; deux pour cent dans celles de la deuxième, et un pour cent dans celles de la troisième.

La culture du lin seulement occupe les onze douzièmes de cette étendue générale dans les communes de la première série; les cinq sixièmes dans celles de la deuxième, et le sixième seulement dans celles de la troisième.

Il y a donc, année moyenne, sous culture de lin dans l'arrondissement de Morlaix, mille cinq cent dix-sept hectares vingt-deux ares, qui produisent neuf mille cent quatre-vingt-dix hectolitres quarante-trois litres de graines, et huit cent vingt-quatre mille sept cent trente-huit kilogrammes de filasse brute. La valeur totale de la récolte est, pour les neuf mille cent quatre-vingt-dix hectolitres quarante-trois litres de graines, de cent soixante-cinq mille quatre cent neuf francs soixante-quatorze centimes, et, pour les huit cent vingt-quatre mille sept cent trente-huit kilogrammes de filasse brute, de sept cent quarante-deux mille deux cent soixante-quatre francs vingt centimes. Le total général des produits est donc, annuellement et en moyenne, de neuf cent sept mille six cent soixante-treize francs quatre-vingt-quatorze centimes.

TABLEAU DE LA CULTURE DU LIN DANS L'ARRONDISSEMENT DE MORLAIX.

NOMBRE et DÉSIGNATION des SÉRIES.	NOMS des COMMUNES.	ÉTENDUE générale DE LA CULTURE sous lin et chanvre en hectares.	ÉTENDUE de la Culture DU LIN en hectares.	PRODUIT TOTAL		PRIX MOYEN		VALEUR TOTALE		VALEUR totale DE LA RÉCOLTE des Graines et de la Filasse.
				Graines.	Filasse.	de l'hectol. de GRAINES.	du kilogr. de FILASSE.	Graines.	Filasse.	
		h. a.	h. a.	hect. lit.	kilog. déc.	fr. c.	fr. c.	fr. c.	fr. c.	fr. c
PREMIÈRE SÉRIE. — Culture du Littoral.	Ploujean.	60 37	55 34	387 38	33,204 »	18 »	» 90	6,972 84	29,883 60	36,856 44
	Plouézoc'h.	41 64	38 19	267 33	22,914 »	18 »	» 90	4,811 94	20,622 60	25,434 54
	Guimaëc.	49 84	41 69	291 83	25,014 »	18 »	» 90	5,252 94	22.512 60	27,765 54
	Saint-Jean-du-Doigt. .	41 10	37 76	264 32	22,656 »	18 »	» 90	4,757 76	20,390 40	25,148 16
	Loquirec.	17 59	16 13	113 91	9,678 »	18 »	» 90	2,032 38	8,710 20	10,742 58
	Plougasnou.	94 99	87 08	609 56	52,248 »	18 »	» 90	10,972 08	47,023 20	37,995 28
	Plouzévédé.	52 93	48 51	339 64	29,112 »	18 »	» 90	6,113 52	26,200 80	32,314 32
	Trézélidé.	11 »	10 08	70 56	6,048 »	18 »	» 90	1,270 08	5,443 20	6,713 28
	Tréflaouénan.	22 99	21 07	147 49	12,642 »	18 »	» 90	2,654 82	11,377 80	22,032 62
	Cléder.	108 67	99 77	698 39	59,862 »	18 »	» 90	12,571 02	53,875 80	66,446 82
	Saint-Pol-de-Léon. . .	91 15	83 56	584 92	50,136 »	18 »	» 90	10,528 56	45,122 40	55,650 96
	Roscoff.	32 05	27 55	192 85	16,530 »	18 »	» 90	3,471 30	14,877 »	18,348 30
	Ile-de-Batz.	8 55	7 84	54 88	4,704 »	18 »	» 90	987 84	4,233 60	5,221 44
	Plouénan.	72 35	66 32	464 24	39,792 »	18 »	» 90	8,356 32	35,812 80	44,169 12
	Mespaul.	27 30	25 03	175 21	15,018 »	18 »	» 90	3,153 78	13,516 20	16,669 98
	Plougoulm.	59 40	54 45	381 15	32,670 »	18 »	» 90	6,860 70	29,403 »	36,263 70
	Sibiril.	34 70	27 81	194 67	16,686 »	18 »	» 90	3,504 06	15,017 40	18,521 46
	Plouescat.	50 03	45 86	321 02	27,516 »	18 »	» 90	5,778 36	24,764 40	30,542 76
	Plounévez-Lochrist. .	110 03	100 87	706 09	60,522 »	18 »	» 90	12,709 62	54,469 80	67,179 42
	Tréflez	37 51	34 38	240 66	20,628 »	18 »	» 90	4,331 88	18,563 20	22,897 08
DEUXIÈME SÉRIE. — Culture du Centre.	Morlaix.	3 16	2 64	13 20	1,320 »	18 »	» 90	237 60	1,188 »	1,425 60
	Sainte-Sève.	8 08	6 69	33 45	3,345 »	18 »	» 90	602 10	3,010 50	3,612 60
	St-Martin-des-Champs.	12 88	10 73	53 65	5,365 »	18 »	» 90	965 70	4,828 50	5,794 20
	Plourin.	36 60	30 50	152 50	15,250 »	18 »	» 90	2,745 »	13,725 »	16,470 »
	Lanmeur.	27 62	12 94	64 70	6,470 »	18 »	» 90	1,164 60	5,823 »	6,987 60
	Plouégat-Guérand. . .	17 69	14 74	73 70	7,370 »	18 »	» 90	1,326 60	6,633 »	7,959 60
	Garlan.	12 18	10 15	50 75	5,075 »	18 »	» 90	913 50	4,567 50	13,681 »
	Le Ponthou.	» 79	» 66	3 30	330 »	18 »	» 90	59 40	297 »	356 40
	Plouigneau.	54 38	45 32	226 60	22,060 »	18 »	» 90	4,078 80	20,394 »	24,476 80
	Plouégat-Moysan. . .	16 63	13 85	96 95	8,310 »	18 »	» 90	1,745 10	7,239 60	8,984 70
	Plougonven.	54 54	45 45	227 25	22,725 »	18 »	» 90	4,090 50	20,452 50	24,543 »
	Saint-Vougay.	13 93	11 71	58 55	5,855 »	18 »	» 90	1,053 93	5,269 50	6,323 43
	A reporter.	1,282 71	1,134 68	7,942 76	680,808 »	18 »	» 90	142,969 68	612,727 20	753,696 88

TABLEAU DE LA CULTURE DU LIN DANS L'ARRONDISSEMENT DE MORLAIX.

NOMBRE et DÉSIGNATION des SÉRIES.	NOMS des COMMUNES.	ÉTENDUE générale DE LA CULTURE sous lin et chanvre en hectares.	ÉTENDUE de la Culture DU LIN en hectares.	PRODUIT TOTAL		PRIX MOYEN		VALEUR TOTALE		VALEUR totale DE LA RÉCOLTE des Graines et de la Filasse.
				Graines.	Filasse.	de l'hectol. de GRAINES.	du kilogr. de FILASSE	Graines.	Filasse.	
		h. a.	h. a	hect. lit.	kilog. déc.	fr. c.	fr. c.	fr. c.	fr. c.	fr. c.
	Report.	1,282 71	1,134 68	7,942 76	680,808 »	18 »	» 90	142,969 68	612,737 20	755,696 88
Suite de la DEUXIÈME SÉRIE. Culture du Centre.	Plouvorn.	32 78	27 32	136 60	13,660 »	18 »	» 90	2,458 80	12,294 »	14,752 80
	Landivisiau.	18 54	15 41	77 05	7,705 »	18 »	» 90	1,386 90	6,934 50	8,321 40
	Bodilis.	24 40	20 33	101 65	10,165 »	18 »	» 90	1,829 70	9,148 50	10,978 20
	Guimiliau.	17 28	14 07	70 35	7,035 »	18 »	» 90	1,266 30	6,331 50	7,597 80
	Lampaul.	21 50	17 92	89 60	8,960 »	18 »	» 90	1,612 80	8,064 »	9,676 80
	Plougourvest.	14 72	12 27	61 35	6,135 »	18 »	» 90	1,104 30	5,521 50	6,625 80
	Plounéventer.	38 08	31 74	158 70	15,870 »	18 »	» 90	2,856 60	14,283 »	17,139 60
	Saint-Servais.	11 52	9 60	48 »	4,800 »	18 »	» 90	864 »	4,320 »	5,184 »
	Taulé.	27 14	22 62	113 10	11,310 »	18 »	» 90	2,035 80	10,179 »	12,214 80
	Henvic.	12 66	10 55	52 75	5,275 »	18 »	» 90	949 50	4,747 50	5,697 »
	Carantec.	10 46	8 65	43 25	4,325 »	18 »	» 90	778 50	3,892 50	4,671 »
	Locquénolé.	1 11	» 93	4 65	465 »	18 »	» 90	83 70	418 50	502 20
	Guiclan.	37 77	31 48	157 40	15,740 »	18 »	» 90	2,833 20	14,166 »	16,999 20
	Saint-Thégonnec.	42 81	35 69	178 45	17,845 »	18 »	» 90	3,212 10	16,060 50	19,272 60
	Pleyber-Christ.	36 46	30 39	151 95	15,195 »	18 »	» 90	2,735 10	13,675 50	16,310 60
	Lanhouarneau.	11 67	9 73	48 65	4,865 »	18 »	» 90	875 70	4,378 50	5,254 20
	Plougar.	15 44	12 87	64 35	6,435 »	18 »	» 90	1,158 30	5,791 50	6,949 80
TROISIÈME SÉRIE. Culture des Communes qui longent les montagnes d'Arrée.	Guerlesquin.	9 13	1 52	6 08	532 »	18 »	» 90	109 44	478 80	588 24
	Botsorhel.	9 38	1 56	6 24	546 »	18 »	» 90	112 32	491 40	603 72
	Lannéanou.	6 71	1 12	4 48	392 »	18 »	» 90	80 64	352 80	433 44
	Le Cloître.	8 15	1 36	5 44	476 »	18 »	» 90	97 92	428 40	526 32
	Plounéour-Ménez.	23 41	3 90	15 60	1,366 »	18 »	» 90	280 80	1,228 50	1,509 30
	Sizun.	21 02	3 50	14 »	1,225 »	18 »	» 90	252 »	1,102 50	1,354 50
	Saint-Sauveur.	8 86	1 48	5 92	518 »	18 »	» 90	106 56	466 20	572 76
	Commana.	16 35	2 73	10 92	956 »	18 »	» 90	196 56	860 40	1,056 96
	Loc-Mélard.	5 09	» 85	3 40	297 »	18 »	» 90	61 20	267 30	328 50
	TOTAUX.	1,765 15	1,317 22	9,190 43	824,738 »	18 »	» 90	165,409 74	742,264 20	907,673 94
Première Série.		1,024 28	929 30	6,506 10	557,580 »	18 »	» 90	117,091 80	501,822 »	618,913 80
Deuxième Série.		632 77	517 90	2,612 25	260,850 »	18 »	» 90	47,020 50	234,765 »	281,785 50
Troisième Serie.		108 10	18 02	72 08	6,308 »	18 »	» 90	1,297 44	5,677 20	6,974 64
TOTAUX.		1,765 15	1,317 22	9,190 43	824,738 »	18 »	» 90	165,409 74	742,264 20	907,673 94

DEUXIÈME SECTION. — CHANVRE.

Le chanvre (*Cabanis sativa*), comme le lin, se cultive dans l'arrondissement de Morlaix. Cette plante demande une terre humide, forte, argileuse, ameublie, profonde, recouverte d'une couche épaisse d'humus et fumée par de bons engrais.

On ne cultive dans cet arrondissement qu'une seule espèce de chanvre, qui est le chanvre commun. Cependant, depuis plusieurs années, la société d'agriculture de Morlaix a cherché à introduire dans la culture une variété très-productive, dite chanvre de Piémont.

Cette société ne cesse de la propager en faisant venir annuellement une certaine quantité de graines, qu'elle distribue gratuitement, par l'intermédiaire de ses membres, à des cultivateurs éclairés et intelligents.

La terre qui doit recevoir la graine de chanvre est préparée de la manière suivante. Trois labours sont indispensables. Le premier, ou le labour préparatoire, se donne à la fin d'automne. La terre reste ainsi exposée à l'air pendant tout l'hiver. Dans le courant d'Avril on répand le fumier sur la terre et on l'enfouit au moyen d'un second labour. On brise toutes les mottes et on rend la terre très-meuble, soit avec la pelle, la grande mare, la houe ou le brise-mottes. Dans les premiers jours de Mai, si toutefois le temps est favorable, on donne le troisième labour; on sème à la volée et l'on recouvre la semence au moyen d'un hersage.

Du choix de la semence dépend la bonté de la récolte de chanvre. Malheureusement, la plupart de nos cultivateurs n'y apportent aucune attention, et, cependant, il n'est pas de pays où cette culture convienne mieux que dans l'arrondissement de Morlaix; son climat humide et tempéré, le sol de ses vallées et de ses plaines formé d'une argile mêlée de sable et recouverte d'une bonne couche d'humus, l'abri des collines, des haies vives et des berges garnies d'arbres de haute futaie, qui garantissent les plants de chanvre et les protégent contre la violence des vents; toutes ces circonstances assurent une production abondante de ce textile, dont les débouchés sont faciles à cause de l'immense consommation de cordages et de toiles à voile que fait annuellement la navigation maritime.

La quantité moyenne de graines, employée pour ensemencer un hectare sous chanvre, est de huit hectolitres.

Les soins d'entretien de la terre se bornent à biner et à sarcler les plants deux fois quand on sème très-clair, ce qu'on fait le plus ordinairement quand on veut obtenir de la graine d'une qualité supérieure.

Le binage et le sarclage deviennent inutiles quand on a semé dru, parce qu'alors les plants, par leur croissance rapide, ne tardent pas à recouvrir le sol et à étouffer les plantes parasites.

La récolte du chanvre se fait à l'époque de sa maturité. Mais ces plants n'atteignent pas tous leur maturité en même temps. Une chènevière se compose toujours de chanvre des deux sexes:

1° De chanvre mâle;

2° De chanvre femelle.

Le premier est mûr quand son pollen, ou poudre fécondante, est dissipé et que ses sommités jaunissent. On l'arrache vers le quinze Juillet.

Le chanvre femelle n'est mûr que cinq ou six semaines après. Aussi, n'est-ce que dans le mois de Septembre qu'on procède à son arrachage, c'est-à-dire lorsque les feuilles jaunissent et tombent, que ses sommités se fanent, s'inclinent et que la graine commence à brunir.

A mesure qu'on arrache le chanvre, soit mâle, soit femelle, on réunit les tiges en petites bottes et on les égraine comme le lin. On procède pour la graine comme pour celle de ce dernier.

Le chanvre ayant été égrainé, on le rouit de la même manière que le lin, à cette différence près qu'on lui coupe les racines et qu'il reste plus longtemps dans le routoir. Ce temps est ordinairement de trente jours.

Au sortir du routoir, on délie les bottes et on étend les tiges, en couches très-minces, sur un pré pour les faire sécher au soleil.

Quand le chanvre est suffisamment sec, on le lie en grosses bottes qu'on place dans les granges ou dans les greniers.

Le chanvre qui a été bien roui, est soumis comme le lin à l'action du hâlage et du macage avant d'être broyé. Le broyage se fait avec la même broie et de la même manière que pour le lin. Après qu'il a été broyé, il offre une filasse brute qu'on livre ainsi au commerce pour la confection des cordes, câbles et cordages employés par la marine nationale et par la marine marchande.

Quand on destine le chanvre à être converti en fil pour être ensuite tissé, on lui fait subir, a quelque chose près, les mêmes manipulations qu'au lin, en se servant des mêmes instruments.

Nous avons dit, en parlant de la culture du lin, que le lin et le chanvre occupent dans l'arrondissement de Morlaix, cinq pour cent de la terre arable cadastrée, dans les communes de la première série ; deux pour cent dans celles de la deuxième, et un pour cent dans celles de la troisième.

La culture du chanvre occupe, dans les communes de la première série, un douzième de cette étendue, générale aux deux plantes textiles ; un sixième dans celles de la deuxième, et cinq sixièmes dans celles de la troisième.

Chaque hectare fournit, en moyenne, vingt hectolitres de graines de chanvre et mille kilogrammes de filasse brute.

Le prix moyen de l'hectolitre de graines de chanvre est de quinze francs, et celui du kilogramme de filasse brute, de quatre-vingt-dix centimes.

Il y a, en moyenne, sous culture de chanvre dans l'arrondissement de Morlaix, deux cent quatre-vingts hectares quatre-vingt-dix ares, qui produisent cinq mille six cent dix-huit hectolitres de graines et deux cent quatre-vingt-dix mille neuf cents kilogrammes de filasse brute. La valeur moyenne des cinq mille six cent dix-huit hectolitres est de quatre-vingt-quatre mille deux cent soixante-dix francs, et celle des deux cent quatre-vingt-dix mille neuf cent kilogrammes de filasse brute, de deux cent cinquante-deux mille huit cent dix francs. La valeur totale des produits est de trois cent trente-sept mille quatre-vingts francs.

TABLEAU DE LA CULTURE DU CHANVRE DANS L'ARRONDISSEMENT DE MORLAIX.

NOMBRE et DÉSIGNATION des SÉRIES.	NOMS des COMMUNES.	ÉTENDUE générale DE LA CULTURE sous lin et chanvre en hectares.	ÉTENDUE de la culture DU CHANVRE en hectares.	PRODUIT TOTAL		PRIX MOYEN		VALEUR TOTALE		VALEUR totale DE LA RÉCOLTE des Graines et de la Filasse.
				Graines.	Filasse.	de l'hectol. de GRAINES.	du kilogr. de FILASSE.	Graines.	Filasse.	
		h. a.	h. a.	hect. lit.	kilog. déc.	fr. c.	fr. c.	fr. c.	fr. c.	fr. c.
PREMIÈRE SÉRIE. — Culture du Littoral.	Ploujean	60 37	5 03	100 60	5,030 »	15 »	» 90	1,509 »	4,527 »	6,036 »
	Plouézoc'h	41 64	3 45	69 »	3,450 »	15 »	» 90	1,035 »	3,105 »	4,140 »
	Guimaëc	49 84	4 15	83 »	4,150 »	15 »	» 90	1,245 »	3,735 »	4,980 »
	Saint-Jean-du-Doigt	41 19	3 43	68 60	3,430 »	15 »	» 90	1,029 »	3,087 »	4,116 »
	Loquirec	17 59	1 46	29 20	1,460 »	15 »	» 90	438 »	1,314 »	1,752 »
	Plougasnou	94 99	7 91	158 20	7,910 »	15 »	» 90	2,373 »	7,119 »	9,492 »
	Plouzévédé	52 93	4 41	88 20	4,410 »	15 »	» 90	1,323 »	3,969 »	5,292 »
	Trézélidé	11 »	» 92	18 40	920 »	15 »	» 90	276 »	828 »	1,104 »
	Tréflaouénan	22 99	1 92	38 40	1,920 »	15 »	» 90	576 »	1,728 »	2,304 »
	Cléder	108 67	9 06	181 20	9,060 »	15 »	» 90	2,718 »	8,154 »	10,872 »
	Saint-Pol-de-Léon	91 15	7 59	151 80	7,590 »	15 »	» 90	2,277 »	6,831 »	9,108 »
	Roscoff	32 05	2 50	50 »	2,500 »	15 »	» 90	750 »	2,250 »	2,900 »
	Ile-de-Batz	8 55	» 70	14 »	700 »	15 »	» 90	210 »	630 »	840 »
	Plouénan	72 35	6 03	120 60	6,030 »	15 »	» 90	1,809 »	5,427 »	7,236 »
	Mespaul	27 30	2 27	45 40	2,270 »	15 »	» 90	681 »	2,043 »	2,724 »
	Plougoulm	59 40	4 95	99 »	4,950 »	15 »	» 90	1,485 »	4,455 »	5,940 »
	Sibiril	34 70	2 85	57 »	2,850 »	15 »	» 90	855 »	2,565 »	3,420 »
	Plouescat	50 03	4 17	83 40	4,170 »	15 »	» 90	1,251 »	3,753 »	5,004 »
	Plounévez-Lochrist	110 03	9 17	183 40	9,170 »	15 »	» 90	2,751 »	8,253 »	11,004 »
	Tréflez	37 51	3 13	62 60	3,130 »	15 »	» 90	939 »	2,817 »	3,756 »
DEUXIÈME SÉRIE. — Culture du Centre.	Morlaix	3 16	» 52	10 40	520 »	15 »	» 90	156 »	468 »	624 »
	Sainte-Sève	8 03	1 34	26 80	1,340 »	15 »	» 90	402 »	1,206 »	1,608 »
	St-Martin-des-Champs	12 88	2 15	43 »	2,150 »	15 »	» 90	645 »	1,935 »	2,580 »
	Plourin	36 60	6 10	122 »	6,100 »	15 »	» 90	1,830 »	5,490 »	7,320 »
	Lanmeur	27 62	4 58	91 60	4,580 »	15 »	» 90	1,374 »	4,122 »	5,496 »
	Plouégat-Guérand	17 69	2 95	59 »	2,950 »	15 »	» 90	885 »	2,655 »	3,540 »
	Garlan	12 18	2 03	40 60	2,030 »	15 »	» 90	609 »	1,827 »	2,436 »
	Le Ponthou	» 79	» 13	2 60	130 »	15 »	» 90	39 »	117 »	156 »
	Plouigneau	54 38	9 06	181 20	9,060 »	15 »	» 90	2,718 »	8,154 »	10,872 »
	Plouégat-Moysan	16 63	2 77	55 40	2,770 »	15 »	» 90	831 »	2,493 »	3,324 »
	Plougonven	54 54	9 09	181 80	9,090 »	15 »	» 90	2,727 »	8,181 »	10,908 »
	Saint-Vougay	13 93	2 32	46 40	2,320 »	15 »	» 90	696 »	2,088 »	2,784 »
	A reporter	1,282 71	128 14	2,562 80	128,140 »	15 »	» 90	38,442 »	115,326 »	153,768 »

TABLEAU DE LA CULTURE DU CHANVRE DANS L'ARRONDISSEMENT DE MORLAIX.

NOMBRE et DÉSIGNATION des SÉRIES	NOMS des COMMUNES.	ÉTENDUE générale DE LA CULTURE sous lin et chanvre en hectares.	ÉTENDUE de la culture DU CHANVRE en hectares.	PRODUIT TOTAL Graines.	PRODUIT TOTAL Filasse.	PRIX MOYEN de l'hectol de GRAINES.	PRIX MOYEN du kilogr. de FILASSE.	VALEUR TOTALE Graines.	VALEUR TOTALE Filasse.	VALEUR totale DE LA RÉCOLTE des Graines et de la Filasse.
		h. a.	h. a.	hect. lit.	kilog. déc.	fr. c.	fr. c.	fr. c.	fr. c.	fr. c.
	Report.	1,282 71	128 14	2,562 80	128,140 »	15 »	» 90	38,442 »	115,326 »	153,768 »
Suite de la DEUXIÈME SÉRIE. Culture du Centre.	Plouvorn.	32 78	5 46	109 20	5,460 »	15 »	» 90	1,638 »	4,914 »	6,552 »
	Landivisiau.	18 54	3 09	61 80	3,090 »	15 »	» 90	927 »	2,781 »	3,708 »
	Bodilis.	24 40	4 07	81 40	4,070 »	15 »	» 90	1,221 »	3,663 »	4,884 »
	Guimiliau.	17 28	3 21	64 20	3,210 »	15 »	» 90	963 »	2,889 »	3,852 »
	Lampaul.	21 50	3 58	71 60	3,580 »	15 »	» 90	1,074 »	3,222 »	4,296 »
	Plougourvest.	14 70	2 45	49 »	2,450 »	15 »	» 90	735 »	2,205 »	2,940 »
	Plounéventer.	38 08	6 34	126 80	6,340 »	15 »	» 90	1,902 »	5,706 »	7,608 »
	Saint-Servais	11 52	1 92	38 40	1,920 »	15 »	» 90	576 »	1,728 »	2,304 »
	Taulé.	27 14	4 52	90 40	4,520 »	15 »	» 90	1,356 »	4,068 »	5,424 »
	Henvic.	12 66	2 11	42 20	2,110 »	15 »	» 90	633 »	1,899 »	2,532 »
	Carantec.	10 46	1 74	34 80	1,740 »	15 »	» 90	522 »	1,566 »	2,088 »
	Locquénolé.	1 11	» 18	3 60	180 »	15 »	» 90	54 »	162 »	216 »
	Guiclan.	37 77	6 29	125 80	6,290 »	15 »	» 90	1,887 »	5,661 »	7,548 »
	Saint-Thégonnec.	42 81	7 12	142 40	7,120 »	15 »	» 90	2,136 »	6,048 »	8,544 »
	Pleyber-Christ.	36 46	6 07	121 40	6,070 »	15 »	» 90	1,821 »	5,463 »	7,284 »
	Lanhouarneau.	11 67	1 94	38 80	1,940 »	15 »	» 90	582 »	1,746 »	2,328 »
	Plougar	15 44	2 57	51 40	2,570 »	15 »	» 90	771 »	2,313 »	3,084 »
TROISIÈME SÉRIE. Culture des Communes qui longent les montagnes d'Arrée.	Guerlesquin.	9 13	7 61	152 20	7,610 »	15 »	» 90	2,283 »	6,849 »	9,132 »
	Botsorhel.	9 38	7 82	156 40	7,820 »	15 »	» 90	2,346 »	7,038 »	9,384 »
	Lannéanou.	6 71	5 59	111 80	5,590 »	15 »	» 90	1,677 »	5,031 »	6,708 »
	Le Cloître.	8 15	6 79	135 80	6,790 »	15 »	» 90	2,037 »	6,111 »	8,148 »
	Plounéour-Ménez.	23 41	19 51	390 20	19,510 »	15 »	» 90	5,853 »	17,559 »	23,412 »
	Sizun.	21 02	17 52	350 40	17,520 »	15 »	» 90	5,256 »	15,768 »	21,024 »
	Saint-Sauveur.	8 86	7 38	147 60	7,380 »	15 »	» 90	2,214 »	6,642 »	8,856 »
	Commana.	16 35	13 64	272 80	13,640 »	15 »	» 90	4,092 »	12,276 »	16,368 »
	Loc-Mélard.	5 09	4 24	84 80	4,240 »	15 »	» 90	1,272 »	3,816 »	5,088 »
	TOTAUX.	1,765 15	280 90	5,618 »	280,900 »	15 »	» 90	84,270 »	252,810 »	337,080 »
	Première Série.	1,024 28	85 10	1,702 »	85,100 »	15 »	» 90	25,530 »	76,590 »	102,120 »
	Deuxième Série.	632 77	105 70	2,114 »	105,700 »	15 »	» 90	31,710 »	95,130 »	126,840 »
	Troisième Série.	108 10	90 10	1,802 »	90,100 »	15 »	» 90	27,030 »	81,090 »	108,120 »
	TOTAUX.	1,765 15	280 90	5,618 »	280,900 »	15 »	» 90	84,270 »	252,810 »	337,080 »

CHAPITRE 23.

CULTURE FORESTIÈRE.

PREMIERE SECTION. — BOIS TAILLIS.

La culture forestière a une certaine importance dans l'arrondissement de Morlaix, comme on pourra s'en convaincre en compulsant les deux tableaux qui suivent. Les bois taillis surtout occupent une étendue assez considérable de terres. On les rencontre sur toutes sortes de terrains; qu'ils soient bons, médiocres ou mauvais, secs ou humides, profonds ou superficiels. Bien qu'on en trouve quelquefois sur des terrains plats, c'est surtout sur le versant des collines escarpées, là où la terre ne peut être mise avantageusement sous culture réglée, qu'ils sont en plus grand nombre.

Les taillis, dans l'arrondissement de Morlaix, sont de deux sortes :

1° Les taillis qui occupent une étendue plus ou moins considérable de terres contigues;

2° Les taillis qui existent sur les talus qui entourent et qui servent de clôtures aux champs.

Les premiers sont des taillis naturels, tandis que les derniers sont des taillis artificiels.

Il est un fait avéré : c'est que l'ensemencement naturel a produit originairement toutes les forêts, et que du temps des Druides toutes les terres qui composent aujourd'hui l'arrondissement de Morlaix étaient couvertes de bois; on peut inférer de là, que l'ensemencement naturel a dû suffire pour réparer les pertes naturelles ou artificielles que ces forêts ont pu éprouver.

Plus tard, lorsque le Christianisme s'introduisit en Bretagne, et lorsque la population augmenta en nombre, on dut nécessairement faire des défrichements de bois, et donner à la terre une destination plus utile, en lui confiant les plantes dont les produits devaient servir à la nourriture de l'homme. Les défrichements de bois devinrent donc une nécessité; ils se firent graduellement et en proportion du nombre des habitants. D'un autre côté, l'homme, en se civilisant, apporta avec lui des besoins réels. Il lui fallut des habitations pour se mettre à l'abri contre les intempéries des saisons, et il ne put mieux faire que de se servir, pour les bâtisses, des matériaux qu'il trouvait à profusion sous sa main. Aussi, quand on examine les anciennes constructions de la Bretagne, on est frappé de la qualité et de la grande quantité de bois dont nos pères faisaient usage.

La marine eut aussi sa part. Comme la Bretagne est baignée, sur une grande étendue de son littoral, par la Manche et l'Océan Atlantique, il lui fallut des bois de toutes dimensions et de toutes qualités pour ses constructions navales.

Toutes ces causes réunies suffirent pour réduire la grande quantité de bois que l'arrondissement de Morlaix possédait autrefois. Aussi, aujourd'hui, cet arrondissement n'a pas de forêt. Des bois taillis, dont l'étendue de chacun est très-variable, quelques terrains plantés en arbres de haute futaie, voilà à quoi se borne actuellement sa richesse forestière.

Nous avons interrogé nos plus anciens cultivateurs sur la question de savoir s'il est à leur connaissance, qu'on ait créé des bois taillis artificiels dans l'arrondissement. La réponse de tous a été la même : tous se sont prononcés pour la négative et nous ont affirmé que tous les taillis qui y existent datent d'une époque tellement reculée, qu'il est impossible d'en connaître l'origine.

(Voyez pour les essences qui composent les taillis, la liste que nous donnons ci-après, pages 238 *et* 239, *en parlant des terrains plantés et des bois de haute futaie.)*

Les bois qui composent les taillis se reproduisent par leurs anciennes souches et par les semences qui tombent sur le sol à l'époque de leur maturité.

Il n'en est pas de même des taillis qui se cultivent sur les talus. Ceux-ci se créent à la volonté de l'homme. Dès qu'un talus est fait, on a le soin de le couvrir, à sa partie supérieure, par une forte couche de terre végétale. Quand on veut y établir un taillis, on emploie deux méthodes :

1° Les plantations;

2° Les semis.

Pour planter ces taillis, après que la terre a été suffisamment préparée, on choisit, dans les bois, de jeunes plants ayant une racine vigoureuse, et on les met en terre au moyen du plantoir. Au bout de quelques années, on les coupe, et les souches ne tardent pas à fournir de nombreux rejetons qui finissent par former une haie vive plus ou moins fournie.

Quand on procède par semis, nos cultivateurs sont fermement convaincus que pour que la réussite soit assurée il faut :

1° Choisir les essences qui conviennent à l'exposition et à la nature des terrains,

2° S'assurer de la bonté de la semence et s'en procurer en quantité suffisante;

3° Choisir et préparer convenablement la terre;

4° Saisir le temps convenable pour les semis, et enterrer la semence de manière qu'elle ne soit ni trop ni trop peu couverte.

L'aménagement des taillis dans l'arrondissement de Morlaix se fait tous les neuf, douze, quinze et vingt ans. Il est rare, cependant, qu'il atteigne cette dernière durée. Cela n'a lieu que chez les riches propriétaires qui exploitent par eux-mêmes. La plupart de nos petits fermiers, qui ont besoin d'argent et qui, pour la durée de leur bail à ferme (neuf ans), sont toujours sur le point d'être délogés, aménagent leurs taillis tous les neuf ans.

L'on peut dire, sans aucune exagération, que le terme moyen de l'aménagement des taillis dans l'arrondissement de Morlaix est de quinze ans.

Les essarts et le furetage n'y sont pas en usage.

Les produits des taillis ne sont pas uniquement destinés à être employés comme bois de chauffage, on les utilise encore à faire :

1° Des cercles pour les barils qui doivent contenir les beurres et les salaisons que livre le commerce;

2° Des perches propres à divers usages;

3° De l'écorce pour les tanneurs;

4° Du charbon;

5° Des feuilles.

Les meilleurs bois pour confectionner des cercles sont le noisetier et le châtaignier.

Les perches servent à confectionner des fourches en bois, des manches d'instruments, etc. Les meilleures et les plus estimées sont celles en bois de chêne, de frêne et de houx.

La meilleure écorce, pour les tanneurs, est celle de chêne, parce qu'elle contient une très-grande quantité de tan. Voici de quelle manière on l'enlève dans l'arrondissement de Morlaix :

Un ouvrier abat le bois à la coignée ou au moyen de la serpe; il fend l'écorce, qu'il enlève ensuite au moyen d'une espèce de levier, de forme plate, et qu'on approprie à cet usage. Dès que l'écorce est enlevée, on la réunit en petits paquets. L'ouvrier ne coupe pas toujours le bois avant de procéder à l'enlèvement de l'écorce, par la raison que la sève se retirant presque aussitôt que l'abattage a eu lieu, l'opération devient plus difficile. Il trouve plus commode de le faire, le bois étant encore sur pied; mais alors il faut avoir la précaution de couper immédiatement le bois, car plus tard, la souche ayant poussé de nouveaux rejetons, on les détruirait inévitablement en coupant le bois écorché.

Le charbon de bois était plus en usage, il y a quelques années, qu'il ne l'est aujourd'hui. Ce commerce a beaucoup perdu de son importance depuis qu'on emploie, dans toutes les forges, du charbon de terre. Le charbon de bois n'est, en quelque sorte, utilisé que par les cuisinières et les repasseuses.

Les feuilles provenant des taillis ne servent que pour litière aux animaux et pour être répandues sur les chemins pour faire du *manou*.

L'arrondissement de Morlaix compte, sous taillis, d'après le relevé cadastral, sept mille quatre cent vingt-huit hectares deux ares. Chaque hectare fournit, par quinze années, six mille fagots ou cent vingt steres de bois à brûler, ce qui fait par année et par hectare, quatre cents fagots ou huit stères.

Les sept mille quatre cent vingt-huit hectares deux ares produisent, année moyenne, deux millions neuf cent soixante-onze mille deux cent huit fagots, ou cinquante-neuf mille quatre cent vingt-quatre stères seize centistères

Le prix moyen du cent de fagots est de six francs, et celui du stère, de trois francs. La valeur totale du produit annuel est donc de cent soixante dix-huit mille deux cent soixante-douze francs quarante-huit centimes

TABLEAU DE LA CULTURE DES TAILLIS
DANS L'ARRONDISSEMENT DE MORLAIX.

DÉSIGNATION et Nombre des SÉRIES.	NOMS des COMMUNES.	ÉTENDUE de la Culture en hectares.	PRODUIT TOTAL ET ANNUEL en Fagots.	en stères.	PRIX MOYEN du cent DE FAGOTS.	du stère.	VALEUR totale DU PRODUIT ANNUEL.
		h. a.	nombre.	st. cent	fr. c.	fr. c.	fr. c.
PREMIÈRE SÉRIE. — Culture du Littoral.	Ploujean.	179 24	71,696	1,433 92	6 »	3 »	4,301 76
	Plouézoc'h.	81 15	32,460	649 20	6 »	3 »	1,947 60
	Guimaëc.	22 42	8,968	179 36	6 »	3 »	538 08
	Saint-Jean-du-Doigt. .	80 11	32,044	640 88	6 »	3 »	1,922 64
	Loquirec.	1 13	452	9 04	6 »	3 »	27 12
	Plougasnou.	60 33	24,132	482 64	6 »	3 »	1,447 92
	Plouzévédé.	53 53	21,412	428 24	6 »	3 »	1,284 72
	Trézélidé.	29 85	11,940	238 80	6 »	3 »	716 40
	Tréflaouénan.	25 14	10,056	201 12	6 »	3 »	603 36
	Cléder.	90 17	36,068	721 36	6 »	3 »	2,164 08
	Saint-Pol-de-Léon. . .	24 »	9,600	192 »	6 »	3 »	576 »
	Roscoff.	1 »	400	8 »	6 »	3 »	24 »
	Ile-de-Batz.	» »	»	» »	» »	» »	» »
	Plouénan.	249 »	99,600	1,992 »	6 »	3 »	5,976 »
	Mespaul.	67 »	26,800	536 »	6 »	3 »	1,608 »
	Plougoulm.	60 »	24,000	480 »	6 »	3 »	1,440 »
	Sibiril.	48 »	19,200	384 »	6 »	3 »	1,152 »
	Plouescat.	10 36	4,144	82 88	6 »	3 »	248 64
	Plounévez-Lochrist. .	186 95	74,780	1,495 60	6 »	3 »	4,486 80
	Tréflez.	35 19	14,076	281 52	6 »	3 »	844 56
DEUXIÈME SÉRIE. — Culture du Centre.	Morlaix.	25 69	10,276	205 52	6 »	3 »	616 56
	Sainte-Sève.	44 81	17,924	358 48	6 »	3 »	1,075 44
	St-Martin-des-Champs.	190 35	76,140	1,522 80	6 »	3 »	4,568 40
	Plourin.	143 23	57,292	1,145 84	6 »	3 »	3,437 52
	Lanmeur.	115 59	46,236	924 72	6 »	3 »	2,774 16
	Plouégat-Guérand. . .	137 66	55,064	1,101 28	6 »	3 »	3,303 84
	Garlan.	115 36	46,144	922 88	6 »	3 »	2,768 64
	Le Ponthou.	29 57	11,828	236 56	6 »	3 »	709 68
	Plouigneau.	976 43	390,572	7,811 44	6 »	3 »	23,434 32
	Plouégat-Moysan. .	56 53	22,612	452 24	6 »	3 »	1,356 72
	Plougonven.	718 37	287,348	5,746 96	6 »	3 »	17,240 88
	Saint-Vougay.	43 51	17,404	348 08	6 »	3 »	1,044 24
	A reporter. . . .	3,901 67	1,560,668	31,213 36	6 »	3 »	93,640 08

TABLEAU DE LA CULTURE DES TAILLIS
DANS L'ARRONDISSEMENT DE MORLAIX.

DÉSIGNATION et Nombre des SÉRIES.	NOMS des COMMUNES.	ÉTENDUE de la Culture en hectares.	PRODUIT TOTAL ET ANNUEL en Fagots.	PRODUIT TOTAL ET ANNUEL en stères.	PRIX MOYEN du cent DE FAGOTS	PRIX MOYEN du stère.	VALEUR totale DU PRODUIT ANNUEL.
		h. a.	nombre.	st. cent.	fr. c.	fr. c.	fr. c.
	Report.	3,901 67	1,560,668	31,213 36	6 »	3 »	93,640 08
Suite de la DEUXIÈME SÉRIE. — Culture du Centre.	Plouvorn.	152 55	61,020	1,220 40	6 »	3 »	3,661 20
	Landivisiau.	221 »	88,400	1,768 »	6 »	3 »	5,304 »
	Bodilis.	86 »	34,400	688 »	6 »	3 »	2,064 »
	Guimiliau.	22 »	8,800	176 »	6 »	3 »	528 »
	Lampaul.	111 »	44,400	888 »	6 »	3 »	2,664 »
	Plougourvest.	24 »	9,600	192 »	6 »	3 »	576 »
	Plounéventer.	244 »	97,600	1,952 »	6 »	3 »	5,856 »
	Saint-Servais.	48 »	19,200	384 »	6 »	3 »	1,152 »
	Taulé.	81 18	32,472	649 44	6 »	3 »	1,948 32
	Henvic.	12 31	4,924	98 48	6 »	3 »	295 44
	Carantec.	17 94	7,176	143 52	6 »	3 »	430 56
	Locquénolé.	4 36	1,744	34 88	6 »	3 »	104 60
	Guiclan.	222 68	89,072	1,781 44	6 »	3 »	5,344 32
	Saint-Thégonnec.. . .	375 38	150,152	3,003 04	6 »	3 »	9,009 12
	Pleyber-Christ.. . . .	506 95	202,780	4,055 60	6 »	3 »	12,166 80
	Lanhouarneau.	46 68	18,672	373 44	6 »	3 »	1,120 32
	Plougar.	36 65	14,660	292 20	6 »	3 »	879 60
TROISIÈME SÉRIE. — Culture des Communes qui longent les montagnes d'Arées.	Guerlesquin.	187 66	75,064	1,501 28	6 »	3 »	4,503 84
	Botsorhel.	172 18	68,872	1,377 44	6 »	3 »	4,132 32
	Lannéanou.	115 34	46,136	922 72	6 »	3 »	2,768 16
	Le Cloître..	69 43	27,772	555 44	6 »	3 »	1,666 32
	Plounéour-Ménez. . .	397 06	158,824	3,176 48	6 »	3 »	9,529 44
	Sizun.	197 »	78,800	1,576 »	6 »	3 »	4,728 »
	Saint-Sauveur.. . . .	27 »	10,800	216 »	6 »	3 »	648 »
	Commana..	85 »	34,000	680 »	6 »	3 »	2,040 »
	Loc-Mélard.	63 »	25,200	504 »	6 »	3 »	1,512 »
	TOTAUX.	7,428 02	2,971,208	59,424 16	6 »	3 »	178,272 48
Première Série.		1,304 57	521,828	10,436 56	6 »	3 »	31,309 68
Deuxième Série.		4,809 78	1,923,912	38,478 24	6 »	3 »	115,434 72
Troisième Série.		1,313 67	525,468	10,509 36	6 »	3 »	31,528 08
TOTAUX.		7,428 02	2,971,208	59,424 16	6 »	3 »	178,272 48

DEUXIÈME SECTION. — TERRAINS PLANTÉS ET ARBRES DE HAUTE FUTAIE.

Nous avons dit plus haut que l'arrondissement de Morlaix ne possède aucune forêt, mais seulement quelques terrains plantés et quelques arbres de haute futaie. De nos recherches et des renseignements qui nous ont été fournis par des hommes très-compétents et très-versés dans les questions forestières, il résulte que, dans cet arrondissement, on agit absolument, à l'égard des arbres de haute futaie, comme on le fait dans les autres contrées de la France.

Pour ne pas allonger notre travail sans nécessité, nous croyons devoir nous borner à faire connaître, d'une manière très-sommaire, sans parler de leur mode de culture, les essences que l'on rencontre dans notre arrondissement. Nous indiquerons aussi seulement les usages qu'on fait de leurs produits, et prierons nos lecteurs, pour les questions de détails, de consulter les ouvrages spéciaux qui traitent de l'agriculture forestière.

Liste des arbres et arbustes qui occupent les taillis, les terrains plantés et les hautes futaies dans l'arrondissement de Morlaix.

Alizier des bois (*Cratœgus torminalis*), T. (1).
Bouleau blanc ou commun (*Betula alba*), T et H F.
Buis (*Buxus*), T et particulièrement pour former des haies vives.
Charme commun (*Caspinus betulus*), T et H F.
Châtaigner commun (*Fagus castanea*), T et H F.
Chêne à glands sessiles ou rouvre (*Quercus bobur*), T et H F.
Chêne à glands pédonculés (*Quercus pedunculata*), T et H F.
Erable commun ou champêtre (*Acer campestre*), T et H F
Hêtre des bois (*Fagus sylvestris*), T et H F.
Houx commun (*Ilex aquifolium*), T.
Marronnier d'Inde ou hippocartane (*Eculus hippocartanum*), H F.
Mérisier (*Prunus avium*), T et H F.
Noisetier commun ou coudrier (*Corylus avellana*), T.
Orme commun (*Ulmus campestris*), T et H F.
Sureau noir ou commun (*Sambucus nigra*), T.
Tilleul à petites feuilles (*Tilia microphylla*), H F.
Viorne maucienne (*Viburnum lantana*), T.
Aune commun (*Almus glutinosa*), T et H F.
Frêne élevé (*Fraximus excelsior*), T et H F.

(1) La lettre T désigne les essences qui se trouvent dans les taillis; les lettres H F, celles des hautes futaies, et les lettres T et H F celles qui viennent dans les taillis et les hautes futaies.

Peuplier tremble (*Populus tremula*), T et H F.
Peuplier pyramidal (*Populus fusigiata*), H F.
Platane (*Platanus*), H F.
Saule (*Salix*), T.
Mélèze (*Larix Europea*), H F.
If (*Taxus Beccata*), H F.
Pin sylvestre (*Pinus sylvestris*), H F.
Pin maritime (*Pinus maritima*), H F.
Sapin commun ou à feuilles d'If (*Abies taxifolia*), H F.
Noyer (*Juglans*), H F.
Chêne blanc (*Quercus alba*), T et H F.
Chêne à gros glands (*Quercus macrocarpa*), H F.

Les bois de haute futaie fournissent

1° Des bois de chauffage ;
2° Du charbon ;
3° Des bois d'œuvre.

Tout le monde connaît l'usage du bois de chauffage. Dans l'arrondissement de Morlaix on ne se sert, pour les usages domestiques et pour chauffer les fours, que des branches des futaies, des coupeaux, de ramilles, de quelques racines et de plants d'ajonc d'Europe.

Le charbon se fait de la même manière et sert aux mêmes usages que celui provenant des taillis. (*Voyez Taillis.*)

Les bois d'œuvre se divisent :

1° En bois propres aux arsenaux de la marine ;
2° En bois propres aux constructions civiles ;
3° En bois de charronage ;
4° En bois d'ouvrage ;
5° En bois employés dans les différents arts.

Les bois propres aux arsenaux de la marine, qu'ils soient droits ou courbes, fournissent aux différentes parties dans les constructions maritimes. Peu de bois sont employés aux constructions nationales. Ce n'est que pour les constructions marchandes et pour celles des bateaux qu'ils sont généralement utilisés.

Les bois propres aux constructions civiles se divisent en bois de charpente et en bois de menuiserie.

Les bois de charronage fournissent les raies des voitures, les moyeux des roues, les essieux de nos charrettes rurales, les brancards, les jantes des roues et les rouleaux et poteaux.

Le bois d'ouvrage, après avoir été équarri et façonné, sert à faire des ouvrages de fente, comme, par exemple, des boissselleries, de râcleries, des lattes et des sabots. Ils servent aussi à faire des planches, et constituent alors des entravaux, des contre-lattes, des chevrons, des solives, des membrures, des voliges, des madriers et des feuilles de parquet. Ils servent encore aux ébénistes pour la confection des meubles.

Les bois employés aux différents arts le sont, comme partout ailleurs, par les tourneurs, les sculpteurs, etc., etc.

On retire aussi de menus produits de nos taillis et de nos futaies, des écorces, des feuilles, des fruits sauvages, des semences; la sève qui, suivant les différentes formes qu'elle affecte, et, aussi, suivant l'essence qui la produit, sert à différents usages. On peut encore ranger au nombre des menus produits de nos taillis et de nos futaies, les églantiers ou rosiers sauvages, les champignons comestibles, l'agaric chirurgical, le genêt commun, les fougères, les bruyères, les mousses, les herbes et les foins.

L'arrondissement de Morlaix compte en terrains plantés en futaies, d'après le relevé cadastral, mille deux cent cinquante hectares quatre-vingt-quatre ares. Chaque hectare contient quatre mille pieds d'arbres. La valeur moyenne de chaque arbre est de cinq francs.

Les mille deux cent cinquante-cinq hectares quatre-vingt-quatre ares contiennent donc cinq millions vingt-trois mille trois cent soixante pieds d'arbres, dont la valeur totale est de vingt-cinq millions cent seize mille huit cents francs.

TABLEAU DES TERRAINS PLANTÉS ET DES FUTAIES
DANS L'ARRONDISSEMENT DE MORLAIX.

DÉSIGNATION et NOMBRE DES SÉRIES	NOMS des COMMUNES.	ÉTENDUE de LA CULTURE en hectares.		NOMBRE des ARBRES.	VALEUR MOYENNE de chaque Arbre.		VALEUR totale.	
		hect.	ares.	nombre.	fr.	c.	fr.	c.
1re SÉRIE. — CULTURE du Littoral.	Ploujean	35	78	143,120	5	»	715,600	»
	Plouézoc'h	19	04	76,160	5	»	380,800	»
	Guimaec	18	39	73.560	5	»	367.800	»
	Saint-Jean-du-Doigt	10	59	42,360	5	»	211,800	»
	Loquirec	11	29	45,160	5	»	225,800	»
	Plougasnou	28	68	114,720	5	»	573,600	»
	Plouzévédé	17	12	68,480	5	»	342,400	»
	Trézelidé	4	31	17,240	5	»	85,200	»
	Tréflaouénan	5	80	23,200	5	»	116,000	»
	Cléder	29	84	119,360	5	»	596,800	»
	Saint-Pol-de-Léon	40	»	160,000	5	»	800,000	»
	Roscoff	15	»	60,000	5	»	300.000	»
	Ile-de-Batz	»	»	»	»	»	»	»
	Plouénan	38	»	152,000	5	»	760,000	»
	Mespaul	10	»	40,000	5	»	200,000	»
	Plougoulm	10	»	40,000	5	»	200,000	»
	Sibiril	9	»	36,000	5	»	180.000	»
	Plouescat	19	93	79,720	5	»	398,600	»
	Plounévez-Lochrist	22	17	88,680	5	»	443,400	»
	Tréflez	8	50	34,000	5	»	170,000	»
2me SÉRIE. — CULTURE du Centre.	Morlaix	50	60	202,400	5	»	1,012,000	»
	Sainte-Sève	13	27	53,080	5	»	265,400	»
	St-Martin des-Champs	29	56	118,240	5	»	591,200	»
	Plourin	44	79	179,160	5	»	895,800	»
	Lanmeur	31	58	126,320	5	»	631,600	»
	Plouégat-Guérand	52	99	211,960	5	»	1,059,800	»
	Garlan	28	16	112,640	5	»	563,200	»
	Le Ponthou	2	21	8,840	5	»	44,200	»
	Plouigneau	90	56	362,240	5	»	1,811,200	»
	Plouégat-Moysan	11	76	47,040	5	»	235,200	»
	Plougonven	94	62	378,480	5	»	1,892,400	»
	Saint-Vougay	15	41	61,640	5	»	308,200	»
	A Reporter	818	95	3,275,800	5	»	16,379,000	»

TABLEAU DES TERRAINS PLANTÉS ET DES FUTAIES DANS L'ARRONDISSEMENT DE MORLAIX.

DÉSIGNATION et NOMBRE DES SÉRIES.	NOMS des COMMUNES.	ÉTENDUE de LA CULTURE en hectares.		NOMBRE des ARBRES.	VALEUR MOYENNE de chaque Arbre.		VALEUR totale.	
		hect.	ares.	nombre.	fr.	c.	fr.	c.
	Report.	818	95	3,275,800	5	»	16,379,000	»
Suite de la 2me SÉRIE. — CULTURE du Centre.	Plouvorn	32	81	131,240	5	»	656,200	»
	Landivisiau	»	»	»	»	»	»	
	Bodilis	»	»	»	»	»	»	
	Guimiliau	1	»	4,000	5	»	20,000	»
	Lampaul	»	»	»	»	»	»	
	Plougourvest	»	»	»	»	»	»	
	Plounéventer	»	»	»	»	»	»	
	Saint-Servais	»	»	»	»	»	»	
	Taulé	30	39	121,560	5	»	607,800	»
	Henvic	12	42	49,680	5	»	248,400	»
	Carantec	14	34	57,360	5	»	286,800	»
	Locquénolé	3	57	14,280	5	»	71,400	»
	Guiclan	24	96	99,840	5	»	499,200	»
	Saint-Thégonnec	20	23	80,920	5	»	404,600	»
	Pleyber-Christ	22	32	89,280	5	»	446,400	»
	Lanhouarneau	14	96	59,840	5	»	299,200	»
	Plougar	6	14	24,560	5	»	122,800	»
3me SÉRIE. — CULTURE des Communes qui longent les montagnes d'Arées.	Guerlesquin	12	29	49,160	5	»	245,800	»
	Botsorhel	46	41	185,640	5	»	928,200	»
	Lannéanou	21	04	84,160	5	»	420,800	»
	Le Cloître	18	02	72,080	5	»	360,400	»
	Plounéour-Ménez	47	99	191,960	5	»	959,800	»
	Sizun	40	00	160,000	5	»	800,000	»
	Saint-Sauveur	12	00	48,000	5	»	240,000	»
	Commana	46	00	184,000	5	»	920,000	»
	Loc-Mélard	10	00	40,000	5	»	200,000	»
	TOTAUX	1,255	84	5,023,360	5	»	25,116,800	»
Première Série		353	44	1,413,760	5	»	7,068,800	»
Deuxième Série		648	65	2,594,600	5	»	12,973,000	»
Troisième Série		253	75	1,015,000	5	»	5,075,000	»
	TOTAUX	1,255	84	5,023,360	5	»	25,116,800	»

CHAPITRE 24.

CULTURE DES FRUITS A PÉPINS.

PREMIÈRE SECTION. — POMMIERS.

Depuis quelques années, les cultivateurs de l'arrondissement de Morlaix, et particulièrement ceux des communes qui avoisinent les Côtes-du-Nord, se livrent à la culture des pommiers a cidre.

Cette culture est encore peu étendue. Quelques riches propriétaires, mais en petit nombre, à l'exemple des cultivateurs de la Normandie, ont planté des pommiers à cidre dans leurs champs. Cette méthode est exceptionnelle : on ne plante généralement ces arbres que dans les jardins des fermes et dans les vergers.

Malgré toutes nos recherches, il nous a été impossible de connaître, même d'une manière approximative, le nombre de pommiers que possède l'arrondissement de Morlaix.

Voici la liste des espèces qui y sont cultivées.

Liste des pommiers à cidre dans l'arrondissement de Morlaix.

Cocherie flagellé.	Gros vert.
Doux dur.	Gros doux.
Doux vert.	Marin aufroi.
Blanc doux.	Pomme galeuse.
Amer doux blanc.	Doux normand.
Fréquin.	Peau de vache.
Doux évêque.	Gros pinot.
Amer doux.	Pomme groseille.

DEUXIÈME SECTION. — POIRIERS.

Les poiriers à cidre ne se cultivent pas dans l'arrondissement de Morlaix. On n'y fabrique par conséquent pas de poiré et nous n'aurons à parler que de la fabrication du cidre et d'une autre boisson connue dans le pays sous le nom de piquette.

Le mode de la fabrication du cidre ne diffère pas essentiellement, dans l'arrondissement de Morlaix, de celui employé dans les pays où on le fabrique en grand. Voici, cependant, la manière dont on procède habituellement :

Les pommes à cidre étant bien mûres, un homme monte sur chaque arbre et fait tomber les fruits en secouant fortement les branches. Dans quelques cas, on les récolte au moyen d'une longue perche avec laquelle on frappe légèrement sur les branches. Ce mode a un inconvénient, celui de briser les jeunes bourgeons à fruits de l'année suivante.

Toutes les pommes ayant été cueillies, on les place tantôt dans des paniers, tantôt dans des charrettes, pour les transporter dans la ferme, où on les amulonne dans la grange.

On procède ensuite à l'écrasage des pommes, qui se fait de la manière suivante : on en met une certaine quantité dans une auge en granit (on emploie habituellement pour cette opération celle qui sert à piler l'ajonc d'Europe), puis on les écrase en frappant fortement dessus au moyen d'une masse en bois. Les fruits ayant été suffisamment écrasés, on recueille le marc, que l'on place sur le tablier du pressoir en couches de seize centimètres d'épaisseur. Un lit de paille sépare chaque couche. Dès que la motte est ainsi disposée, on imprime dessus, au moyen d'une vis en bois, munie à son extrémité inférieure d'un mouton également en bois, une pression graduée, mais de plus en plus forte. Par l'effet de cette pression, le jus des pommes ne tarde pas à s'écouler et il est reçu dans un baquet en bois.

L'opération se continue ainsi jusqu'à ce que tout le marc soit suffisamment pressuré. Ce premier jus est ce qui constitue le bon cidre du pays.

On obtient encore du petit cidre en mouillant le marc desséché par la première pression et en le soumettant de nouveau à l'action du pressoir. Ce second cidre est moins bon que le premier et est consommé par les gens de la ferme.

Le jus des pommes ayant été obtenu par le pressurage, on le renferme dans de grands tonneaux, dont l'orifice de la bonde est entourée par de la terre argileuse délayée et couverte par une toile claire. La fermentation ne tarde pas à s'établir. Quand elle a eu lieu, on soutire le cidre et on le renferme dans des barriques pour être conservé, soit pour les usages domestiques, soit pour être livré au commerce.

Le cidre que l'on fabrique dans l'arrondissement de Morlaix est ordinairement de mauvaise qualité. La nature des pommiers à cidre qu'on y cultive ; le peu de précautions qu'ont nos cultivateurs de séparer les pommes suivant leur espèce ; le mode adopté et suivi pour l'écrasage, le pressurage, la préparation et la conservation du cidre, tout en un mot concourt à le rendre d'une qualité inférieure. Aussi ne se vend-il que chez les petits aubergistes.

Les cultivateurs de l'arrondissement de Morlaix font encore, avec les pommes à cidre, une autre boisson aigrelette, très-rafraîchissante, qu'ils désignent par le nom de *piquette*. Pour composer cette boisson, on met des pommes entières dans une barrique, de manière à la remplir entièrement. On y verse ensuite de l'eau claire qui occupe toutes les interstices. Quand la barrique ne peut plus contenir d'eau, c'est-à-dire quand celle-ci déborde, on entoure encore, comme pour le cidre, le trou de la bonde avec de la terre glaise, et on recouvre au moyen d'une écuelle en terre cuite.

Au bout de quelques jours la fermentation s'opère et, quinze ou seize jours après, la piquette est suffisamment faite et propre à être consommée.

Pour conserver cette boisson, on doit avoir la précaution de remplir tous les soirs la barrique, en y versant une égale quantité d'eau claire à celle de la boisson qu'on en a retirée dans la journée. Mieux vaudrait même y ajouter l'eau à mesure qu'on retire la piquette, de manière à soustraire les pommes au contact de l'air, en tenant la barrique constamment pleine. Par ce moyen on peut la conserver pendant cinq ou six mois.

CHAPITRE 25.

CULTURE DES PLANTES DIVERSES.

VIGNE. — CERISIERS. — PRUNIERS. — MURIERS.

L'arrondissement de Morlaix n'est pas un pays vignoble. La vigne n'y est cultivée que dans les jardins et en avant et contre la façade de quelques habitations.

Les cerisiers et les pruniers ne se cultivent aussi que dans les jardins et dans quelques vergers. Les fruits sont consommés par la masse des habitants et servis sur la table des personnes riches.

Depuis quelques années on cultive quelques pieds de mûrier noir dans les jardins de l'arrondissement. Nous en connaissons un à Pors-an-Trèz, chez Madame veuve Robinet, qui a acquis une très-grande hauteur et beaucoup d'étendue. La culture du mûrier blanc n'y a été introduite qu'en 1843. A cette époque, M. de Francheville fit don à la Société d'Agriculture de Morlaix de quelques centaines de jeunes plants, qui furent distribués entre plusieurs membres de la Société

La Société d'agriculture, elle-même, dans sa séance du 13 janvier 1844, a alloué une somme de cent francs pour acheter de nouveaux plants. Cette culture y est donc en voie de progrès ; mais elle est encore trop peu avancée pour qu'il soit permis d'affirmer d'une manière certaine qu'elle y réussira. On a tout lieu de l'espérer, si l'on juge d'après le grand développement et la vigueur de quelques pieds de mûrier noir.

CHAPITRE 26.

TABLEAU RÉCAPITULATIF DE LA CONTENANCE DE CHAQUE CULTURE, DE LEURS PRODUITS ET DE LEUR VALEUR TOTALE

TABLEAU RÉCAPITULATIF DE LA CONTENANCE DE CHAQ[UE]

DÉSIGNATION DES CULTURES.		ÉTENDUE DES CULTURES en hectares.		PRODUITS en kilogrammes.		PRODUITS en hectolitres.		PRODUITS en Nombres.
		hectares.	ares.	kilogram.	deca.	hectolit.	litres	nombre
Froment.	Grains.	12,817	71	22,310,914	50	297,178	86	»
	Paille.			51.273,350	»	»	»	»
Orge.	Grains.	8.937	62	15,311,476	50	238.638	10	»
	Paille.			23.264,072	»	»	»	»
Seigle.	Grains.	2,157	68	2,416,601	60	34.522	86	»
	Paille.			3,236,520	»	»	»	»
Avoine.	Grains.	11.610	65	18,072.613	04	354,361	04	»
	Paille.			40,637,275	»	»	»	»
Sarrasin.	Grains.	5,076	73	13.199,498	»	203,069	20	»
	Paille.			10.153,520	»	»	»	»
Prairies naturelles.	Foins.	9,198	72	27,596,160	»	»	»	»
Pommes de terre.		3,793	44	45,521,180	»	738,688	»	»
Panais.		3,162	74	42,696,990	»	»	»	»
Navets.		1,300	08	30,001,600	»	»	»	»
Betteraves.		221	09	8,843,600	»	»	»	»
Carottes.		221	09	3,979,620	»	»	»	»
Ajonc d'Europe.		40,388	61	»	»	»	»	»
Trèfle.		8,407	21	168,144,200	»	»	»	»
Jachères.		5,457	63	»	»	»	»	»
Choux.		264	37	»	»	»	»	3,701,180
Lin.		1,465	27	824,738	»	9.190	43	»
Chanvre.		280	90	280,900	»	5,618	»	»
Bois taillis.		7,428	02	»	»	»	»	»
Bois de haute futaie.		1,255	84	»	»	»	»	5,023,360
TOTAUX.		123,663	40					
Différence en moins sur les totaux généraux de la quantité de terres employées aux différentes cultures.		7	05					

NOTA. Cette différence en moins provient des fractions que nous nous sommes vu dans la nécessité de négliger

LTURE, DE LEURS PRODUITS ET DE LEUR VALEUR TOTALE.

PRODUITS en stères.		PRIX MOYEN de l'hectolitre.		PRIX MOYEN des 1,000 kilo.		PRIX MOYEN du stère.		VALEUR MOYENNE et ANNUELLE d'une jachère.		PRIX MOYEN de chaque arbre.		PRIX MOYEN du kilogramme de filasse BRUTE.		PRIX MOYEN des 1,000 choux.		VALEUR TOTALE des Produits.	
stères	cent.	fr.	c.	fr.	c.	fr.	c.	fr.	c.	fr.	c.	fr.	c.	fr.	c.	francs	cent.
»	»	18	»	»	»	»	»	»	»	»	»	»	»	»	»	5,356,623	08
»	»	»	»	24	»	»	»	»	»	»	»	»	»	»	»	1,230,958	24
»	»	13	»	»	»	»	»	»	»	»	»	»	»	»	»	3,102,295	30
»	»	»	»	20	»	»	»	»	»	»	»	»	»	»	»	465.281	44
»	»	12	»	»	»	»	»	»	»	»	»	»	»	»	»	414,274	56
»	»	»	»	24	»	»	»	»	»	»	»	»	»	»	»	77,676	48
»	»	7	»	»	»	»	»	»	»	»	»	»	»	»	»	2,481,927	28
»	»	»	»	24	»	»	»	»	»	»	»	»	»	»	»	975,294	60
»	»	8	»	»	»	»	»	»	»	»	»	»	»	»	»	1,624,553	60
»	»	»	»	18	»	»	»	»	»	»	»	»	»	»	»	182,663	60
»	»	»	»	30	»	»	»	»	»	»	»	»	»	»	»	827,884	80
»	»	2	50	»	»	»	»	»	»	»	»	»	»	»	»	1,896,720	»
»	»	»	»	25	»	»	»	»	»	»	»	»	»	»	»	1,067,424	75
»	»	»	»	10	»	»	»	»	»	»	»	»	»	»	»	300,016	»
»	»	»	»	10	»	»	»	»	»	»	»	»	»	»	»	88,436	»
»	»	»	»	15	»	»	»	»	»	»	»	»	»	»	»	59,694	30
212,331	66	»	»	»	»	2	50	»	»	»	»	»	»	»	»	605,829	15
»	»	»	»	4	50	»	»	»	»	»	»	»	»	»	»	756,648	90
»	»	»	»	»	»	»	»	60	»	»	»	»	»	»	»	327,457	80
»	»	»	»	»	»	»	»	»	»	»	»	»	»	50	»	185,059	»
»	»	18	»	»	»	»	»	»	»	»	»	»	90	»	»	907,673	94
»	»	15	»	»	»	»	»	»	»	»	»	»	90	»	»	337,080	»
59,424	16	»	»	»	»	3	»	»	»	»	»	»	»	»	»	178,272	48
»	»	»	»	»	»	»	»	»	»	5	»	»	»	»	»	25,116,800	»
TOTAUX GÉNÉRAUX de la valeur totale des produits agricoles.																48,566,545	30

la division générale sous culture de Seigle, Ajonc d'Europe, Navets, Betteraves, Carottes, Choux, Lin et Chanvre.

32

CHAPITRE 27.

IMPORTATIONS ET EXPORTATIONS DES PRODUITS AGRICOLES(1), PAR CABOTAGE DES PORTS DE L'INSPECTION DES DOUANES.

IMPORTATIONS.

NATURE DES MARCHANDISES.	UNITÉS.	ANNÉE 1843.	ANNÉE 1844.	ANNÉE 1845.	ANNÉE 1846.
Viandes salées.	Litres.	336	6,183	»	»
Fromages.	*Idem.*	16,482	13,540	»	»
Peaux en poils.	*Idem.*	124,641	49,936	»	»
Cuirs tannés.	*Idem.*	8,505	8,621	»	»
Froment en grains.	*Idem.*	874,369	1,099,729	1,152,945	2,295,246
Menus grains.	*Idem.*	»	»	1,199,761	2,711,873
Orge en grains.	*Idem.*	»	»	40,826	92,041
Avoine en grains.	*Idem.*	»	12,000	5,990	33,645
Sarrasin en grains.	*Idem.*	»	»	»	290,941
Seigle en grains.	*Idem.*	»	»	»	»
Boissons.	*Idem.*	3.013,670	2,555,176	2,062,627	2,314,383
Cuirs bruts.	Kilogram.	13,813	1,626	»	»
Suif fondu.	*Idem.*	3,654	13,615	»	»
Morues.	*Idem.*	29,100	25,036	»	»
Froment en farine.	*Idem.*	23,230	11,470	»	»
Pommes de terre.	*Idem.*	»	»	»	»
Riz.	*Idem.*	24,980	22,078	»	»
Fruits.	*Idem.*	143,021	148,304	117,783	81,240
Graines oléagineuses.	*Idem.*	21,937	2,974	»	»
Denrées coloniales.	*Idem.*	337,351	303,218	405,986	379,330

(1) Nous considérerons dans ce tableau et dans celui qui suit, comme produits agricoles, tous les produits animaux et végétaux.

IMPORTATIONS *(Suite)*.

NATURE DES MARCHANDISES.	UNITÉS.	ANNÉE 1843.	ANNÉE 1844.	ANNÉE 1845.	ANNÉE 1846.
Glucose.	Kilogram.	»	10,585	»	»
Tabac en feuilles.	*Idem.*	1,751,196	2,040,123	1,456,782	2,056,326
Résine.	*Idem.*	335,800	385,786	348,427	338,002
Huiles.	*Idem.*	80,297	79,414	»	»
Bois de teinture..	*Idem.*	14,792	19,292	»	»
Chanvre teillé.	*Idem.*	916	305	1,383	»
Chicorée moulue.	*Idem.*	13,955	22,358	»	»
Fils de lin.	*Idem.*	312,945	324,933	244,779	183,662
Fils de coton.	*Idem.*	5,941	3,228	»	»
Tissus de chanvre ou de lin. .	*Idem.*	11.215	9,077	»	»
Tissus de laine.	*Idem.*	61,821	83,847	»	»
Tissus de soie.	*Idem.*	734	2,323	»	»
Tissus de coton.	*Idem.*	113,871	148,925	»	»
Papiers peints.	*Idem.*	6,044	11,221	»	»
Cordages de chanvre.	*Idem.*	6,638	5,831	»	»
Bois de sapin scié.	Mètres.	»	»	»	»
Merreins.	Nombre.	81,502	106,212	115,850	178,633

EXPORTATIONS. (1)

NATURE DES MARCHANDISES.	UNITÉS.	ANNÉE 1843.	ANNÉE 1844.	ANNÉE 1845.	ANNÉE 1846.
Chevaux.	Têtes.	49	145	»	»
Bœufs.	*Idem.*	13	46	»	»
Porcs.	*Idem.*	477	769	»	»
Gibier et Volaille.	Kilogram.	2,142	4,125	»	»
Viande salée.	*Idem.*	178,630	»	»	149,281
Beurre.	*Idem.*	2,438,846	2,020,180	2,002,936	2,629,184
Miel.	*Idem.*	135,440	65,093	»	»
Peaux fraîches.	*Idem.*	864	7,931	»	»
Cire non ouvrée.	*Idem.*	15,414	2,884	»	»
Graisse.	*Idem.*	72,206	150,695	»	»
Poissons marinés.	*Idem.*	10,494	72,714	94,249	68,130

(1) Nous ne parlerons pas, dans ce tableau, des exportations effectuées par terre.

EXPORTATIONS *(Suite)*.

NATURE DES MARCHANDISES.	UNITÉS.	ANNÉE 1843.	ANNÉE 1844.	ANNÉE 1845.	ANNÉE 1846.
Homards et Poissons.	Kilogram.	30,415	17,211	»	»
Cornes de bétail.	*Idem.*	119,413	156,314	»	»
Froment en farine.	*Idem.*	337,980	41,201	755,557	630,257
Fruits oléagineux.	*Idem.*	467,260	483,274	»	»
Fruits à la semence.	*Idem.*	103,743	44,964	»	»
Tabac en feuilles.	*Idem.*	128,896	59,804	»	»
Légumes verts.	*Idem.*	145,261	139,313	»	»
Pommes de terre.	*Idem.*	40,699	29,704	»	»
Fourrages. — Son.	*Idem.*	124,934	142,313	»	»
Chandelles.	*Idem.*	29,332	32,954	26,189	35,348
Fils de lin et de chanvre. . .	*Idem.*	2,552	1,960	»	»
Tissus de lin et de chanvre. .	*Idem.*	236,762	345,333	»	»
Papier.	*Idem.*	327,644	301,221	324,734	317,845
Peaux préparées.	*Idem.*	41,069	37,497	»	»
Froment en grains.	Litres.	3,110,526	1,029,299	1,001,686	1,891,697
Avoine en grains.	*Idem.*	12,948,445	11,289,689	7,913,185	11,312,975
Orge en grains.	*Idem.*	127,335	318,988	9,948	8,500
Seigle en grains..	*Idem.*	214,040	»	16,000	301,211
Futailles vides.	*Idem.*	875,681	684,394	»	»
Bois à construire.	Mètres.	49,904	9,814	»	»
Huîtres fraîches.	Nombre.	204,003	308,410	»	»

FIN DE LA PREMIÈRE PARTIE.

STATISTIQUE AGRICOLE

GÉNÉRALE

DE L'ARRONDISSEMENT DE MORLAIX (FINISTÈRE).

DEUXIÈME PARTIE.

STATISTIQUE RAISONNÉE DES ANIMAUX DOMESTIQUES.

Première Catégorie. — Races Équines.

CHAPITRE PREMIER.

ORIGINE DU CHEVAL BRETON. — RACES. — ESPÈCES. — DESCRIPTION. — LIEUX OÙ ON LES RENCONTRE. — RECENSEMENTS.

L'origine du cheval breton se perd dans la nuit des temps. Malgré nos nombreuses recherches, il nous a été impossible de découvrir le moindre indice qui ait rapport à l'époque à laquelle s'est faite l'introduction des premiers animaux de la race équine dans l'arrondissement de Morlaix. Ce que nous savons, comme tout le monde, c'est que le cheval est originaire d'Arabie, et qu'il a été importé dans toutes les parties du monde, lors de l'émigration des peuples d'Orient.

Mais en quelle année avant l'ère chrétienne a eu lieu cette émigration ? A-t-elle été directe ou indirecte chez nous, c'est-à-dire, lors de la première émigration, avons-nous eu des animaux de la race pure, ou n'avons-nous eu que des animaux ayant déjà subi l'influence du climat, de la nourriture et du sol d'un autre pays d'Occident? C'est ce que nous ignorons complètement. Toujours est-il que l'arrondissement de Morlaix possède aujourd'hui deux principales races équines : 1° une race équine forte; 2° une race équine légère.

1° RACE ÉQUINE FORTE.

La race équine forte offre deux espèces : *A* une espèce de trait proprement dite, *B* une espèce carrossière.

A ESPÈCE DE TRAIT PROPREMENT DITE.

Ses caractères sont : taille d'un mètre cinquante-six à soixante-quatre centimètres sous potence; chanfrein camus ou droit; tête carrée et un peu lourde; ganache prononcée; encolure épaisse et chargée le plus souvent d'une double crinière; garrot peu ressorti et charnu; épaules également charnues et peu inclinées; corps arrondi; croupe tantôt arrondie, tantôt large, avalée et séparée en deux par un sillon médian très-profond; queue forte, attachée bas et fournie de longs crins; jarrets larges; tendons peu détachés; boulets garnis de longs crins; pied grand, évasé, quelquefois plat; poil variant du bai au gris clair, legèrement pommelé.

Cette espèce se rencontre sur tout le littoral de l'arrondissemmont. On la trouve dans les communes de Plouégat-Moysan, Plouégat-Guérand, Plouigneau, Guimaëc, Lanmeur, Loquirec, Saint-Jean-du-Doigt, Plougasnou, Plouézoc'h, Ploujean, Garlan, Plourin, Plougonven, Morlaix, Saint-Martin-des-Champs, Sainte-Sève, Taulé, Locquénolé, Henvic, Carantec, partie de Guiclan, Plouénan, Mespaul, Plougoulm, Saint-Pol-de-Léon, Roscoff, Sibiril, Cléder, Plouescat, Plouzévédé, Saint-Vougay, Trézélidé, Plouvorn, Tréflaouénan, Landivisiau, Bodilis, Plougourvest, Plounéventer, Saint-Servais, Plounévez-Lochrist, Tréflez, Lanhouarneau et Plougar.

B. ESPÈCE CARROSSIÈRE.

Elle offre les caractères suivants : taille d'un mètre cinquante-six à soixante-six centimètres sous potence; chanfrein droit; tête carrée, encolure bien proportionnée; garrot plus développé; épaules moins charnues; corps arrondi et plus allongé; croupe arrondie et séparée par un petit sillon; queue attachée plus haut; jambes un peu grêles, comparativement aux autres parties du corps; boulets moins garnis de crins; pied moins évasé et moins plat, se rapprochant beaucoup plus de la bonne conformation; poil ordinairement bai, quelquefois gris pommelé, rarement alezan ou noir.

Cette espèce se rencontre le plus communément dans les communes de Plouénan, Plouvorn, Saint-Pol-de-Léon, Plougoulm, Cléder, Sibiril et Plouescat.

2° RACE ÉQUINE LÉGÈRE.

La race équine légère, connue encore sous la dénomination de doubles bidets de Bretagne, et surnommée, par M. de La Roche-Aimon, *les Cosaques de la France*, a pour caractères : taille d'un mètre trente-huit à quarante centimètres sous potence; tête camuse ou droite, un peu grosse inférieurement, ordinairement plaquée; encolure droite; garrot peu développé; épaules sèches; corps arrondi, court et ramassé; membres forts; croupe arrondie; jarrets larges et bien évidés; boulets peu fournis de crins; pied très-bien conformé; poil variant du gris à l'alezan doré, brûlé ou poil de vache.

Cette espèce se trouve dans les communes situées au Sud de la route nationale n° 12 de Paris à Brest, c'est-à-dire au Ponthou, à Guerlesquin, Botsorhel, Plouégat-Moysan, Lannéanou, partie de Plougonven et de Plourin, au Cloître, à Pleyber-Christ, Plounéour-Ménez, Sizun, Saint-Thégonnec, Saint-Sauveur, Commana, Loc-Mélard, Guimiliau, Lampaul et partie de Landivisiau et de Guiclan.

Maintenant, que nous avons fait connaître les deux races de chevaux que possède l'arrondissement de Morlaix, que nous avons fait connaître également leurs espèces, les caractères qui les distinguent et les lieux dans lesquels on les trouve, il nous reste à parler des divers recensements qui ont été faits à différentes époques.

TABLEAU DE RECENSEMENT DES ANIMAUX DE LA RACE ÉQUINE
DANS L'ARRONDISSEMENT DE MORLAIX, EN 1813.

DÉSIGNATION de l'arrondissement.	CHEVAUX			JUMENTS			TOTAL GÉNÉRAL.
	de 6 mois à 4 ans.	de 5 ans et au-dessus.	TOTAL.	de 6 mois à 4 ans.	de 5 ans et au-dessus.	TOTAL.	
	ESPÈCE DE TRAIT.						
	3,083	3,596	6,679	1,683	2,511	4,194	10,873
	ESPÈCE CARROSSIÈRE.						
MORLAIX.	127	83	210	110	87	197	407
	ESPÈCE DE SELLE.						
	355	628	983	211	90	301	1,284
TOTAUX. . .	3,565	4,307	7,872	2,004	2,688	4,692	12,564

TABLEAU DE RECENSEMENT DES ANIMAUX DE LA RACE ÉQUINE
DANS L'ARRONDISSEMENT DE MORLAIX, EN 1821.

DÉSIGNATION des Cantons.	NOMS des COMMUNES.	CHEVAUX employés à la monte.	CHEVAUX non employés à la monte.	HONGRES	JUMENTS employées à la reproduction.	JUMENTS non employées à la reproduction	POULAINS.	POULICHES.
Morlaix.	Morlaix.	»	104	45	16	15	4	5
	Ploujean.	3	4	140	135	12	23	30
	Sainte-Sève.	»	41	15	14	»	21	21
	St-Martin-des-Champs.	1	28	32	46	26	13	21
	Plourin.	»	346	11	13	»	60	3
Lanmeur.	Lanmeur.	4	20	31	194	93	38	43
	Plouégat-Guérand. . .	»	16	12	»	202	13	22
	Plouézoc'h.	6	6	25	70	60	15	25
	Garlan.	2	7	14	98	19	17	28
	Guimaec.	3	1	32	64	82	50	11
	Saint-Jean-du-Doigt. .	3	4	23	72	87	13	31
	Loquirec.	3	43	30	37	20	4	2
	Plougasnou.	6	10	25	102	216	40	58
Plouigneau.	Plouigneau.	»	197	64	130	83	43	38
	Le Ponthou.	»	10	»	»	»	»	»
	Guerlesquin.	»	27	58	22	43	21	16
	Botsorhel.	»	53	57	50	27	25	20
	Plouégat-Moysan. . .	»	30	30	»	30	20	20
	Lannéanou.	»	96	8	»	80	8	14
	Plougonven.	»	516	86	29	7	58	10
Plouzévédé.	Plouzévédé.	5	17	42	96	55	33	45
	Saint-Vougay.	2	36	18	24	48	10	11
	Trézélidé.	3	10	11	61	27	25	58
	Plouvorn.	4	39	111	120	143	43	63
	Tréflaouénan.	3	4	10	100	11	48	33
	Cléder.	35	24	59	506	61	92	107
	A reporter.	83	1,689	998	2,039	1,447	739	767

TABLEAU DE RECENSEMENT DES ANIMAUX DE LA RACE ÉQUINE
DANS L'ARRONDISSEMENT DE MORLAIX, EN 1821.

DÉSIGNATION des Cantons.	NOMS des COMMUNES.	CHEVAUX			JUMENTS		POULAINS.	POULICHES.
		employés à la monte.	non employés à la monte.	HONGRES	employées à la reproduction.	non employées à la reproduction.		
	Report.	83	1,689	998	2,039	1,447	739	767
Saint Pol-de-Léon.	Saint-Pol-de-Léon. . .	4	60	35	140	500	50	52
	Roscoff.	4	70	136	53	162	33	31
	Ile-de-Batz.	»	87	»	»	»	»	»
	Plouénan.	11	29	42	253	154	73	109
	Mespaul..	2	»	18	78	27	15	10
	Plougoulm.	8	33	22	230	151	35	72
	Sibiril.	4	4	19	85	64	20	35
Landivisiau.	Landivisiau.	»	311	6	1	3	13	»
	Bodilis.	»	58	18	48	62	30	24
	Guimiliau.		69	24	22	18	21	18
	Lampaul..	»	305	»	»	»	10	»
	Plougourvest.	3	12	40	30	50	39	48
	Plounéventer.	4	75	68	92	101	58	60
	Saint-Servais.	3	40	13	54	»	6	5
Taulé.	Taulé.	4	69	112	125	143	25	50
	Henvic.	2	12	32	100	44	15	23
	Carantec.	3	15	53	100	28	18	15
	Locquénolé.	»	2	7	7	6	3	6
	Guiclan.	»	40	110	6	27	72	10
Saint-Thégonnec	Saint-Thégonnec. . .	»	200	»	»	6	30	»
	Pleyber-Christ.	»	360	35	»	»	»	»
	Le Cloître..	»	31	12	»	44	2	1
	Plounéour-Ménez. . .	»	320	»	»	1	»	»
	A reporter.	135	3,891	1,790	3,463	3,038	1,309	1,336

TABLEAU DE RECENSEMENT DES ANIMAUX DE LA RACE ÉQUINE
DANS L'ARRONDISSEMENT DE MORLAIX, EN 1821.

DÉSIGNATION des Cantons.	NOMS des COMMUNES.	CHEVAUX			JUMENTS		POULAINS.	POULICHES.
		employés à la monte.	non employés à la monte.	HONGRES	employées à la reproduction.	non employées à la reproduction		
	Report.	135	3,891	1,790	3,463	3,038	1,309	1,336
Plouescat.	Plouescat.	10	8	15	320	20	80	50
	Plounévez-Lochrist. .	14	42	11	300	200	150	200
	Tréflez.	»	26	12	20	30	12	14
	Lanhouarneau.	»	34	23	57	50	17	30
	Plougar.	»	31	46	80	»	14	27
Sizun.	Sizun.	»	385	1	»	2	45	»
	Saint-Sauveur.	»	90	»	18	20	18	7
	Commana.	»	167	»	»	»	40	2
	Loc-Mélard.	»	80	»	6	12	4	6
	TOTAUX. . . .	159	4,754	1,898	4,264	3,372	1,689	1,672

DÉSIGNATION DES CANTONS.	RÉCAPITULATION PAR CANTONS.						
Morlaix.	4	523	243	254	53	123	80
Lanmeur.	27	107	201	637	779	190	250
Plouigneau.	»	929	303	231	270	175	118
Plouzévédé.	52	130	251	917	345	251	319
Saint-Pol-de-Léon.	33	283	272	839	1,058	228	309
Landivisiau.	10	870	169	247	234	177	155
Taulé.	9	138	314	338	248	133	104
Saint-Thégonnec.	»	911	37	»	51	32	1
Plouescat.	24	141	107	777	300	273	321
Sizun.	»	722	1	24	34	107	15
TOTAUX.	159	4,754	1,898	4,264	3,372	1,689	1,672

TOTAL GÉNÉRAL des Chevaux de tout âge. . . . . 17,808.

TABLEAU DE RECENSEMENT DES ANIMAUX DE LA RACE ÉQUINE DANS L'ARRONDISSEMENT DE MORLAIX, EN 1825.

DÉSIGNATION des Cantons.	NOMS des COMMUNES.	NÉS EN 1825.		DE 1, 2, 3 ET 4 ANS.		DE 4 ANS ET AU-DESSUS.		NOMBRE DE CHEVAUX de tout âge.	
		Mâles.	Femelles.	Mâles.	Femelles.	Mâles.	Femelles.	Mâles.	Femelles.
Morlaix.	Morlaix	1	4	16	15	111	18	128	34
	Ploujean	20	21	46	88	63	79	129	188
	Sainte-Sève	8	12	27	22	15	10	50	44
	St-Martin-des-Champs	18	15	56	78	14	21	88	114
	Plourin	11	17	222	8	53	3	286	28
Lanmeur.	Lanmeur	37	40	70	123	19	97	126	260
	Plouégat-Guérand	12	18	20	55	12	80	44	153
	Plouézoc'h	29	22	20	75	15	86	64	183
	Garlan	33	36	29	69	21	89	83	194
	Guimaec	33	58	71	102	10	102	114	262
	Saint-Jean-du-Doigt	38	45	25	68	8	113	71	226
	Loquirec	2	4	47	50	4	6	53	60
	Plougasnou	77	66	78	158	64	509	219	733
Plouigneau.	Plouigneau	42	40	242	80	199	82	483	202
	Le Ponthou	»	»	10	»	11	»	21	»
	Guerlesquin	20	18	55	65	20	40	95	123
	Botsorhel	18	15	50	60	16	32	84	107
	Plouégat-Moysan	15	13	49	70	16	31	80	114
	Lannéanou	15	10	45	50	15	35	75	95
	Plougonven	42	40	299	82	105	57	446	179
Plouzévédé.	Plouzévédé	47	32	31	70	12	43	90	145
	Saint-Vougay	30	15	24	40	40	15	94	70
	Trézélidé	15	15	35	35	20	30	70	80
	Plouvorn	41	43	62	120	54	166	157	329
	Tréflaouénan	44	35	200	70	100	50	344	155
	Cléder	77	82	68	210	19	161	164	453
	A reporter	725	713	1,897	1,863	1,036	1,855	3,658	4,431

TABLEAU DE RECENSEMENT DES ANIMAUX DE LA RACE ÉQUINE
DANS L'ARRONDISSEMENT DE MORLAIX, EN 1825.

DÉSIGNATION des Cantons.	NOMS des COMMUNES.	NÉS EN 1825.		DE 1, 2, 3 ET 4 ANS.		DE 4 ANS ET AU-DESSUS.		NOMBRE DE CHEVAUX de tout âge.	
		Mâles.	Femelles.	Mâles.	Femelles.	Mâles.	Femelles.	Mâles.	Femelles.
	Report.	725	713	1,897	1,863	1,036	1,835	3,658	4,431
St-Pol-de Léon.	Saint-Pol-de-Léon. . .	70	73	43	175	39	128	132	376
	Roscoff.	20	15	24	40	10	15	54	70
	Ile-de-Batz.	»	»	24	»	64	»	88	»
	Plouénan.	67	68	49	193	40	136	156	417
	Mespaul.	28	23	29	48	7	93	64	164
	Plougoulm.	93	93	164	194	24	136	281	443
	Sibiril.	35	36	30	54	23	122	88	212
Landivisiau.	Landivisiau.	1	1	100	13	56	5	157	19
	Bodilis.	33	29	95	39	37	19	165	87
	Guimiliau.	»	»	44	»	47	»	91	»
	Lampaul.	»	»	76	»	109	»	185	»
	Plougourvest.	12	17	34	69	11	23	57	109
	Plounéventer.	41	42	47	84	14	13	102	139
	Saint-Servais.	13	18	27	19	9	17	49	54
Taulé.	Taulé.	29	35	52	121	33	103	114	239
	Henvic.	18	31	37	53	37	73	92	157
	Carantec.	17	12	39	46	23	35	79	93
	Locquénolé.	2	2	5	11	4	8	11	21
	Guiclan.	3	9	212	50	100	20	315	79
Saint-Thégonnec	Saint-Thégonnec. . .	1	»	173	»	71	»	245	»
	Pleyber-Christ.	3	3	200	»	30	4	233	7
	Le Cloitre.	»	»	34	24	14	26	48	50
	Plounéour-Ménez. . .	»	»	320	»	150	»	470	»
	A reporter.	1,211	1,220	3,655	3,096	1,988	2,871	6,954	7,187

TABLEAU DE RECENSEMENT DES ANIMAUX DE LA RACE ÉQUINE

DANS L'ARRONDISSEMENT DE MORLAIX, EN 1825.

DÉSIGNATION des Cantons.	NOMS des COMMUNES.	NÉS EN 1825.		DE 1, 2, 3 ET 4 ANS.		DE 4 ANS ET AU-DESSUS.		NOMBRE DE CHEVAUX de tout âge	
		Males.	Femelles.	Males	Femelles.	Males.	Femelles.	Males.	Femelles
	Report.	1,211	1,220	3,655	3,096	1,988	2,871	6,954	7,187
Plouescat.	Plouescat.	22	32	30	123	14	191	66	346
	Plounévez-Lochrist. .	152	169	190	342	48	47	390	558
	Tréflez.	36	20	33	70	17	26	86	116
	Lanhouarneau.. . . .	44	35	200	70	100	50	344	155
	Plougar.	52	26	43	75	14	60	109	161
Sizun.	Sizun.	»	»	140	»	110	»	250	»
	Saint-Sauveur.	»	»	40	20	60	22	100	42
	Commana.	»	»	150	2	120	»	270	2
	Loc-Mélard.	»	»	24	»	45	»	69	»
	TOTAUX.	1,517	1,502	4,305	3,798	2,516	3,267	8,538	8,567

DÉSIGNATION DES CANTONS.	RÉCAPITULATION PAR CANTONS.							
Morlaix.	58	66	367	211	256	131	681	408
Lanmeur.	261	289	260	700	153	1,082	774	2,071
Plouigneau.	152	136	750	407	382	277	1,284	820
Plouzévédé.	254	222	420	545	245	365	919	1,132
Saint-Pol-de-Léon.	313	308	263	704	207	670	783	1,682
Landivisiau.	100	107	423	224	283	77	806	408
Taulé.	69	89	345	281	197	239	611	609
Saint-Thégonnec.	4	3	727	24	265	30	996	57
Plouescat.	306	282	496	680	193	374	995	1,336
Sizun.	»	»	354	22	335	22	689	44
TOTAUX.	1,517	1,502	4,505	3,798	2,516	3,267	8,538	8,567

TOTAL GÉNÉRAL des Chevaux de tout âge. . . . . 17,105.

TABLEAU DE RECENSEMENT DES ANIMAUX DE LA RACE ÉQUINE
DANS L'ARRONDISSEMENT DE MORLAIX, EN 1836.

DÉSIGNATION des Cantons.	NOMS des COMMUNES.	CHEVAUX.	JUMENTS.	POULAINS et POULICHES.	ANES et ANESSES.	MULETS et MULES.
Morlaix.	Morlaix.	14	38	17	1	»
	Ploujean.	220	468	152	4	»
	Sainte-Sève.	33	83	11	1	»
	St-Martin-des-Champs.	40	140	35	4	»
	Plourin.	300	20	25	»	»
Lanmeur.	Lanmeur.	53	395	164	»	»
	Plouégat-Guérand. . .	38	400	160	»	»
	Plouézoc'h.	40	107	50	»	»
	Garlan.	18	240	100	»	»
	Guimaec.	149	419	104	»	»
	Saint-Jean-du-Doigt. .	40	107	50	»	»
	Loquirec.	60	100	15	»	»
	Plougasnou.	200	450	390	»	»
Plouigneau.	Plouigneau.	100	1,500	600	»	»
	Le Ponthou.	102	11	»	»	»
	Guerlesquin.	60	100	80	»	»
	Botsorhel.	92	148	22	»	»
	Plouégat-Moysan. . .	50	40	30	»	»
	Lannéanou.	40	100	25	»	»
	Plougonven.	400	350	100	»	»
Plouzévédé.	Plouzévédé.	49	238	83	»	»
	Saint-Vougay.	30	250	125	»	»
	Trézélidé.	8	54	15	»	»
	Plouvorn.	66	602	270	»	»
	Tréflaouénan.	4	140	10	»	»
	Cléder.	50	400	100	»	»
	A reporter.	2,256	6,902	2,733	10	»

TABLEAU DE RECENSEMENT DES ANIMAUX DE LA RACE ÉQUINE

DANS L'ARRONDISSEMENT DE MORLAIX, EN 1836.

DÉSIGNATION des Cantons.	NOMS des COMMUNES.	CHEVAUX.	JUMENTS.	POULAINS et POULICHES.	ANES et ANESSES.	MULETS et MULES.
	Report.	2,256	6,902	2,743	10	»
Saint-Pol-de-Léon.	Saint-Pol-de-Léon. . .	100	200	70	»	»
	Roscoff.	150	150	»	»	»
	Ile-de-Batz.	50	»	»	»	»
	Plouénan.	40	160	80	»	»
	Mespaul.	25	125	20	»	»
	Plougoulm.	100	350	200	»	»
	Sibiril.	150	120	50	»	»
Landivisiau.	Landivisiau.	265	68	91	»	»
	Bodilis.	52	150	60	»	»
	Guimiliau.	180	100	70	»	»
	Lampaul.	275	»	»	»	»
	Plougourvest.	25	60	30	»	»
	Plounéventer.	100	350	200	»	»
	Saint-Servais	10	120	70	»	»
Taulé.	Taulé.	50	200	100	»	»
	Henvic.	25	150	37	»	»
	Carantec.	10	110	50	»	»
	Locquénolé.	8	60	12	»	»
	Guiclan.	300	150	400	»	»
Saint-Thégonnec.	Saint-Thégonnec. . .	350	100	500	»	»
	Pleyber-Christ. . . .	350	100	80	»	»
	Le Cloître.	200	120	82	»	»
	Plounéour-Ménez. . .	260	40	5	»	»
	A reporter.	5,391	9,885	4,940	10	»

TABLEAU DE RECENSEMENT DES ANIMAUX DE LA RACE ÉQUINE
DANS L'ARRONDISSEMENT DE MORLAIX, EN 1836.

DÉSIGNATION des Cantons.	NOMS des COMMUNES.	CHEVAUX.	JUMENTS.	POULAINS et POULICHES.	ANES et ANESSES.	MULETS et MULES.
	Report.	5,391	9,885	4,940	10	»
Plouescat.	Plouescat.	53	250	40	»	»
	Plounévez-Lochrist. .	40	420	90	»	»
	Tréflez	50	200	30	»	»
	Lanhouarneau.. . . .	25	120	10	»	»
	Plougar	73	140	80	»	»
Sizun.	Sizun..	250	»	»	»	»
	Saint-Sauveur.. . . .	160	120	50	»	»
	Commana..	219	4	4	»	»
	Loc-Mélard.	60	»	»	»	»
	TOTAUX. . . .	6,323	11,139	5,244	10	»

DÉSIGNATION DES CANTONS.	RÉCAPITULATION PAR CANTONS.				
Morlaix.	607	751	240	10	
Lanmeur.	598	2,218	1,033	»	»
Plouigneau.	844	2,249	857	»	»
Plouzévédé.	207	1,684	603	»	»
Saint-Pol-de-Léon.	615	1,105	420	»	»
Landivisiau.	937	848	521	»	»
Taulé.	423	670	590	»	»
Saint-Thégonnec.	1,160	360	667	»	»
Plouescat..	243	1,130	250	»	»
Sizun.	689	124	54	»	»
TOTAUX.	6.323	11.139	5,244	10	»

TOTAL GÉNÉRAL des Chevaux de tout âge. . . . . 22.716.

TABLEAU DE RECENSEMENT DES ANIMAUX DE LA RACE ÉQUINE

DANS L'ARRONDISSEMENT DE MORLAIX, EN 1846.

DÉSIGNATION des Cantons.	NOMS des COMMUNES.	CHEVAUX			JUMENTS		POULAINS de six mois à trois ans.	POULICHES de six mois à trois ans.	ANES et ANESSES.	MULETS et MULES
		employés à la reproduction.	non employés à la reproduction.	HONGRES.	employées à la reproduction.	non employées à la reproduction.				
Morlaix.	Morlaix	13	143	55	23	36	3	2	1	»
	Ploujean	37	23	135	245	24	20	65	3	»
	Sainte-Sève	3	14	8	69	17	12	19	»	»
	St-Martin-des-Champs	3	1	8	102	15	9	27	»	»
	Plourin	10	589	109	40	52	270	231	3	»
Lanmeur.	Lanmeur	7	12	35	277	100	67	105	»	»
	Plouégat-Guérand	5	22	20	139	35	36	40	»	»
	Plouézoc'h	4	»	2	208	18	105	57	»	»
	Garlan	»	6	7	74	40	18	48	1	»
	Guimaec	3	5	8	203	89	63	80	»	»
	Saint-Jean-du-Doigt	3	8	4	186	24	24	21	»	»
	Loquirec	»	20	10	20	50	25	10	»	»
	Plougasnou	10	8	42	714	»	351	563	»	»
Plouigneau	Plouigneau	10	89	54	547	170	51	139	1	»
	Le Ponthou	»	39	10	»	2	1	»	»	»
	Guerlesquin	5	25	48	148	21	7	25	»	»
	Botsorhel	6	26	41	136	50	30	34	1	»
	Plouégat-Moysan	6	21	17	66	18	18	30	»	»
	Lannéanou	»	11	16	55	48	22	30	»	»
	Plougonven	5	222	77	223	115	143	83	»	»
Plouzévédé	Plouzévédé	12	»	85	600	»	52	283	»	»
	Saint-Vougay	12	18	8	182	48	18	36	»	»
	Trézélidé	»	3	2	33	26	12	28	»	»
	Plouvorn	»	37	79	176	256	17	57	»	»
	Tréflaouénan	3	13	1	93	7	16	27	»	»
	Cléder	12	30	26	555	125	66	154	»	»
	A reporter	160	1,375	907	5,114	1,386	1,456	2,194	10	»

TABLEAU DE RECENSEMENT DES ANIMAUX DE LA RACE ÉQUINE

DANS L'ARRONDISSEMENT DE MORLAIX, EN 1846.

DÉSIGNATION des Cantons.	NOMS des COMMUNES.	CHEVAUX			JUMENTS		POULAINS de six mois à trois ans.	POULICHES de six mois à trois ans.	ANES et ANESSES.	MULETS et MULES.
		employés à la reproduction.	non employés à la reproduction.	HONGRES.	employées à la reproduction.	non employées à la reproduction.				
	Report.	169	1,375	907	5,114	1,386	1,456	2,194	10	»
	Saint-Pol-de-Léon. . .	»	112	47	316	110	110	169	»	»
	Roscoff.	3	161	37	88	43	36	31	»	»
	Ile-de-Batz.	»	54	»	»	»	»	»	»	»
Saint-Pol-de-Léon.	Plouénan.	14	17	12	384	19	22	145	»	»
	Mespaul..	»	1	7	150	»	8	50	»	»
	Plougoulm..	7	45	15	600	107	93	180	»	»
	Sibiril.	11	8	15	158	16	18	78	»	»
	Landivisiau.	1	211	20	38	42	129	21	»	»
	Bodilis.	6	25	8	215	32	47	96	»	»
	Guimiliau.	»	80	10	10	8	75	2	»	»
Landivisiau	Lampaul.	»	147	»	»	»	295	»	»	»
	Plougourvest.	10	15	14	26	10	24	59	»	»
	Plounéventer.	4	57	43	125	193	112	109	»	»
	Saint-Servais.	4	5	6	91	12	26	31	»	»
	Taulé.	10	26	42	200	192	69	93	»	»
	Henvic.	3	4	12	97	92	25	75	»	»
Taulé.	Carantec.	4	25	23	76	42	17	20	1	»
	Locquénolé.	»	»	2	8	6	»	2	»	»
	Guiclan..	11	141	78	119	1	257	23	»	»
	Saint-Thégonnec.. . .	»	1,200	10	»	»	500	»	»	»
Saint-Thégonnec	Pleyber-Christ.. . . .	»	250	»	12	6	330	7	»	»
	Le Cloître.	3	49	33	82	29	27	33	»	»
	Plounéour-Ménez. . .	»	504	3	3	2	240	»	»	»
	A reporter. . . .	260	4,512	1,344	7,912	2,348	3,914	3,438	11	»

TABLEAU DE RECENSEMENT DES ANIMAUX DE LA RACE ÉQUINE DANS L'ARRONDISSEMENT DE MORLAIX, EN 1846.

DÉSIGNATION des Cantons.	NOMS des COMMUNES.	CHEVAUX employés à la reproduction.	CHEVAUX non employés à la reproduction.	CHEVAUX HONGRES.	JUMENTS employées à la reproduction.	JUMENTS non employées à la reproduction.	POULAINS de six mois à trois ans.	POULICHES de six mois à trois ans.	ANES et ANESSES.	MULETS et MULES.
	Report.	260	4,312	1,344	7,912	2,348	3,914	3,438	11	»
Plouescat.	Plouescat.	8	10	34	196	6	12	22	»	»
	Plounévez-Lochrist. .	20	100	200	400	100	178	343	»	»
	Tréflez.	6	17	19	153	42	23	20	»	»
	Lanhouarneau. . . .	7	11	8	362	12	17	36	»	»
	Plougar.	5	30	25	252	12	25	112	»	»
Sizun.	Sizun.	»	308	3	3	»	121	2	»	»
	Saint-Sauveur. . . .	»	81	3	»	2	63	»	»	»
	Commana.	»	230	10	»	»	138	»	»	»
	Loc-Mélard.	»	123	6	6	»	24	2	»	»
	TOTAUX.	306	5,444	1,632	9,284	2,522	4,535	3,986	11	»

DÉSIGNATION DES CANTONS	RÉCAPITULATION PAR CANTONS.								
Morlaix.	66	760	315	479	144	314	344	7	»
Lanmeur.	32	81	128	1,821	356	689	924	1	»
Plouigneau.	32	433	263	1,173	424	272	341	2	»
Plouzévédé.	39	101	201	1,639	462	181	585	»	»
Saint-Pol-de-Léon.	35	398	133	1,696	295	287	673	»	»
Landivisiau.	25	540	101	505	297	706	318	»	»
Taulé.	28	196	157	500	333	368	213	1	»
Saint-Thégonnec.	3	2,003	46	97	37	1,097	40	»	»
Plouescat.	46	168	286	1,363	172	255	544	»	»
Sizun.	»	764	22	9	2	366	4	»	»
TOTAUX.	306	5,444	1,632	9,284	2,522	4,535	3,986	11	»

TOTAL GÉNÉRAL des Animaux de tout âge. . . . . 27,740.

Nous voyons, d'après ces tableaux, que le nombre général des chevaux dans l'arrondissement de Morlaix, était :

En 1813 de	12,564
En 1821 de	17,808
En 1825 de	17,105
En 1836 de	22,716
En 1846 de	27,740
Différence en plus de 1813 à 1821	5,244
Différence en moins de 1821 à 1825	703 (1)
Différence en plus de 1825 à 1836	5,611
Différence en plus de 1836 à 1846	5,024
Différence en plus de 1813 à 1846	15,176

(1) Cette différence, en moins, tient à la gastro-entérite épizootique de 1825, qui fit périr un si grand nombre d'animaux, non-seulement dans l'arrondissement de Morlaix, mais même dans toutes les parties de la France.

CHAPITRE 2.

COMMERCE. — VALEUR MOYENNE. — FOIRES. — DÉBOUCHÉS.

L'arrondissement de Morlaix se divise en cantons de production et en cantons d'élevage. Dans les cantons de production on ne conserve que les mères poulinières et les pouliches.

Ces cantons sont ceux de Lanmeur, Morlaix, Plouzévédé, Saint-Pol-de-Léon, Taulé, Plouescat et partie de ceux du Ponthou et de Landivisiau.

Dans les cantons d'élevage on ne trouve pour ainsi dire que des mâles. Ce sont ceux de Saint-Thégonnec, Sizun et partie de ceux de Plouigneau et de Landivisiau.

Cette division en cantons de production et en cantons d'élevage offre une grande ressource pour le commerce de chevaux. Elle permet aux producteurs de se défaire de leurs jeunes mâles et de les vendre, dès l'âge de six à dix-huit mois, aux éleveurs de l'arrondissement et à ceux des environs de Loudéac, Quintin, Dinan et Rennes. Ceux-ci les gardent jusqu'à l'âge de deux à trois ans et les revendent ensuite aux marchands étrangers qui viennent s'approvisionner en Bretagne.

La race de trait bretonne est moins belle, il est vrai, que la race normande, mais elle offre sur cette dernière plusieurs avantages qu'il est bon de signaler. Elle est plus dure et résiste plus à la fatigue; elle supporte mieux les intempéries de l'atmosphère et les longues abstinences. Les chevaux de cette race ont la réputation de faire par force ce que les autres font par souplesse. Ils sont réputés les meilleurs de France pour le roulage accéléré (poste, messageries, artillerie).

Cette race fournit à la Normandie et au Perche un grand nombre de poulains de trait et d'autres plus légers. Ces poulains sont élevés dans ces contrées jusqu'à l'âge de quatre ans, puis on les vend comme chevaux normands ou percherons.

Les marchands du Poitou, d'Angers et des environs de Loudéac achètent aussi un grand nombre de juments de cette race qu'ils conduisent dans le midi de la France. Une partie est employée comme juments mulassières et l'autre partie comme juments de labour et d'attelage.

La race équine légère fait aussi l'objet d'un commerce très-considérable : mais, comme nous l'avons déjà dit, on ne produit pas de ces chevaux dans l'arrondissement de Morlaix. On les élève seulement dans les cantons d'élevage. Ils nous viennent tous du dehors.

C'est aux foires de Quimper, de Châteaulin, de Châteauneuf-du-Faou, de Carhaix et de Quimperlé que nos éleveurs vont acheter des bidets de deux ou trois ans. Ces bidets recevant ici une nourriture abondante, succulente et de bonne qualité, finissent par acquérir de la taille et un grand développement sans, pour cela, perdre de leur vigueur.

En 1812, les prix moyens et la durée moyenne des animaux de la race équine, dans l'arrondissement de Morlaix, pouvaient être établis comme il suit :

PRIX MOYENS.

Elève de 1 à 3 ans	150f »c
Chevaux de 3 à 5 ans	200 »
Chevaux de 5 à 8 ans	300 »
Chevaux de 8 à 12 ans	250 »

DURÉE MOYENNE.

De 18 à 20 ans.

Depuis 1812, la durée moyenne est restée la même, mais les prix moyens ont beaucoup augmentés. On peut les considérer, en 1848, comme étant :

1° POUR LES ESPÈCES DE TRAIT ET CARROSSIÈRES.

Elève de 1 à 3 ans	300f »c
Chevaux de 3 à 5 ans	450 »
Chevaux de 5 à 8 ans	500 »
Chevaux de 8 à 12 ans	250 »

2° POUR L'ESPÈCE DE SELLE.

NOTA. — Ces chevaux n'étant pas produits dans l'arrondissement, mais seulement élevés, nous ne pouvons pas établir le prix des élèves.

Chevaux de 4 à 5 ans	300f »c
Chevaux de 5 à 8 ans	350 »
Chevaux de 8 à 12 ans	200 »

La valeur moyenne de tous les animaux de la race équine dans l'arrondissement de Morlaix pouvant être portée à 350 fr. par tête, il résulte que la valeur réelle des animaux de cette race est, d'après le recensement de 1846, de.......... 9,709,000f »c

Les principales foires qui se tiennent dans l'arrondissement de Morlaix sont celles indiquées dans le tableau suivant :

Extrait du registre des délibérations du conseil d'arrondissement de Morlaix.
Session de 1840.

—

FOIRES.

« Le Conseil examine de nouveau les renseignements recueillis par l'administration, » relativement aux foires de l'arrondissement, et, après nouvelle délibération, établit comme » suit le tableau des foires et des marchés qu'il serait utile de conserver ou d'autoriser. »

CANTON DE PLOUIGNEAU.

Plouigneau. — *Six foires.* — Le troisième jeudi des mois de Février, Avril, Juin, Août, Octobre et Décembre.

Plougonven. — *Douze foires.* — Six au chef-lieu, le deuxième mercredi des mois de Janvier, Mars, Juillet, Septembre, Novembre et le 18 Mai; et six à Saint-Eutrope, le deuxième mercredi des mois de Février, Juin, Août, Décembre, le 9 Octobre et le 30 Avril.

Guerlesquin. — *Douze foires.* — Le premier lundi des mois de Janvier et de Février; le lundi avant la Mi-Carême, le lundi des Rameaux, le lundi de la Quasimodo, le lundi après les Rogations, le lundi avant la Saint-Jean, le quatrième lundi de Juillet, le troisième lundi de Septembre, le premier lundi des mois d'Octobre et de Novembre et le premier lundi de l'Avent.

Lannéanou. — *Une foire.* — Le lundi qui suit le dernier dimanche du mois d'Août.

Nota. — Le conseil vote la suppression des quatre foires du Ponthou et rejette la demande d'en établir à Botsorhel.

CANTON DE LANMEUR.

Lanmeur. — *Sept foires.* — Le deuxième lundi du Carême, le 6 Mai, le 11 Juin, le 16 Août, le 9 Septembre, le premier vendredi d'Octobre, le 9 Décembre. (Deux jours pour la foire d'Octobre). Suppression des autres foires.

Nota. — Le conseil vote, au même chef-lieu, l'établissement d'un marché qui se tiendra le vendredi.

Plouégat-Guérand. — *Trois foires.* — Le 22 Janvier, le 20 Juillet et le 22 Décembre.

Nota. — Le conseil, à la majorité, vote la translation au chef-lieu de la foire du 20 Juillet qui se tient à Pont-Ménou.

Plouézoc'h. — *Quatre foires.* — L'une à Saint-Antoine le 17 Janvier, les trois autres au bourg le 20 Avril, le 17 Juillet et le 27 Décembre.

CANTON DE MORLAIX.

Morlaix. — *Quinze foires* — Le second samedi des mois de Janvier, Février, Mars, Avril, Mai, Juin, Juillet, Août, Septembre, Novembre et Décembre, le jeudi avant la Trinité, le 4 Juillet, le 25 Novembre et les 15 et 16 octobre.

Plourin. — Le conseil se prononce contre l'établissement de foires à Plourin.

CANTON DE TAULÉ.

Taulé. — *Douze foires à Penzé.* — Le premier lundi de chaque mois, excepté dans celui d'Octobre. Suppression de celle qui se tient le premier lundi d'Octobre, qui sera remplacée par la foire du 29 Septembre.

Guiclan. — Le conseil vote la suppression des foires de Guiclan, à Kersaint-Gilly, qui n'existent pas de fait.

CANTON DE SAINT-THÉGONNEC.

Saint-Thégonnec. — *Douze foires.* — Le premier mardi de chaque mois.

Plounéour-Ménèz. — *Neuf foires.* — Quatre au chef-lieu, le deuxième lundi des mois de Janvier, Avril, Juin et Novembre; cinq au Rélec, le premier Février, le 24 Mars, le 14 Août, le 7 Septembre et le 7 Décembre.

Nota. — Le conseil rejette la demande de foires faite par la commune de Pleyber-Christ.

CANTON DE SIZUN.

Sizun. — *Douze foires.* — Le troisième jeudi de chaque mois, excepté le troisième jeudi de Février qui sera remplacée par la foire du Jeudi gras, et le troisième jeudi d'Octobre qui sera remplacée par le jeudi après la foire haute à Morlaix.

Commana. — *Douze foires.* — Le dernier mardi de chaque mois, excepté dans le mois de Septembre où la foire mensuelle aura lieu le 30, et dans le mois de Décembre où elle aura lieu le 17.

CANTON DE LANDIVISIAU.

Landivisiau. — *Treize foires.* — Le deuxième mercredi de chaque mois, excepté le deuxième mercredi de Septembre, le 15 et le 22 Septembre.

Guimiliau. — *Six foires.* — Le troisième lundi des mois de Février, Mars, Mai et Juillet, et le deuxième mardi des mois de Septembre et de Novembre.

Lampaul. — Le conseil ne pense pas qu'il y ait lieu d'autoriser la tenue de foires à Lampaul.

CANTON DE PLOUESCAT.

Plouescat. — *Huit foires.* — Le premier samedi des mois de Janvier, Février, Mars, Avril et Juin; le 10 Août, le 18 Octobre et le premier samedi de Décembre.

Plounévez-Locrhist. — *Deux foires.* — Le 14 Septembre à Lochrist et le troisième jeudi de Mars au chef-lieu.

Lanhouarneau. — *Cinq foires.* — Les 25 Avril, 6 Mai, 11 Juin, 17 Juillet et 18 Septembre.

CANTON DE PLOUZÉVÉDÉ.

Plouzévédé. — Le conseil n'est pas d'avis de l'établissement de foires à Berven.

Cléder. — *Deux foires.* — Le 28 Janvier et le 18 Novembre.

CANTON DE SAINT-POL-DE-LÉON.

Saint-Pol-de-Léon. — *Huit foires.* — Le troisième mardi des mois de Février, Avril, Juin, Juillet, Août, Octobre, Novembre et Décembre.

Sibiril. — *Une foire.* — Le 28 Octobre à Saint-Jacques.

Mespaul — Le conseil n'est pas d'avis de l'établissement de foires à Mespaul.

Total des foires proposées par le conseil d'arrondissement. 162

Pour copie conforme :

Le Sous-Préfet,

Signé : L. LÉZIART.

Les propositions du conseil d'arrondissement ont été modifiées par le conseil général, de la manière suivante :

TABLEAU DES FOIRES DE L'ARRONDISSEMENT DE MORLAIX,

PROPOSÉES PAR LE CONSEIL GÉNÉRAL DU FINISTÈRE, DANS SA SESSION D'AOUT 1840.

DÉSIGNATION des Cantons.	NOMS des COMMUNES.	NOMBRE de Foires.	JOURS DE LEUR TENUE.
Plouigneau.	Plouigneau.	9	Le troisième jeudi de Février, Avril, Juin, Septembre, Novembre et Décembre. Le deuxième lundi de Janvier, le mercredi des Cendres, le lendemain de l'Ascension.
	Plougonven.	12	Six au chef-lieu, le deuxième mercredi des mois de Janvier, Mars, Juillet, Septembre, Novembre et le 18 Mai. Six à Saint-Eutrope, le deuxième mercredi de Février, Juin, Août, Décembre, le 9 Octobre et le 30 Avril.
	Guerlesquin.	12	Le premier lundi de Janvier et de Février, le lundi avant la mi-Carême, le lundi des Rameaux, le lundi de la Quasimodo, le lundi après les Rogations, le lundi avant la Saint-Jean, le quatrième lundi de Juillet, le lundi après le 15 Juillet, le troisième lundi de Septembre, le premier lundi des mois d'Octobre et de Novembre.
	Lannéanou.	1	Le lundi qui suit le premier dimanche du mois d'Août.
Lanmeur.	Lanmeur.	7	Le second lundi du Carême, le 6 Mai, le 11 Juin, le 16 Août, le 9 Septembre, le premier vendredi d'Octobre, le 9 Décembre.
	Plouégat-Guérand.	3	22 Janvier, 20 Juillet à Pont Ménou, 22 Décembre.
	Plouézoc'h.	4	Une à Saint-Antoine, le 17 Janvier; les trois autres au bourg, les 20 Avril, 17 Juillet et 27 Décembre.
Morlaix.	Morlaix.	15	Le deuxième samedi des mois de Janvier, Février, Mars, Avril, Mai, Juin, Juillet, Août, Septembre, Novembre et Décembre; le jeudi avant la Trinité, le 4 Juillet, le 15 Novembre et les 15 et 16 Octobre.

TABLEAU DES FOIRES DE L'ARRONDISSEMENT DE MORLAIX,

PROPOSÉES PAR LE CONSEIL GÉNÉRAL DU FINISTÈRE, DANS SA SESSION D'AOUT 1840.

DÉSIGNATION des Cantons.	NOMS des COMMUNES.	NOMBRE de Foires.	JOURS DE LEUR TENUE.
Taulé.	Taulé.	13	Le premier lundi de chaque mois, le 29 Septembre.
Saint-Thégonnec.	Saint-Thégonnec.	12	Le premier mardi de chaque mois.
	Plounéour-Ménez.	10	Le deuxième lundi des mois de Janvier, Avril et Juin, le 13 Juillet et le 9 Novembre ; au Rélec, les 1er Février, 24 Mars, 14 Août, 7 Septembre et 7 Décembre.
Sizun.	Sizun.	12	Le troisième jeudi de chaque mois, excepté ceux de Février et d'Octobre; le Jeudi-Gras, le jeudi après la foire haute à Morlaix.
	Commana.	12	Le dernier mardi de chaque mois, excepté ceux de Septembre et de Décembre ; le 30 Septembre et le 27 Décembre.
Landivisiau	Landivisiau.	14	Le deuxième mardi de chaque mois, les 15 et 22 Septembre.
	Guimiliau.	12	Le deuxième mardi des mois de Mars, Juillet et Novembre ; le troisième mardi des autres mois.
Plouescat.	Plouescat.	6	Le premier samedi de Février, Avril et Juin ; le 10 Août, le 18 Octobre, le premier samedi de Décembre.
	Plounévez-Lochrist.	2	Le 14 Septembre à Lochrist ; le troisième jeudi de Mars au chef-lieu.
	Lanhouarneau.	5	Le 25 avril, le 6 Mai, le 11 Juin, le 17 Juillet et le 25 Août.
Saint-Pol-de-Léon.	Saint-Pol-de-Léon.	12	Le troisième mardi de chaque mois.
	Sibiril.	3	Le 28 Octobre, le 6 et le 27 Décembre.
Plouzévédé.	Cléder.	2	Le 28 Janvier, le 18 Novembre.

Arrêté par le conseil général, à la séance du 28 Août 1840.

(Suivent les signatures des membres du conseil.)

TABLEAU DES FOIRES EN ACTIVITÉ DANS L'ARRONDISSEMENT DE MORLAIX.

DÉSIGNATION des Cantons.	NOMS des Communes.	NOMBRE DES FOIRES par année dans chaque commune.	ÉPOQUES auxquelles elles se tiennent.	DURÉE de chaque FOIRE.	NATURE des MARCHANDISES et des Denrées qu'on y met en vente.	RENSEIGNEMENTS et OPINION DE M. LE SOUS-PRÉFET sur l'importance de chaque Foire.	OBSERVATIONS.
Morlaix.	Morlaix.	10	Le 2ᵉ samedi des mois de Janvier, Février, Mars, Avril, Mai, Juin, Juillet, Août, Septembre et Décembre.	1 jour.	Chevaux, bêtes à cornes, et porcs.	Des quatorze foires qui se tiennent à Morlaix, les quatre dernières ont seules une grande importance par les nombreuses ventes qui s'y font. Pour les autres foires, si on ne devait les considérer que sous le rapport du mouvement des affaires qui s'y traitent, le nombre pourrait en être réduit; mais l'habitude prise depuis longtemps par les cultivateurs de fréquenter ces marchés, à époques fixes, rendrait leur réduction difficile, pour ne pas dire impossible, et l'intérêt de la commune, sous le rapport du produit de son octroi et du droit d'étalage, réclame d'ailleurs le maintien des choses en l'état actuel.	Les douze premières foires sont légales. Les deux dernières, celles de la semaine Blanche et de St-Martin ne sont point reconnues. Elles remontent à une époque sur laquelle on n'a pu obtenir aucun renseignement. Les affaires qui s'y traitent sont nombreuses, surtout en bestiaux de toutes espèces. Si un changement devait être fait à l'état actuel des choses, il serait peut-être préférable de conserver et de rendre légales ces deux foires, en supprimant celles qui se tiennent le deuxième samedi de Juin et de Juillet.
		1	Le 15 Octobre, dite Foire-Haute.	Elle est censée durer huit jours. Sa durée effective n'est que de deux jours.	Chevaux, bêtes à cornes et toutes espèces de marchandises et de denrées.		
		1	Le Jeudi avant la Trinité, dite de la Semaine Sainte.	1 jour.	Chevaux, bêtes à cornes et porcs.		
		1	Le 25 Novembre, dite Ste-Catherine.	2 jours.	Chevaux, bêtes a cornes et porcs.		
		1	Le 4 Juillet, dite Saint-Martin.	1 jour.	Chevaux, bêtes a cornes et porcs.		
Landivisiau	Landivisiau	12	Le 2ᵉ Mercredi de chaque mois.	1 jour.	Chevaux, bêtes à cornes, porcs et toutes especes de marchandises et de denrées.	Les quatorze foires qui se tiennent à Landivisiau sont toutes très-utiles et très-importantes.	Toutes les foires de Landivisiau sont très-suivies et il s'y fait de nombreuses affaires. Cependant les plus fortes sont celles des 15 et 22 Septembre.
		1	Le 15 Septembre.	1 jour.	Chevaux.		
		1	Le 22 Septembre.	2 jours.	Chevaux, bêtes a cornes, porcs et toutes especes de marchandises et de denrées.		

TABLEAU DES FOIRES EN ACTIVITÉ DANS L'ARRONDISSEMENT DE MORLAIX.

DÉSIGNATION des Cantons.	NOMS des Communes.	NOMBRE DES FOIRES par année DANS CHAQUE COMMUNE.	ÉPOQUES auxquelles elles se tiennent.	DURÉE de chaque FOIRE.	NATURE des MARCHANDISES et des Denrées qu'on y met en vente.	RENSEIGNEMENTS et OPINION DE M. LE SOUS PRÉFET sur l'importance de chaque Foire.	OBSERVATIONS.
Landivisiau	Guimiliau.	3	Le 2e mercredi des mois de Mars, Juillet et Novembre.	1 jour.	Bêtes à cornes et porcs.	Ces foires sont toutes très-utiles et très-importantes.	En outre des trois foires indiquées ci-contre, il se tient encore à Guimiliau neuf autres foires qui *ne sont point* reconnues. Elles sont aussi importantes que les trois premières. Elles ont lieu depuis un temps immémorial, le troisième lundi des mois de Janvier, Février, Avril, Juin, Août, Septembre, Octobre et Décembre.
Saint-Pol-de-Léon.	Saint-Pol-de-Léon.	12	Le 3e mercredi de chaque mois. NOTA. celle du mois de Juillet est dite de la *Madeleine;* celle de Novembre est dite *Foire froide.*	1 jour, à l'exception de celles de Juillet et de Novembre qui durent 2 jours.	Bêtes à cornes et porcs, et quelques chevaux à celle de Juillet. Marchandises et toutes sortes de denrées.	Les foires d'hiver sont assez importantes et particulièrement les deux grandes foires de Juillet et Novembre. Cette commune possède deux foires aux chevaux qui n'ont pu jusqu'ici bien prendre. On espère avec quelques sacrifices les mener à un état satisfaisant.	Les foires reconnues sont celles qui se tiennent le dernier mardi de Février, Avril, Juin, Août, Octobre et Décembre. Celles non autorisées remontent au 15 Septembre 1830, date de l'ordonnance royale qui porte que les six foires précédemment instituées s'y tiendront à l'avenir, le dernier mardi des mois ci-dessus indiqués.
	Sibiril.	3	Le 28 Octobre. Le 6 Décembre. Le 27 Décemb.	1 jour.	Chevaux, bêtes à cornes et porcs.	Ces trois foires sont utiles.	
Lanmeur.	Lanmeur.	7	Le 2e lundi du Carême, le 6 Mai, le 11 Juin, le 10 Août, le 9 Septembre, le 1er mardi d'Octobre et le 9 Décembre.	1 jour.	Chevaux, bêtes à cornes et porcs.	On ignore l'époque de leur institution. On a lieu de croire qu'elles n'ont pu être reconnues. Il serait à désirer qu'elles pussent être conservées.	La foire du premier lundi d'Octobre ne contient que des chevaux. Elle est d'une grande importance. Quant aux autres foires, elles sont peu suivies et presque nulles.

TABLEAU DES FOIRES EN ACTIVITÉ DANS L'ARRONDISSEMENT DE MORLAIX.

DÉSIGNATION des Cantons.	NOMS des Communes.	NOMBRE DES FOIRES par année dans chaque commune.	ÉPOQUES auxquelles elles se tiennent.	DURÉE de chaque FOIRE.	NATURE des MARCHANDISES et des Denrées qu'on y met en vente.	RENSEIGNEMENTS et OPINION DE M. LE SOUS PRÉFET sur l'importance de chaque Foire.	OBSERVATIONS.
Lanmeur.	Plouézoc'h.	4	Le 7 Janvier. Le 20 Avril. Le 17 Juillet. Le 27 Décembre	1 jour.	Chevaux, bêtes à cornes et porcs.	Ces quatre foires ont été instituées par ordonnance royale, du 9 Mai 1837. L'une d'elles s'est tenue le 17 Juillet de la même année et était fréquentée.	Il est vrai que la 1re foire qui s'est tenue à Plouézoc'h a été fréquentée; mais celles qui suivirent le furent moins, et aujourd'hui elles sont désertes et tout-à-fait nulles.
Plouescat.	Plouescat.	6	Le 1er samedi des mois de Février, Avril et Juin; les 10 Août, 18 Octobre, le 1er samedi de Décembre.	Elles sont toutes d'un jour, excepté celle du 18 Octobre qui dure 2 jours.	Chevaux, bêtes à cornes et autres marchandises et denrées.	Ces foires sont toutes très-importantes et très-suivies, et spécialement celles des mois de Février et d'Octobre. On vend, le second jour de celle d'Octobre, pour plus de 12,000 francs de plumes d'oies.	La commune de Plouescat, située sur le bord de la Manche, possède, sinon le premier, du moins le second champ de foires de tout l'arrondissement.
	Lanhouarneau.	5	Le 25 Avril. Le 6 Mai. Le 11 Juin. Le 17 Juillet. Le 25 Août.	1 jour.	Chevaux, bêtes à cornes; toutes sortes de marchandises et de denrées.	Les quatre premières foires sont très-importantes et très-suivies. La dernière l'est moins, attendu qu'elle a lieu au moment de la récolte.	Quatre foires qui ne sont point reconnues se tiennent encore à Lanhouarneau dans les mois de Janvier, Février, Mars et Septbre. Elles sont aussi importantes et aussi suivies que les cinq autres.
	Plounévez-Lochrist.	2	Le 14 Septemb. le 3e jeudi de Mars.	1 jour.	Chevaux, bêtes à cornes; toutes sortes de marchandises et de denrées.	La première de ces foires est importante. L'autre n'a été instituée par ordonnance royale que le 2 mai 1837. On a lieu de penser qu'elle sera aussi bonne que la première.	
Plouigneau	Plouigneau	6	Le 3e jeudi des mois de Février, Avril, Juin, Août, Octobre et Décembre.	1 jour.	Chevaux, bestiaux, cochons et instruments, pour convertir le lin en fil.	Par ordonnance royale du 1er Août 1831, quatre foires avaient été établies à Plouigneau. Deux autres ont été accordées à cette commune par une ordonnance royale du 2 Mai 1837.	Les foires de Plouigneau sont très-suivies pour ce qui concerne la vente des bestiaux, des porcs et des instruments propres à convertir le lin en fil. Malheureusement les chevaux y sont toujours en très-petit nombre.

TABLEAU DES FOIRES EN ACTIVITÉ DANS L'ARRONDISSEMENT DE MORLAIX.

DÉSIGNATION des Cantons.	NOMS des Communes.	NOMBRE DES FOIRES par année dans chaque commune.	ÉPOQUES auxquelles elles se tiennent.	DURÉE de chaque FOIRE.	NATURE des MARCHANDISES et des Denrées qu'on y met en vente.	RENSEIGNEMENTS et OPINION DE M. LE SOUS-PRÉFET sur l'importance de chaque Foire.	OBSERVATIONS.
Plouigneau	Plougonven	6	Le 18 mai ; le 2e mercredi de Janvier, Mars, Mai, Juillet et Novembre.	1 jour.	Chevaux, bêtes à cornes et porcs.	Ces six foires sont très-importantes pour le commerce des bêtes à cornes surtout.	Les animaux de la race équine sont en petit nombre aux foires de Plougonven. Cependant il ne manque pas dans la commune des chevaux qui sans être très-distingués n'en sont pas moins bons.
	Saint-Eutrope.	8	Le 30 Avril, le 9 Octobre, le 2e mercredi de Février, Avril, Juin, Août, Octobre et Décembre.	1 jour.	Chevaux, bêtes à cornes et porcs.	Elles sont toutes importantes et très-suivies, particulièrement pour le commerce des animaux de la race bovine. Ces foires se tiennent régulièrement depuis un temps immémorial.	St-Eutrope n'est qu'une trève de Plougonven. C'est dans cette commune que les bouchers des villes et les marchands des îles de Guernesey et de Jersey (Angleterre), viennent faire des achats considérables de bœufs gras. On y vend aussi un grand nombre de vaches et de veaux gras. Les chevaux y sont peu nombreux.
	Guerlesquin.	13	Le 1er lundi de Janvier et de Février; le lundi avant la mi-Carême ; le lundi des Rameaux ; le lundi de la Quasimodo; le lundi après les Rogations ; le lundi avant la Saint-Jean ; le 4e lundi de Juillet ; le lundi après le 15 Août; le 3e lundi de Septembre ; le 1er lundi d'Octobre, de Novembre et de l'Avent.	1 jour.	Chevaux, mais particulièrement des bidets et des bidettes; bêtes à cornes de toutes espèces; porcs, beurre, graisse, volailles, fils, etc.	Les treize foires de Guerlesquin sont toutes importantes. Mais il paraîtrait que six seulement sont légales et que les sept autres ne le sont pas. Celles reconnues légales se tiennent le premier lundi des mois de Janvier, Mars, Mai, Juillet, Septembre et Novembre.	Outre les treize foires indiquées ci-contre, il se tient à Guerlesquin douze autres qui ne sont point légales et qui sont aussi importantes que les premières. Cette commune possède donc vingt-cinq foires, c'est-à-dire une tous les quinze jours.

TABLEAU DES FOIRES EN ACTIVITÉ DANS L'ARRONDISSEMENT DE MORLAIX.

DÉSIGNATION des Cantons.	NOMS des Communes.	NOMBRE DES FOIRES par année dans chaque commune.	ÉPOQUES auxquelles elles se tiennent.	DURÉE de chaque FOIRE.	NATURE des MARCHANDISES et des Denrées qu'on y met en vente.	RENSEIGNEMENTS et OPINION DE M. LE SOUS PRÉFET sur l'importance de chaque Foire.	OBSERVATIONS.
Taulé.	Penzé.	13	Le 1er lundi de chaque mois et le 29 Septembre.	1 jour.	Chevaux, bêtes à cornes et porcs, et, de plus, pour la foire du 29 Septembre, une grande quantité de miel.	Toutes importantes.	Penzé n'est qu'une trève de Taulé. C'est là que se tiennent les principales foires de l'arrondissement. Il est à regretter que Penzé ne possède pas un champ de foire approprié aux nombreuses affaires qui s'y font.
Saint-Thégonnec	Saint-Thégonnec	6	Le 1er mardi de Janvier, Mars, Mai, Juillet, Septembre et Novembre.	1 jour.	Bêtes à cornes et porcs.	Elles sont toutes importantes. Outre ces six foires, l'usage en a consacré six autres qui se tiennent le premier mardi de Février, Avril, Juin, Août, Octobre et Décembre. Elles ne sont pas moins importantes que les autres. Les mêmes marchandises y sont vendues.	Il est étonnant qu'il n'y ait pas de foires de chevaux à St-Thégonnec. Les cultivateurs de cette commune sont tous éleveurs, et le nombre de poulains et bidets qu'ils vendent annuellement est très-considérable.
	Plounéour-Ménez.	5	Le 2e lundi des mois de Janvier, Avril et Juin; le 13 Juillet et le 9 Novembre.	1 jour.	Chevaux, bêtes à cornes et porcs.	Ces foires sont très-suivies et offrent une très-grande importance pour le commerce des bêtes bovines.	Les chevaux que l'on rencontre dans les foires de Plounéour-Ménez sont en petit nombre et appartiennent à la race des doubles bidets. Les porcs appartiennent à la race généralement élevée dans le pays.

TABLEAU DES FOIRES EN ACTIVITÉ DANS L'ARRONDISSEMENT DE MORLAIX.

DÉSIGNATION des Cantons.	NOMS des Communes.	NOMBRE DES FOIRES par année DANS CHAQUE COMMUNE.	ÉPOQUES auxquelles elles se tiennent.	DURÉE de chaque FOIRE.	NATURE des MARCHANDISES et des Denrées qu'on y met en vente.	RENSEIGNEMENTS et OPINION DE M. LE SOUS-PRÉFET sur l'importance de chaque Foire.	OBSERVATIONS.
Saint-Thégonnec	Le Rélec.	5	Le 1er Février. Le 24 Mars. Le 14 Août. Le 7 Septembre. Le 7 Décembre.	1 jour.	Chevaux, bêtes à cornes et porcs.	Ces foires sont très-suivies et offrent une très-grande importance pour le commerce des bêtes bovines.	Le Relec est une trève de Plounéour-Ménez. Comme dans cette commune on ne trouve dans les foires que des bidets et jamais des animaux de la race équine forte.
Sizun.	Sizun.	14	Le 3e jeudi de chaque mois; le jeudi gras et le jeudi après le 15 Septembre.	1 jour.	Chevaux, bêtes à cornes et porcs.	Les quatorze foires qui se tiennent à Sizun sont très-suivies et très-importantes. Les chevaux qui se vendent sont de la race des bidets.	Il paraît qu'il n'y a que six foires de légalement autorisées. Ce sont celles du troisième jeudi des mois de Février, Avril, Juin, Août, Octobre et Décembre. Les huit autres ont été consacrées par l'usage.
	Commana.	14	Le dernier mardi de chaque mois; le 30 Septembre et le 27 Décembre.	1 jour.	Chevaux et bêtes à cornes.	Ces quatorze foires sont toutes importantes. Comme à Sizun, il n'y a que six foires légales. Ce sont celles du dernier mardi de Janvier, Mars, Mai, Juillet, Septembre et Novembre. Les autres ont aussi été consacrées par l'usage et depuis un temps immémorial qu'il est impossible de fixer.	Comme pour les foires de Sizun, celles qui se tiennent à Commana ne contiennent, outre les bêtes à cornes, que des bidets. Il s'en fait un commerce assez considérable.
Plouzévédé	Cléder.	2	Le 28 Janvier, le 18 Novembre.	1 jour.	Chevaux, bêtes à cornes et porcs.	Ces deux foires sont très-importantes et très-suivies.	La commune de Cléder étant placée sur le littoral contient un grand nombre de belles juments.

TOTAL GÉNÉRAL des Foires qui se tiennent dans l'arrondissement de Morlaix. 162

Il résulte du tableau qui a été dressé par M. Duchâtellier, que les importations et les exportations de chevaux, en 1812, dans l'arrondissement de Morlaix, étaient réglées de la manière suivante :

IMPORTATION.

Chevaux propres au trait,	de l'âge de 1 à 4 ans.	874
Idem,	de l'âge de 5 à 12 ans.	263
Juments propres au trait,	de l'âge de 1 à 4 ans.	420
Idem,	de l'âge de 5 à 12 ans.	247
Chevaux propres au carrosse,	de l'âge de 1 à 4 ans.	220
Idem,	de l'âge de 5 à 12 ans.	10
Juments propres au carrosse,	de l'âge de 1 à 4 ans.	48
Idem,	de l'âge de 5 à 12 ans.	3
Chevaux propres à la selle,	de l'âge de 1 à 4 ans.	336
Idem,	de l'âge de 5 à 12 ans.	188
Juments propres à la selle,	de l'âge de 1 à 4 ans.	137
Idem,	de l'âge de 5 à 12 ans.	4
Total général des animaux de tout âge et de tout sexe. . . .		2,750

EXPÉDITIONS A L'INTÉRIEUR.

Chevaux propres au trait,	de l'âge de 1 à 4 ans.	991
Idem,	de l'âge de 5 à 12 ans.	445
Juments propres au trait,	de l'âge de 1 à 4 ans.	542
Idem,	de l'âge de 5 à 12 ans.	400
Chevaux propres au carrosse,	de l'âge de 1 à 4 ans.	60
Idem,	de l'âge de 5 à 12 ans.	13
Juments propres au carrosse,	de l'âge de 1 à 4 ans.	25
Idem,	de l'âge de 5 à 12 ans.	»
Chevaux propres à la selle,	de l'âge de 1 à 4 ans.	148
Idem,	de l'âge de 5 à 12 ans.	105
Juments propres à la selle,	de l'âge de 1 à 4 ans.	122
Idem,	de l'âge de 5 à 12 ans.	38
Total.		2,889

EXPORTATION A L'ÉTRANGER.

Chevaux propres au trait,	de l'âge de 1 à 4 ans.	54
Idem,	de l'âge de 5 à 12 ans.	42
Juments propres au trait,	de l'âge de 1 à 4 ans.	49
Idem,	de l'âge de 5 à 12 ans.	56
Chevaux propres au carrosse,	de l'âge de 1 à 4 ans.	18
Idem,	de l'âge de 5 à 12 ans.	14
Juments propres au carrosse,	de l'âge de 1 à 4 ans.	20
Idem,	de l'âge de 5 à 12 ans.	6
Chevaux propres à la selle,	de l'âge de 1 à 4 ans.	13
Idem,	de l'âge de 5 à 12 ans.	16
Juments propres à la selle,	de l'âge de 1 à 4 ans.	20
Idem,	de l'âge de 5 à 12 ans.	12
Total.		320

Il résulte de ce tableau, qu'il a été importé en 1812 :

Chevaux de trait.	1137
Juments de trait.	667
Chevaux de carrosse.	230
Juments de carrosse.	51
Chevaux de selle.	524
Juments de selle.	141
Total général des animaux importés.	2,750

Il a été exporté en la même année :

1° A l'intérieur :

Chevaux de trait.	1436
Juments de trait.	942
Chevaux de carrosse.	73
Juments de carrosse.	25
Chevaux de selle.	253
Juments de selle.	160
Total.	2,889

2° A l'étranger :

Chevaux de trait.	96
Juments de trait.	105
Chevaux de carrosse.	32
Juments de carrosse.	26
Chevaux de selle.	29
Juments de selle.	32
Total.	320
Total général des animaux exportés.	3,209

Depuis 1812, ces chiffres ont beaucoup varié. L'importation de chevaux est presque nulle aujourd'hui, tandis que l'exportation, tant à l'intérieur qu'à l'étranger, a plus que doublée.

On peut se faire une juste idée du mouvement commercial des chevaux dans l'arrondissement de Morlaix par le tableau suivant :

IMPORTATION EN 1847.

Chevaux entiers, race des bidets de l'âge de deux à trois ans achetés aux foires de Quimper, de Châteaulin, de Châteauneuf-du-Faou et de Quimperlé, par nos éleveurs.	1,500
Chevaux hongres et juments des races normande, anglaise et mecklembourgeoise, achetés par les propriétaires amateurs.	120
Total des animaux importés.	1,620

EXPORTATION EN 1847, TANT A L'INTÉRIEUR QU'A L'ÉTRANGER.

Poulains laitrons achetés par les éleveurs des Côtes-du-Nord et d'Ille-et-Vilaine. .	2,050
Poulains de deux à trois ans, achetés par les marchands et les éleveurs des environs de Dinan, Bécherel et Rennes.	2,500
Chevaux hongres et juments achetés par la remonte.	200
Juments de trois ans et au-dessus, achetées par les marchands de Loudéac, du Poitou et de la Gascogne.	4,500
Total des animaux exportés.	9,250 (1)

En portant la valeur moyenne des 1,500 bidets importés dans l'arrondissement de Morlaix à 200 fr., et celles des 120 chevaux hongres et juments, également importés, à 500 fr., on trouve que cet arrondissement a dépensé une somme de trois cent soixante mille fr., ci.	360,000f »
En portant à 250 francs la valeur moyenne des 9,250 chevaux et juments exportés, on trouve que le même arrondissement a reçu une somme de deux millions trois cent douze mille cinq cents francs, ci.	2,312,500 »
Il reste donc un boni de un millon neuf cent cinquante-deux mille cinq cents francs pour le seul commerce des animaux de la race équine, ci.	1,952,500 »

(1) Nous n'établissons ces chiffres que d'une manière approximative. Nous pensons cependant qu'ils sont encore au-dessous de la vérité.

CHAPITRE 5.

ÉTALONS. — SAILLIES. — APPAREILLEMENTS. — CROISEMENTS.

Les étalons de la race équine qui font la monte dans l'arrondissement de Morlaix se divisent en trois grandes catégories :

1° Étalons nationaux ;
2° Étalons départementaux ;
3° Étalons des particuliers.

ÉTALONS NATIONAUX.

Les étalons nationaux sont fournis par le dépôt de Langonnet.

ÉTALONS DÉPARTEMENTAUX.

Les étalons départementaux sont achetés par le département, qui les cède, pour moitié prix, à des propriétaires ou cultivateurs intelligents, et qui accorde à chaque reproducteur une pension annuelle de cent cinquante francs.

ÉTALONS DES PARTICULIERS.

Les étalons des particuliers se divisent : 1° en étalons autorisés ; 2° en étalons non autorisés. C'est parmi les premiers que l'administration des haras doit choisir des étalons approuvés.

L'arrondissement de Morlaix comptait, en 1812, en étalons de toutes espèces, savoir :

Étalons propres au trait	39
Étalons propres au carrosse	4
Étalons propres à la selle	4
Total	47

Nous avons dit, en parlant du recensement qui fut fait en 1813, qu'il existait à cette époque, dans l'arrondissement de Morlaix, 4,692 juments.

En accordant 50 juments à chacun des 47 étalons existants en 1812, ils ne saillissaient que 2,350. Il restait donc encore 2,342 dont quelques-unes étaient couvertes par les étalons des particuliers non approuvés et les autres étaient rangées parmi les pouliches.

En parlant du recensement de 1821, nous avons vu que le nombre des chevaux entiers employés à la monte était de 159 et celui des juments employées à la reproduction de 4,264. En accordant toujours 50 juments à chacun de ces 159 reproducteurs, ils auraient dû saillir 7,950 juments.

Le nombre de 159 étalons était donc plus que suffisant pour les besoins de cette époque. Mais, il faut le dire, très-peu de ces reproducteurs méritaient le titre qu'on leur donnait. Presque tous étaient des chevaux trop jeunes ou trop vieux, tarés, exténués et mal conformés.

En 1825, il existait dans l'arrondissement de Morlaix 8,567 juments et pouliches. Sur ce nombre, 5,500 pouvaient être employées à la reproduction. A la même époque, le même arrondissement possédait 8,538 mâles. Si, de ce nombre, on employait encore 159 à la monte, leur nombre était aussi plus que suffisant.

En 1836, on comptait, dans notre arrondissement, 11,139 juments de tout âge. Les deux tiers, à-peu-près, étaient employées à la reproduction, soit 7,426. Le nombre des chevaux était de 6,323. Nous ne savons combien étaient employés comme reproducteurs; mais, en supposant qu'ils fussent toujours au nombre de 159 et qu'on accordât à chacun d'eux 50 juments, ce nombre était encore plus que suffisant.

Enfin, nous avons dit qu'en 1846 le nombre de femelles était de 15,792; savoir :

Juments employées à la reproduction.	9,284
Juments non employées à la reproduction	2,522
Pouliches.	3,986
Total.	15,792

Le nombre des mâles de tout âge était aussi de 11,937; savoir :

Chevaux entiers employés à la reproduction.	306
Chevaux entiers non employés à la reproduction	5,444
Chevaux hongres	1,652
Poulains	4,535
Total.	11,937

C'est donc 306 étalons que possédait notre arrondissement pour saillir 9,284 juments. Ce nombre devait être encore plus que suffisant si ces reproducteurs avaient été sans reproches. Malheureusement il n'en était pas ainsi. Nous ne pouvons pas exiger que tous les étalons soient parfaits puisque la perfection ne se trouve pas dans la nature; mais nous désirerions qu'ils fussent bien vigoureux, bien conformés et exempts de tares et de vices transmissibles.

De ces 306 étalons, le nombre des bons reproducteurs qui ont fait la monte, en 1846, se réduit à 29, savoir :

1° Étalons fournis par le dépôt national de Langonnet	à St.-Pol-de-Léon..	9
	à Morlaix.........	3
2° Étalons départementaux de race percheronne.....................		12
3° Étalons des particuliers qui reçoivent une pension annuelle de l'administration des haras..................................		5
Total....................		29

Voilà donc des 306 chevaux entiers qui sont décorés du titre d'étalons, le chiffre véritable des bons reproducteurs qui étaient destinés à saillir nos 9,284 mères poulinières et à améliorer nos races équines.

L'arrondissement de Morlaix comptait, en 1847 :

Étalons nationaux..	13
Étalons autorisés (étalons percherons et des particuliers)..............	31
Étalons de particuliers non autorisés............................	275
Total..................	319

De ce chiffre 319 étalons, on ne peut considérer comme très-bons et bons que 44.

L'on voit, d'après tout ce qui précède, combien notre arrondissement est riche en mères poulinières et combien aussi il est pauvre en bons étalons améliorateurs.

Le procédé généralement adopté pour la monte est celui en main. Il est presque partout le même et diffère peu de celui usité dans tous les pays.

Dans les stations d'étalons nationaux on met une bricole en cuir autour du cou de la jument. Cette bricole est munie de deux anneaux en fer, dont un est placé de chaque côté, en avant des épaules. Aux pâturons des deux pieds de derrière se placent des entravons munis de longes qui se croisent et qui forment corde sous le ventre et viennent se fixer aux anneaux de la bricole. Rarement on emploie le torde nez ou les morailles; ce n'est que dans des cas exceptionnels et lorsque les juments se livrent à des mouvements désordonnés, et qu'elles se défendent de l'approche du mâle qu'on a recours à ces moyens d'assujétissement. La queue est entourée par une gaîne en cuir, serrée au moyen de boucles et munie d'une corde qui vient se fixer du côté droit de la bricole, de manière à mettre la vulve à découvert. La jument est ensuite placée sur un terrain uni; un homme lui tient la tête haute.

La jument étant ainsi préparée, on lui conduit l'étalon. Si celui-ci est trop fougueux ou méchant on lui met les lunettes. On se sert constamment d'un caveçon. Le palefrenier a toujours soin de ne jamais laisser l'étalon monter la jument que quand il est suffisamment préparé. Alors, il dirige avec la main la verge dans la vulve, tout en s'assurant que des crins ne s'y soient pas introduits. L'éjaculation ayant eu lieu on retire l'étalon en faisant avancer la jument de quelques pas.

Le procédé employé pour la monte en main, dans les stations d'étalons départementaux et des particuliers, bien que peu différent de celui que nous avons décrit plus haut, éprouve, cependant, quelques modifications qu'il est bon de faire connaître.

Ici, on ne trouve ni bricole en cuir, ni entravons, ni gaîne pour entourer et fixer la queue, ni lunettes, ni caveçons. Tout se fait au moyen de cordes plus ou moins fortes, qui peuvent blesser les femelles qu'elles servent à assujétir.

Pour la jument, la bricole en cuir est remplacée, dans quelques stations, par une forte corde qui lui entoure le cou et qui en remplit l'office. Les entravons sont aussi remplacés par d'autres cordes qui entourent les pâturons des deux pieds de derrière et que l'on fixe, comme nous l'avons déja dit, à la corde qui sert de bricole. Dans d'autres stations, on se sert seulement d'entraves de cordes de soixante-cinq centimètres de long et munies d'un nœud coulant qui forme œil à chaque extrémité. Chacune de ces entraves se fixe aux pâturons d'un bipède diagonal, de manière à se croiser sous le ventre. Dans toutes ces stations, la queue de la jument n'est jamais relevée d'avance: ce n'est qu'au moment de la saillie que le conducteur de l'étalon la saisit et l'écarte de la main gauche, tandis que, de la droite, il introduit la tête du pénis dans le vagin; mais, pour exécuter cette manœuvre, il est obligé de lâcher la tête du mâle, ce qui n'est pas toujours sans danger.

Pour l'étalon, et surtout lorsqu'il est méchant, on remplace les lunettes par un morceau de toile grossière qu'on lui place sur les yeux. Enfin le caveçon est ordinairement remplacé par une bride, dont le mors est plié en deux dans le sens de sa longueur et muni, à ses bords tranchants, de petites dentelures, semblables à celles d'une étrille. Ces deux bords dentés portent sur les barres et sur les commissures des lèvres, qu'ils blessent et qu'ils finissent par rendre calleuses et insensibles.

Les étalons nationaux et départementaux ne saillissent jamais avant l'âge de 3 ans 1/2 ou 4 ans. Il n'en est pas de même pour les etalons des particuliers : l'envie de profiter de tous les avantages du moment engage les propriétaires bas-bretons à employer leurs animaux trop jeunes a l'acte de la génération. L'accroissement des femelles étant plus prompt que celui des mâles, il semble au premier abord qu'il n'y a aucun danger à les employer à cet acte à l'âge de deux ans, cependant, quand on réfléchit bien, on peut se convaincre qu'il en résulte de graves inconvénients.

Les femelles qui sont employées à cet âge à l'acte de la génération, particulièrement dans la race équine, n'ont pas encore acquis tout leur développement. Les organes génitaux, qui ne se développent qu'en dernier lieu, exercent une influence défavorable sur leurs produits, influence qui ne peut être que difficilement effacée par le choix d'un mâle vigoureux et robuste. Le petit étant resserré dans l'utérus éprouve de la gène et se développe mal; puis au moment de la mise bas, il n'en sortira que difficilement. D'ailleurs, cet utérus, qui n'a pas acquis tout le développement qu'il doit avoir un jour, ne peut fournir au petit que peu de matériaux nutritifs; aussi celui-ci sera faible, chétif et moins développé que ceux des portées suivantes.

L'influence fâcheuse qu'exercent ces jeunes femelles sur leurs produits n'a pas seulement lieu ceux-ci étant encore dans le sein de leur mère; cette influence s'exerce encore après la naissance.

Le petit se nourrira mal, parce que sa mère n'aura qu'une petite quantité de lait à lui donner; puis, ensuite, les jeunes femelles étant naturellement chatouilleuses repoussent leurs nourrissons lorsqu'ils veulent les approcher; il en est même qui les frappent au point de les priver de la vie. Voilà pour les femelles. Quant aux mâles, on ne connaît pas bien quel peut être le but de nos éleveurs à employer à la monte des mâles encore à l'adolescence, puisqu'il est reconnu qu'un seul suffit pour féconder plusieurs femelles.

Il est un fait avéré, c'est que toutes les pouliches sont pleines à vingt-sept mois ; à quatre ans elles ont déjà eu deux poulains. Les jeunes mâles sont employés à la monte dans l'arrondissement de Morlaix à l'âge de deux ans; à quatre ils sont déjà ruinés sur leurs membres postérieurs. Des cultivateurs parcourent tout le pays, depuis le commencement de Janvier jusqu'à la fin de Février, pour chercher des étalons de deux ans. Après une seule et rarement deux montes, ils sont généralement vendus à la foire de La Martyre, le deuxième lundi de Juillet. Ces jeunes mâles, dont les organes génitaux ne sont pas encore entièrement développés, saillissent autant de juments qu'ils peuvent le faire; le nombre pour eux n'est pas limité. Le propriétaire ne voit qu'une chose, c'est que chaque jument lui rapporte de trois à six francs, et le pauvre étalon, devrait-il mourir de fatigue et d'épuisement, est condamné à saillir et toujours saillir. D'après tout ce que nous venons de faire connaître, qu'on vienne encore prôner que tout, dans l'arrondissement de Morlaix, va pour le mieux !....... Si l'on veut relever les races équines bretonnes, on ne doit admettre pour la reproduction que des étalons et des juments dont le développement physique soit complet.

Le nombre de juments à donner à chaque étalon, pendant les trois mois que dure la monte, n'a rien de fixe dans l'arrondissement de Morlaix, pour les étalons départementaux et des particuliers. Dans les stations d'étalons nationaux, ce nombre est toujours en rapport avec l'âge des reproducteurs; il varie de 30 à 40 pour les étalons de 4 ans, et de 40 à 60 pour les étalons au-dessus de cet âge. Dans les stations d'étalons départementaux, le réglement porte que chaque étalon ne doit pas saillir plus de 60 juments pendant toute la monte; mais malheureusement ce chiffre est quelque fois dépassé.

Dans les stations d'étalons des particuliers ce nombre n'est pas limité.

Dans les stations d'étalons nationaux chaque étalon ne doit pas faire plus de deux saillies par jour, une le matin et l'autre le soir.

Dans les stations d'étalons départementaux et dans celles des particuliers, on ne suit aucune règle à cet égard.

Nous connaissons des stations dans lesquelles les étalons commencent les saillies à cinq heures du matin et les continuent, sans interruption, toutes les demi-heures jusqu'à huit heures du soir.

Nous le demandons à toute personne ayant des connaissances en physiologie : des saillies si souvent répétées, dans la même journée, et continuées pendant un laps de temps si considérable, peuvent-elles être avantageuses? Evidemment non. La liqueur prolifique n'a pas le temps d'être sécrétée en suffisante quantité, entre chaque saillie, et de séjourner assez longtemps dans les vésicules séminales pour que la copulation soit féconde. Aussi voit-on ces pauvres étalons, échauffés par des stimulants et par l'approche des femelles, entrer en érection et faire un simulacre de saillie qui ne peut avoir aucun bon résultat.

Démontrez au paysan bas-breton qu'il suit une route vicieuse et il vous répondra, le sourire sur les lèvres et en haussant les épaules, que ses parents avaient toujours agi ainsi, qu'ils s'en trouvaient bien, et que lui ne fait que les imiter. Que répondre à un pareil argument? Il ne reste qu'une seule chose à faire, se renfermer dans un mutisme complet; car toutes les bonnes raisons qu'on pourrait donner seraient inutiles. C'est du temps et de la propagation de l'instruction dans nos campagnes qu'il faut attendre le remède à un aussi fâcheux état de choses.

Nous regrettons de ne pas pouvoir donner ici, par années, le nombre exact de toutes les juments qui ont été saillies par les étalons nationaux, départementaux et des particuliers qui ont fait la monte dans l'arrondissement de Morlaix. Malgré toutes nos recherches, il nous a été impossible de compléter notre travail; des obstacles insurmontables nous en ont empêché. Nous nous bornerons donc à faire connaître le nombre de juments saillies par quelques-uns des étalons départementaux seulement :

TABLEAU DU NOMBRE DE JUMENTS SAILLIES EN 1841, 1842, 1843, 1844 ET 1845, PAR QUELQUES ÉTALONS DÉPARTEMENTAUX.

NOMS des PROPRIÉTAIRES.	DOMICILE des PROPRIÉTAIRES.	NOMS des ÉTALONS.	NOMBRE de JUMENTS SAILLIES.
MONTE DE 1841.			
MM. Crôm.	Plouigneau.	La Pomme.	41
Crôm.	Plouigneau.	Tancrède.	37
De Rusunan.	Plouénan.	Hercule.	67
Tanguy.	Plougoulm.	Bijou.	62
MONTE DE 1842.			
MM. Tanguy.	Plougoulm.	Bijou.	66
De Rusunan.	Plouénan.	Hercule.	63
De Rusunan.	Plouénan.	Robinson.	51
De Pleuc.	St-Martin-des-Champs.	Bisson.	41
Cotty.	Lanmeur.	Millon.	61
MONTE DE 1843.			
MM. Le Jeune.	Sibiril.	Rubens.	69
Cotty.	Lanmeur.	Millon.	69
De Rusunan.	Plouénan.	Robinson.	61
De Rusunan.	Plouénan.	Hercule.	35
De Fortzan.	Saint-Vougay.	Neptune.	56
De Fortzan.	Saint-Vougay.	Solide.	63
De Fortzan.	Saint-Vougay.	Atlas.	64

TABLEAU DU NOMBRE DE JUMENTS SAILLIES EN 1841, 1842, 1843, 1844 ET 1845,
PAR QUELQUES ÉTALONS DÉPARTEMENTAUX.

NOMS des PROPRIÉTAIRES.	DOMICILE des PROPRIÉTAIRES.	NOMS des ÉTALONS.	NOMBRE de JUMENTS SAILLIES.
	MONTE DE 1844.		
MM. Tanguy.	Plougoulm.	Bijou.	54
Le Jeune.	Sibiril.	Rubens.	60
De Rusunan.	Plouénan.	Robinson.	61
De Fortzan.	Saint-Vougay.	Solide.	70
De Fortzan.	Saint-Vougay.	Atlas.	69
	MONTE DE 1845.		
MM. De Rusunan.	Plouénan.	Robinson.	61
De Fortzan.	Saint-Vougay.	Solide.	78
De Fortzan.	Saint-Vougay.	Neptune.	36
De Fortzan.	Saint-Vougay.	Atlas.	62

Deux vices auxquels on ne fait pas assez d'attention, et qu'on devrait s'empresser de faire cesser puisqu'ils influent d'une manière fâcheuse sur l'amélioration de nos races équines, sont les suivants :

Il est d'usage dans l'arrondissement de Morlaix, même dans les stations d'étalons nationaux, de faire saillir la même jument par plusieurs étalons. Cette mesure est d'autant plus grave, qu'il est impossible de connaître au juste à quel père le produit appartient. Nous avons souvent été à même de constater que des petits, provenant d'un étalon, passaient sur la carte de saillie comme étant issus d'un autre étalon. De là, une confusion dans laquelle il est impossible de se reconnaître. Que répond-t-on à cela? Que des personnes, qui pendant plusieurs années ont tenu des étalons, prétendent avoir observé que cette méthode avait pour effet de faire retenir un plus grand nombre de juments, et que le contraire avait constamment lieu quand on donnait le même étalon à la même jument.

Nous ne savons jusqu'à quel point ces observations méritent créance ; mais admettons qu'elles soient exactes et qu'elles aient été confirmées par l'expérience. Si cela est, qu'on adopte une pareille mesure dans les stations d'étalons des particuliers, puisque la mission des reproducteurs qui les composent est de faire des chevaux, nous le concevons ; mais doit-il en être ainsi dans les stations d'étalons nationaux et départementaux ? Non , car ici, comme l'a fort bien dit M. Houël, les reproducteurs ne sont pas destinés à faire des chevaux, mais de l'amélioration. Ne nuisez donc pas à la réputation de vos étalons en leur attribuant des produits qui leur sont totalement étrangers.

Faites en sorte que la généalogie des petits provenant de vos étalons soit exacte et ne puisse être entachée d'irrégularité. C'est le seul moyen de conserver intact la réputation de vos reproducteurs.

Le second de ces usages vicieux est celui-ci : quand un propriétaire se présente avec sa jument, n'importe dans quelle station, on lui laisse le choix du mâle qui devra la saillir. Qu'arrive-t-il dans ce cas? Qu'il donne souvent la préférence à l'étalon qui réunit le moins les qualités et les caractères essentiels à l'amélioration de la race. Que résulte-t-il de tels accouplements ? Que les petits qui en proviennent sont souvent décousus et mal conformés, et que, par conséquent, ils sont impropres à un bon service et même à la reproduction.

Nous pensons que, dans l'intérêt même de l'élève du cheval, il doit en être autrement, et que le choix du mâle doit être fait par le directeur du haras ou par un inspecteur qui, mieux que le propriétaire, saura distinguer celui qui convient à la jument.

On nous objectera que l'exécution de la mesure que nous proposons est impossible, parce que les propriétaires ne le souffriront pas et que si on ne veut pas donner à leurs juments les étalons qu'ils désirent, ils les conduiront à des étalons autres que ceux du gouvernement et du département. Ce serait une détermination que nous regretterions; mais alors même qu'il en serait ainsi, nous n'en persisterions pas moins dans notre opinion ; car, si d'une part l'étalon national ou départemental aura peu de juments à saillir, d'autre part, il se fatiguera moins, il ne sera pas si sujet à se ruiner, il aura une plus longue durée, et ses petits, s'ils sont moins nombreux, auront le double avantage d'être plus robustes et mieux conformés ; alors on fera réellement de l'amélioration. Au surplus, cette mesure est recommandée par les règlements. Proposée par nous dans un mémoire que nous publiâmes en 1837, elle fut sanctionnée en 1840 dans un arrêté ministériel.

Nous demandons donc seulement, qu'à l'avenir on suive à la lettre les dispositions de l'article 72 de l'arrêté du 25 octobre 1840, ainsi conçu :

« A la même époque, les directeurs des dépôts et les inspecteurs dans les haras disposeront » leur itinéraire pour la tournée des stations ; ils préviendront, en temps utile, les maires et les » éleveurs des différentes localités, qu'à tel jour fixé les juments qui devront être saillies devront » être réunies pour l'admission à la monte.

» Les directeurs ou inspecteurs particuliers examineront chaque poulinière présentée, et, s'ils » la reconnaissent bonne, ils délivreront au propriétaire une carte d'admission sur laquelle ils » inscriront *le signalement exact de la jument et le nom de l'étalon qui devra lui être donné.*

» Ces cartes seront extraites d'un registre à souche et porteront le même numéro que le » certificat de saillie, qui sera délivré par le garde-étalons ou le palefrenier.

» *La saillie sera refusée à toute jument dont le conducteur ne serait point muni de la carte* » *d'admission.* »

Cette mesure si sage et si prévoyante n'a pas été exécutée dans l'arrondissement de Morlaix, par suite de l'opposition que quelques propriétaires y ont faite, et par suite de leur refus de conduire leurs juments à la visite du directeur. Mais ne peut-on pas accuser ce dernier, qui n'a pas eu assez de persévérance et qui a reculé devant un obstacle qu'il devait surmonter ? Que M. le directeur soit persuadé d'une chose : c'est que, si immédiatement après avoir fait sa première tournée, il avait donné ordre, dans ses stations, de refuser la saillie à toute jument dont le conducteur ne serait pas muni de la carte d'admission, l'année suivante les propriétaires auraient mis plus d'empressement à lui conduire leurs juments, et aujourd'hui cette visite se ferait facilement et sans obstacle. Mais pour réussir il ne faut faire aucune concession et tenir rigoureusement la main à l'exécution pure et simple de l'article précité.

Nous avons dit, au premier chapitre de la deuxième partie, qu'on ne connaît pas l'époque à laquelle s'est faite l'introduction des races équines dans l'arrondissement de Morlaix. Mais quelle que soit cette époque, toujours est-il que les formes extérieures, le caractère et l'énergie de ces animaux ont dû naturellement subir l'influence du climat, de la nourriture et du sol du pays dans lequel ils furent transplantés. Ceux qui furent nourris et élevés sur ou au voisinage des Montagnes d'Arées, où croit une herbe fine, courte, plus tonique que substantielle, et où ils respirent un air pur, sont restés sveltes et d'une taille moyenne; ils ont les tendons et les muscles bien dessinés, sans avoir les formes empâtées; les sabots petits et durs; la peau fine; les poils courts et soyeux même aux extrémités; ils sont vifs et pleins d'ardeur, capables de soutenir longtemps une allure rapide. C'est le propre du double bidet-breton. Mais ceux qui furent placés sur les bords de la mer, sur un terrain, non pas marécageux, car il deviendrait insalubre, mais seulement gras et humide, où l'herbe est plus aqueuse que tonique, ont acquis de la taille; leurs formes extérieures sont devenues massives et empâtées; leur ventre a acquis de l'ampleur; les extrémités sont devenues courtes; les tendons mal dessinés; les sabots volumineux et mous; la peau épaisse; les poils longs, grossiers et crépus, surtout aux boulets; la marche lourde et lente. Ce sont aussi les caractères de la race équine forte.

L'appareillement, c'est-à-dire l'alliance sans mélange entre les animaux de la même race, a pu se faire avec avantage dans l'arrondissement de Morlaix, pendant une série de siècles qu'il est impossible de préciser. Mais aujourd'hui on ne peut avoir recours à ce moyen d'amélioration, car les races bretonnes n'appartiennent plus, nous ne dirons pas à la race primitive, mais à la race ancienne. Il n'existe peut-être pas un seul cheval dans tout l'arrondissement de Morlaix qui ne descende plus ou moins directement d'un des étalons étrangers, importés à différentes époques pour croiser nos races bretonnes. Les croisements sont donc aujourd'hui le seul moyen rationnel et le seul praticable pour arriver à donner à nos races équines toutes les qualités désirables.

A quelle époque ont commencé les croisements des animaux de la race équine dans l'arrondissement de Morlaix? On l'ignore; on sait seulement qu'en compulsant les archives de la ville de Quimper, M. Aurélien de Courson a découvert aux actes de Bretagne, T. 1, C. 856, que, « en 1212, Olivier, comte de Rohan, qui avait été à la croisade, reçut du soudan » d'Egypte neuf étalons arabes. Ces étalons furent placés dans la forêt de Kerénécant à » l'état sauvage. On leur adjoignit des juments du pays. Dans cet état, ils s'y reproduisirent si » bien et en si grand nombre, qu'en 1225, c'est-à-dire treize ans après, Olivier, comte de » Rohan, se vit forcé de donner à l'abbaye de Bon-Secours la moitié des chevaux sauvages, etc. »

Voilà les renseignements que nous possédons sur les premiers croisements tentés dans le département du Finistère. Les autres renseignements que nous avons pu nous procurer sont de 1728, 1730 et 1732.

Dans un mémoire qui fut rédigé en 1728 par les anciens états de Bretagne, il fut demandé que la répartition des étalons dans les évêchés de cette province se fit de la manière suivante :

	Chevaux de selle.	Chevaux de tirage.
Rennes	1	»
Saint-Malo	1	»
Dol	1	»
Vannes	2	»
Quimper	»	2
Nantes	2	3
Saint-Brieuc	1	3
Léon	3	5
Tréguier	»	8
Totaux	11	21

Le même mémoire porte que les étalons fins ou de selle devaient appartenir aux races barbe, turque ou anglaise, et les étalons propres au tirage, aux races allemande, danoise et prussienne

En 1730, les États décidèrent que les étalons seraient répartis de la manière suivante :

Léon, trois étalons de selle, barbes ou turcs ; cinq de tirage.

Tréguier, huit étalons, moitié de tirage et moitié de selle.

Saint-Brieuc, deux chevaux de tirage et deux de selle.

Quimper, deux chevaux de tirage et deux de selle.

Nantes, deux chevaux de selle et deux de tirage.

Vannes, un cheval fin.

Rennes, un cheval de tirage et deux chevaux de selle.

Saint-Malo et Dol, deux chevaux de selle.

En 1732, il fut acheté trente-cinq chevaux de selle et de tirage, appartenant aux races danoise et du Holstein.

La répartition se fit comme il suit :

Léon, trois chevaux fins, deux de main et trois de tirage.

Tréguier, quatre chevaux danois de quatre pieds neuf à dix pouces et quatre de tirage de cinq pieds.

Saint-Brieuc, quatre chevaux danois de quatre pieds sept à neuf pouces.

Quimper, trois chevaux fins et deux chevaux de tirage.

Vannes, un cheval fin.

Nantes, deux chevaux fins et deux de tirage.

Rennes, deux chevaux danois.

Saint-Malo et Dol, trois chevaux fins.

Ce sont les seuls achats que nous connaissions de tous ceux qui ont été faits par les États de Bretagne. Nous savons cependant qu'ils ont été continués de deux ans en deux ans jusqu'en 1787. et que les États consacrèrent à cet important service, pendant une période de cent vingt ans. c'est-à-dire de 1667 à 1787, la somme de deux millions quatre cent dix-neuf mille cinq cent quatorze francs. La Révolution française de 1789 survint et la dissolution des États de Bretagne s'ensuivit. L'arrondissement de Morlaix se vit donc privé d'étalons améliorateurs et fut réduit à se servir des seuls reproducteurs qu'il possédait.

Cet état dura jusqu'en 1806 et 1807. A ces deux époques, Napoléon rétablit les haras; un dépôt d'étalons fut placé à Langonnet (Morbihan), et notre arrondissement put continuer ses croisements.

Les étalons qui ont été successivement fournis par l'administration des haras appartenaient d'abord aux races bretonne, cauchoise, danoise, mecklembourgeoise, normande cotentine et très-peu à la race anglaise.

Plus tard, on a abandonné la race cauchoise et elle a été remplacée par la race percheronne. Les races danoise et mecklembourgeoise ont également été abandonnées et on a augmenté le nombre des animaux de la race normande cotentine.

Plus tard encore, on a pour ainsi dire abandonné la race cotentine et on n'a entretenu dans les haras que des étalons de pur sang, de trois quarts et de demi-sang et très-peu de la race percheronne. C'est donc d'étalons de pur sang, de trois quarts et de demi-sang que l'administration des haras peuple aujourd'hui ses stations dans l'arrondissement de Morlaix.

PREMIÈRE SÉRIE.

TABLEAU DES ÉTALONS DE LANGONNET, QUI, DE 1817 A 1821, ONT FAIT LA MONTE DANS L'ARRONDISSEMENT DE MORLAIX.

DÉSIGNATION des STATIONS.	NOMS des GARDE-ÉTALONS	NOMS des ÉTALONS.	RACES.	ESPÈCES.
		MONTE DE 1817.		
Plouenan	De Rusunan.	L'Intrigant.	Normande.	Carrossière.
		Le Révéré.	Bretonne croisée.	De selle.
Ploujean	Dutrévoux.	Le Mercure.	Normande.	Carrossière.
		L'Heureux.	Bretonne.	De trait.
Garlan	De Cillart.	Le Royal.	Bretonne croisée.	De trait.
		Énée.	Normande.	De selle.
		Le Calife.	Normande.	De selle.
St-Martin-des-Champs	De Pennélé.	Le Guidon.	Turque.	De selle.
		Le Généreux.	Bretonne.	De trait.
Plougasnou	De Kerjean.	L'Entreprenant.	Bretonne.	De trait.
		Le Lamballe.	Bretonne.	De trait.
Plouigneau	Crôm	L'Impérial.	Bretonne.	De trait.
		Le Corbeau.	Bretonne.	De trait.
Lésormel	Postic	Le Turcot.	Normande.	Carrossière.
Botsorhel	De Guerdavid.	Le Représentant	Poitevine croisée d'arabe.	De selle.

TABLEAU DES ÉTALONS DE LANGONNET,

QUI, DE 1817 A 1821, ONT FAIT LA MONTE DANS L'ARRONDISSEMENT DE MORLAIX.

DÉSIGNATION des STATIONS.	NOMS des GARDE-ÉTALONS	NOMS des ÉTALONS.	RACES.	ESPÈCES.
		MONTE DE 1819.		
Plouénan.	De Rusunan.	L'Intrigant.	Normande.	Carrossière.
		Le Phénix.	Normande.	Carrossière.
		Le Cauchois.	Cauchoise.	De trait.
St-Martin-des-Champs	De Pennélé.	Le Glorieux.	Normande.	Carrossier léger.
		Le Conquet.	Breto-Normande.	Carrossier léger.
		Le Caressant.	Normande.	De selle.
Garlan.	De Cillart. .	Le Calife.	Normande.	D'escadron.
		Le Calvados.	Normande.	Carrossière.
		Le Ramassé.	Normande.	De trait.
Botsorhel.	De Guerdavid.	L'Attache.	Mecklembourgeoise.	De selle.
Plouigneau.	Crôm.	L'Espagnol.	Bretonne	D'escadron.
		MONTE DE 1820.		
Plouénan.	De Rusunan.	Le Rustique.	Cauchoise.	De trait.
		Le Mercure.	Normande.	Carrossière.
St-Martin-des-Champs	De Pennélé.	Le Calife.	Normande.	D'escadron.
		Le Pittacus.	Mecklembourgeoise.	D'escadron.
		Le Glorieux.	Normande.	Carrossière.
		MONTE DE 1821.		
Plouénan.	De Rusunan.	L'Hercule.	Cauchoise.	De trait.
		Le Worwick.	Normande.	Carrossière.
St-Martin-des-Champs	De Pennélé.	L'Auguste.	Normande.	Carrossière.
		Le Docile.	Bretonne.	De trait.
Garlan.	De Cillart. .	Le Rustique (*bis*).	Cauchoise.	De trait.
		L'Impérieux.	Normande.	Carrossière.

DEUXIÈME SÉRIE.

TABLEAU DES ÉTALONS DE LANGONNET,

QUI, DE 1835 A 1848, ONT FAIT LA MONTE DANS L'ARRONDISSEMENT DE MORLAIX.

DÉSIGNATION des STATIONS.	NOMS des GARDE-ÉTALONS.	NOMS des ÉTALONS.	DÉSIGNATION des ESPÈCES.
		MONTE DE 1835.	
Plouénan.	De Rusunan. . . .	Le Ramponneau	Carrossier.
		Le Phœbus.	De chasse.
Lanmeur.	Silliau.	L'Hardraves.	De trait.
		Le Questionneur	De selle.
Morlaix.	Morel.	Le Trapu.	De trait.
		Le Numide.	De selle.
		Le Rémus.	Carrossier.
		MONTE DE 1836.	
Plouénan.	De Rusunan. . .	Le Ramponneau	Carrossier.
		Le Phœbus.	De chasse.
Morlaix.	Morel.	Le Rafale.	Carrossier.
		Le Numide.	De selle.
Lanmeur.	Silliau.	L'Othon.	Carrossier.
		Le Patron.	De selle, demi-sang.
		MONTE DE 1837.	
Plouénan.	De Rusunan . . .	L'Ulysse.	Carrossier.
		Le Robin-Hood.	De selle.
Morlaix.	Morel.	Le Ramponneau	Carrossier.
		Le Rafale.	Carrossier.
		Le Fairfax.	De selle.
		Le Robinson.	De selle.
Lanmeur.	Silliau.	L'Usurier.	Carrossier.
		Le Patron.	De selle, demi-sang.
Lannéanou.	Dénis.	Le Gusman.	De selle.
		Le Numide.	De selle.

TABLEAU DES ÉTALONS DE LANGONNET,

QUI, DE 1835 A 1848, ONT FAIT LA MONTE DANS L'ARRONDISSEMENT DE MORLAIX.

DÉSIGNATION des STATIONS.	NOMS des GARDE-ÉTALONS.	NOMS des ÉTALONS.	DÉSIGNATION des ESPÈCES.
		MONTE DE 1838.	
Saint-Pol-de-Léon......	Dulaz.......	Le Vainqueur.	Carrossier léger.
Morlaix............	Morel.......	Le Ramponneau	Carrossier.
		Le Robinson.	De selle.
		Le Fairfax.	De selle.
		L'Usager.	Carrossier léger.
Lanmeur............	Silliau.......	L'Usurier.	Carrossier.
		Le Patron.	De selle, demi-sang.
		MONTE DE 1841.	
Saint-Pol-de-Léon......	Dulaz.......	L'Impatient.	De trait.
		Le Potentat.	De trait.
		L'Alcibiade.	Pur sang.
		Le Patron.	De selle, demi-sang.
		Le Caboteur.	Carrossier.
		Le Dictateur.	Carrossier.
Morlaix............	Morel.......	Le Rébus.	Carrossier.
		Le Vainqueur.	Carrossier léger, demi-sang.
		Le Young-Snail.	Pur sang.
		MONTE DE 1843.	
Saint-Pol-de-Léon......	Dulaz.......	L'Impatient.	De trait.
		L'Hercule.	De trait.
		Le Conquérant.	De trait.
		Le Rébus.	Carrossier.
		Le Centaure.	Fort carrossier, demi-sang.
		Le Patron.	Carrossier léger, demi-sang.
		Le Miraculeux.	Pur sang.
Morlaix............	Morel.......	L'Alcibiade.	Pur sang.
		L'Ulysse.	Carrossier.

TABLEAU DES ÉTALONS DE LANGONNET,

QUI, DE 1835 A 1848, ONT FAIT LA MONTE DANS L'ARRONDISSEMENT DE MORLAIX.

DÉSIGNATION des STATIONS.	NOMS des GARDE-ÉTALONS.	NOMS des ÉTALONS.	DÉSIGNATION des ESPÈCES.
	MONTE DE 1844.		
Saint-Pol-de-Léon.	Dulaz.	L'Impatient.	De trait.
		L'Hercule.	De trait.
		Le Conquérant.	De trait.
		Le Rébus.	Carrossier, demi-sang.
		Le Centaure.	Carrossier fort, demi-sang.
		Le Firman.	Carrossier léger, demi-sang.
		Le Pourceaugnac	Pur sang.
		Le Gris-Gris.	Carrossier, demi-sang.
		Le Grégoire.	Carrossier, demi-sang.
Morlaix.	Morel.	L'Alcibiade.	Pur sang.
		L'Anténor.	Carrossier, demi-sang.
		Le Grison.	De trait.
	MONTE DE 1845.		
Saint-Pol-de-Léon.	Dulaz.	Le Centaure.	Carrossier, demi-sang.
		Le Rébus.	Carrossier, demi-sang.
		Le Grégoire.	Carrossier, demi-sang.
		Le Gris-Gris.	Carrossier, demi-sang.
		L'Hercule.	De trait.
		Le Conquérant.	De trait.
		Le Néron.	Carrossier, demi-sang.
		Le Miraculeux.	Pur sang.
		L'Herbouville.	Carrossier, demi-sang.
Morlaix.	Morel	L'Alcibiade.	Pur sang.
		L'Anténor.	Carrossier, demi-sang.
		Le Grison.	De trait.
	MONTE DE 1846.		
Saint-Pol-de-Léon.	Dulaz.	Le Franck.	Pur sang.
		Le Néron.	Carrossier, demi-sang.
		Le Gris-Gris.	Carrossier, demi-sang.
		Le Grégoire.	Carrossier, demi-sang.
		L'Anténor.	Carrossier, demi-sang.
		L'Ulysse.	Carrossier, demi-sang.
		Le Conquérant.	De trait.
		L'Hercule.	De trait.
		L'Herbouville.	Carrossier, demi-sang.

TABLEAU DES ÉTALONS DE LANGONNET,

QUI, DE 1835 A 1848, ONT FAIT LA MONTE DANS L'ARRONDISSEMENT DE MORLAIX.

DÉSIGNATION des STATIONS.	NOMS des GARDE-ÉTALONS.	NOMS des ÉTALONS.	DÉSIGNATION des ESPÈCES.
		MONTE DE 1846 *(Suite)*.	
Morlaix.	Morel.	Le Centaure.	Carrossier, demi-sang.
		L'Inachus.	Carrossier.
		Le Miraculeux.	Pur sang.
		MONTE DE 1847.	
Saint-Pol-de-Léon.	Dulaz.	Le Conquérant.	De trait.
		L'Hercule.	De trait.
		L'Herbouville.	De trait.
		L'Anténor.	Carrossier, demi-sang.
		L'Inachus.	Carrossier, demi-sang.
		L'Isard.	Carrossier, demi-sang.
		Le Gris-Gris.	Carrossier, demi-sang.
		Le Hourra.	Carrossier, demi-sang.
		L'Ulysse.	Carrossier normand.
		Le Franck.	Pur sang anglais.
Morlaix.	Morel.	Le Rébus. (1).	Pur sang anglais.
		Le Muphti.	Pur sang.
		L'Insidieux.	De selle, trois quarts de sang.
		Le Centaure.	Carrossier, demi-sang.
		MONTE DE 1848.	
Saint-Pol-de-Léon.	Dulaz.	Le Conquérant.	De trait.
		L'Hercule.	De trait.
		L'Anténor.	Carrossier, demi-sang.
		L'Inachus.	Carrossier, demi-sang.
		Le Gris-Gris.	Carrossier, demi-sang.
		L'Ulysse.	Carrossier normand.
		Le Grégoire.	Carrossier, demi-sang.
		Le Géronte.	Carrossier, demi-sang.
		Le Kerfloch.	De trait, demi-sang.
		L'Ismaël.	Pur sang.
Morlaix.	Morel.	Le Mars.	Pur sang.
		Le Centaure.	Carrossier, demi-sang.
		Le Kerguézec.	Trait léger.

(1) Cet étalon n'a fait la monte que pendant quelques jours seulement.

Notre but, en produisant les tableaux qui précèdent, a été de comparer le nombre et les différentes espèces d'étalons qui ont été fournis, jusqu'à ce jour, par l'administration des haras, pour croiser les races équines bretonnes de l'arrondissement de Morlaix.

On aura remarqué, sans doute, que, jusqu'à la fin de la monte de 1835, ces reproducteurs appartenaient aux espèces du trait, du carrosse et de la selle; mais que, pour les montes de 1836, 1837 et 1838, les étalons de trait ne figuraient plus parmi les étalons nationaux. C'est qu'à cette époque l'administration des haras crut devoir exclure de ses établissements les étalons de cette espèce et n'y conserver que les carrossiers et les chevaux de selle.

On ne change pas du tout au tout les habitudes d'un pays sans qu'il s'élève de nombreuses plaintes de la part des personnes qui sont ou qui se croient lésées dans leurs intérêts.

La race de trait léger a fait jusqu'ici la fortune du cultivateur bas-breton. Vouloir lui faire abandonner le certain pour l'incertain, et cela sans préparation aucune, c'est, selon nous, suivre la mauvaise voie et s'écarter du but que l'on veut atteindre.

La Société d'agriculture de l'arrondissement de Morlaix, dont la mission est d'éclairer l'administration départementale sur les besoins de la localité, joignit ses plaintes à celles des cultivateurs. Elle demanda que le département fît l'acquisition d'un certain nombre d'étalons percherons, qu'il placerait à de certaines conditions chez des cultivateurs et chez des propriétaires éclairés.

Le Conseil général du Finistère, sur la proposition qui lui en fut faite par M. Boullé, préfet, adopta la proposition de la Société d'agriculture et décida que les étalons de trait que nous fournissait autrefois les haras seraient remplacés par des étalons départementaux.

Le conseil vota, pour l'achat d'étalons percherons, savoir :

Dans la session de 1838	6,000f »c
Dans la session de 1839	8,800 »
Dans la session de 1840	6,600 »
Dans la session de 1845	2,000 »
Total	23,400f »c

Comme les propriétaires étaient tenus, en prenant les étalons, de payer la moitié du prix de chaque reproducteur, cette somme de 23,400 francs permit à l'administration départementale d'acheter vingt-deux étalons percherons, dont quinze furent placés dans l'arrondissement de Morlaix.

A peine cette mesure fut-elle connue de l'administration des haras, que celle-ci revint sur sa décision de 1835, et, dès 1841, on revit les étalons de trait reparaître sur la liste de ceux qui devaient faire la monte dans les stations de Saint-Pol-de-Léon et de Morlaix.

Cette mesure fut exceptionnelle, car il n'en fut point placé dans les autres stations du département du Finistère.

Nous le proclamons hautement, c'est avec bonheur que nous avons vu le département entrer dans cette bonne voie d'amélioration et nous sommes heureux d'avoir contribué, pour notre part, à l'adoption d'une mesure qui, pour notre arrondissement, était une question capitale.

La décision du Conseil général a été un puissant stimulant pour l'administration des haras, qui a craint une concurrence funeste pour ses étalons. Nous ne la remercions pas moins de nous fournir aujourd'hui des étalons de toutes espèces et, sans contredit, les meilleurs du dépôt de Langonnet.

Nous terminerons ce chapitre par la liste des étalons percherons qui ont été placés par le département dans l'arrondissement de Morlaix :

LISTE DES ÉTALONS DÉPARTEMENTAUX DE RACE PERCHERONNE
QUI ONT ÉTÉ PLACÉS DANS L'ARRONDISSEMENT DE MORLAIX.

DÉSIGNATION des STATIONS.	NOMS des PROPRIÉTAIRES	NOMS des ÉTALONS.	ÉPOQUES des Achats.	OBSERVATIONS.
Tréflez.	Félix.	La Perle (1). . .	1839	(1) Mort par suite de la morve, compliquée d'une pleuro pneumonite sur aigue.
Cléder.	Guillerm. . .	Le Trident (2). .	1840	(2) Abattu par suite d'un carcinum au pied postérieur gauche.
Sibiril.	Le Jeune. . .	Le Rubens. . .	1840	
Plougoulm.	Tanguy. . . .	Le Bijou. . . .	1838	
Saint-Vougay.	De Fortzan.	L'Atlas.	1839	
Saint-Vougay.	De Fortzan.	Le Neptune (3).	1839	(3) Réformé et vendu en 1844.
Saint-Vougay.	De Fortzan.	Le Solide (4). .	1840	(4) Mort par suite d'une indigestion. Atlas est aujourd'hui chez le maire de Taulé qui en est le dépositaire.
Plouénan.	De Rusunan.	Le Robinson. .	1839	
Plouénan	De Rusunan.	L'Hercule (5). .	1840	(5) Mort d'une enterite sur-aigue
St-Martin-des-Champs.	De Plœuc. .	Le Bisson (6). .	1839	(6) La station de Saint-Martin-des Champs a été transférée en 1844 à Lannevez en la commune de Treflez, chez M. Felix.
Lanmeur.	Cotty.	Le Millon (7). .	1839	(7) Mort par suite d'une dysdimite sur-aigue.
Plouigneau.	Crôm.	La Pomme. . .	1838	
Plouigneau.	Crôm.	Le Tancrède (8).	1840	(8) Abattu par suite d'un carcinum au pied postérieur gauche.
Bodilis.	Quentric. . .	Le Télémaque.	1845	NOTA. — Il ne reste donc plus, en 1848, des quinze étalons percherons placés dans l'arrondissement de Morlaix, que huit reproducteurs. Plusieurs sont vieux et devront être bientôt réformés.
Bodilis.	Quentric. . .	Le Mentor. . .	1845	

CHAPITRE 4.

INFLUENCE EXERCÉE PAR LES ÉTALONS DES HARAS NATIONAUX, DÉPARTEMENTAUX ET DES PARTICULIERS SUR L'AMÉLIORATION DES ANIMAUX DE LA RACE ÉQUINE. — ALIMENTS. — BOISSONS. — LEUR NATURE. — LEUR PRÉPARATION. — LEUR DISTRIBUTION.

On ne peut nier avec vérité l'heureuse influence exercée par les étalons des haras sur l'amélioration des races équines de l'arrondissement de Morlaix, mais on ne peut pas nier non plus que cette influence eût été plus grande encore s'il avait été au pouvoir de M. le directeur du dépôt de Langonnet d'exercer une surveillance plus active et plus persévérante sur tout ce qui se fait et se pratique journellement dans les stations des étalons des haras, et si le personnel dans ce dépôt avait été suffisant.

D'après l'article 2 de l'ordonnance du 24 Octobre 1840, l'administration du dépôt de Langonnet ne se compose que :

1° D'un directeur ;
2° D'un agent spécial ;
3° D'un vétérinaire.

Le directeur cumule et les fonctions de directeur et celles d'inspecteur particulier, c'est-à-dire, qu'il est chargé, en outre, du commandement et de la surveillance générale du dépôt, de visiter plusieurs fois, et à des intervalles irréguliers, les différentes stations, de manière à s'assurer si le service se fait avec exactitude ; de reconnaître les plus belles juments et les meilleurs produits de la circonscription ; de visiter les étalons approuvés et de dresser des états des poulains et pouliches de l'année précédente, et des juments saillies dans l'année.

L'agent spécial est chargé des écritures ; il tient note jour par jour de l'état des recettes et des dépenses.

Énfin, le vétérinaire est appelé à veiller à la santé des reproducteurs.

Ce personnel est suffisant hors le temps de la monte et quand tous les étalons se trouvent réunis à Langonnet ; mais il est insuffisant pendant la monte, c'est-à-dire quand les reproducteurs sont disséminés dans les stations.

Le vétérinaire ne doit jamais quitter le dépôt, si ce n'est pour se transporter dans les stations où il y a des étalons malades.

L'agent spécial ne doit pas non plus quitter le dépôt, à moins qu'il ne soit appelé à remplir les fonctions d'inspecteur particulier, en cas d'empêchement du directeur.

Le directeur est tenu, comme nous l'avons déjà dit, de visiter les stations. Mais comment le fait-il? Au galop, et il est impossible qu'il le fasse autrement puisque seul il doit veiller à tout.

Le personnel actuel du dépôt de Langonnet n'exerce donc que peu d'action sur l'amélioration de nos races équines. Le directeur, seul, aurait une certaine influence s'il lui était possible d'exécuter à la lettre les dispositions de l'article 72 de l'arrêté ministériel du 25 Octobre 1840, que nous avons produit dans le chapitre précédent.

A qui est donc départi la surveillance des étalons pendant la monte? Qui est chargé de faire le choix des mères poulinières? A qui, enfin, est confié l'art si difficile des croisements et des appareillements?

Aussitôt que commence la monte, les étalons sont disséminés dans toute la circonscription du dépôt de Langonnet et divisés en stations. Les stations sont placées sous la surveillance des garde-étalons ou des palefreniers chefs. Les garde-étalons sont choisis parmi les propriétaires ou cultivateurs présentant les *garanties et les conditions* nécessaires pour remplir ces fonctions. C'est donc au garde-étalons qu'est confié le soin de veiller à la conservation des reproducteurs; c'est lui qui choisit les juments qui doivent être saillies par les étalons; c'est lui, enfin, qui dirige comme il l'entend les croisements et les appareillements.

En supposant que les garde-étalons possèdent les connaissances requises pour une mission aussi délicate, c'est-à-dire qu'ils connaissent à fond et l'anatomie et la physiologie, peuvent-ils toujours remplir leurs devoirs en âme et conscience? Non; car dans presque toutes les stations le choix des mères poulinières et le soin d'accoupler les animaux sont livrés à la charge du palefrenier. Comment veut-on qu'il en soit autrement, puisque, d'après l'article 83 de l'arrêté précité, il n'est alloué aux garde-étalons qui auront rempli leurs devoirs qu'une indemnité de quarante centimes par jour et par cheval? et encore cette indemnité n'est que facultative, puisque le directeur peut la réduire et même la supprimer, selon que les garde-étalons auront satisfait aux conditions prescrites, sans préjudice des poursuites ou réparations des dommages et intérêts selon les circonstances.

A ces conditions, pense-t-on que l'on trouve de bons garde-étalons qui veuillent se rendre esclaves pendant tout le temps de la monte et rester constamment dans leurs stations? Non, mille fois non. On ne trouvera que des garde-étalons qui ne le seront jamais que de nom : le véritable garde-étalons sera le palefrenier et pas un autre.

Si l'on veut avoir de bons garde-étalons, il faut les rétribuer largement et ne pas viser à l'économie, puisqu'il s'agit de la prospérité d'une de nos principales richesses nationales.

On nous demandera peut-être · et les fonds pour payer les garde-étalons, où les prendra-t-on? A cela nous répondrons : nous savons que l'administration des haras est bornée dans son budget et qu'elle ne peut faire l'impossible: ce n'est donc pas à elle que nous nous adressons actuellement, mais au gouvernement et à l'Assemblée législative, auxquels nous dirons : puisqu'il est reconnu aujourd'hui que le personnel des haras et des dépôts, tel qu'il a été établi par l'ordonnance du 24 Octobre 1840, est insuffisant pendant le temps de la monte, il convient que vous augmentiez le budget de l'administration des haras, en lui votant de nouveaux fonds pour qu'elle puisse se procurer de bons garde-étalons qui la secondent réellement dans ses effets pour l'amélioration de ses races équines.

Mais, nous dira-t-on encore : les frais que nécessitera une telle mesure monteront à un taux très-élevé? C'est possible; mais vous ne devez pas être arrêtés par cette considération, si vous voulez que nos races de chevaux s'améliorent.

Si la surveillance dans les stations d'étalons des haras est presque nulle, elle ne l'est pas moins dans les stations d'étalons départementaux et dans celles d'étalons des particuliers.

En 1838, M. le préfet du Finistère nomma, dans l'arrondissement de Morlaix, une commission composée de cinq membres, qui eut pour mission : 1° d'inspecter les étalons départementaux ; 2° de passer en revue les juments qui devaient être saillies par chacun d'eux, et 3° de visiter également les petits qui provenaient de leur alliance.

Cette commission fonctionna pendant plusieurs années, mais pas d'une manière assez active. Comme ses fonctions étaient purement gratuites, les membres de la commission se contentèrent de faire une tournée annuelle dans chaque station, ce qui ne suffisait pas. Ces tournées, pour être efficaces, auraient dû se renouveler souvent pendant tout le temps de la monte.

La commission de surveillance existe encore de fait, mais comme elle a renoncé à faire ses tournées d'inspection, il en résulte que la surveillance qu'elle exerçait est nulle aujourd'hui. Les dépositaires d'étalons départementaux agissent donc comme ils l'entendent pour les croisements, puisqu'ils ne sont soumis à aucun contrôle.

Nous venons de voir que les étalons des haras sont confiés, dans les stations, à la surveillance et aux soins de propriétaires intelligents nommés garde-étalons, et que les étalons départementaux sont aussi confiés à la surveillance et aux soins de propriétaires recommandables nommés dépositaires.

La position des garde-étalons et des dépositaires, le degré d'aisance dont ils jouissent et d'intelligence qu'on leur accorde, sont des garanties qui peuvent faire espérer que, si les croisements ne se font pas avec tout le discernement désirable, ils ne se font pas cependant d'une manière tout-à-fait vicieuse.

En est-il de même dans les stations d'étalons des particuliers? Non, car ici le cultivateur est généralement peu instruit, souvent même il ne l'est pas du tout; il ne possède aucune notion concernant les lois de la physiologie. Pour lui, un étalon est une machine vivante qui doit fonctionner tout le jour et lui rapporter une somme pécuniaire plus ou moins rondelette. Peu lui importe que la jument qui doit être saillie par son étalon soit trop grande ou trop petite, trop jeune ou trop vieille, bien ou mal conformée, exempte ou entachée de vices ou de défauts transmissibles et héréditaires. Il ne connaît rien de tout cela. Sa science est trop bornée et ne peut s'élever à une telle hauteur. L'essentiel, pour lui, est que la jument retienne et fasse un poulain. Son but est alors atteint et il n'en demande pas davantage. Il n'est donc pas étonnant, avec un pareil homme, de voir sur nos foires et sur nos marchés un aussi grand nombre de poulains décousus, chétifs et mal conformés.

Malgré toutes les fautes commises journellement et par les garde-étalons dans les stations d'étalons des haras, et par les dépositaires, dans les stations d'étalons départementaux, et aussi, bien que la surveillance soit nulle dans les unes et les autres de ces stations, on n'est pas moins forcé de convenir que la race équine bretonne s'est beaucoup améliorée dans l'arrondissement de Morlaix. C'est surtout depuis 1838 que cette amélioration s'est le plus fait sentir; car c'est à dater de cette époque que l'administration des haras a mis plus de soin dans le choix des reproducteurs qu'elle nous fournit, et que l'administration départementale a fait l'acquisition d'un certain nombre d'étalons de race percheronne. Que serait donc cette amélioration, si une surveillance active et incessante était exercée dans les stations et si les croisements étaient faits avec plus d'intelligence!

Quoi qu'il en soit, le concours de tous ces étalons réunis a eu pour résultat de remplacer les formes massives et empâtées du cheval breton d'autrefois, par des formes plus arrondies, plus sveltes et plus gracieuses. Les croupes larges, anguleuses et avalées ont fait place à des croupes arrondies sans être étroites; leur inclinaison est moindre et la queue est attachée plus haut. Le garrot est aussi plus élevé et les épaules plus inclinées.

C'est surtout dans les membres que l'influence exercée par les étalons des haras et par les étalons départementaux s'est fait sentir. On ne voit presque plus ces jambes grêles et à tendons faillis qui étaient un des caractères du cheval breton : les jambes sont plus fortes, les muscles bien dessinés, les tendons plus détachés, les aplombs mieux affermis et les pieds moins plats et moins évasés. Un des caractères sur lequel les croisements n'ont exercé aucune ou que très-peu d'influence, est la forme de la tête : celle-ci, quoiqu'étant plus légère, est toujours carrée, à chanfrein droit ou légèrement camus.

Nous devons donc le proclamer : nos races équines s'améliorent de jour en jour grâce au concours des étalons des haras et des étalons départementaux. Nous ne voulons d'autre preuve à l'appui de notre opinion, que cette grande quantité de jolis chevaux achetés journellement par la remonte militaire, et ces jolies juments également achetées par les marchands du Poitou et de la Gascogne.

Que l'administration des haras et le département persévèrent à suivre la bonne voie dans laquelle ils sont entrés, et, dans quelques années (nous l'espérons du moins), nos races équines, sans avoir rien perdu de leurs bonnes qualités, ne le céderont en rien, sous le rapport de la légèreté et des belles formes, aux autres races françaises les plus renommées.

Les substances alimentaires employées pour la nourriture des animaux de la race équine, sont :

1° L'avoine;
2° L'orge;
3° Les pailles;
4° Le son de froment;
5° Le foin;
6° L'herbe verte des prairies;
7° L'herbe provenant des pâturages;
8° Le trèfle;
9° La luzerne;
10° L'ajonc d'Europe;
11° Les panais;
12° Les pommes de terre;
13° Les carottes;
14° Les betteraves.

Nous avons traité, dans la première partie, de la nature, de la préparation et de la distribution de ces différentes substances alimentaires. (*Voyez ces articles.*)

Les étalons des haras qui font la monte dans l'arrondissement de Morlaix sont journellement soumis au régime suivant :

Paille, de 5 à 6 kilogrammes
Foin, de 3 à 5 kilogrammes
Avoine, de 11 à 12 litres
} suivant l'âge, l espèce et la force des reproducteurs.

Malgré toutes les recherches auxquelles nous nous sommes livré, il nous a été impossible de connaître la quantité moyenne de chaque espèce d'aliment absorbée journellement par chaque cheval. Nos animaux ne sont pas rationnés. Quand il y a disette de fourrages ils mangent peu ; quand il y a abondance ilsconsomment jusqu'à satiété. On peut donc dire qu'ils vivent au jour le jour.

Les boissons dont les chevaux font usage dans l'arrondissement de Morlaix se composent d'eau claire, provenant tantôt des sources, des fontaines, des rivières et des étangs qui sont en si grand nombre dans cet arrondissement, et des puits que chaque ferme possède, quelle que soit sa situation.

L'eau des sources, des ruisseaux et des étangs marque ordinairement douze degrés au-dessus de zéro. Elle est claire, limpide, légère, sans odeur, et contient une grande quantité d'air. Elle a la propriété de faire dissoudre et mousser le savon et de bien cuire les légumes.

L'eau de puits est ordinairement d'une température plus basse ; quoique claire et limpide, elle ne contient qu'une très-petite quantité d'air, ce qui la rend lourde et indigeste.

Considérée comme boisson, l'eau est employée seule ou mélangée à des substances alimentaires qu'elle contient en suspension ou en dissolution. Quand elle est donnée seule, les animaux la prennent eux-mêmes dans les ruisseaux, les rivières et les étangs qui se trouvent à leur proximité, quand ils sont en liberté. Quand c'est l'homme qui la fait boire, on la puise dans les fontaines ou dans les puits. Quelquefois, cette eau est donnée aux animaux immédiatement après avoir été puisée, et, d'autres fois, on la dépose dans des auges en granit qui se trouvent placées près des puits et c'est à ces réservoirs que les chevaux viennent se désaltérer.

L'eau, à la température ordinaire, n'est employée pour boisson que pendant les grandes chaleurs de l'été. A cette époque de l'année, les chevaux boivent très-peu. Comme ils sont constamment nourris avec des aliments aqueux qui contiennent une grande quantité d'eau de végétation, cette alimentation suffit pour les désaltérer. Nous avons vu des chevaux qui ne buvaient jamais tant qu'ils étaient soumis au régime du vert.

Vers la fin de l'automne, pendant tout l'hiver et une grande partie du printemps, les chevaux ne font pas usage d'eau froide pour boisson. Dans toutes les fermes il y a une grande marmite incrustée dans la maçonnerie de la cheminée, et placée en arrière et en face du foyer. Cette marmite est remplie d'eau qui est constamment maintenue à une température élevée. C'est cette eau qui sert à abreuver les chevaux à toute heure de la journée. Si elle est trop chaude, on y ajoute une suffisante quantité d'eau froide pour la rendre tiède. Cette eau, ainsi préparée, n'est jamais donnée seule; après l'avoir mise dans une baratte et avant de la présenter aux animaux, on y ajoute, comme nous l'avons déjà dit, de la farine d'orge, de la farine d'avoine, du son de froment, des pommes de terre cuites, des panais cuits, etc., etc.

CHAPITRE 5.

RÉGIME DES REPRODUCTEURS. — SOINS QU'ON DONNE A LA JUMENT PENDANT LA GESTATION. — APRÈS LA PARTURITION. — PENDANT L'ALLAITEMENT ET LE SEVRAGE. — RÉGIME DES POULAINS. — LEUR ENGRAISSEMENT. — SERVICES QU'ON EXIGE DES ANIMAUX DE LA RACE ÉQUINE. — ÉCURIES.

Nous avons fait connaître, dans le chapitre précédent, quelle est la nature des substances alimentaires qui entrent dans la nourriture de tous les animaux de la race équine dans l'arrondissement de Morlaix. Ces substances sont les mêmes pour les reproducteurs. Rien n'est donc changé à leur égard, hors le temps de la monte; ce n'est que quand celle-ci commence et pendant toute sa durée qu'on ajoute de l'avoine à leur nourriture journalière. La quantité qu'on leur distribue n'a rien de fixe : elle varie à l'infini, suivant l'âge, le tempérament, le degré de force des étalons et l'aisance de leurs propriétaires.

Il est d'usage, dans toutes les stations de l'arrondissement de Morlaix, de donner de l'avoine aux étalons immédiatement après chaque saillie; et, comme le nombre de celles-ci est ordinairement de quinze à vingt par jour dans les stations d'étalons départementaux et dans celles d'étalons des particuliers, on peut dire avec vérité que, pendant tout le temps de la monte, ces étalons sont en quelque sorte nourris d'avoine.

Le régime des mères poulinières est toujours le même, soit qu'elles se trouvent en état de plénitude, soit qu'elles se trouvent vides. L'avoine en grains leur est constamment refusée. Il y a des mères poulinières qui arrivent à un âge très-avancé sans en avoir jamais goûté ; elles ne la connaissent que pour avoir aidé à la charroyer du champ à la ferme, et de la ferme aux marchés ou chez les négociants ; mais si on la leur refuse en grains, elles n'en sont point totalement privées pour cela, puisqu'on la leur prodigue en farine délayée dans de l'eau.

Les étalons travaillent dans l'arrondissement de Morlaix pendant neuf mois de l'année : ce n'est que pendant le temps de la monte qu'ils en sont dispensés.

Les juments poulinières travaillent aussi pendant toute l'année, quel que soit l'état dans lequel elles se trouvent. Il nous est souvent arrivé de voir dételer des juments et les faire entrer dans notre infirmerie pour pouliner. Mais, il faut le dire, le paysan bas-breton aime le cheval ; aussi il le traite toujours avec la plus grande douceur. Le service qu'il exige de ses chevaux et de ses mères poulinières peut être considéré, plutôt comme un exercice hygiénique que comme un véritable travail.

Nous voyons tous les jours venir aux marchés de Morlaix des charrettes attelées de deux juments poulinières et de deux pouliches, et qui ne sont chargées que de 750 à 1,000 kilogrammes de foin ou de paille. C'est tout au plus la charge d'un bon limonier.

A l'approche du part, mais dans quelques fermes seulement, les juments poulinières sont laissées en liberté dans une écurie particulière ou dans un bout de l'écurie commune. Dans ce dernier cas, on les sépare des autres chevaux par des claies confectionnées tout exprès. Dans ces lieux séparés, on leur fournit une nourriture choisie et en suffisante quantité, et une abondante litière. Si on les met dehors, elles sont placées dans un champ clos de toute part au moyen de talus. L'entrée de ce champ est fermée par une barrière à claire-voie.

La jument qui arrive au terme de la gestation est constamment surveillée. Cette surveillance est exercée pendant le jour, soit par la fermière, soit par une servante, et, pendant la nuit, par un valet de ferme, qui couche dans l'écurie pour être prêt à voler au secours de la jument au moindre signe de malaise.

Il est rare que le vétérinaire soit appelé d'abord pour procéder à l'accouchement des juments : ses soins ne sont ordinairement réclamés que quand les secours des empiriques ou de voisins officieux sont reconnus impuissants; ce n'est donc que dans les cas désespérés qu'on a recours à lui.

Immédiatement après la naissance du petit, on a le soin, comme cela se pratique dans les autres pays, de le saupoudrer avec de la farine ou du sel, afin d'exciter sa mère à le lécher. Dès que le petit peut se tenir seul debout, une personne l'approche doucement du pis de sa mère et ne le quitte que quand il commence à téter.

Huit ou dix jours au plus après la mise bas, et surtout si l'accouchement a été naturel, la jument est reconduite à l'étalon. Souvent elle retient après une première saillie. Elle a donc alors à fournir en même temps à la subsistance d'un fœtus et à celle d'un nourrisson.

Cet usage est vicieux, mais il est une nécessité pour le paysan bas-breton, qui est généralement peu riche. Une jument poulinière n'est pas pour lui un objet de luxe, c'est une source de revenu dont il ne peut se passer : le petit que lui donnera sa jument paiera, sinon tout, du moins une grande partie de son fermage. Aussi, quand une jument vient à ne pas retenir, à avorter ou que le petit meurt par suite d'un part laborieux, quelle désolation dans la famille !... On n'entend partout que pleurs et gémissements !... Mais quand le petit vient à bien, qu'il est fort et paraît jouir d'une bonne santé, la joie règne dans toute la ferme; le bonheur rayonne sur toutes les figures ; toute la famille est dans l'ivresse ; rien ne manque plus au bonheur de ces braves gens ; car la possession de ce poulain, dont l'existence ne tient qu'à un fil, est une ancre de miséricorde qui doit la sauver du naufrage.

Quelques temps après sa naissance, et surtout lorsqu'il a pris des forces, le poulain est placé seul avec sa mère dans une jachère. Là, il respire un air pur ; il se livre à ses ébats; il se couche, se roule, se relève, va, vient, et prend un exercice de corps qui lui est salutaire. Il tète sa mère quand bon lui semble et s'habitue à brouter quelques brins d'herbe fine. Ce poulain contracte de bonne heure l'habitude de supporter les intempéries des saisons ; car, quel que soit l'état de l'atmosphère, il est placé dans cette jachère dès le matin et ne la quitte que le soir pour rentrer à l'écurie.

Dans quelques fermes, les mères poulinières sont mises au travail quelque temps après la mise bas : les petits sont alors obligés de les suivre. Ces poulains font des courses très-considérables eu égard à leur jeune âge. Nous avons souvent vu des poulains de six semaines à deux mois suivre leurs mères dans le trajet de Saint-Pol-de-Léon à Morlaix (20 kilomètres), et s'en retourner le même jour à la ferme.

Le poulain arrive à l'âge de cinq ou six mois. C'est alors que le paysan bas-breton le sèvre et le livre au commerce. Ces poulains sont achetés, comme nous l'avons déjà dit, par les cultivateurs de Saint-Thégonnec, de Pleyber-Christ, etc. Les pouliches sont conservées dans les fermes où elles sont nées.

Immédiatement après leur achat, les poulains sont renfermés dans des écuries où ils sont abondamment nourris avec des racines, des panades, du vert et des farineux. Quelques cultivateurs intelligents commencent à leur donner de l'avoine concassée, mais cette mesure n'est pas générale. Ces poulains ne sortent que rarement ; il en est même qui restent des cinq et six mois renfermés dans leurs stalles. Par suite d'un repos aussi absolu, et surtout grâce à une nourriture abondante, ils acquièrent bientôt une obésité complète. A quinze ou dit-huit mois, ils quittent la Bretagne pour aller finir leur croissance en Normandie ou dans les plaines de la Beauce.

Les pouliches sont élevées jusqu'à l'âge de trois à quatre ans et sont vendues à des marchands étrangers à notre localité.

Les poulains et les pouliches qui ne sont pas vendus et qui restent dans l'arrondissement de Morlaix sont soumis jeunes aux travaux agricoles. L'on voit des poulains et des pouliches de dix mois à un an attelés à des charrettes pour le transport des engrais et des produits de la ferme.

Si, d'un côté, il y a quelque avantage à faire travailler les très-jeunes chevaux avant qu'ils aient atteint leur entier développement, puisqu'on les rend, de cette manière, doux et faciles a conduire, d'un autre côté, il en résulte de graves inconvénients, comme, par exemple, de fausser leurs aplombs et de faire naître des tumeurs osseuses et des engorgements souvent rebelles sur les régions des membres.

Tous les labours et tous les charrois se font avec des chevaux dans presque toutes les communes de l'arrondissement de Morlaix.

Dans quelques-unes de celles qui longent les montagnes d'Arées, on se sert en même temps, pour les mêmes usages, de bœufs et de chevaux.

Si le paysan bas-breton est généralement mal logé, ses animaux domestiques ne le sont pas moins. Les écuries qui servent à ses chevaux sont étroites, peu élevées, trop petites eu égard au nombre d'animaux qu'elles renferment.

Une écurie rurale bretonne, de cinq chevaux, offre les proportions suivantes :

Hauteur du mur de façade, 2 mètres ;
Hauteur des pignons, 3 mètres 50 centimètres ;
Epaisseur des murs, 70 centimètres ;
Hauteur de la porte d'entrée, 1 mètre 60 centimètres ;
Sa largeur, 90 centimètres.

A côté de cette porte est percée dans la façade une petite fenêtre de trente centimètres de haut sur quinze de large. Cette fenêtre ferme par un petit volet en bois, ou elle est seulement bouchée en hiver par du foin ou de la paille.

La longueur de l'écurie, de dedans en dedans, est de sept mètres, divisés en cinq stalles.

Sa largeur, aussi de dedans en dedans, est de deux mètres soixante centimètres.

Les stalles sont séparées, dans les cantons de Plouigneau et de Lanmeur, par des montants en granit et des pierres plates dites de Loquirec, et par des montants et des planches de chêne ou de sapin dans les autres cantons.

Le sol de l'écurie est constamment inégal et mal pavé.

Les murs sont nus, c'est-à-dire qu'ils ne sont pas crépis avec du mortier.

Les mangeoires en bois sont remplacées par des auges en granit.

Le ratelier, grossièrement travaillé, est adossé par son bord inférieur au mur de face. La poussière et les corps étrangers qui se trouvent mélangés aux fourrages tombent donc nécessairement dans les auges.

Les écuries n'ont pas de plafond. Dans quelques fermes, on place en travers sur les poutrelles quelques perches de chêne ou de tout autre bois, et sur cette espèce de plancher on loge le foin et les autres fourrages secs. Dans d'autres fermes, et c'est le plus grand nombre, il n'y a que le toit au-dessus des animaux. Celui-ci est quelquefois recouvert en ardoises, et le plus souvent en chaume.

Les écuries rurales sont généralement très-mal entretenues. Elles sont constamment tenues sales, par la grande quantité de fumier qui y séjourne ; l'air et la lumière n'y pénètrent que lorsque la porte d'entrée et la petite fenêtre de côté sont ouvertes, ce qui n'a lieu que lorsqu'on donne à manger aux animaux, quand ils ne vont pas aux pâturages. Ceux-ci sont donc plongés dans une atmosphère chaude et humide et dans une obscurité complète.

La description que nous venons de faire d'une écurie rurale bretonne est peu flatteuse, il est vrai, mais elle est exacte. Elle s'applique à quatre-vingt-dix sur cent des écuries de l'arrondissement de Morlaix.

CHAPITRE 6.

MALADIES LES PLUS COMMUNES AUX ANIMAUX DE LA RACE EQUINE DANS L'ARRONDISSEMENT DE MORLAIX.

Les maladies qui affectent le plus communément les animaux de la race équine, dans l'arrondissement de Morlaix, sont les suivantes :

Au premier rang nous rangerons :

Les affections des muqueuses, des voies digestives et aériennes, telles que :

1° La gastro-entérite compliquée d'ophthalmie interne;
2° L'entérite sur-aiguë;
3° La pneumonite;
4° La bronchite;
5° L'angine;
6° La gourme;
7° Les coliques occasionnées par des indigestions de trèfle et de panais.

Au second rang nous placerons :

La fluxion périodique des yeux.

Enfin, au troisième rang :

1° Les exostoses du jarret;
2° Les dilatations des capsules synoviales des membres;
3° La phymathose (eaux aux jambes);
4° La carcinum du tissu réticulaire du pied (crapaud);
5° Les entorses de l'épaule, de la hanche, des reins et des boulets;
6° Les mélanoses;
7° Les malandres et les solandres.

Nous ne décrirons pas chacune de ces affections : les symptômes qui les caractérisent, les causes qui les produisent et les agents thérapeutiques qu'il convient de leur opposer sont trop bien connus des vétérinaires pour que nous puissions leur rien apprendre à cet égard. D'ailleurs, n'ont-elles pas été décrites dans les articles remarquables qui sont consignés dans les annales de la science vétérinaire? Pour décrire tous ces articles en entier, il nous faudrait les copier textuellement, et c'est ce que nous ne voulons pas faire. Nous borner à en faire une simple analyse serait les dénaturer; nous nous contenterons donc d'en faire l'énumération.

Nous ne terminerons pas, cependant, ce chapitre sans avoir soumis à l'appréciation de nos confrères un moyen qui nous a souvent réussi dans le traitement des dilatations des capsules synoviales des membres (vessigons, mollettes, varices, etc.).

Ces affections sont très-communes dans l'arrondissement de Morlaix. Elles attaquent de préférence les jeunes poulains. Les adultes et les vieillards n'en sont pas pour cela exempts.

Pendant bien longtemps nous avons cherché, parmi les agents thérapeutiques connus, un moyen de combattre avec efficacité les affections qui nous occupent. Nous avons successivement employé les résolutifs à tous les degrés. Nous réussissions quelquefois, mais nous devons à la vérité de dire que nous échouyons dans le plus grand nombre des cas.

Après bien des recherches et des tâtonnements, nous eûmes l'idée de mettre en usage l'onguent chaud résolutif fondant de Lebas. Voici de quelle manière nous l'employons.

Si nous avons à traiter une varice sur un sujet jeune et pléthorique, nous lui pratiquons une bonne saignée au plat de la cuisse s'il n'y a qu'un jarret de malade, et au plat des deux cuisses si les deux jarrets se ressentent de l'affection. Un séton animé avec de l'onguent suppuratif est passé à la fesse dans le premier cas, et aux deux fesses dans le second cas. Cela fait, nous coupons les poils le plus ras possible, afin de mettre à nu la portion de peau qui recouvre la varice ou les varices. Nous appliquons immédiatement sur la partie malade une bonne couche d'onguent fondant, en ayant soin de frictionner fortement avec la main ou avec un bouchon de paille.

Le jarret est laissé à découvert, c'est-à-dire que nous ne mettons en usage ni bandage ni enveloppe. Vingt-quatre heures après la première friction, la partie frictionnée offre un engorgement très-considérable. Malgré cela, nous renouvelons l'application de l'onguent fondant, et nous continuons les frictions pendant cinq jours. Après ce laps de temps, nous lavons la partie malade avec une dissolution tiède de savon. Ce lavage a pour but d'enlever les légères escarres qui se sont formées et qui recouvrent la peau. Nous laissons sécher, et nous appliquons une bonne couche d'onguent populéum. Ce dernier traitement est aussi continué pendant cinq jours.

Après les dix premiers jours de traitement, si la varice persiste, nous revenons encore aux applications et aux frictions d'onguent fondant, puis aux lavages et aux onctions de la pommade de peuplier, en les faisant alterner de cinq jours en cinq jours.

Nous agissons de la même manière à l'égard des vessigons et des mollettes.

Il nous est souvent arrivé de faire disparaître de fortes varices au bout de dix jours de ce traitement. D'autres fois nous n'avons pu réussir qu'au bout de vingt, trente, quarante et même cinquante jours.

Nous n'avons pas la prétention d'avoir découvert des moyens nouveaux. La saignée, les sétons, l'onguent chaud résolutif fondant de Lebas, et la pommade de peuplier sont connus depuis bien longtemps. Nous n'avons donc fait que combiner leur emploi de manière à obtenir de bons résultats. Voilà le seul mérite que nous revendiquons.

Nous n'avons pas la prétention non plus de dire que le mode de traitement que nous indiquons soit toujours infaillible. Quand les varices, les vessigons et les mollettes sont récentes, nous réussissons à les faire disparaître dans le plus grand nombre des cas. Quand, au contraire, ils sont très-anciens, aucun moyen à nous connu ne peut en triompher, même l'application du feu.

Ce serait avec le plus grand plaisir que nous verrions nos honorables collègues de la Société nationale et centrale de médecine vétérinaire se livrer, chacun à part soi, à une série d'expériences qui auraient pour résultat de constater si les cures obtenues par eux seraient aussi nombreuses que celles que nous avons obtenues nous-même.

Deuxième Catégorie. — Race Bovine.

CHAPITRE 7.

ORIGINE. — RACE. — ESPÈCE. — DESCRIPTION. — LIEUX OU ON LES RENCONTRE — RECENSEMENTS

On ne connaît pas bien l'origine de la race bovine bretonne. Les uns pensent que c'est une race particulière à notre localité. Mais, si cela est, à quelle époque a-t-elle été introduite chez nous? On l'ignore complètement.

D'autres pensent, au contraire, que c'est une race dégénérée, qui est originaire du Poitou. Ceux qui soutiennent cette dernière opinion se fondent sur ce que la race bovine bretonne présente en petit les mêmes caractères que la race poitevine présente en grand.

Quoi qu'il en soit, que la race bovine bretonne soit une race distincte et particulière à la Bretagne, ou qu'elle ne soit qu'une race dégénérée de la poitevine, toujours est-il que l'arrondissement de Morlaix ne possède qu'une seule race et deux espèces :

1° L'espèce léonnaise;
2° L'espèce des montagnes.

En examinant d'une manière superficielle les bêtes bovines de l'arrondissement de Morlaix, on est porté à croire, au premier abord, qu'il s'y trouve deux races bien distinctes, l'une appartenant au littoral, l'autre appartenant aux montagnes. Cependant, par un examen plus attentif, il est facile de se convaincre que c'est toujours la même race. La seule différence qui existe entre ces animaux, c'est que l'un est d'une taille plus élevée, parce qu'il a été nourri dans des communes où l'on cultive des fourrages de toutes espèces et en grande quantité; l'autre, au contraire, est d'une taille moins élevée, parce qu'il est condamné à errer pendant une grande partie de l'année sur un terrain presque inculte, dans des landes immenses où la végétation, pauvre et chétive, ne donne qu'une nourriture peu substantielle. Il est facile de démontrer, par une expérience toute simple, que c'est la nature du terrain, la qualité et l'abondance des aliments dont ils font leur nourriture habituelle, qui influent sur leur accroissement. Qu'on transporte du littoral sur les montagnes un petit provenant d'un père et d'une mère d'une taille élevée, et l'on verra cet animal, qui serait devenu beau sur le littoral, rester petit et chétif sur les montagnes. Qu'on transporte, au contraire, un petit des montagnes sur le littoral, qu'on le place sur un terrain où il trouvera une nourriture abondante et de très-bonne qualité, et l'on verra sa taille s'élever, ses formes se développer, et il prendra en tout les caractères des animaux de son espèce qu'on y élève habituellement.

Les caractères des deux espèces qui composent la race bovine bretonne sont les suivants : taille petite sur les montagnes et dans les communes qui les avoisinent, plus élevée sur le littoral; poids commun de 150 à 200 kilogrammes; pelage quelquefois d'un rouge clair, le plus souvent composé de rouge et de blanc, ou de noir et de blanc; encolure grêle; cornes minces et fort longues, d'un blanc sale à leur base, d'un beau noir luisant à leurs pointes; corps court et ramassé; fanon peu prononcé; jambes grêles et menues.

Les plus belles vaches laitières de l'arrondissement de Morlaix se trouvent sur le littoral; les plus beaux bœufs se trouvent dans les communes qui longent les montagnes d'Arées.

Les divers recensements qui ont été faits à différentes époques sont les suivants :

TABLEAU DE RECENSEMENT DES ANIMAUX DE LA RACE BOVINE DANS L'ARRONDISSEMENT DE MORLAIX, EN 1811.

DÉSIGNATION DE L'ARRONDISSEMENT.	TAUREAUX.	BOEUFS.	VACHES.	GÉNISSES.	VEAUX.	TOTAL GÉNÉRAL.
Morlaix.	2,077	3,676	29,307	6,614	3,882	45,556

TABLEAU DE RECENSEMENT DES ANIMAUX DE LA RACE BOVINE DANS L'ARRONDISSEMENT DE MORLAIX, EN 1830.

DÉSIGNATION de L'ARRONDISSEMENT.	Taureaux.	BOEUFS			VACHES			Veaux et Génisses.	TOTAL général.
		pour l'Agriculture.	à l'engrais	TOTAL.	laitières.	à l'engrais	TOTAL.		
Morlaix.	2,540	1,200	3,100	6,840	27,100	4,000	31,100	15,000	52,940

TABLEAU DE RECENSEMENT DES ANIMAUX DE LA RACE BOVINE
DANS L'ARRONDISSEMENT DE MORLAIX, EN 1836.

DÉSIGNATION des Cantons.	NOMS des COMMUNES.	TAUREAUX.	BOEUFS.	VACHES.	VEAUX et GÉNISSES.	TOTAL du BÉTAIL.
Morlaix.	Morlaix.	4	»	72	30	106
	Ploujean.	30	»	1,815	234	2,079
	Sainte-Sève.	38	12	226	10	286
	St-Martin-des-Champs.	12	40	300	60	412
	Plourin.	25	30	900	40	995
Lanmeur.	Lanmeur.	33	12	801	344	1,190
	Plouégat-Guérand. . .	5	20	620	350	995
	Plouézoc'h.	18	5	204	87	314
	Garlan.	3	»	543	234	780
	Guimaëc.	75	»	509	125	709
	Saint-Jean-du-Doigt. .	18	5	204	87	314
	Loquirec.	20	»	300	100	420
	Plougasnou.	15	10	1,050	530	1,605
Plouigneau.	Plouigneau.	100	120	3,000	750	3,970
	Le Ponthou.	»	»	35	4	39
	Guerlesquin.	15	320	250	20	605
	Botsorhel.	63	78	564	70	775
	Plouégat-Moysan. . .	50	50	200	40	340
	Lannéanou.	16	60	240	50	366
	Plougonven.	100	300	1,800	300	2,500
Plouzévédé.	Plouzévédé.	6	4	486	124	620
	Saint-Vougay.	10	»	376	300	686
	Trézélidé.	2	»	112	35	149
	Plouvorn.	21	45	700	680	1,446
	Tréflaouénan.	8	4	250	50	312
	Cléder.	25	18	600	100	743
	A reporter.	712	1,133	16,157	4,754	22,756

TABLEAU DE RECENSEMENT DES ANIMAUX DE LA RACE BOVINE
DANS L'ARRONDISSEMENT DE MORLAIX, EN 1836.

DÉSIGNATION des Cantons.	NOMS des COMMUNES.	TAUREAUX.	BOEUFS.	VACHES.	VEAUX et GÉNISSES.	TOTAL du BÉTAIL.
	Report.	712	1,133	16,157	4,754	22,756
Saint Pol-de-Léon.	Saint-Pol-de-Léon. . .	10	»	1,800	360	2,170
	Roscoff.	»	»	250	»	250
	Ile-de-Batz.	1	»	200	80	281
	Plouénan.	26	»	890	300	1,216
	Mespaul.	»	»	150	50	200
	Plougoulm.	100	20	1,000	1,000	2,120
	Sibiril.	12	100	200	150	462
Landivisiau.	Landivisiau.	27	35	635	138	835
	Bodilis.	10	25	400	100	535
	Guimiliau.	5	8	170	40	223
	Lampaul.	6	6	200	»	212
	Plougourvest.	4	»	200	50	254
	Plounéventer.	100	20	1,000	1,000	2,120
	Saint-Servais	15	25	500	640	1,180
Taulé.	Taulé.	20	20	500	100	640
	Henvic.	»	»	515	102	617
	Carantec.	2	»	400	250	652
	Locquénolé.	»	»	81	71	152
	Guiclan.	50	100	1,000	30	1,180
Saint-Thégonnec.	Saint-Thégonnec. . .	120	360	450	50	980
	Pleyber-Christ. . . .	50	100	550	100	800
	Le Cloître.	100	85	402	150	737
	Plounéour-Ménez. . .	140	400	500	60	1,100
	A reporter.	1,510	2,437	28.150	9,575	41,672

TABLEAU DE RECENSEMENT DES ANIMAUX DE LA RACE BOVINE
DANS L'ARRONDISSEMENT DE MORLAIX, EN 1836.

DÉSIGNATION des Cantons.	NOMS des COMMUNES.	TAUREAUX.	BOEUFS.	VACHES.	VEAUX et GÉNISSES.	TOTAL du BÉTAIL.
	Report.	1,510	2,437	28,150	9,575	41,672
Plouescat.	Plouescat.	15	17	320	200	552
	Plounévez-Lochrist. .	20	20	620	120	780
	Tréflez	10	10	430	250	700
	Lanhouarneau.. . . .	35	8	170	50	263
	Plougar	21	8	420	250	699
Sizun.	Sizun..	200	400	600	50	1,250
	Saint-Sauveur.. . . .	30	80	250	30	390
	Commana..	150	300	450	50	950
	Loc-Mélard.	6	36	120	12	174
	TOTAUX. . . .	1,997	3,316	31,530	10,587	47,430

DÉSIGNATION DES CANTONS.	RÉCAPITULATION PAR CANTONS.				
Morlaix.	109	82	3,313	374	3,878
Lanmeur.	187	52	4,231	1,857	6,327
Plouigneau.	344	928	6,089	1,234	8,595
Plouzévédé.	72	71	2,524	1,289	3,956
Saint-Pol-de-Léon.	149	120	4,490	1,940	6,699
Landivisiau.	167	119	3,105	1,968	5,359
Taulé.	72	120	2,496	553	3,241
Saint-Thégonnec.	410	945	1,902	360	3,617
Plouescat.	101	63	1,960	870	2,994
Sizun.	386	816	1,420	142	2,764
TOTAUX.	1,997	3,316	31,530	10,587	47,430

TABLEAU DE RECENSEMENT DES ANIMAUX DE LA RACE BOVINE

DANS L'ARRONDISSEMENT DE MORLAIX, EN 1841.

DÉSIGNATION des CANTONS.	Taureaux	BOEUFS Employés au travail.	BOEUFS à l'engrais.	BOEUFS TOTAL.	VACHES Employées à la reproduction.	VACHES à l'engrais.	VACHES TOTAL.	Veaux et Génisses.	TOTAL général.
Morlaix	80	4	49	133	2,234	90	2,344	498	2,975
Lanmeur...	124	11	17	152	4,832	169	5,001	1,734	6.887
Plouigneau	976	»	465	1,441	6.950	430	7.380	577	9.398
Plouzévédé	103	»	34	139	4,451	165	4.616	1,526	6,281
Saint-Pol-de-Léon ..	145	»	»	145	3.856	350	4,206	2.536	6,887
Landivisiau...........	193	69	260	324	3,831	305	4,136	955	5.615
Taule	111	»	112	223	2,621	69	2,700	782	3,705
Saint-Thégonnec.....	405	440	1,170	2.015	3,550	85	3,635	2,862	8,512
Plouescat..............	113	»	34	147	4,422	168	4,590	1,680	6,417
Sizun	523	544	363	1,430	1,970	120	2,090	500	4,020
TOTAUX	2,777	1,068	2,504	6,349	38,747	1,951	40,698	13,650	60,697

TABLEAU DE RECENSEMENT DES ANIMAUX DE LA RACE BOVINE
DANS L'ARRONDISSEMENT DE MORLAIX, EN 1846.

DÉSIGNATION des Cantons.	NOMS des COMMUNES.	TAUREAUX employés à la reproduction	BŒUFS à l'engrais.	VACHES laitières.	VEAUX.	GENISSES.	TOTAL général DU BÉTAIL.
Morlaix.	Morlaix.	2	1	137	3	7	150
	Ploujean.	21	3	813	115	131	1,083
	Sainte-Sève.	9	»	239	39	33	320
	St-Martin-des-Champs.	4	»	200	36	40	280
	Plourin.	388	150	1,250	270	221	2,279
Lanmeur.	Lanmeur.	34	»	836	75	269	1,214
	Plouégat-Guérand. . .	13	4	466	44	204	731
	Plouézoc'h.	4	2	201	110	55	372
	Garlan.	4	»	341	35	116	495
	Guimaec.	6	»	632	100	304	1,042
	Saint-Jean-du-Doigt. .	8	»	352	78	126	564
	Loquirec.	6	»	200	50	40	296
	Plougasnou.	17	11	1,685	109	207	2,029
Plouigneau.	Plouigneau.	98	31	1,757	138	637	2,661
	Le Ponthou.	»	»	34	2	10	46
	Guerlesquin.	39	40	632	22	177	930
	Botsorhel.	70	96	1,174	73	81	1,494
	Plouégat-Moysan. . . .	30	25	281	83	79	498
	Lannéanou.	30	79	487	63	72	701
	Plougonven.	117	196	2,012	153	389	2,867
Plouzévédé.	Plouzévédé.	9	»	980	59	445	1,493
	Saint-Vougay.	10	2	403	22	96	533
	Trézélidé.	6	»	124	2	45	177
	Plouvorn.	29	14	1,049	306	347	1,745
	Tréflaouénan.	3	»	127	153	27	310
	Cléder.	21	22	1,512	67	331	1,943
	A reporter.	978	666	17,944	2,206	4,489	26,283

TABLEAU DE RECENSEMENT DES ANIMAUX DE LA RACE BOVINE DANS L'ARRONDISSEMENT DE MORLAIX, EN 1846.

DÉSIGNATION des Cantons.	NOMS des COMMUNES.	TAUREAUX employés à la reproduction	BŒUFS à l'engrais.	VACHES laitières.	VEAUX.	GÉNISSES.	TOTAL général DU DÉTAIL.
	Report.	978	666	17,944	2,206	4,489	26,283
St-Pol-de-Léon.	Saint-Pol-de-Léon. . .	6	3	786	230	444	1,469
	Roscoff.	3	9	466	10	213	701
	Ile-de-Batz.	2	»	256	7	103	368
	Plouénan.	13	»	872	8	215	1,108
	Mespaul.	6	»	280	8	124	418
	Plougoulm.	3	»	890	400	600	1,893
	Sibiril.	9	7	282	42	154	494
Landivisiau.	Landivisiau.	17	17	690	64	187	975
	Bodilis.	12	»	450	103	109	674
	Guimiliau.	4	»	130	40	50	224
	Lampaul.	25	52	369	18	138	602
	Plougourvest.	11	2	303	26	56	398
	Plounéventer.	34	29	442	363	216	1,084
	Saint-Servais.	10	12	273	23	86	404
Taulé.	Taulé.	37	»	855	30	343	1,265
	Henvic.	4	»	448	12	129	593
	Carantec.	3	»	437	5	165	610
	Locquénolé.	»	1	40	6	10	57
	Guiclan.	36	25	1,045	59	237	1,402
Saint-Thégonnec	Saint-Thégonnec. . .	100	400	2,000	1,000	200	3,700
	Pleyber-Christ. . . .	40	500	870	90	120	1,620
	Le Cloître.	78	256	654	53	210	1,251
	Plounéour-Ménez. . .	296	240	1,440	600	440	3,016
	A reporter.	1,727	2,219	32,222	5,403	9,108	50,609

TABLEAU DE RECENSEMENT DES ANIMAUX DE LA RACE BOVINE

DANS L'ARRONDISSEMENT DE MORLAIX, EN 1846.

DÉSIGNATION des Cantons.	NOMS des COMMUNES.	TAUREAUX employés à la reproduction	BŒUFS à l'engrais.	VACHES laitières.	VEAUX.	GÉNISSES.	TOTAL général DU BÉTAIL.
	Report.	1,727	2,219	32,222	5,403	9,108	50,609
Plouescat.	Plouescat.	4	4	378	148	134	668
	Plounévez-Lochrist. .	35	25	1,250	545	500	2,355
	Tréflez.	7	21	425	2	30	485
	Lanhouarneau.. . . .	17	4	401	28	53	503
	Plougar.	15	»	627	209	229	1,080
Sizun.	Sizun.	94	496	833	287	258	1,968
	Saint-Sauveur.	21	24	330	30	97	502
	Commana.	45	350	650	280	610	1,935
	Loc-Mélard.	18	121	295	58	60	552
	TOTAUX.	1,983	3,264	37,411	6,990	11,009	60,657

DÉSIGNATION DES CANTONS.	RÉCAPITULATION PAR CANTONS.					
Morlaix.	424	154	2,639	463	432	4,112
Lanmeur.	92	17	4,713	600	1,321	6,743
Plouigneau.	384	467	6,397	534	1,445	9,227
Plouzévédé.	78	28	4,195	609	1,281	6,201
Saint-Pol-de-Léon.	42	19	3,832	705	1,853	6,451
Landivisiau.	113	112	2,657	637	842	4,361
Taulé.	80	26	2,825	112	884	3,927
Saint-Thégonnec.	514	1,396	4,964	1,743	970	9,587
Plouescat.	78	54	3,081	932	946	5,091
Sizun.	178	991	2,108	655	1,025	4,957
TOTAUX.	1,983	3,264	37,411	6,990	11,009	60,657

Il résulte des tableaux qui précèdent, que le nombre des bêtes bovines, dans l'arrondissement de Morlaix, était :

En 1811, de..	45,556
En 1830, de..	52,940
En 1836, de..	47,430
En 1841, de..	60,697
En 1846, de..	60,657
Différence en plus, de 1811 à 1830....................	7,384
Différence en moins, de 1830 à 1836....................	5,510
Différence en plus, de 1836 à 1841....................	13,267
Différence en moins, de 1841 à 1846....................	40
Différence en plus, de 1811 à 1846....................	15,101

CHAPITRE 8.

COMMERCE. — VALEUR MOYENNE. — FOIRES. — DEBOUCHES

La race bovine bretonne fait l'objet d'un commerce très-considérable dans l'arrondissement de Morlaix. Les animaux de cette race, quoique de petite taille, sont très-estimés et très-recherchés par l'excellent beurre que fournit le lait des vaches et le goût exquis de la viande des bœufs gras.

Quatre sortes d'acheteurs viennent s'approvisionner dans nos foires.

1° Les cultivateurs du pays ;

2° Les bouchers des villes et des bourgs ;

3° Les marchands indigènes ;

4° Les marchands étrangers.

Les cultivateurs sont tantôt vendeurs et tantôt acheteurs.

Ils vendent, quand le nombre des animaux qu'ils possèdent est supérieur à la quantité de fourrages qu'ils peuvent leur fournir. Ils achètent, au contraire, quand cette quantité est surabondante. Ils acquièrent alors une ou plusieurs génisses qu'ils élèvent, ou une couple ou plusieurs couples de bœufs qu'ils engraissent.

Le nombre et la qualité des animaux qu'ils achètent est toujours en rapport avec l'étendue de l'exploitation agricole et l'aisance du cultivateur, qu'il tienne sa ferme à loyer ou qu'il en soit le propriétaire,

Les bouchers achètent des animaux pour la boucherie. Les animaux dont ils font l'acquisition sont presque constamment de mauvaises vaches, quelques mauvais bœufs et beaucoup de veaux et de génisses; ils n'acquièrent que très-rarement des bœufs gras : aussi, si on ne considérait que la viande étalée dans nos boucheries, on aurait une bien mauvaise opinion de la qualité de la viande provenant de nos bêtes bovines, et, cependant, il n'est pas un seul bœuf dont la viande soit plus excellente que celle du bœuf breton, lorsque ce dernier est poussé à l'état de graisse.

Nos viandes de boucherie sont consommées en grande partie par les habitants des villes et des bourgs. Une partie sert à l'approvisionnement de notre marine marchande.

Les marchands indigènes achètent aussi un très-grand nombre d'animaux de tout âge et de tout sexe, qu'ils revendent soit à des cultivateurs, soit aux négociants pour l'approvisionnement de la marine de l'Etat.

Enfin, les marchands étrangers venant des îles de Guernesey et de Jersey nous enlèvent nos meilleures vaches laitières et nos meilleurs bœufs gras qu'ils conduisent en Angleterre.

Nous donnons dans le tableau suivant, divisé par communes, les prix moyens, par tête, des taureaux, vaches, bœufs, veaux et génisses dans l'arrondissement de Morlaix.

TABLEAU DES PRIX MOYENS DES ANIMAUX DE LA RACE BOVINE DANS L'ARRONDISSEMENT DE MORLAIX.

DÉSIGNATION des Cantons.	NOMS des COMMUNES.	PRIX MOYENS des Taureaux	PRIX MOYENS des Bœufs		PRIX MOYENS des Vaches		PRIX MOYENS des Veaux et des Génisses
			Maigres.	Gras.	Maigres.	Grasses.	
		fr. c.	fr. c.	fr. c.	fr. c.	fr. c.	fr. c.
Morlaix.	Morlaix.	95 »	180 »	300 »	95 »	135 »	12 »
	Ploujean.	90 »	175 »	295 »	90 »	130 »	12 »
	Sainte-Sève.	90 »	175 »	295 »	90 »	130 »	12 »
	St-Martin-des-Champs.	95 »	180 »	300 »	95 »	135 »	12 »
	Plourin.	95 »	180 »	300 »	95 »	135 »	12 »
Lanmeur.	Lanmeur.	90 »	175 »	295 »	90 »	130 »	18 »
	Plouégat-Guérand. . .	90 »	175 »	295 »	90 »	180 »	10 »
	Plouézoc'h.	90 »	175 »	295 »	90 »	180 »	10 »
	Garlan.	90 »	175 »	295 »	90 »	180 »	20 »
	Guimaëc.	90 »	175 »	295 »	90 »	180 »	12 »
	Saint-Jean-du-Doigt. .	90 »	175 »	205 »	90 »	180 »	10 »
	Loquirec.	90 »	175 »	295 »	90 »	180 »	10 »
	Plougasnou.	90 »	175 »	195 »	90 »	180 »	11 »
Plouigneau.	Plouigneau.	90 »	175 »	295 »	90 »	180 »	27 »
	Le Ponthou.	90 »	175 »	295 »	90 »	180 »	27 »
	Guerlesquin.	95 »	180 »	300 »	95 »	185 »	15 »
	Botsorhel.	95 »	180 »	300 »	95 »	185 »	10 »
	Plouégat-Moysan. . .	90 »	175 »	295 »	90 »	180 »	24 »
	Lannéanou.	90 »	175 »	295 »	90 »	180 »	15 »
	Plougonven.	95 »	180 »	300 »	95 »	185 »	24 »
Plouzévédé.	Plouzévédé.	90 »	175 »	295 »	90 »	180 »	12 »
	Saint-Vougay.	90 »	175 »	295 »	90 »	180 »	15 »
	Trézélidé.	90 »	175 »	295 »	90 »	180 »	16 »
	Plouvorn.	95 »	180 »	300 »	95 »	185 »	11 »
	Tréflaouénan.	90 »	175 »	295 »	90 »	180 »	18 »
	Cléder.	90 »	175 »	295 »	90 »	180 »	9 »
St-Pol-de-Léon.	Saint-Pol-de-Léon. . .	90 »	175 »	295 »	90 »	180 »	12 »
	Roscoff.	» »	175 »	295 »	90 »	180 »	» »
	Ile-de-Batz.	90 »	» »	» »	90 »	180 »	10 »
	Plouénan.	95 »	180 »	300 »	95 »	185 »	11 »
	Mespaul.	95 »	180 »	300 »	95 »	185 »	18 »
	Plougoulm.	95 »	180 »	300 »	95 »	185 »	9 »
	Sibiril.	95 »	180 »	300 »	95 »	185 »	12 »

TABLEAU DES PRIX MOYENS DES ANIMAUX DE LA RACE BOVINE
DANS L'ARRONDISSEMENT DE MORLAIX.

DÉSIGNATION des Cantons.	NOMS des COMMUNES.	PRIX MOYENS des Taureaux	PRIX MOYENS des Bœufs		PRIX MOYENS des Vaches		PRIX MOYENS des Veaux et des Génisses.
			Maigres.	Gras	Maigres	Grosses.	
		fr. c.	fr. c.	fr. c.	fr. c.	fr. c.	fr. c.
Landivisiau.	Landivisiau. . . .	95 »	180 »	300 »	95 »	185 »	10 »
	Bodilis.	95 »	180 »	300 »	95 »	185 »	9 »
	Guimiliau.	95 »	180 »	300 »	95 »	185 »	10 »
	Lampaul.	95 »	180 »	300 »	95 »	185 »	» »
	Plougourvest.	95 »	180 »	300 »	95 »	185 »	9 »
	Plounéventer.	95 »	180 »	300 »	95 »	185 »	9 »
	Saint-Servais. . . .	95 »	180 »	300 »	95 »	185 »	10 »
Taulé.	Taulé.	90 »	175 »	295 »	90 »	180 »	9 »
	Henvic.	90 »	175 »	295 »	90 »	180 »	18 »
	Carantec.	90 »	175 »	295 »	90 »	180 »	9 »
	Locquénolé.	90 »	175 »	295 »	90 »	180 »	18 »
	Guiclan.	95 »	180 »	300 »	95 »	185 »	10 »
St-Thégonnec.	Saint-Thégonnec. . .	95 »	180 »	300 »	95 »	185 »	9 »
	Pleyber-Christ. . . .	95 »	180 »	300 »	95 »	185 »	15 »
	Le Cloitre.	95 »	180 »	300 »	95 »	185 »	15 »
	Plounéour-Ménez. . .	95 »	180 »	300 »	95 »	185 »	9 »
Plouescat.	Plouescat.	90 »	175 »	295 »	90 »	180 »	10 »
	Plounévez-Lochrist. .	90 »	175 »	295 »	90 »	180 »	24 »
	Tréflez.	90 »	175 »	295 »	90 »	180 »	10 »
	Lanhouarneau. . . .	90 »	175 »	295 »	90 »	180 »	10 »
	Plougar.	90 »	175 »	295 »	90 »	180 »	10 »
Sizun.	Sizun.	95 »	180 »	300 »	95 »	185 »	12 »
	Saint-Sauveur. . . .	95 »	180 »	300 »	95 »	185 »	12 »
	Commana.	95 »	180 »	300 »	95 »	185 »	12 »
	Loc-Mélard.	95 »	180 »	300 »	95 »	185 »	12 »

TABLEAU DES PRIX MOYENS DES ANIMAUX DE LA RACE BOVINE
DANS L'ARRONDISSEMENT DE MORLAIX.

RÉCAPITULATION PAR CANTONS.

DÉSIGNATION DES CANTONS.	PRIX MOYENS des Taureaux	PRIX MOYENS des Bœufs		PRIX MOYENS des Vaches		PRIX MOYENS des Veaux et des Génisses.
		Maigres.	Gras.	Maigres.	Grasses.	
	fr. c.	fr. c.	fr. c.	fr. c.	fr. c.	fr. c.
Morlaix	92 50	177 50	297 50	92 50	182 50	12 »
Lanmeur	90 »	175 »	295 »	90 »	180 »	15 »
Plouigneau	92 50	177 50	297 50	92 50	182 50	18 50
Plouzévédé	90 »	175 »	295 »	90 »	180 »	13 50
Saint-Pol-de-Léon	95 »	180 »	300 »	95 »	185 »	13 50
Landivisiau	95 »	180 »	300 »	95 »	185 »	9 50
Taulé	90 »	175 »	295 »	90 »	180 »	13 50
Saint-Thégonnec	95 »	180 »	300 »	95 »	185 »	12 »
Plouescat	90 »	175 »	295 »	90 »	180 »	18 »
Sizun	95 »	180 »	300 »	95 »	180 »	12 »
	De 90fr à 95	De 175fr à 180	De 295fr à 300	De 90fr à 95	De 180fr à 185	De 9f 50c à 18 50

Nous avons parlé, au chapitre 2 de la deuxième partie, des foires qui se tiennent dans l'arrondissement de Morlaix ; nous ne reviendrons pas sur un sujet déjà traité. *(Voyez ce chap.)*

Les débouchés qu'offre le commerce des bêtes bovines dans l'arrondissement de Morlaix se réduisent aux suivants :

DÉBOUCHÉS A L'INTÉRIEUR DE L'ARRONDISSEMENT.

Il serait impossible de préciser, même d'une manière approximative, le nombre de bœufs, vaches, veaux et génisses qui sont achetés et vendus annuellement par les cultivateurs de l'arrondissement de Morlaix. Le nombre des pauvres cultivateurs qui vivent presque uniquement de ce commerce est très-considérable. Il en est qui ne font, en quelque sorte, que parcourir les foires ; ils y achètent, à chacune d'elles, une ou plusieurs vaches qu'ils revendent de suite, ou quelques jours après, à d'autres cultivateurs comme eux, se contentant d'un bénéfice de un franc cinquante centimes à deux francs par tête de bétail. Les sommes qui changent de mains dans ces sortes de transactions sont incalculables.

IMPORTATION.

L'importation est presque nulle. Les animaux de la race bovine importés appartiennent tous, ou presque tous, aux communes étrangères à notre arrondissement, mais qui se trouvent voisines de ses limites.

EXPÉDITIONS A L'INTÉRIEUR.

Les expéditions à l'intérieur peuvent être établies de la manière suivante :

Taureaux	1,500
Bœufs maigres	2,200
Bœufs gras	1,800
Vaches maigres	100
Vaches grasses	2,400
Veaux	»
Génisses	»
TOTAL des animaux expédiés à l'intérieur de la France	8,000

NOTA. — Presque tous ces animaux sont conduits dans les cinq départements de la Bretagne, et quelques-uns seulement dans les pâturages de la Normandie.

EXPORTATIONS A L'ÉTRANGER.

Taureaux	»
Bœufs maigres	»
Bœufs gras	770
Vaches maigres	»
Vaches grasses	680
Veaux	»
Génisses	»
TOTAL des animaux exportés à l'étranger	1,450

NOTA. — Ces animaux sont conduits en Angleterre.

Les 8,000 bêtes bovines vendues pour l'intérieur de la France représentent un capital de 1,394,400 francs, divisé comme il suit :

1,500 taureaux, à raison de 95 francs l'un, ci...........	141,500f	»c
2,200 bœufs maigres, à raison de 177 francs l'un, ci......	379,400	»
1,800 bœufs gras, à raison de 300 francs l'un, ci.........	540,000	»
100 vaches maigres, à raison de 95 francs l'une, ci.......	9,500	»
2,400 vaches grasses, à raison de 135 francs l'une, ci.....	324,000	»
Valeur des animaux expédiés à l'intérieur de la France, ci.	1,394,400f	»c

Les 1,450 bêtes bovines exportées à l'étranger représentent un capital de 322,800 fr., savoir :

770 bœufs gras, à raison de 300 francs l'un, ci..........	231,000f	»c
680 vaches, à raison de 135 francs l'une, ci..............	91,800	»
Valeur des animaux exportés à l'étranger.............	322,800f	»c

---

RÉCAPITULATION.

Valeur des animaux expédiés à l'intérieur de la France.............	1,394,400f	»c
Valeur des animaux exportés à l'étranger.......................	322,800	»
Valeur générale des animaux sortant de l'arrondissement.....	1,716,200f	»c

La valeur réelle de tous les animaux de la race bovine dans l'arrondissement de Morlaix, d'après le recensement de 1846, est :

Taureaux	1,983,	à raison de 97 francs par tête, ci..............	192,351f	»c
Bœufs	3,264,	à raison de 238 francs par tête, ci..............	777,632	»
Vaches	37,411,	à raison de 115 francs par tête, ci..............	4,302,265	»
Veaux	6,990,	à raison de 13 francs 75 centimes par tête, ci....	96,112	50
Génisses	11,009,	à raison de 13 francs 75 centimes par tête, ci....	151,343	75
		Total............................	5,519,674f	25c

CHAPITRE 9.

TAUREAUX.—SAILLIE.—APPAREILLEMENTS.—CROISEMENTS.—ALIMENTS.—BOISSONS. —LEUR NATURE.—LEUR PRÉPARATION.—LEUR DISTRIBUTION.

Nous avons vu, dans le chapitre 7 de la deuxième partie, que le nombre des taureaux dans l'arrondissement de Morlaix, était :

En 1811, de	2,077
En 1830, de	2,340
En 1836, de	1,997
En 1841, de	2,777
En 1846, de	1,983

Nous avons également vu que le nombre des vaches laitières était aussi :

En 1811, de	29,307
En 1830, de	27,400
En 1836, de	31,530
En 1841, de	38,747
En 1846, de	37,411

En 1811, il y avait donc pour être saillies par chaque taureau	14 vaches.
En 1830	10
En 1836	16
En 1841	19
En 1846	18

Le mode de saillie employé pour les taureaux dans l'arrondissement de Morlaix ne différant en rien de celui usité dans les autres pays, nous croyons pouvoir nous dispenser d'en donner la description. Nous nous contenterons de dire, seulement, que presque toutes les vaches bretonnes sont saillies en liberté, quand il y a des taureaux dans la ferme.

Tous les animaux mâles et femelles paissent en liberté dans les jachères ou dans les landes immenses qui recouvrent notre sol. Là, dès que les vaches se trouvent en chaleur, elles sont couvertes et deviennent toutes pleines, sans que les hommes aient eu à s'en occuper.

Dans les fermes où il n'y a pas de taureaux, on fait conduire les vaches à ces derniers. Le prix de la monte varie depuis 5 centimes jusqu'à 25. Souvent même la saillie est gratuite.

Les animaux de la race bovine se perpétuent donc, depuis un temps immémorial, par des appareillements, et, par conséquent, sans mélange, c'est-à-dire qu'on emploie à la reproduction les mâles et les femelles de la race indigène. Aussi, les animaux de cette race ont-ils conservé les qualités et les caractères qui les distinguent et qui les font estimer et préférer dans le pays aux animaux des autres races.

On s'est demandé, dans ces derniers temps, si, dans l'arrondissement de Morlaix, il n'y aurait pas avantage à améliorer la race bovine bretonne par les croisements. Des essais de ce genre ont été tentés : M. de Plœuc, propriétaire à Lannuguy, près Morlaix, avait fait venir un taureau normand avec lequel il a essayé quelques croisements. Le département du Finistère est aussi entré dans la même voie : il a fait venir, pendant plusieurs années, quelques taureaux et quelques génisses de la race angevine qu'il a placés chez des cultivateurs de l'arrondissement de Morlaix, afin qu'ils les livrassent à la reproduction. Ces essais n'ont pas été assez multipliés ni assez suivis pour qu'avec certitude on puisse se prononcer sur les bons ou mauvais résultats obtenus.

D'ailleurs, avant de songer à améliorer la race bretonne par les croisements, il faudrait être d'accord sur le choix de la race étrangère qu'on emploierait pour atteindre à l'amélioration désirée. Que veut-on obtenir? Des animaux plus élevés et plus lourds que ceux que nous possédons? Ce serait peut-être un bien dans les communes du littoral, ce serait un mal dans celles qui avoisinent les montagnes d'Arées. Dans les premières communes ces grands animaux trouveraient une nourriture suffisante, tandis que dans les secondes ils dépériraient faute d'aliments. Les petites vaches trouvent aujourd'hui partout une nourriture suffisante pour donner du lait en grande quantité et du beurre excellent.

Les croisements, quant à présent, sont donc un moyen à rejeter comme n'offrant que des chances défavorables. Si l'on veut avoir une race bovine forte et robuste, il faut commencer par défricher les terres incultes et les cultiver, améliorer les prairies naturelles existantes, en créer de nouvelles ainsi qu'un grand nombre de prairies artificielles, en un mot, modifier le système d'assolement aujourd'hui en usage, de manière à augmenter considérablement la quantité de bons fourrages. Quand on aura atteint ce résultat, on pourra se livrer en toute sécurité à ce genre d'éducation.

Les races bovines peuvent être rangées en trois grandes séries :

Dans la première se trouvent les bêtes bovines que l'on élève pour le travail ;

Dans la deuxième, celles qu'on élève pour leurs produits ;

Dans la troisième se trouvent les races mixtes.

Eh bien ! dans quelle série choisira-t-on les mâles à introduire dans l'arrondissement de Morlaix pour croiser et améliorer notre race bovine? Appartiendront-ils à la première série? Nous pouvons affirmer qu'ils ne réussiront pas, car les bœufs ne travaillent pas dans les communes du littoral et de l'intérieur de l'arrondissement, et, dans les communes où on les utilise pour les travaux agricoles, on préfèrera les petits taureaux ou bœufs à de grands animaux qui ne feraient que dépérir par la raison que nous avons donnée plus haut. Ainsi, les animaux appartenant aux races de la première série sont à rejeter. Choisira-t-on une des races appartenant à la deuxième serie ? Dans cette série se trouvent des races qui sont très-estimées et très-recherchées, les unes pour leur aptitude à prendre de la graisse et pour le goût exquis de leur viande, les autres pour l'abondance et la qualité de leur lait. Parmi ces dernières il en est dont le lait est riche en *caséum* et chez d'autres le lait contient plus de *butirum*.

Si l'on veut avoir des animaux propres à la boucherie, il conviendra de choisir la race normande. Mais alors il faudra faire le sacrifice de notre excellent beurre et renoncer à une des branches les plus importantes de notre commerce. Ce serait acheter trop cher l'amélioration de notre race bovine, notre pays y perdrait au lieu de gagner ; les taureaux de la race normande sont donc également à rejeter.

Choisira-t-on la race suisse? On aura des animaux d'une grande taille dont les femelles fournissent beaucoup de lait, riche en fromage, mais pauvre en beurre. Une amélioration par les animaux de cette race est encore à rejeter. Toutes ces particularités sont essentielles à connaître pour pouvoir faire un choix judicieux des taureaux étrangers que l'on désire introduire dans notre arrondissement pour améliorer notre race bovine. Le temps, selon nous, où l'on pourra se livrer sans danger à ces croisements n'est pas encore arrivé; il ne sera permis d'adopter ce système que lorsque notre agriculture aura pris plus d'extension, et qu'elle aura atteint le degré de perfection qu'on désire lui faire acquérir. Ce n'est pas assez que d'améliorer notre race, il faut encore la maintenir dans cet état d'amélioration, et. nous le répétons encore, l'on ne pourra jamais y parvenir tant que les fourrages ne seront pas plus abondants et de meilleure qualité qu'ils ne le sont aujourd'hui. Ce n'est donc pas par les croisements que l'on doit, quant à présent, chercher à améliorer la race bovine, bretonne, mais par des appareillements convenables, en choisissant, dans le pays même, les taureaux étalons qui, sous tous les rapports, présentent le plus de chances de succès.

Cependant, si l'on voulait se livrer à des essais, nous conseillerions de choisir les taureaux améliorateurs parmi les races de la troisième série, c'est-à-dire, parmi les races mixtes. Nous donnerions la préférence à la race de Bray (Seine-Inférieure) dont on retire un beurre excellent, ou bien ; à la race qui se rencontre dans la commune de Violay (département de la Loire), qui fournit le meilleur beurre qui se consomme à Lyon.

Les fourrages qui servent à la nourriture des animaux de la race bovine dans l'arrondissement de Morlaix, sont :

1° L'orge ;
2° Les pailles ;
3° Le foin ;
4° L'herbe verte des prairies ;
5° L'herbe provenant des pâturages ;
6° Le trèfle ;
7° La luzerne ;
8° L'ajonc d'Europe ;
9° Les panais ;
10° Les pommes de terre ;
11° Les betteraves ;
12° Les navets ;
13° Les choux.

(Voyez les chapitres 17, 18, 19, 20 et 21 *de la première partie.)*

La nature, la préparation et la distribution des boissons étant les mêmes pour les animaux de la race bovine que pour ceux de la race équine, nous renvoyons à ce que nous avons dit au chapitre 4 de la deuxième partie.

Comme pour les animaux de la race équine, il nous a été impossible d'évaluer, même d'une manière approximative, la quantité d'aliments consommée journellement par les animaux de tout âge et de tout sexe de la race bovine.

CHAPITRE 10.

RÉGIME ET SOINS AUX VACHES LAITIÈRES, PENDANT LEUR ÉTAT DE GESTATION. — PENDANT L'ALLAITEMENT. — PENDANT ET APRÈS LE SEVRAGE. — ALLAITEMENT DES VEAUX. — SEVRAGE. — LAIT. — BEURRE. — COMMERCE.

Le régime auquel on soumet les vaches laitières dans l'arrondissement de Morlaix diffère peu, soit qu'elles se trouvent en état de gestation, soit pendant qu'elles allaitent leurs petits, soit pendant et après le sevrage.

Pendant la gestation, la vache pâture tout le jour en liberté dans les jachères et sur les terres à ajonc d'Europe, en compagnie des autres vaches et de tous les bœufs de la ferme. Elle n'est, pour ainsi dire, l'objet d'aucun soin particulier. Nulle précaution n'est prise pour prévenir l'avortement. On la traite avec la plus grande douceur, il est vrai, mais on en agit de même à l'égard des autres animaux.

Les aliments des vaches pleines se composent donc, comme pour les autres bestiaux, de feuilles de choux, de racines et de tubercules crus ou cuits. Dans ce dernier cas on en fait des soupes et des buvées très-nourrissantes.

A l'approche de la parturition, la vache est placée dans un lieu séparé de l'étable et confiée à la surveillance de la fermière, qui l'entoure alors des soins les plus minutieux. A l'apparition des premiers signes d'une parturition prochaine, le fermier, ou un de ses voisins aide à la sortie du petit, quand toutefois le part est naturel; si, au contraire, il offre quelques difficultés, on appelle sur-le-champ l'empirique le plus voisin, et quand on a reconnu l'impuissance de ce dernier on a recours au vétérinaire.

Après la parturition, on bouchonne fortement la mère, on la couvre de paille et d'une bonne couverture; on la place à l'écart et on la tient tranquille. Si la vache n'a pas souffert beaucoup pendant le vélage, on la nourrit comme à l'ordinaire. Quand la parturition a été laborieuse et pénible, on relève les forces de la mère en lui administrant, ou une soupe rousse, composée d'eau, de beurre roussi sur le feu et de pain de ménage, ou un breuvage tonique et tiède, composé d'un demi-litre d'eau et d'autant de vin rouge.

Comme toutes les vaches restent constamment dehors pendant le jour, il arrive souvent que le fermier n'est pas présent lors du vélage; ce n'est que le soir et en rentrant les animaux qu'on trouve couché près de sa mère, ou la suivant, un veau plus ou moins fort. Quand le veau n'est pas assez fort pour marcher seul, on le transporte dans l'étable, où il est bien bouchonné; on lui fait une bonne litière sur laquelle on le couche et on le tient chaudement, soit en l'enveloppant dans une couverture, soit en le couvrant de paille. Quand, au contraire, il est assez fort pour marcher seul, on le fait immédiatement suivre sa mère.

Dès que le petit est né, on trait la mère, en ayant soin de ne laisser aucune goutte de lait dans les mamelles. Ce lait est mis sur le feu, où il ne tarde pas à s'aigrir. Le *colostrum* se partage en deux parties bien distinctes, une épaisse, d'une couleur blanche jaunâtre, nage dans un liquide séreux ou petit lait.

Ce premier lait n'est jamais donné à boire au veau; ainsi préparé, il sert à la nourriture des gens de la ferme, qui le trouvent excellent. Le même jour, et lorsque les mamelles contiennent encore une certaine quantité de lait, quelques personnes ont pour habitude de faire téter le veau en s'y prenant de la manière suivante : un homme prend le petit entre ses deux jambes et l'assujétit sans le presser; d'une main il lui saisit une oreille, tandis que de l'autre il lui introduit le pis dans la bouche et l'y maintient jusqu'à ce que le veau commence à téter.

Immédiatement après que le petit a tété, il est attaché court près de sa mère, et placé de manière à ce qu'il ne puisse pas l'approcher. Le lendemain on renouvelle la même manœuvre et ainsi de suite jusqu'à ce que le veau ait contracté l'habitude de téter seul et de se passer du secours d'un étranger.

Le veau tette sa mère trois fois par jour; le matin, à midi et le soir.

Dans quelques communes, et surtout dans celles qui avoisinent les villes, l'allaitement ne dure que six à dix jours; les veaux sont ensuite livrés aux bouchers. Dans d'autres, la durée de l'allaitement se prolonge d'un mois à six semaines, et ce n'est qu'après ce laps de temps que les veaux sont vendus pour la boucherie ou élevés; c'est alors que commence le sevrage.

Pour sevrer les veaux, dans l'arrondissement de Morlaix, on commence par les séparer de leurs mères; on leur fait une soupe émolliente, composée d'eau tiède coupée avec du lait, et dans laquelle on met de la farine de froment et des morceaux de pain. Pour la faire prendre au jeune animal, on la lui présente dans un vase quelconque; une personne lui pose une main sur la nuque, et de l'autre lui saisit l'extrémité inférieure de la tête, de manière à la faire plonger dans le liquide et à l'y maintenir; elle introduit ensuite un doigt dans la bouche par une de ses commissures; le petit qui croit saisir le pis de sa mère, se met à téter et mange la soupe qu'on lui présente.

Cette précaution est de toute nécessité, car sans elle, le petit finirait par mourir de faim. On renouvelle le même procédé pendant vingt-quatre ou quarante-huit heures, et il est rare qu'au bout de ce temps le petit ne boive pas seul.

Les repas du veau sont aussi au nombre de trois : le matin, à midi et le soir, et entre ces repas, on lui met dans son ratelier un peu d'herbe fine, qu'il apprend à manger peu à peu. Après le sevrage du veau, la vache est nourrie comme toutes les autres vaches de l'exploitation, et on la trait deux fois toutes les vingt-quatre heures. La première traite a lieu, en été, de trois à quatre heures du matin , et la seconde de trois à quatre heures du soir ; en hiver, la première à sept heures du matin , et la seconde à sept heures du soir.

La mulsion, ou l'action de traire les femelles, est confiée dans l'arrondissement de Morlaix aux filles de ferme. On choisit de préférence , pour cette opération, celles qui aiment le plus leurs vaches et qui les soignent avec la plus grande douceur.

Cette opération ne différant en rien de celle mise en pratique dans les autres localités, nous croyons devoir nous dispenser d'en donner la description ; nous dirons seulement que la plupart de nos filles de ferme sont peu propres, aucune précaution n'est prise par elles pour recueillir le lait, et il est extrêmement rare qu'elles lavent le pis des vaches.

Le lait nouvellement extrait des mamelles est reçu dans une bassine de cuivre , et son coulage se fait immédiatement.

Les instruments qui servent au coulage du lait sont : une terrine en terre vernissée, un treillage et le passe-lait.

La terrine est en terre cuite, vernissée à l'intérieur seulement ; son fond est étroit, tandis que sa partie supérieure a un grand diamètre. (*Voyez planche* XIV, *figures* 3 *et* 4).

Le treillage a une forme carrée ; il se compose de quatre petits morceaux de bois, réunis entre eux par une de leurs extrémités, tandis que l'autre se prolonge par les angles de manière à pouvoir reposer sur le bord de la terrine. (*Voyez planche* XIV, *fig.* 6).

Le passe-lait est en cuivre, en fer blanc ou en bois. Cet instrument affecte constamment une forme demi-sphérique ; quand il est de cuivre ou de fer-blanc, il est percé dans son fond de petits trous qui donnent passage au lait ; quand il est en bois, son fond est garni d'une toile de crins. (*Voyez planche* XIV, *fig.* 7).

Pour le coulage du lait, on place le treillage sur la terrine et le passe-lait sur ce dernier. On verse le lait dans le passe-lait ; ce liquide passe aussitôt et tombe dans la terrine, purifié en grande partie des poils et autres corps étrangers qui peuvent s'y être mêlés pendant la mulsion.

Après le coulage du lait, on place les terrines qui le contiennent dans une huche placée dans un endroit frais.

On recouvre chaque terrine au moyen d'un tamis de crins. Le lait reste ainsi exposé pendant vingt-quatre heures ; au bout de ce temps, la matière *butireuse,* qui est toute formée et se trouve en suspension dans le lait, monte à sa surface en entraînant avec elle du *caséum* et du *petit lait* : c'est de la crême.

Quand la crême est suffisamment montée, une fille de ferme procède à l'écrémage au moyen d'une petite *coque* en bois, ayant la forme d'une lentille, concave d'un côté et convexe de l'autre (*voyez planche* XIV, *fig.* 5) ; elle saisit cette coque par son bord, avec le pouce, l'index et le médius, et enlève la crême en l'inclinant et la promenant doucement dans tous les sens à la surface du liquide. Quand la coque est pleine, on verse le contenu dans un pot qui sert de réservoir ; la même opération se renouvelle jusqu'à ce qu'il ne reste plus de crême à enlever.

Dans les fermes qui avoisinent les villes, les habitants de la campagne ont pour habitude de vendre leur crême et leur lait.

La crème est alors mise dans de petits pots dont la forme est toujours la même, mais dont la capacité varie à l'infini (*voyez planche* XIV, *fig.* 8). Ces petits pots sont placés dans un panier à anse (*voyez planche* XIV, *fig.* 11), qu'une fille de ferme porte à la ville en le plaçant sur sa tête, elle distribue ensuite ces pots dans des maisons bourgeoises. Dans les fermes qui fournissent leur crème aux marchands de café, on la renferme dans des pots d'une plus grande dimension (*voyez planche* XIV, *fig.* 9). Ces derniers pots ont le bord un peu renversé et sont entourés d'une ficelle qui forme anse, ce qui en facilite le transport. (*Voyez planche* XIV, *fig.* 10.)

Quand le lait est destiné à être vendu dans les marchés, on l'expose, à Saint-Pol-de-Léon, dans des barattes garnies de cercles en fer bien polis (*voyez planche* XIV, *fig.* 12) et dans des pots de terre à Morlaix et à Landivisiau. (*Voyez planche* XIV, *fig.* 13.)

Quand on a, par l'écrémage, enlevé une certaine quantité de crème, on la dépose dans une baratte ou beurrière, qu'on désigne en basse Bretagne par la dénomination de *Ribot*, et l'action de battre le beurre *Ribottat*. Cette beurrière a la forme d'un cône tronqué; elle a en hauteur 80 centimètres, et en diamètre 30 centimètres; elle est garnie de plusieurs cerceaux en bois; elle se ferme par un couvercle mobile, percé d'un trou rond dans son milieu, qui donne passage à la tige du batte-beurre. Cette tige est munie à l'une de ses extrémités d'un disque en bois, également arrondi, mais d'un diamètre moindre que celui de la beurrière. (*Voyez planche* XIV, *fig.* 14.)

Le tout étant bien disposé, la fermière ou une fille de ferme place la beurrière auprès du feu, si c'est en hiver, et sur le sol de la maison, si c'est en été. Alors elle saisit le manche du batte-beurre des deux mains et lui fait exécuter un mouvement non interrompu et précipité de haut en bas et de bas en haut, de manière à tenir le lait constamment agité. Au bout d'un certain temps, qui varie suivant la saison (ce temps est moindre en été qu'en hiver), le beurre se forme en grumeaux qui tombent au fond de la beurrière, ce qu'on reconnaît à la faible résistance du batte-beurre.

Quand le beurre est suffisamment séparé du lait, on recueille tous les petits grumeaux, qu'on place dans de l'eau fraîche, on les malaxe et les pétrit afin d'en retirer la plus grande quantité de petit lait.

Cette opération, qu'on appelle délaiter le beurre et en breton *dilosa an amanu*, se continue jusqu'à ce que l'eau fraîche, qu'on renouvelle souvent, reste claire et limpide. On retire alors le beurre de l'eau et on le divise en moches pour être livré au commerce, sans être salé.

Le beurre qui affecte une belle couleur jaune est toujours plus recherché et plus estimé que celui qui a une couleur blanche. Dans les fermes on ne connaît pas les moyens employés dans d'autres pays ni chez nos négociants pour colorer le beurre; nos paysans le livrent tel qu'ils l'ont obtenu.

Le beurre ne se conserverait pas longtemps s'il n'était salé, aussi le sale-t-on dans toute la Bretagne avec du sel raffiné quand le beurre est destiné à être consommé frais, et avec du gros sel de cuisine quand on le destine pour les approvisionnements.

Après le battage du beurre, le petit lait qu'on retire de la beurrière a un goût aigrelet. Ce lait, qui est très-rafraîchissant, est consommé par les gens de la ferme.

TABLEAU DU PRODUIT ANNUEL EN LAIT ET BEURRE

DANS L'ARRONDISSEMENT DE MORLAIX, EN 1811, 1813, 1830, 1836, 1841 ET 1846.

DÉSIGNATION de l'Arrondissement.	NOMBRE de VACHES laitières.	QUANTITÉ MOYENNE DE LAIT		QUANTITÉ GÉNÉRALE DE LAIT		QUANTITÉ MOYENNE DE BEURRE		PRIX MOYEN du kilogramme de BEURRE.
		fournie par jour par une Vache.	fournie annuellement par une Vache.	fournie par jour par toutes les Vaches.	fournie par an par toutes les Vaches.	fournie annuellement par une Vache.	fournie annuellement par toutes les Vaches.	
EN 1811.								
Morlaix.	29,307	4k	1,460k	117,228k	42,788,220k	50k	1,465,350k	80 à 90c
EN 1813.								
Morlaix.	28,338	4	1,460	113,352	41,373,480	50	1,416,900	80 à 90
EN 1830.								
Morlaix.	27,100	4	1,460	108,400	39,566,000	50	1,576,500	1fr 20c
EN 1836.								
Morlaix.	31,530	4	1,460	126,120	46,033,800	50	1,576,500	1 30
EN 1841.								
Morlaix.	38,747	4	1,460	154,988	56,570,620	50	1,937,350	1 30
EN 1846.								
Morlaix.	37,411	4	1,460	149,644	54,620,060	50	1,870,550	1 40

Il n'existe, dans l'arrondissement de Morlaix, ni fromagerie, ni fruitière d'association.

CHAPITRE 11.

ENGRAISSEMENT DES BOEUFS, DES VACHES, DES VEAUX. — SALAISON ET FUMIGATION DE LA VIANDE DU BOEUF.—NATURE DES TRAVAUX QU'ON EXIGE DES ANIMAUX DE LA RACE BOVINE. — ÉTABLES.

L'engraissement des animaux de la race bovine se fait le plus particulièrement dans les cantons de Plouigneau, de Saint-Thégonnec et de Sizun. Dans les autres cantons de l'arrondissement, on se livre aussi à l'engraissement, mais sur une plus petite échelle.

Si dans les trois cantons précités on se livre de préférence à l'engraissement des bœufs, des vaches et des veaux, cela tient principalement à ce que les prairies naturelles y sont meilleures; que les terres à ajonc y occupent une très-grande étendue; que les plantes fourragères y sont très-abondants, particulièrement les navets et les panais.

Les bœufs sont mis à l'engrais, dans l'arrondissement de Morlaix, dès l'âge de cinq à six ans; les vaches de huit à dix, et les veaux depuis la naissance jusqu'à deux mois.

Les animaux que l'on choisit de préférence pour être livrés à l'engraissement sont ceux qui ont une taille élevée, parce que, engraissés, ils sont d'une meilleure défaite et qu'ils sont exportés à l'étranger.

Les bœufs qu'on destine à être engraissés sont ordinairement châtrés à deux ans. Cette opération se fait soit au moyen de casseaux et le plus souvent par ratissage. Le bistournage n'est pas usité. On ne fait pas subir l'opération de la castration aux vaches; quelques essais, cependant, ont été tentés, et bien qu'ils aient tous réussi, l'usage ne s'en est pas répandu. Jusqu'à présent elle n'a été faite qu'à titre d'expérience sur quelques vaches appartenant à des amateurs.

Le mode le plus généralement suivi et adopté dans l'arrondissement de Morlaix, pour l'engraissement des bœufs et des vaches, est l'engraissement mixte.

Le commencement de Mai est regardé comme l'époque la plus favorable pour soumettre les animaux à l'engraissement. Ceux-ci sont mis d'abord, pendant tout le jour, dans les pâturages où ils paissent en liberté. Comme ils n'y trouveraient pas une suffisante quantité d'aliments, on y supplée par des feuilles de choux et de navet, de l'herbe verte des prairies naturelles et du trèfle.

Le soir, les animaux sont rentrés dans les étables, où on leur a préparé d'avance une nourriture abondante et de première qualité pour passer la nuit. Cette nourriture se compose de panais, de navets, de betteraves, de paille et de foin. Toutes les racines sont données à l'état de crudité. L'engraissement dure de quatre à cinq mois, c'est-à-dire depuis le commencement de Mai jusqu'à la fin de Septembre. Ce n'est que vers la fin de l'engraissement que les animaux ne sortent plus des étables; alors, les bœufs et les vaches font six repas par jour : à cinq heures du matin, à neuf heures, à midi, à trois heures, à six heures et à neuf heures du soir.

Chaque repas se compose des aliments suivants :

Au repas de cinq heures du matin, 7 kilogrammes 1/2 navets ou betteraves; à celui de neuf heures, 7 kilogrammes 1/2 panais ou navets; à celui de midi, 7 kilogrammes 1/2 panais, betteraves ou navets, et ainsi de suite aux repas de trois, six et neuf heures de l'après-midi. Outre ces aliments, chaque animal à l'engrais reçoit, à chaque repas, un kilogramme 1/2 de paille ou de foin.

On reconnaît que les bœufs et les vaches sont suffisamment engraissés aux signes suivants :

Au repos, l'animal a une attitude embarrassée; en mouvement, sa marche est lente et tous ses mouvements lents; empâtement de tout le corps; développement de coussinets graisseux sur plusieurs parties du corps, comme, par exemple, à la partie postérieure de l'encolure, au défaut de l'épaule, sous le poitrail, au fanon, sur les côtes, aux flancs, sur les fesses et au tronçon de la queue. L'action de s'assurer de l'existence de ces coussinets graisseux est désignée par le nom de *maniement*. Les paysans bas-bretons, pas plus que les bouchers, n'ont encore employé la méthode proposée par Mathieu de Dombasles pour indiquer, sur l'animal vivant, le poids de la viande nette qu'il fournira. Les bouchers se contentent d'une inspection souvent tres-rapide. Ils pèsent alors des yeux les bœufs gras et il est rare qu'ils se trompent de quelques kilogrammes.

La durée moyenne de l'engraissement est :

Pour les bœufs, de.................................. 6 mois.
Pour les vaches, de.................................. 6 mois.
Pour les veaux, de.................................. 4 à 5 semaines.

La dépense moyenne d'un bœuf qu'on engraisse a l'étable est de 75 centimes par jour ou 135 francs pour tout le temps de l'engraissement; celle d'une vache, de 50 centimes par jour ou 90 francs pour tout le temps qu'elle est à l'engrais; celle d'un veau, néant, les cultivateurs ne la mettant pas en ligne de compte.

Le poids moyen d'un bœuf gras, dans l'arrondissement de Morlaix, est de.. 350 kilog.
Idem d'une vache, de.................................. 182
Idem. d'un veau, de.................................. 35

TABLEAU DU POIDS MOYEN DES BOEUFS GRAS ET DES VACHES GRASSES
DANS L'ARRONDISSEMENT DE MORLAIX.

DÉSIGNATION des CANTONS.	BOEUFS GRAS					VACHES GRASSES				
	en viande.	en cuir.	en suif.	tête, pieds et issues.	TOTAL.	en viande.	en cuir.	en suif.	tête, pieds et issues.	TOTAL.
Morlaix.	240	40	35	40	355	130	18	16	25	189
Lanmeur.	246	45	40	40	371	140	20	18	27	205
Plouigneau. . . .	220	40	35	40	335	110	18	16	25	169
Plouzévédé. . . .	225	44	38	40	347	130	18	16	25	189
St-Pol-de-Léon. .	240	45	40	40	365	136	20	18	27	191
Taulé.	220	40	40	40	340	110	15	16	20	161
Landivisiau. . .	225	40	45	40	350	110	15	16	20	161
St-Thégonnec. .	225	40	45	40	350	125	20	18	25	188
Plouescat.	240	45	45	40	370	136	20	18	25	199
Sizun.	220	40	35	40	335	110	18	16	25	169
MOYENNE.					350	MOYENNE.				182

Nous avons dit, au chapitre 8 de la deuxième partie, que le prix moyen d'un bœuf maigre est de 180 francs, et celui d'une vache également maigre de 90 francs.

En ajoutant à ces sommes les dépenses faites pour l'engraissement, on a :

Pour le bœuf gras, savoir :	Prix d'achat.	180 fr.
	Engraissement.	135
	TOTAL.	315 fr.
Pour une vache grasse, savoir :	Prix d'achat.	90 fr.
	Engraissement.	90
	TOTAL.	180 fr.

Le bœuf a été vendu 300 francs, et la vache 185 francs.

L'engraisseur a donc une perte de 15 francs pour le bœuf et un benéfice de 5 francs pour la vache.

D'après tout ce qui précède, l'on voit qu'il n'y a pas de bénéfice appréciable à se livrer à l'engraissement des bêtes bovines dans l'arrondissement de Morlaix. Cependant le cultivateur y trouve un avantage réel, parce qu'il est dans la nécessité de faire consommer chez lui les fourrages qu'il ne peut pas vendre, s'il est loin des villes. Il faut, d'ailleurs, qu'il produise ses engrais dans son exploitation, et plus ses animaux seront nombreux, et particulièrement plus il en nourrira dans les étables, plus la quantité de ses fumiers sera considérable.

Il ne faut pas perdre de vue que tout se lie en agriculture. Sans fourrages point d'animaux, sans animaux point de fumiers, et sans fumiers point d'agriculture possible. Il y a donc nécessité pour le cultivateur à s'en procurer par tous les moyens en son pouvoir.

Deux moyens sont successivement mis en usage dans l'arrondissement de Morlaix pour la conservation de la viande de bœuf et de vache.

Le premier est la salaison, et le second la fumigation.

Pour faire la salaison, après avoir tué et dépecé l'animal, on imprègne de sel de cuisine chaque morceau de viande en le frottant fortement avec les deux mains. Lorsque la viande est suffisamment salée, on place les morceaux pendant six semaines à deux mois et demi dans la saumure. Au bout de ce laps de temps on les retire et on les place sur des claies de bois, attachées aux planches de la maison manale et le plus près possible de la cheminée.

C'est ordinairement vers le mois de Février que commence la fumigation, et elle se prolonge jusqu'en Août; alors la viande est employée aux usages domestiques.

Dans les communes de Plounéour-Ménez, de Commana, de Sizun, de Saint-Sauveur, du Cloître et partie de Pleyber-Christ, on fait travailler les bœufs conjointement avec les chevaux et pour tous les mêmes travaux. Les vaches ne travaillent jamais.

Les bœufs ne travaillent pas avec des colliers; ils sont attelés au moyen d'un joug. Le harnais d'une paire de bœufs est des plus simples. Il consiste en une barre de bois de un mètre de long sur huit centimètres d'épaisseur, qu'on leur place en travers sur la tête; les extrémités de cette barre sont garnies d'un bourelet recouvert en cuir en dessus, et en toile en dessous. Ces coussins sont placés sur le sommet de la tête et entourent les cornes. Le prix moyen d'un joug est de quatre francs cinquante centimes à sept francs cinquante centimes.

Les bœufs sont attelés avec des chevaux comme nous l'avons dit plus haut. Un attelage se compose quelquefois de 4 bœufs placés par paire et qui sont guidés par deux poulains places en avant de l'attelage. D'autres fois, il n'y a qu'un poulain pour deux ou quatre bœufs.

Les bœufs travaillent toute la journée, soit qu'on les emploie à la charrue, soit qu'on leur fasse faire des charrois.

Comme les écuries rurales bretonnes, les étables sont mal construites, peu aérées, tenues salement et tout-à-fait impropres au logement des animaux.

Voici les proportions d'une étable de seize vaches :

Epaisseur des murs.	» mètres 67	centimètres
Hauteur des murs de face et de derrière. . . .	3	»
Hauteur des pignons.	5	»
Longueur du bâtiment.	9	»
Largeur.	5	»

La façade est percée d'une porte basse et étroite, et d'une petite croisée fermant au moyen d'un petit volet. Les murs sont nus, c'est-à-dire, qu'ils ne sont pas crépis ni même blanchis à la chaux. Le sol n'est pas pavé.

Le fumier, au lieu d'être enlevé tous les jours, comme la santé des animaux l'exige, y séjourne pendant deux mois et plus. On n'emploie jamais le pansement de la main, qui active les fonctions de la peau, ni l'usage des couvertures. Aussi ces animaux sont-ils de la plus grande malpropreté.

Dans quelques étables il existe une auge très-basse, formée de maçonnerie et garnie en avant d'une planche de chêne, un peu plus haute que l'arrière. Dans ces étables il y a aussi parfois un ratelier grossièrement confectionné. Dans d'autres il n'existe ni mangeoire, ni ratelier, les aliments sont distribués aux animaux tantôt dans des barattes, le plus souvent jetés sur la litière et contre le mur.

CHAPITRE 12.

QUANTITÉ DE BÊTES BOVINES ABATTUES POUR LA CONSOMMATION LOCALE. — PRIX MOYEN DU KILOGRAMME DE VIANDE A LA CONSOMMATION. — MALADIES LES PLUS COMMUNES AUX ANIMAUX DE LA RACE BOVINE.

En 1830, il a été abattu dans l'arrondissement de Morlaix, pour la consommation locale. 19,500 bœufs, vaches et veaux, savoir :

Bœufs	5,500
Vaches	4,000
Veaux	10,000
TOTAL	19,500

En 1841, ce chiffre s'est élevé à 23,600, savoir :

Bœufs	2,414
Vaches	4,914
Veaux	16,272
TOTAL	23,600

Différences de l'année 1830 à l'année 1841 :

En moins pour les bœufs	3,086 (1)
En plus pour les vaches	914
En plus pour les veaux	6,272

La population humaine de l'arrondissement de Morlaix étant en 1841 de 139,912, nous devons étudier combien chaque habitant consomme annuellement de kilogrammes de viande de boucherie. Prenons la même année pour terme de comparaison.

Nous avons vu au chap. précédent que chaque bœuf fournit en moyenne, dans l'arrondissement de Morlaix, en viande nette, 230 kilogrammes; chaque vache, 123, et chaque veau, 21.

(1) Cela tient à ce que, depuis 1830, notre arrondissement fait un grand commerce avec l'Angleterre qui nous enlève un grand nombre de bœufs.

Les animaux abattus en 1841 ont donc produit en viande nette, savoir :

Les 2,414 bœufs........................	355,220 kilogrammes.
Les 4,914 vaches........................	644,422
Les 16,272 veaux........................	341,712
Total..............	1,341,354 kilogrammes.

En divisant ces 1,341,354 kilogrammes de viande de boucherie entre les 139,912 habitants, on a, pour chacun d'eux, un peu plus de 9 kilogrammes 1/2 pour sa consommation annuelle.

Le prix moyen du kilogramme de viande de boucherie à la consommation était, en 1830, de 80 centimes pour la viande de bœuf, de 50 centimes pour celle de vache et de 80 centimes pour celle de veau.

En 1841, ce même prix était de 90 centimes à 1 franc pour la viande de bœuf, de 60 centimes pour celle de vache et de 80 centimes pour celle de veau.

TABLEAU DE LA QUANTITÉ DE BÊTES BOVINES
Abattues annuellement dans l'arrondissement de Morlaix, pour la consommation locale,
ET PRIX MOYEN DU KILOGRAMME DE VIANDE EN CONSOMMATION.

DÉSIGNATION de L'ARRONDISSEMENT.	QUANTITÉ DE BÊTES BOVINES abattues annuellement pour la consommation.				PRIX MOYEN du kilogramme de viande à la consommation		
	Bœufs.	Vaches.	Veaux.	TOTAL.	Bœufs.	Vaches.	Veaux.
			En 1830.				
Morlaix........	5,500	4,000	10,000	19,500	»fr 80c	»fr 50c	»fr 80c
Désignation des Cantons			En 1841.				
Morlaix........	1,043	700	9,368	11,111	1 »	» 60	» 80
Lanmeur........	22	372	740	1,134	» 90	» 60	» 80
Plouigneau......	324	1,094	904	2,322	» 90	» 60	» 80
Plouzévédé.......	30	286	20	336	» 90	» 60	» 80
Saint-Pol-de-Léon...	211	821	2,185	3,217	1 »	» 60	» 80
Taulé.........	42	163	280	485	» 90	» 60	» 80
Landivisiau......	283	963	2,110	3,356	1 »	» 60	» 80
Saint-Thégonnec...	220	160	510	890	» 90	» 60	» 80
Plouescat.......	30	285	50	365	1 »	» 60	» 80
Sizun..........	209	70	105	384	» 90	» 60	» 80
	2,414	4,914	16,272	23,600	1fr à 90c	» 60	» 80

Les maladies auxquelles les animaux de la race bovine sont le plus sujets dans l'arrondissement de Morlaix, sont : les avortements, les parts laborieux, le renversement du vagin pendant l'état de gestation, les tympanites par suite d'indigestion, les gastro-entérites, les pneumonites et les pleuro-pneumonites.

Troisième Catégorie. — Race Ovine.

CHAPITRE 13.

ORIGINE. — RACE. — ESPÈCES. — DESCRIPTION. — LIEUX OU ON LES RENCONTRE. — RECENSEMENTS.

Malgré les recherches les plus actives auxquelles nous nous sommes livré, il nous a été impossible de nous procurer aucune donnée qui ait trait à l'origine de la race ovine existant dans notre arrondissement.

Nous pensons, avec tous les naturalistes, que les animaux de cette race, comme tous les moutons vivant à l'état de domesticité dans toutes les parties de l'ancien continent, proviennent du mouflon, qui existe encore aujourd'hui à l'état sauvage sur quelques montagnes d'Europe.

Mais à quelle époque s'est faite l'introduction des premiers moutons domestiques dans l'arrondissement de Morlaix? La race qui y existe aujourd'hui n'est-elle qu'une dégénérescence d'une race perfectionnée? ou bien les animaux de cette race ont-ils été rendus domestiques dans le pays même par l'apprivoisement des animaux de la race mouflonne? C'est ce qu'on ignore. Toujours est-il qu'il n'existe dans l'arrondissement de Morlaix qu'une seule race de bêtes à laine, dont voici les principaux caractères : taille très-petite ; tête fine et effilée, encolure menue ; absence de cornes chez les femelles ; existence de cornes contournées en spirales chez les mâles ; toison courte, grossière, peu estimée, affectant la couleur rousse ou noir mal teint. Cette race offre bien peu d'espèces; celles que l'on rencontre proviennent du mélange d'une race étrangère avec celle du pays. Ces métis se distinguent des animaux de la race pure en ce que leur taille est plus élevée et que leur laine est plus longue, plus soyeuse et d'une teinte blanchâtre.

Les animaux de la race ovine se rencontrent en bien petit nombre dans les communes de l'arrondissement de Morlaix. Voici les recensements qui ont été faits à différentes époques :

TABLEAU DE RECENSEMENT DES ANIMAUX DE LA RACE OVINE DANS L'ARRONDISSEMENT DE MORLAIX, EN 1811.

DÉSIGNATION de l'Arrondissement.	BÉLIERS.	MOUTONS.	BREBIS.	AGNEAUX.	BOUCS.	CHÈVRES.	TOTAL GÉNÉRAL.
Morlaix. . .	789	2,806	6,867	3,580	3	22	14,042

TABLEAU DE RECENSEMENT DES ANIMAUX DE LA RACE OVINE DANS L'ARRONDISSEMENT DE MORLAIX, EN 1830.

DÉSIGNATION de l'Arrondissement.	Béliers.	Moutons.	Brebis.	Agneaux.	TOTAL.	Boucs.	Chèvres.	Chevreaux.	TOTAL.	TOTAL général.
Morlaix.	1,080	9,900	3,170	2,800	16,950	40	90	60	190.	17,140

TABLEAU DE RECENSEMENT DES ANIMAUX DE LA RACE OVINE
DANS L'ARRONDISSEMENT DE MORLAIX, EN 1836.

DÉSIGNATION des Cantons.	NOMS des COMMUNES.	BÉLIERS.	MOUTONS	BREBIS.	AGNEAUX	CHÈVRES.	TOTAL général des Troupeaux
Morlaix.	Morlaix..	20	128	206	»	6	360
	Ploujean..	»	32	67	34	6	139
	Sainte-Sève.	»	40	120	37	»	197
	St-Martin-des-Champs.	»	»	»	»	»	»
	Plourin..	»	20	»	»	5	25
Lanmeur.	Lanmeur..	34	142	178	61	»	415
	Plouégat-Guérand.. .	20	30	18	11	»	79
	Plouézoc'h..	30	97	103	21	»	251
	Garlan..	1	6	8	6	»	21
	Guimaëc..	40	105	201	90	»	436
	Saint-Jean-du-Doigt. .	30	97	103	21	»	251
	Loquirec.	20	100	300	100	»	520
	Plougasnou.	300	250	425	200	»	1,175
Plouigneau.	Plouigneau.	»	»	»	»	»	»
	Le Ponthou..	12	51	20	9	»	92
	Guerlesquin..	»	»	»	»	»	»
	Botsorhel..	12	26	30	12	»	80
	Plouégat-Moysan.. . .	6	12	16	16	»	50
	Lannéanou.	»	»	6	»	2	8
	Plougonven.	4	8	60	18	3	93
Plouzévédé.	Plouzévédé.	42	79	408	99	»	628
	Saint-Vougay.	20	120	240	200	»	580
	Trézélidé.	3	12	84	65	»	164
	Plouvorn.	44	260	400	360	»	1,064
	Tréflaouénan.	30	40	120	48	»	238
	Cléder..	120	80	300	110	»	610
	A reporter.	788	1,735	3,413	1,518	22	7,476

TABLEAU DE RECENSEMENT DES ANIMAUX DE LA RACE OVINE
DANS L'ARRONDISSEMENT DE MORLAIX, EN 1836.

DÉSIGNATION des Cantons.	NOMS des COMMUNES.	BÉLIERS.	MOUTONS	BREBIS.	AGNEAUX	CHÈVRES.	TOTAL général des Troupeaux.
	Report.	788	1,735	3,413	1,518	22	7,476
St-Pol-de-Léon.	Saint-Pol-de-Léon. . .	22	80	108	90	»	300
	Roscoff.	»	»	»	»	»	»
	Ile-de-Batz.	»	»	»	»	»	»
	Plouénan.	26	52	162	150	»	390
	Mespaul.	»	80	80	40	»	200
	Plougoulm.	25	100	500	500	»	1,125
	Sibiril.	»	60	200	150	»	410
Landivisiau.	Landivisiau.	»	36	»	»	4	40
	Bodilis.	»	40	»	»	»	40
	Guimiliau.	»	30	25	18	»	73
	Lampaul.	»	»	»	»	»	»
	Plougourvest.	»	20	»	»	»	20
	Plounéventer.	25	100	500	500	»	1,125
	Saint-Servais.	5	16	8	7	»	36
Taulé.	Taulé.	30	70	300	100	»	500
	Henvic.	»	12	110	50	»	172
	Carantec.	»	20	25	25	3	73
	Locquénolé.	»	12	7	4	»	23
	Guiclan.	»	10	120	»	»	130
Saint-Thégonnec	Saint-Thégonnec. . .	90	180	300	50	10	630
	Pleyber-Christ. . . .	»	»	»	»	»	»
	Le Cloître.	»	»	»	»	»	»
	Plounéour-Ménez. . .	100	250	350	60	20	780
	A reporter.	1,111	2,903	6,208	3,262	59	13,543

TABLEAU DE RECENSEMENT DES ANIMAUX DE LA RACE OVINE DANS L'ARRONDISSEMENT DE MORLAIX, EN 1836.

DÉSIGNATION des Cantons.	NOMS des COMMUNES.	BÉLIERS.	MOUTONS	BREBIS.	AGNEAUX	CHÈVRES.	TOTAL général des Troupeaux.
	Report.	1,111	2,903	6,208	3,262	59	13,543
Plouescat.	Plouescat.	10	30	60	40	»	140
	Plounévez-Lochrist. .	100	70	180	130	»	580
	Tréflez.	15	40	90	67	»	212
	Lanhouarneau.. . . .	25	10	170	75	»	280
	Plougar.	14	35	92	70	»	211
Sizun.	Sizun.	20	150	250	»	»	420
	Saint-Sauveur.	»	15	40	»	»	55
	Commana.	15	100	200	»	10	325
	Loc-Mélard.	»	1	1	»	1	3
	TOTAUX.	1,310	3,354	7,391	3,644	70	15,769

DÉSIGNATION DES CANTONS.	RÉCAPITULATION PAR CANTONS.					
Morlaix.	20	220	393	71	17	721
Lanmeur.	475	827	1,336	510	»	3,148
Plouigneau.	34	97	132	55	5	323
Plouzévédé.	259	591	1,552	882	»	3,284
Saint-Pol-de-Léon.	73	372	1,050	930	»	2,425
Landivisiau.	30	242	533	525	4	1,334
Taulé.	30	124	562	179	3	898
Saint-Thégonnec.	190	430	650	110	30	1,410
Plouescat.	164	185	692	382	»	1,423
Sizun.	35	266	491	»	11	803
TOTAUX.	1,310	3,354	7,391	3,644	70	15,769

TABLEAU DE RECENSEMENT DES ANIMAUX DE LA RACE OVINE

DANS L'ARRONDISSEMENT DE MORLAIX, EN 1841.

DÉSIGNATION des CANTONS.	Béliers.	Brebis.	Moutons.	Agneaux.	TOTAL.	Boucs.	Chèvres.	Chevreaux	TOTAL.	TOTAL général.
Morlaix	32	59	367	290	748	»	»	»	»	748
Lanmeur.	287	1,472	838	905	3,502	»	»	»	»	3,502
Plouigneau	65	520	630	370	1,585	6	15	7	28	1,613
Plouzévédé	291	1,348	201	855	2,695	17	24	16	57	2,752
St.-Pol-de-Léon	132	820	189	507	1,648	»	»	»	»	1,648
Landivisiau....	46	345	170	221	782	9	6	3	18	800
Taulé	103	580	110	255	1,048	1	7	5	13	1,061
St.-Thégonnec.	16	150	15	120	301	»	6	6	12	313
Plouescat......	235	1.257	188	820	2,500	30	38	28	96	2,596
Sizun	24	65	240	134	463	4	8	2	14	477
TOTAUX ...	1,231	6,616	2,948	4.477	15,272	67	104	67	238	15,510

TABLEAU DE RECENSEMENT DES ANIMAUX DE LA RACE OVINE DANS L'ARRONDISSEMENT DE MORLAIX, EN 1846.

DÉSIGNATION des Cantons.	NOMS des COMMUNES.	BÉLIERS.	MOUTONS.	BREBIS.	AGNEAUX.	BOUCS.	CHÈVRES.	CHEVREAUX.
Morlaix.	Morlaix.	1	55	6	3	2	8	»
	Ploujean.	12	6	53	3	5	8	2
	Sainte-Sève.	1	»	2	3	»	1	»
	St-Martin-des-Champs.	1	3	12	3	»	»	»
	Plourin.	70	80	55	30	2	3	5
Lanmeur.	Lanmeur.	36	101	348	212	»	4	»
	Plouégat-Guérand. . .	29	35	146	108	»	4	4
	Plouézoc'h.	»	16	67	481	»	8	3
	Garlan.	»	15	25	15	»	»	»
	Guimaëc.	22	126	399	24	1	2	3
	Saint-Jean-du-Doigt. .	8	126	224	80	1	2	»
	Loquirec.	20	200	200	100	»	»	»
	Plougasnou.	110	739	796	408	»	»	»
Plouigneau.	Plouigneau.	9	56	73	23	»	»	»
	Le Ponthou.	5	11	3	7	1	»	»
	Guerlesquin.	1	24	62	35	»	3	»
	Botsorhel.	7	13	213	3	»	»	»
	Plouégat-Moysan. . .	26	61	42	44	»	»	»
	Lannéanou.	2	9	11	8	»	»	»
	Plougonven.	64	76	135	77	2	8	2
Plouzévédé.	Plouzévédé.	4	36	65	70	»	»	»
	Saint-Vougay.	41	46	168	115	»	»	»
	Trézélidé.	1	25	33	18	»	»	»
	Plouvorn.	37	97	199	106	»	2	1
	Tréflaouénan.	17	23	58	46	»	»	»
	Cléder.	38	296	348	337	»	»	»
	A reporter.	562	2,175	3,743	2,368	14	53	20

TABLEAU DE RECENSEMENT DES ANIMAUX DE LA RACE OVINE
DANS L'ARRONDISSEMENT DE MORLAIX, EN 1846.

DÉSIGNATION des Cantons.	NOMS des COMMUNES.	BÉLIERS.	MOUTONS.	BREBIS.	AGNEAUX.	BOUCS.	CHÈVRES.	CHEVREAUX.
	Report.	562	2,175	3,743	2,368	14	53	20
Saint-Pol-de-Léon.	Saint-Pol-de-Léon. . .	32	58	124	78	1	1	»
	Roscoff.	7	13	97	19	»	»	»
	Ile-de-Batz.	1	»	12	12	»	»	»
	Plouénan.	22	21	100	77	»	1	»
	Mespaul..	»	»	40	»	»	1	»
	Plougoulm..	8	12	40	30	»	»	»
	Sibiril.	16	45	127	123	»	»	»
Landivisiau.	Landivisiau.	12	21	95	39	»	3	»
	Bodilis.	30	50	64	30	»	»	»
	Guimiliau.	1	10	4	3	»	»	»
	Lampaul..	10	15	21	25	»	»	»
	Plougourvest.	70	67	102	70	1	1	1
	Plounéventer.	156	322	245	124	13	14	11
	Saint-Servais.	12	5	45	18	15	»	1
Taulé.	Taulé.	»	»	»	»	»	»	»
	Henvic.	4	7	12	8	»	»	»
	Carantec.	5	1	36	16	»	»	»
	Locquénolé.	»	»	»	»	»	»	»
	Guiclan.	»	7	18	4	»	»	»
Saint-Thégonnec	Saint-Thégonnec. . .	»	50	50	25	25	10	5
	Pleyber-Christ. . . .	12	24	17	10	»	8	4
	Le Cloître..	2	11	20	36	»	»	»
	Plounéour-Ménez. . .	15	30	10	15	»	»	»
	A reporter.	977	2,944	5,022	3,127	69	89	42

TABLEAU DE RECENSEMENT DES ANIMAUX DE LA RACE OVINE
DANS L'ARRONDISSEMENT DE MORLAIX, EN 1846.

DÉSIGNATION des Cantons.	NOMS des COMMUNES.	BÉLIERS.	MOUTONS.	BREBIS.	AGNEAUX.	BOUCS.	CHÈVRES.	CHEVREAUX.
	Report.	977	2,944	5,022	3,127	69	89	42
Plouescat.	Plouescat.	24	30	120	100	»	»	»
	Plounévez-Lochrist. .	50	45	450	203	1	6	5
	Tréflez.	9	138	176	132	»	»	»
	Lanhouarneau. . . .	16	78	210	156	»	»	»
	Plougar.	»	20	65	32	»	»	»
Sizun.	Sizun.	10	202	123	51	1	8	»
	Saint-Sauveur.	»	8	»	»	»	»	»
	Commana.	58	218	365	280	6	15	10
	Loc-Melard.	7	22	12	6	1	3	24
	Totaux. . . .	1,151	3,705	6,543	4,087	78	121	81

DÉSIGNATION DES CANTONS.	RÉCAPITULATION PAR CANTONS.						
Morlaix.	83	144	128	42	9	20	7
Lanmeur.	225	1,258	2,205	1,437	2	20	10
Plouigneau.	114	250	539	197	3	11	2
Plouzévédé.	138	523	871	692	»	2	1
Saint-Pol-de-Léon.	86	149	540	339	1	3	»
Landivisiau.	291	490	576	306	29	15	13
Taulé.	9	15	66	28	»	»	»
Saint-Thégonnec.	29	115	97	86	25	18	9
Plouescat.	99	311	1,021	623	1	6	5
Sizun.	75	450	500	337	8	26	34
Totaux.	1,151	3,705	6,543	4,087	78	121	81

Total général des Animaux de la race Ovine. . . . . . 15,766.

Il résulte des tableaux qui précèdent, que le nombre des bêtes ovines, dans l'arrondissement de Morlaix, était :

En 1811, de	14,042
En 1830, de	17,140
En 1836, de	15,769
En 1841, de	15,510
En 1846, de	15,766
Différence en plus, de 1811 à 1830	3,098
Différence en moins, de 1830 à 1836	1,371
Différence en moins, de 1836 à 1841	259
Différence en plus, de 1841 à 1846	256
Différence en plus, de 1811 à 1846	1,724

CHAPITRE 14.

COMMERCE. — VALEUR MOYENNE. — FOIRES. — DÉBOUCHÉS. — BELIERS. — MONTE. APPAREILLEMENTS.— CROISEMENTS.— ALIMENTS.— BOISSONS.— BERGERIES.

Le commerce des bêtes à laine, dans l'arrondissement de Morlaix, se réduit à bien peu de chose. Outre que ces animaux y sont peu nombreux, comme nous venons de le voir au chapitre précédent, ils sont si peu estimés, sous le rapport de la qualité et de la finesse de leur laine, qu'ils ne se vendent, pour ainsi dire, que dans le pays. Ce sont nos bouchers qui achètent presque tous les moutons de notre arrondissement. La laine se vend aussi dans le pays, et n'est jamais exportée au-dehors. Cette laine grossière est peu ou point recherchée par les personnes riches. Une partie sert à la confection d'une étoffe en usage chez les pauvres et chez les gens de la campagne, qu'on nomme *Berlinge* et dont la trame est en fils de chanvre ou en fils de lin.

Cette étoffe forme, en grande partie, l'habillement des paysans et des paysannes de presque toutes les communes rurales, celles de Saint-Thégonnec et de Pleyber-Christ exceptées, où les habitants sont habillés de drap noir. Une autre partie est employée à confectionner les chapeaux des gens de la campagne et à faire des bas, des camisoles et des matelas.

Nous avons vu au chapitre précédent que, de 1811 à 1830, le nombre des bêtes à laine a augmenté, dans cet arrondissement, de 3,098 têtes; qu'il a diminué, de 1830 à 1836, de 1,371, et, de 1836 à 1841, de 256, et qu'enfin il a augmenté, de 1841 à 1846, de 259.

L'éducation des bêtes à laine, dans l'arrondissement de Morlaix, est donc restée stationnaire depuis 1830. Quant à leur amélioration, tant sous le rapport de la taille des animaux que sous celui de la longueur et de la finesse de la laine, elle n'a éprouvé aucune modification depuis longtemps. Aussi la valeur pécuniaire des animaux de cette race n'a-t-elle que peu variée depuis plus de cinquante ans.

Les prix moyens, par tête et sur pied, des animaux de la race bovine étaient, en 1830, de :

6 francs pour les béliers ;	6 francs pour les boucs;
5 francs pour les brebis ;	8 francs pour les chèvres ;
5 francs pour les moutons ;	3 francs pour les chevreaux.
3 francs pour les agneaux ;	

De 1830 à 1841, ces prix n'ont éprouvé qu'une légère modification; ils étaient, à cette dernière époque, de :

7 francs pour les béliers ;
4 francs 50 centimes pour les brebis ;
6 francs 50 centimes pour les moutons ;
4 francs pour les agneaux ;
5 francs 50 centimes pour les boucs ;
6 francs pour les chèvres ;
2 francs 50 centimes pour les chevreaux.

Le poids moyen était, en 1830, de 19 kilogrammes, et, en 1841, de 25 kilogrammes ; différence en plus, 6 kilogrammes. Cette augmentation est due, d'une part, à quelques bons croisements qui ont été effectués, et, d'autre part, aux perfectionnements qui ont été introduits dans le système des cultures de l'arrondissement.

TABLEAU DES PRIX MOYENS PAR TÊTE ET SUR PIED
et des Poids moyens en kilogrammes
DES ANIMAUX DE LA RACE OVINE DANS L'ARRONDISSEMENT DE MORLAIX.

DÉSIGNATION de L'ARRONDISSEMENT.	PRIX MOYENS PAR TÊTE ET SUR PIED.							POIDS MOYENS EN KILOG.				
	Béliers.	Brebis.	Moutons.	Agneaux.	Boucs.	Chèvres.	Chevreaux.	Viande.	Peau et Laine.	Suif.	Tête, Pieds et issues.	TOTAL du Poids.
	EN 1830.											
Morlaix	6fr	5fr	5fr	3fr	6fr	8fr	3fr	10k	4k	2k	3k	19k
Désignation des Cantons.	**EN 1841.**											
Morlaix	6	6	6	4	»	»	»	15	5	2	3	25
Lanmeur	6	5	5	4	»	»	»	15	5	2	3	25
Plouigneau	5	4	5	4	3	5	3	14	4	2	3	23
Plouzévédé	6	5	5	4	5	5	3	15	5	2	5	27
Saint-Pol-de-Léon	7	5	8	5	»	»	»	15	5	2	5	27
Taulé	6	5	8	4	7	9	3	15	5	2	6	28
Landivisiau	7	5	5	4	8	6	3	14	4	2	4	23
Saint-Thégonnec	6	6	6	4	»	»	»	15	5	2	4	25
Plouescat	6	5	5	4	5	5	3	15	5	2	4	25
Sizun	5	4	7	3	2	»	»	14	4	2	3	23
	6fr	5fr	6fr	4fr	5fr	6fr	3fr	14k	4k 1/2	2k	4k	25k

La valeur des bêtes ovines, dans l'arrondissement de Morlaix, en 1846, était :

Béliers	à raison de 6 francs l'un................	ci.	6,900f »c
Moutons	à raison de 5 francs l'un................	ci.	18,525 »
Brebis	à raison de 6 francs l'un................	ci.	39,258 »
Agneaux	à raison de 4 francs l'un................	ci.	16,348 »
Boucs	à raison de 5 francs l'un................	ci.	390 »
Chèvres	à raison de 6 francs l'un................	ci.	726 »
Chevreaux	à raison de 3 francs l'un................	ci.	243 »
	Total..............		82,396f »c

Nous avons fait connaître, au chapitre 2 de la deuxième partie, les principales foires qui se tiennent dans l'arrondissement de Morlaix. (*Voyez ce chapitre.*)

Nous avons vu, en parlant des différents recensements qui ont été faits des animaux de la race ovine, que le nombre des béliers était :

En 1811, de............................	789
En 1830, de............................	1,080
En 1836, de............................	1,310
En 1841, de............................	1,231
En 1846, de............................	1,151

Nous avons également vu que le nombre des brebis était .

En 1811, de............................	6,867
En 1830, de............................	9,900
En 1836, de............................	7,391
En 1841, de............................	6,616
En 1846, de............................	6.543

Il y avait donc, pour être saillies par chaque bélier :

En 1811................................	8 brebis.
En 1830................................	9
En 1836................................	5
En 1841................................	5
En 1846................................	5

Comme ce n'est pas le nombre des béliers qui manque, eu égard à celui des brebis, la fécondation de celles-ci est des plus facile.

La lutte ne se fait jamais en main ; elle a lieu dans les bergeries, où on renferme les animaux, et le plus souvent au pâturage.

Plusieurs essais ont été tentés pour améliorer la race ovine de l'arrondissement de Morlaix ; mais ces essais ont toujours été infructueux, et cela, peut-être, parce qu'on n'a pas suivi avec assez de persévérance les moyens d'améliorations adoptés.

Avant 1812, et malgré les efforts du gouvernement d'alors, on ne put parvenir à établir une seule bergerie de mérinos. A peine s'il existait cent têtes de cette race dans le département du Finistère.

Plus tard, M. Kerbriant, riche propriétaire, fit venir un beau troupeau de mérinos qu'il plaça dans son parc de Kernéguez, près Morlaix. Ce beau troupeau n'existe plus depuis bien longtemps : il n'a pu résister aux aliments aqueux, à la température et au sol humides de la Bretagne; aussi a-t-il fini par se détériorer et par s'éteindre entièrement.

Depuis quelques années, M. le Ministre de l'agriculture et du commerce alloue annuellement certaines sommes pour l'amélioration des animaux de la race ovine de ce département. M. le Préfet a fait acheter des béliers et des brebis de la race berrichonne qu'il a placés chez des cultivateurs intelligents, sous la surveillance de notre honorable ancien sous-préfet, M. Léziart.

En persistant dans la bonne voie d'amélioration où l'on est entré, et si, surtout, on tient rigoureusement la main à ce que les croisements soient faits avec discernement et intelligence, l'on parviendra, non seulement à rendre notre race ovine plus grande et par conséquent plus propre pour les boucheries, mais encore à augmenter et à améliorer leur toison, en rendant la laine et plus longue et plus fine.

Peu de précautions sont prises, dans l'arrondissement de Morlaix, à l'égard des brebis pendant leur état de gestation, pendant l'allaitement et pendant le sevrage.

Pendant les premiers mois de la gestation, les brebis pleines ne quittent pas le troupeau, soit que celui-ci se trouve dans les pâturages, soit qu'on le rentre dans la bergerie. Cependant, vers la fin de la gestation on cesse de traire les brebis pleines, et c'est alors seulement qu'on les sépare du reste du troupeau, en les plaçant dans un endroit isolé dans la bergerie même, dans l'étable ou dans l'écurie.

Pendant l'allaitement, les mères et leurs petits sont, quel que soit l'état de l'atmosphère, placés pendant tout le jour dans les pâturages. Ce n'est que le soir qu'on les rentre dans la bergerie, où ils passent la nuit.

La garde du troupeau est ordinairement confiée à une petite fille où à un petit garçon de l'âge de 8 à 12 ans. Après le retour du pâturage personne ne prend soin d'apporter les petits à leurs mères naturelles ou adoptives; ces petits tètent indistinctement toutes les mères, c'est-à-dire la première qui se trouve à leur portée, et l'on n'est certain que les petits prennent le pis de leurs mères naturelles que quand une seule brebis a mis bas.

Les aliments dont on fait généralement usage pour les brebis et pour leurs produits consistent, pendant tout le jour, à brouter l'herbe des jachères et celle qui croît sur les bords des chemins. Une fois rentrés dans la bergerie, tous les animaux composant le troupeau reçoivent une bonne alimentation composée de racines, de feuilles de choux, de paille et de foin. Il n'est pas d'usage de leur administrer du sel, même en cas d'épuisement extrême.

Comme pour les autres animaux, la boisson consiste en de l'eau claire, puisée à la source voisine, à la fontaine ou au puits de la ferme.

L'allaitement des agneaux n'a point de durée déterminée. Le sevrage se fait naturellement. Quand le petit a pris assez de force, il broute dans les champs une nourriture suffisante, et il cesse peu à peu de téter sa mère.

Si les écuries et les étables rurales bretonnes sont défectueuses, les bergeries ne le sont pas moins. Nulle part on ne rencontre, dans l'arrondissement de Morlaix, des bergeries construites et entretenues comme le sont celles que nous avons eu occasion de voir en Normandie et dans la Beauce. Nos bergeries ne diffèrent en rien des étables a vaches. Souvent la bergerie et l'étable sont renfermées dans un même local. Nous renvoyons, pour les bergeries, à la description que nous avons donnée des étables, à la fin du chapitre 11 de la deuxième partie.

CHAPITRE 15.

QUANTITÉ DE BÊTES OVINES ABATTUES ANNUELLEMENT POUR LA CONSOMMATION LOCALE. — PRIX MOYENS DU KILOGRAMME DE VIANDE A LA CONSOMMATION. MALADIES LES PLUS COMMUNES AUX ANIMAUX DE LA RACE OVINE.

En 1830, il a été abattu, dans l'arrondissement de Morlaix, pour la consommation locale, 5,245 bêtes ovines, savoir :

Moutons et brebis	4,000
Agneaux	1,200
Chevreaux	45
Total	5,245

En 1841, ce chiffre s'est élevé à 6,518, savoir :

Moutons et brebis	4,570
Agneaux	1,755
Chevreaux	193
Total	6,518

Différence en plus de 1830 à 1841, savoir :

Moutons et brebis	570
Agneaux	555
Chevreaux	148
Total	1,273

Nous avons vu au chapitre précédent que les poids moyens des bêtes ovines, dans l'arrondissement de Morlaix, étaient, en 1830, de 19 kilogrammes et, en 1841, de 25 kilogrammes. Les 5,245 bêtes ovines abattues en 1830 ont donc produit, en poids, 99,655 kilogrammes, et les 6,518 abattues en 1841, 162,950 kilogrammes.

Le prix moyen du kilogramme de viande n'a pas varié de 1830 à 1841.

Il était, à ces deux époques, de 60 centimes pour la viande des moutons, de 80 centimes pour celle des agneaux et de 40 centimes pour celle des chevreaux.

DÉSIGNATION de L'ARRONDISSEMENT.	QUANTITÉ de Bêtes Ovines abattues annuellement pour la consommation locale.				PRIX MOYEN du kilogramme de viande en consommation.		
	MOUTONS	AGNEAUX	CHEVREAUX.	TOTAL.	MOUTONS	AGNEAUX	CHEVREAUX.
			EN 1830.				
Morlaix.	4,000	1,200	45	5,245	»fr 60c	»fr 80c	»fr 40c
DÉSIGNATION DES CANTONS.			En 1841.				
Morlaix.	4,105	1,534	193	5,829	» 60	» 80	» 40
Lanmeur.	40	9	»	49	» 60	» 80	» 40
Plouigneau.	4	»	»	4	» 60	» 80	40
Plouzévédé.	»	»	»	»	» »	» »	» »
Saint-Pol-de-Léon.	362	150	»	512	» 60	80	» 40
Taulé.	4	2	»	6	» 60	» 80	» 40
Landivisiau.	55	60	3	118	60	» 80	» 40
Saint-Thégonnec.	»	»	»	»	»		» »
Plouescat.	»	»	»	»	» »	» »	» »
Sizun.	»	»	»	»	» »	» »	» »
	4,570	1.755	196	6,518	» 60	» 80	» 40

Les animaux de la race ovine ne sont que rarement malades dans l'arrondissement de Morlaix Ces animaux ne craignent que deux fléaux : 1° les loups; 2° la pourriture. Quand la pourriture sévit dans un troupeau, il est rare que quelques individus y échappent; cela tient, sans doute, au sol humide de la Bretagne et, peut-être plus encore, à ce que les animaux sont mal soignés ou ne le sont pas du tout.

Quatrième Catégorie. — Race Porcine.

CHAPITRE 16.

RACE. — ESPÈCE. — DESCRIPTION. — COMMERCE. — RECENSEMENTS APPAREILLEMENTS. — CROISEMENTS.

La race porcine qui existe dans l'arrondissement de Morlaix est celle connue sous le nom de cochon blanc du Poitou. Quelques animaux appartenant aux races de la vallée d'Auge et du Périgord s'y rencontrent aussi, mais ils sont en si petit nombre qu'on ne peut les mettre en ligne de compte.

Il n'existe donc, à proprement parler, qu'une seule race porcine dans cet arrondissement. Cette race offre bien quelques variétés provenant de croisements effectués à différentes époques, mais ils font exception. Celle qui domine, qu'on rencontre et qu'on élève dans toutes les communes de l'arrondissement et particulièrement dans celles qui avoisinent le département des Côtes-du-Nord, présente les caractères suivants :

Taille élevée ; tête longue et grosse ; front saillant et coupé droit ; oreilles larges et pendantes ; corps très-allongé ; pattes larges et fortes ; jambes longues ; système osseux très-développé : soie blanche tirant un peu sur le jaune, longue et rude au toucher.

Le commerce qui s'en fait à Morlaix est très-considérable. D'après les renseignements qui nous ont été fournis par des hommes dignes de foi, on évalue à 15,000 têtes le nombre des porcs qu'on exporte annuellement de notre port. Ils proviennent généralement de Saint-Jean-du-Doigt, de Plouégat-Moysan, du Ponthou, de Plouigneau, de Botsorhel, etc., etc., et de quelques communes des arrondissements de Lannion et de Guimgamp (Côtes-du-Nord). Ces animaux se vendent depuis l'âge d'un an jusqu'à 15 mois. On les embarque pour tous les ports de France, et particulièrement pour le Havre. La plus grande partie est destinée aux approvisionnements des navires et principalement de ceux qui font la pêche de la morue et celle de la baleine. On en expédie aussi beaucoup en Algérie.

Voici les recensements qui ont été faits, dans l'arrondissement de Morlaix, des animaux de la race porcine, en 1836, 1841 et 1846 :

TABLEAU DE RECENSEMENT DES ANIMAUX DE LA RACE PORCINE DANS L'ARRONDISSEMENT DE MORLAIX, EN 1836.

DÉSIGNATION des Cantons.	NOMS des COMMUNES.	PORCS et TRUIES.	Valeur moyenne de chacun d'eux.
Morlaix.	Morlaix	157	53 »
	Ploujean	695	50 »
	Sainte-Sève	129	50 »
	St-Martin des-Champs	190	50 »
	Plourin	300	54 »
Lanmeur.	Lanmeur	373	53 »
	Plouégat-Guérand	360	50 »
	Plouézoc'h	101	53 »
	Garlan	240	50 »
	Guimaëc	460	54 »
	Saint-Jean-du-Doigt	101	53 »
	Loquirec	200	54 »
	Plougasnou	1,120	50 »
Plouigneau	Plouigneau	900	54 »
	Le Ponthou	37	51 »
	Guerlesquin	200	56 »
	Botsorhel	130	50 »
	Plouégat-Moysan	100	50 »
	Lannéanou	70	50 »
	Plougonven	400	55 »
Plouzévédé	Plouzévédé	199	57 »
	Saint-Vougay	130	55 »
	Trézelidé	44	55 »
	Plouvorn	330	55 »
	Tréflaouénan	16	50 »
	Cléder	460	50 »
St-Pol-de-Léon.	Saint-Pol-de-Léon	1,100	50 »
	Roscoff	600	50 »
	Ile-de-Batz	230	56 »
	Plouénan	140	56 »
	Mespaul	130	52 »
	Plougoulm	1,000	55 »
	Sibiril	130	50 »
	A reporter	10,832	de 50f à 57

DÉSIGNATION des Cantons.	NOMS des COMMUNES.	PORCS et TRUIES.	Valeur moyenne de chacun d'eux.
	Report	10,832	de 50f à 57
Landivisiau	Landivisiau	50	50 »
	Bodilis	120	55 »
	Guimiliau	120	50 »
	Lampaul	12	50 »
	Plougourvest	60	55 »
	Plounéventer	1,000	55 »
	Saint-Servais	50	50 »
Taulé.	Taulé	500	55 »
	Henvic	113	56 »
	Carantec	300	54 »
	Locquénolé	45	53 »
	Guiclan	200	55 »
Saint-Thégonnec.	Saint-Thégonnec	320	55 »
	Pleyber-Christ	360	50 »
	Le Cloître	360	50 »
	Plounéour-Ménez	350	55 »
Plouescat.	Plouescat	230	55 »
	Plounévez-Lochrist	400	50 »
	Tréflez	200	50 »
	Lanhouarneau	110	50 »
	Plougar	175	50 »
Sizun.	Sizun	300	54 »
	Saint-Sauveur	65	50 »
	Commana	220	54 »
	Loc-Mélard	24	50 »
	TOTAL	16,556	de 50f à 57

RÉCAPITULATION PAR CANTONS.

	PORCS et Truies.	VALEUR MOYENNE de chacun d'eux.
Morlaix.	1,471	de 50 à 54 fr.
Lanmeur.	2,955	de 50 à 55
Plouigneau.	1,857	de 50 à 56
Plouzévédé.	1,199	de 50 à 57
Saint-Pol-de-Léon.	3,370	de 50 à 56
Landivisiau.	1,412	de 50 à 55
Taulé.	1,158	de 54 à 56
Saint-Thégonnec.	1,390	de 50 à 55
Plouescat.	1,135	de 50 à 55
Sizun.	609	de 50 à 54
Total.	16,556	de 50 à 57 fr.

TABLEAU DE RECENSEMENT DES ANIMAUX DE LA RACE PORCINE

DANS L'ARRONDISSEMENT DE MORLAIX, EN 1841.

DÉSIGNATION DES CANTONS.	NOMBRE.
Morlaix.	1,229
Lanmeur.	2,485
Plouigneau.	3,950
Plouzévédé.	2,161
Saint-Pol-de-Léon.	3,140
Landivisiau.	758
Taulé.	1,489
Saint-Thégonnec.	1,390
Plouescat.	2,173
Sizun.	664
Total.	19,439

TABLEAU DE RECENSEMENT DES ANIMAUX DE LA RACE PORCINE

DANS L'ARRONDISSEMENT DE MORLAIX, EN 1846.

DÉSIGNATION des Cantons.	NOMS des COMMUNES.	VÉRATS.	COCHONS.	TRUIES.	COCHONNES	TOTAL GÉNÉRAL.
Morlaix.	Morlaix.	49	161	43	24	277
	Ploujean.	2	121	92	76	291
	Sainte-Sève.	»	68	27	40	135
	St-Martin-des-Champs.	2	56	30	13	101
	Plourin.	10	370	50	580	1,110
Lanmeur.	Lanmeur.	12	254	221	113	600
	Plouégat-Guérand. . .	135	126	170	65	496
	Plouézoc'h.	3	56	144	77	280
	Garlan.	1	60	50	100	211
	Guimaec.	5	207	149	202	563
	Saint-Jean-du-Doigt. .	6	87	105	37	235
	Loquirec.	»	50	50	45	145
	Plougasnou.	15	207	313	203	738
Plouigneau.	Plouigneau.	1	371	345	383	1,100
	Le Ponthou.	21	11	2	7	41
	Guerlesquin.	43	103	25	78	249
	Botsorhel.	18	83	20	25	146
	Plouégat-Moysan. . .	»	83	7	37	127
	Lannéanou.	149	»	4	24	177
	Plougonven.	116	139	140	115	510
Plouzévédé.	Plouzévédé.	13	125	315	315	768
	Saint-Vougay.	17	82	66	35	200
	Trézélidé.	»	23	8	20	51
	Plouvorn.	»	124	35	91	260
	Tréflaouénan.	»	58	16	65	139
	Cléder.	3	179	101	114	397
	A reporter.	621	3,204	2,528	2,884	9,247

TABLEAU DE RECENSEMENT DES ANIMAUX DE LA RACE PORCINE
DANS L'ARRONDISSEMENT DE MORLAIX, EN 1846.

DÉSIGNATION des Cantons.	NOMS des COMMUNES.	VÉRATS.	COCHONS.	TRUIES.	COCHONNES.	TOTAL GÉNÉRAL.
	Report.	621	3,204	2,528	2,884	9,247
Saint-Pol-de-Léon.	Saint-Pol-de-Léon. . .	5.	237	134	182	578
	Roscoff.	9	121	15	21	166
	Ile-de-Batz.	»	194	»	»	194
	Plouénan.	»	204	124	218	546
	Mespaul.	»	40	14	»	54
	Plougoulm. . . .	160	250	80	180	670
	Sibiril.	2	90	15	62	169
Landivisiau.	Landivisiau.	»	35	5	21	61
	Bodilis.	»	130	12	145	287
	Guimiliau.	»	75	»	25	100
	Lampaul.	»	45	3	39	87
	Plougourvest.	»	25	15	24	64
	Plounéventer.	3	242	17	194	456
	Saint-Servais	1	34	23	27	85
Taulé.	Taulé.	1	261	233	»	495
	Henvic.	4	68	111	90	273
	Carantec.	»	84	26	69	179
	Locquénolé.	»	12	15	10	37
	Guiclan.	»	111	78	102	291
Saint-Thégonnec.	Saint-Thégonnec. . .	60	100	100	100	360
	Pleyber-Christ. . . .	75	200	110	130	515
	Le Cloître.	18	59	53	84	214
	Plounéour-Ménez. . .	10	200	50	120	380
	A reporter.	969	6,141	3,761	4,727	15,502

TABLEAU DE RECENSEMENT DES ANIMAUX DE LA RACE PORCINE
DANS L'ARRONDISSEMENT DE MORLAIX, EN 1846.

DÉSIGNATION des Cantons.	NOMS des COMMUNES.	VÉRATS.	COCHONS.	TRUIES.	COCHONNES.	TOTAL GÉNÉRAL.
	Report.	969	6,141	3,761	4,727	15,502
Plouescat.	Plouescat.	11	56	48	2	117
	Plounévez-Lochrist. .	18	455	155	418	1,046
	Tréflez	3	73	26	23	125
	Lanhouarneau.. . . .	»	52	29	35	116
	Plougar	2	40	35	35	112
Sizun.	Sizun..	2	157	9	49	217
	Saint-Sauveur.. . . .	»	50	4	51	105
	Commana.	10	160	40	140	350
	Loc-Mélard.	9	28	6	2	45
	TOTAUX. . . .	1,024	7,112	4,113	5,482	17,731

DÉSIGNATION DES CANTONS.	RÉCAPITULATION PAR CANTONS.				
Morlaix.	63	776	242	733	1,814
Lanmeur.	177	1,047	1,202	842	3,268
Plouigneau.	348	790	543	669	2,350
Plouzévédé.	33	591	541	640	1,815
Saint-Pol-de-Léon.	176	1,156	382	663	2,377
Landivisiau.	4	586	75	475	1,140
Taulé.	5	536	463	271	1,275
Saint-Thégonnec.	163	559	313	434	1,469
Plouescat.	34	676	293	513	1,516
Sizun.	21	395	59	242	717
TOTAUX.	1,024	7,112	4,113	5,482	17,731

Il résulte des tableaux qui précèdent que le nombre des animaux de la race porcine, dans l'arrondissement de Morlaix, était :

En 1836, de	16,556
En 1841, de	19,439
En 1846, de	17,731
Différence en plus, de 1836 à 1841	2,883
Différence en moins, de 1841 à 1846	1,708
Différence en plus, de 1836 à 1846	1,731

Nous avons dit que la valeur de chacun des animaux de la race porcine, dans l'arrondissement de Morlaix, est de 50 à 57 francs; la moyenne est donc de 53 francs 50 centimes.

Les 17,731 de 1846 valent donc la somme de........................ 948,608f 50c

L'éducation de la race porcine est tout à fait négligée dans l'arrondissement de Morlaix.

Les cultivateurs s'attachent à choisir de préférence, pour la reproduction, les mâles et les femelles d'une taille très-élevée, et cependant c'est l'inverse qu'ils devraient faire. Outre que ces animaux consomment une très-grande quantité d'aliments, l'engraissement, chez eux, est toujours long et difficile.

Au lieu de choisir, pour les appareillements, des verrats et des truies haut montés sur jambes, il faudrait au contraire, autant que possible, prendre des animaux dont la charpente osseuse est petite et moins développée que les parties charnues. Il faut aussi que la poitrine soit large, les épaules écartées et la peau fine.

Peu d'essais ont été tentés jusque dans ces derniers temps pour améliorer la race de nos porcs. Les animaux de cette race se reproduisaient et se propageaient au moyen des appareillements. Ce n'est que depuis quelques années qu'on a songé à l'améliorer par les croisements.

En 1844, la Société d'Agriculture de l'arrondissement de Morlaix a acheté, pour son propre compte, de M. Huyot, de Landerneau, un couple de porcs de race anglo-saxonne. Ces animaux ont été placés chez M. Riou, maire de Plougoulm, à condition qu'il rendrait deux jeunes produits l'année suivante. Ces deux produits ont été placés chez des cultivateurs de Plougonven, ainsi que deux demi-sang achetés chez M. de Cillart, près Morlaix. Ces cultivateurs ont également pris l'engagement de rendre des produits qui seront placés de la même manière.

La même société a demandé un couple de porcs de la race anglaise, qu'on placera aux mêmes conditions en Commana et en Pleyber-Christ.

Déjà M. de Launay, propriétaire au Rohou, en Plouézoc'h, avait croisé notre race porcine en alliant quelques truies de cette dernière race avec des vérats anglo-chinois. Les bons résultats qu'il a obtenus font espérer que si l'on persévère dans cette voie d'amélioration on parviendra, d'ici à quelques années, à changer totalement les formes extérieures de nos porcs. Les métis d'un premier croisement provenant de cette alliance, et que nous avons eu occasion d'examiner chez M. de Launay, se rapprochent plus, par leurs formes et leur grande aptitude à prendre de la graisse, de leur père que de leur mère.

Ces métis ne sont pas encore la race anglo-chinoise pure, mais ils s'en rapprochent beaucoup. Ils s'engraissent facilement et consomment peu d'aliments, deux qualités précieuses qu'il faut toujours rechercher chez les animaux que l'on destine à l'engraissement.

Nous pensons qu'il conviendrait d'améliorer notre race porcine en la croisant avec la race anglaise à jambes torses, ou avec la race anglo-chinoise, ou, enfin, avec la race de la vallée d'Auge, qui a la tête moins forte, les jambes plus fines et plus courtes, le corps épais quoique long. Les animaux de cette dernière race prennent facilement de la graisse, et il n'est pas rare d'en voir qui atteignent un poids de 300 kilogrammes et plus, tandis que celui de nos porcs les plus forts et les plus gras ne dépasse jamais 200 à 250 kilogrammes.

Les précautions prises et les soins donnés, pour l'accouplement du vérat et de la truie, pendant et après la gestation de cette dernière, pendant l'allaitement du petit, pendant et après le sevrage, ne diffèrent en rien de ceux employés dans d'autres pays. Pour plus amples renseignements, nous renvoyons nos lecteurs aux ouvrages spéciaux qui traitent de ces matières.

CHAPITRE 17.

RÉGIME. — ALIMENTS. — BOISSONS. — ENGRAISSEMENT DES PORCS. — QUANTITÉ DE PORCS EMPLOYÉS ANNUELLEMENT POUR LA CONSOMMATION LOCALE. — PRIX MOYEN DU KILOGRAMME DE VIANDE. — POIDS MOYENS EN KILOGRAMMES. — MALADIES LES PLUS COMMUNES AUX ANIMAUX DE LA RACE PORCINE.

Le régime auquel on soumet les porcs, dans l'arrondissement de Morlaix, varie suivant l'âge des sujets. Immédiatement après la naissance, les petits tètent leur mère. Du quinzième au vingtième jour, on commence à leur faire boire un peu de lait dans lequel on délaie de la farine. Cette quantité de boisson blanche est augmentée progressivement jusqu'au moment du sevrage. A cette époque, on leur donne à manger dans la journée, souvent et peu à la fois, de la lavure composée d'eau grasse de vaisselle, de farine et de racines crues ou cuites, et comme complément de cette alimentation, quelques feuilles de choux.

A l'âge de six à sept mois, et quand toutefois on ne veut pas les pousser à la graisse, mais seulement leur faire atteindre toute leur croissance et tout leur développement, on les nourrit avec de l'eau de source ou de fontaine, dégourdie en hiver et froide en été, dans laquelle on met un peu de son de froment ou de sarrazin et quelques feuilles de choux.

Quand les animaux ont acquis tout leur développement, et quand on veut les engraisser, on les tient dans des habitations closes. Ces habitations sont toujours petites, peu élevées, percées seulement d'une porte, et couverte d'un petit toit en genêt, en chaume ou en ardoises. Chaque souc est munie, à l'intérieur, d'une auge en granit dont la grandeur varie en proportion du nombre des animaux à engraisser.

Le fumier n'est jamais enlevé, pendant tout le temps que dure l'engraissement; on se contente de jeter, tous les soirs, un peu de paille fraîche sous les animaux.

En été, la litière se compose de feuilles de fougère, et, en automne, de feuilles ramassées sous les arbres de haute futaie ou dans les taillis. Chez les pauvres des villes et des bourgs, on se sert aussi, pour le même usage, de la vieille balle qu'on retire des couettes des lits.

L'engraissement des porcs se fait d'une manière graduée. Les premiers aliments employés au début sont : les feuilles vertes de choux, de navets et de betteraves; plus tard viennent les diverses racines, les panais, les carottes, les navets, les betteraves et la pomme de terre. Ce sont ces deux dernières auxquelles nos cultivateurs donnent la préférence.

Dans les fermes qui sont situées à une certaine distance des grands centres de population, là où le lait ne peut se vendre faute de débouchés, tout ce qui n'a pas servi à la nourriture de la famille du fermier est employé à l'engraissement des porcs.

Pour terminer l'engraissement on se sert, outre les aliments énumérés plus haut, d'un peu de grains ou de farine d'orge, d'avoine, de seigle ou de sarrazin. Quand l'engraissement se fait à la fin de l'automne, on se sert avec avantage des glands qu'on trouve en très-grande abondance sur tous les points des communes du centre et de celles qui longent les montagnes d'Arées.

Il est impossible de connaître, non seulement au juste, mais même d'une manière approximative, à combien revient l'engraissement d'un cochon dans l'arrondissement de Morlaix, les cultivateurs ne tenant aucun compte des quantités d'aliments qu'ils y consacrent; s'ils évaluaient tout le temps et la grande quantité d'aliments employés pendant l'engraissement, ils pourraient se convaincre qu'il n'y a pour eux aucun bénéfice à s'y livrer, qu'au contraire, ils éprouvent une perte assez considérable. Si l'on se rapporte au relevé qui fut fait en 1841, on peut évaluer la quantité de porcs annuellement abattus dans l'arrondissement de Morlaix, pour la consommation locale, à 14,066, le poids moyen, sur pied, à 80 kilogrammes, et le prix moyen du kilogramme, à la consommation, de 70 à 80 centimes.

RELEVÉ DE 1841.

DÉSIGNATION DES CANTONS.	QUANTITÉS DE PORCS annuellement abattus pour la consommation locale.	POIDS MOYENS DES PORCS lorsqu'on les abat pour la consommation locale	PRIX MOYEN du kilogramme DE VIANDE à la consommation
		kil	fr c
Morlaix	1,302	80	» 80
Lanmeur	1,815	80	» 70
Plouigneau	2,240	80	» 70
Plouzévédé	1,677	80	» 70
Saint-Pol-de-Léon	1,946	80	» 80
Landivisiau	1,147	80	» 80
Taulé	635	80	» 70
Saint-Thégonnec	940	80	» 70
Plouescat	1,700	80	» 70
Sizun	664	80	» 70
Totaux	14,066	80	de 70 à 80c

Les maladies les plus communes aux animaux de la race porcine, dans l'arrondissement de Morlaix, sont: les gastro-entérites et le feu Saint-Antoine. Ces deux affections règnent quelquefois d'une manière épizootique et exercent alors de grands ravages.

Cinquième Catégorie. — Race Canine.

CHAPITRE 18.

RACES ET ESPÈCES. — RECENSEMENTS.

Nous n'énumérerons pas ici toutes les races, toutes les espèces et toutes les variétés de chiens qui existent dans l'arrondissement de Morlaix; nous ne donnerons pas non plus les caractères zoologiques qui leur appartiennent; il nous faudrait pour cela, copier les naturalistes les plus éminents et entre autres Buffon, ou tout le genre chien de la mammalogie de Desmarets. Nous nous bornerons à dire que cet arrondissement possède, sans contredit, toutes les races de chiens connues; nous nous contenterons de faire connaître le recensement qui a été fait en 1846, par MM. les maires, sur la demande que nous avions faite, à ce sujet, à M. Léziart, sous-préfet de Morlaix.

TABLEAU DE RECENSEMENT DES ANIMAUX DE LA RACE CANINE DANS L'ARRONDISSEMENT DE MORLAIX, EN 1846.

DÉSIGNATION des Cantons.	NOMS des COMMUNES.	CHIENS.	CHIENNES.	DÉSIGNATION des Cantons.	NOMS des COMMUNES.	CHIENS.	CHIENNES.
					Report.	607	119
Morlaix.	Morlaix	276	51	Lanmeur.	Lanmeur	117	26
	Ploujean	99	14		Plouégat-Guérand	79	14
	Sainte-Sève	41	5		Plouézoc'h	45	2
	St-Martin-des-Champs	12	9		Garlan	65	6
	Plourin	179	40		Guimaëc	70	25
					Saint-Jean-du Doigt	26	6
					Loquirec	40	5
					Plougasnou	503	27
	A reporter	607	119		*A Reporter*	1,662	290

TABLEAU DE RECENSEMENT DES ANIMAUX DE LA RACE CANINE DANS L'ARRONDISSEMENT DE MORLAIX, EN 1846.

DÉSIGNATION des Cantons.	NOMS des COMMUNES.	CHIENS.	CHIENNES.	DÉSIGNATION des Cantons.	NOMS des COMMUNES.	CHIENS.	CHIENNES.
	Report.	1,562	290		*Report.*	4,974	691
Plouigneau	Plouigneau	275	47	Taulé.	Taulé	123	13
	Le Ponthou	10	7		Henvic	47	3
	Guerlesquin	70	12		Carantec	51	3
	Botsorhel	59	2		Locquénolé	10	2
	Plouégat-Moysan	45	18		Guiclan	106	16
	Lannéanou	25	31				
	Plougonven	190	35				
Plouzévédé	Plouzévédé	125	16	Saint-Thégonnec.	Saint-Thégonnec	150	15
	Saint-Vougay	64	10		Pleyber-Christ	140	20
	Trézélidé	13	4		Le Cloître	56	22
	Plouvorn	130	23		Plounéour-Ménez	50	10
	Tréflaouénan	34	7				
	Cléder	235	21				
St-Pol-de-Leon.	Saint-Pol-de-Léon	128	24	Plouescat.	Plouescat	116	26
	Roscoff	49	11		Plounévez-Lochrist	137	25
	Ile-de-Batz	16	»		Tréflez	57	7
	Plouénan	165	16		Lanhouarneau	60	10
	Mespaul	68	8		Plougar	51	6
	Plougoulm	120	28				
	Sibiril	40	6				
Landivisiau	Landivisiau	120	15	Sizun.	Sizun	90	11
	Bodilis	45	5		Saint-Sauveur	20	3
	Guimiliau	200	»		Commana	180	80
	Lampaul	400	13		Loc-Mélard	28	4
	Plougourvest	50	5				
	Plounéventer	775	34				
	Saint-Servais	41	6				
	A reporter	4,974	691		TOTAUX	6,626	967

RÉCAPITULATION PAR CANTONS.

	Chiens.	Chiennes.
Morlaix	607	119
Lanmeur	945	171
Plouigneau	674	149
Plouzévédé	601	81
Saint-Pol-de-Léon	516	93
Landivisiau	1,631	78
Taulé	337	37
Saint-Thégonnec	396	67
Plouescat	601	74
Sizun	318	98
TOTAUX	6,626	967
TOTAL GÉNÉRAL	7,593	

La valeur des Animaux de la race Canine dans l'arrondissement de Morlaix, à raison de 2 francs l'un, est de . . . . 15,186 francs.

Sixième Catégorie. — Animaux Palmipèdes Domestiques.

CHAPITRE 19.

RECENSEMENT.

TABLEAU DE RECENSEMENT DES ANIMAUX PALMIPÈDES DOMESTIQUES DANS L'ARRONDISSEMENT DE MORLAIX, EN 1846.

DÉSIGNATION des Cantons.	NOMS des COMMUNES.	Oies.	Canards.	DÉSIGNATION des Cantons.	NOMS des COMMUNES.	Oies.	Canards.
Morlaix.	Morlaix	43	118		*Report*	221	723
	Ploujean	8	82	Plouigneau	Plouigneau	»	24
	Sainte-Sève	»	27		Le Ponthou	»	25
	St-Martin-des-Champs	13	24		Guerlesquin	26	84
	Plourin	35	87		Botsorhel	»	18
Lanmeur.	Lanmeur	25	66		Plouégat-Moysan	»	50
	Plouégat-Guérand	68	88		Lannéanou	»	15
	Plouézoch	13	68		Plougonven	4	118
	Garlan	»	40	Plouzévédé	Plouzévédé	51	209
	Guimaec	»	15		Saint-Vougay	24	70
	Saint-Jean-du-Doigt	»	4		Trézélidé	12	29
	Loquirec	»	3		Plouvorn	11	22
	Plougasnou	16	101		Tréflaouénan	23	72
					Cléder	618	672
	A reporter	221	723		*A reporter*	990	2,131

TABLEAU DE RECENSEMENT DES ANIMAUX PALMIPÈDES DOMESTIQUES DANS L'ARRONDISSEMENT DE MORLAIX, EN 1846.

DÉSIGNATION des Cantons.	NOMS des COMMUNES.	Oies.	Canards.	DÉSIGNATION des Cantons.	NOMS des COMMUNES.	Oies.	Canards.
	Report.	990	2,131		*Report.*	1,695	3,223
Saint-Pol-de-Léon.	Saint-Pol-de-Léon. . .	47	110	Saint-Thégonnec	Saint-Thégonnec. . .	10	100
	Roscoff.	43	103		Pleyber-Christ. . . .	10	22
	Ile-de-Batz.	282	202		Le Cloître..	»	»
	Plouénan.	»	46		Plounéour-Ménez. . .	15	20
	Mespaul..	»	24				
	Plougoulm.	90	59				
	Sibiril.	97	53				
Landivisiau	Landivisiau.	79	81	Plouescat.	Plouescat.	60	50
	Bodilis.	»	30		Plounévez-Lochrist. .	350	700
	Guimiliau.	»	20		Tréflez.	44	88
	Lampaul..	2	29		Lanhouarneau.. . .	119	85
	Plougourvest.	»	»		Plougar..	»	»
	Plounéventer.	7	114				
	Saint-Servais.	10	»				
Taulé.	Taulé.	24	130	Sizun.	Sizun.	»	5
	Henvic.	»	13		Saint-Sauveur.	»	»
	Carantec.	7	28		Commana.	»	30
	Locquénolé.	»	30		Loc-Mélard.	»	»
	Guiclan..	17	20				
	A reporter.	1,695	3,223		TOTAUX. . . .	2,003	4,323

RÉCAPITULATION PAR CANTONS.

	Oies.	Canards.
Morlaix.	99	338
Lanmeur.	122	385
Plouigneau.	30	334
Plouzévédé.	739	1,074
Saint-Pol-de-Léon.	559	597
Landivisiau.	98	274
Taulé.	48	221
Saint-Thégonnec.	35	142
Plouescat.	273	923
Sizun.	»	35
TOTAUX.	2,003	4,323

TOTAL GÉNÉRAL. 6,326

Valeur générale des Animaux Palmipèdes Domestiques dans l'arrondissement de Morlaix, savoir :

1° Les 2,003 Oies, à raison de 3 fr. » c. l'une, ci. . . .	6,009 fr. » c.
2° Les 4,323 Canards, à raison de 1 50 l'un, ci. . . .	7,565 25
TOTAL.	13,574 25

Septième Catégorie. — Animaux Gallinacées Domestiques.

CHAPITRE 20.

RECENSEMENT.

TABLEAU DE RECENSEMENT DES ANIMAUX GALLINACÉES DOMESTIQUES DANS L'ARRONDISSEMENT DE MORLAIX, EN 1846.

DÉSIGNATION des Cantons.	NOMS des COMMUNES.	Coqs.	Poules.	DÉSIGNATION des Cantons.	NOMS des COMMUNES.	Coqs.	Poules.
Morlaix.	Morlaix.	79	509		*Report.*	1,232	5,701
	Ploujean.	69	584	Plouigneau	Plouigneau.	208	1,222
	Sainte-Sève.	37	145		Le Ponthou.	9	90
	St-Martin-des-Champs.	16	50		Guerlesquin.	74	420
	Plourin.	57	289		Botsorhel.	83	436
Lanmeur.	Lanmeur.	63	670		Pouégat-Moysan. . .	60	332
	Plouégat-Guérand. . .	136	746		Lannéanou.	63	304
	Plouézoc'h.	8	409		Plougonven.	262	1,416
	Garlan.	26	227	Plouzévédé	Plouzévédé.	215	1,230
	Guimaec.	49	269		Saint-Vougay.	83	428
	Saint-Jean-du-Doigt. .	34	169		Trézélidé.	34	153
	Loquirec.	60	200		Plouvorn.	74	820
	Plougasnou.	598	1,438		Tréflaouénan.	7	184
					Cléder.	512	1,742
	A reporter. . . .	1,232	5,701		*A reporter.* . . .	2,916	14,478

TABLEAU DE RECENSEMENT DES ANIMAUX GALLINACÉES DOMESTIQUES DANS L'ARRONDISSEMENT DE MORLAIX, EN 1846.

DÉSIGNATION des Cantons.	NOMS des COMMUNES.	Coqs.	Poules.	DÉSIGNATION des Cantons.	NOMS des COMMUNES.	Coqs.	Poules.
	Report.	2,916	14,478		*Report.*	4,846	24,576
Saint-Pol-de-Léon.	Saint-Pol-de-Léon. . .	78	710	Saint-Thégonnec	Saint-Thégonnec. . .	300	1,500
	Roscoff.	12	343		Pleyber-Christ. . . .	45	160
	Ile-de-Batz.	22	775		Le Cloître.	57	411
	Plouénan.	45	1,196		Plounéour-Ménez. . .	240	1,728
	Mespaul.	38	296				
	Plougoulm.	403	895				
	Sibiril.	49	462				
Landivisiau	Landivisiau.	75	665	Plouescat.	Plouescat.	100	282
	Bodilis.	75	380		Plounévez-Lochrist. .	320	800
	Guimiliau.	40	100		Tréflez.	33	699
	Lampaul.	166	630		Lanhouarneau.	66	568
	Plougourvest.	54	270		Plougar.	5	105
	Plounéventer.	578	1,243				
	Saint-Servais.	33	236				
Taulé.	Taulé.	78	674	Sizun.	Sizun.	131	694
	Henvic.	53	395		Saint-Sauveur.	19	300
	Carantec.	89	221		Commana.	350	500
	Locquénolé.	10	30		Loc-Mélard.	31	197
	Guiclan.	32	577				
	A reporter.	4,846	24,576		TOTAUX.	6,543	32,520

RÉCAPITULATION PAR CANTONS.

	Coqs.	Poules.
Morlaix.	258	1,577
Lanmeur.	974	4,124
Plouigneau.	759	1,220
Plouzévédé.	925	4,557
Saint-Pol-de-Léon.	647	4.677
Landivisiau.	1,021	3,524
Taulé.	262	1,897
Saint-Thégonnec.	642	3,799
Plouescat.	524	2,454
Sizun.	531	1,691
TOTAUX.	6,543	32,520

TOTAL GÉNÉRAL. 39,063

Valeur générale des Animaux Gallinacées Domestiques dans l'arrondissement de Morlaix, à raison de 75 centimes l'un, ci. . . . . 29,297 fr. 25 cent.

Huitième Catégorie. — Abeilles.

CHAPITRE 21.

RECENSEMENT.

TABLEAU DE RECENSEMENT DU NOMBRE ET DES PRODUITS DES RUCHES A MIEL DANS L'ARRONDISSEMENT DE MORLAIX, EN 1813.

DÉSIGNATION de L'ARRONDISSEMENT.	NOMBRE de Ruches.	POIDS MOYEN d'une Ruche		NOMBRE MOYEN des Essaims donnés par chaque Ruche.	QUANTITÉ de kilogrammes RECOLTÉS		PRIX du kilogramme BRUT		CONSOMMATION	
		avec son enveloppe ou panier	Poids du panier		en Cire brute	en Miel brut	en Cire brute	En Miel brut.	en Cire brute	en Miel brut
Morlaix.	2,662	12kilog	1kilog	1	1,972	15,706	3fr 13c	»fr 80c	1,972	15,706

TABLEAU DE RECENSEMENT DU NOMBRE ET DES PRODUITS DES RUCHES A MIEL
DANS L'ARRONDISSEMENT DE MORLAIX, EN 1841.

DÉSIGNATION des Cantons.	NOMS des COMMUNES.	NOMBRE des Ruches exploitées.	QUANTITÉ de Miel que chacune d'elles fournit annuellement.	QUANTITÉ de Cire qui chacune d'elles fournit annuellement	PRIX moyens du kilogram de Miel.	de Cire	QUANTITÉ générale de Miel.	de Cire.	VALEUR générale du Miel.	de la Cire.
			kilog. gr.	kilog gr	fr. c.	fr. c	kilog. gr.	kilog. gr	fr. c	fr. c.
Morlaix.	Morlaix.	»	» »	» »	» »	» »	» »	» »	» »	» »
	Ploujean.	99	7 »	» 750	» 90	3 »	693 »	74 500	623 70	222 75
	Sainte-Sève.	50	7 »	» 750	» 90	3 »	330 »	37 500	315 »	112 50
	St-Martin-des-Champs.	50	7 »	» 750	» 90	3 »	350 »	37 500	315 »	112 50
	Plourin.	279	7 »	» 750	» 90	3 »	1,953 »	214 250	1,757 70	642 75
Lanmeur.	Lanmeur.	48	10 »	» 750	» 90	3 »	480 »	36 »	480 »	108 »
	Plouégat-Guérand. . .	200	10 »	1 »	» 90	3 »	2,000 »	200 »	1,800 »	600 »
	Plouézoc'h.	150	9 »	» 750	» 90	3 »	1,350 »	112 500	1,215 »	337 50
	Garlan.	30	9 »	» 750	» 90	3 »	270 »	22 500	243 »	67 50
	Guimaec.	80	9 »	» 750	» 90	3 »	720 »	60 »	648 »	180 »
	Saint-Jean-du-Doigt. .	120	9 »	1 »	» 90	3 »	960 »	120 »	860 »	360 »
	Loquirec.	10	10 »	» 750	» 90	3 »	100 »	7 500	100 »	22 50
	Plougasnou.	40	9 »	» 750	» 90	3 »	360 »	30 »	324 »	90 »
Plouigneau	Plouigneau.	350	8 »	» 750	» 90	3 »	2,800 »	262 500	2,520 »	787 50
	Le Ponthou.	25	8 »	» 750	» 90	3 »	200 »	18 750	180 »	56 25
	Guerlesquin.	240	10 »	» 750	» 90	3 »	2,400 »	180 »	2,160 »	540 »
	Botsorhel.	190	9 »	» 750	» 90	3 »	1,750 »	142 500	1,339 »	427 50
	Plouégat-Moysan. . .	115	8 »	» 750	» 90	3 »	910 »	26 250	828 »	78 75
	Lannéanou.	187	8 »	» 750	» 90	3 »	1,496 »	140 250	1,346 40	420 75
	Plougonven.	300	8 »	» 750	» 90	3 »	2,400 »	225 »	2,160 »	675 »
Plouzévédé	Plouzévédé.	215	10 »	1 »	» 90	3 »	2,150 »	215 »	1,935 »	645 »
	Saint-Vougay.	66	12 »	1 »	» 90	3 »	132 »	66 »	118 »	198 »
	Trézélidé.	40	10 »	1 »	» 90	3 »	400 »	40 »	360 »	120 »
	Plouvorn.	200	9 »	1 »	» 90	3 »	1,800 »	200 »	1,620 »	600 »
	Tréflaouénan.	»	» »	1 »	» »	» »	» »	» »	» »	» »
	Cléder.	350	10 »	1 »	» 90	3 »	3,500 »	350 »	3,150 »	1,050 »
	A reporter. . . .	3,434	de 7 à 10k	de 750gr à 1kil	» 90	3 »	29,494 »	2,818 250	26,344 60	8,454 75

TABLEAU DE RECENSEMENT DU NOMBRE ET DES PRODUITS DES RUCHES A MIEL

DANS L'ARRONDISSEMENT DE MORLAIX, EN 1841.

DÉSIGNATION des Cantons.	NOMS des COMMUNES.	NOMBRE des Ruches exploitées.	QUANTITÉ de Miel que chacune d'elles fournit annuellement.	QUANTITÉ de Cire que chacune d'elles fournit annuellement.	PRIX MOYENS du kilogram. de Miel.	PRIX MOYENS du kilogram. de Cire.	QUANTITÉ générale de Miel.	QUANTITÉ générale de Cire.	VALEUR générale du Miel.	VALEUR générale de la Cire.
					fr. c.	fr. c.	kilogr. gr	kilogr. gr.	fr. c.	fr. c.
	Report.	3,434	de 7 à 10k	de 750gr à 1kil	» 90	3 »	29,494 »	2,818 250	26,544 60	8,454 75
			kilog gr	kilog. gr.						
Saint-Pol-de-Léon.	Saint-Pol-de-Léon. . .	115	10 »	» 750	» 90	3 »	1,150 »	84 250	1,035 »	252 75
	Roscoff.	8	10 »	» 750	» 90	3 »	80 »	6 »	72 »	18 »
	Ile-de-Batz.	»	» »	» »	» »	» »	» »	» »	» »	» »
	Plouénan.	350	9 »	» 750	» 90	3 »	3,150 »	262 500	2,835 »	787 50
	Mespaul.	150	9 »	» 750	» 90	3 »	1,350 »	112 500	1,215 »	337 50
	Plougoulm.	260	9 »	1 »	» 90	3 »	2,340 »	260 »	2,106 »	780 »
	Sibiril.	25	9 »	» 750	» 90	3 »	225 »	18 750	202 »	56 25
Landivisiau	Landivisiau.	150	8 »	1 »	» 90	3 »	1,200 »	150 »	1,080 »	450 »
	Bodilis.	300	8 »	1 »	» 90	3 »	2,400 »	300 »	2,160 »	900 »
	Guimiliau.	144	10 »	1 »	» 90	3 »	1,440 »	144 »	1,296 »	432 »
	Lampaul.	36	9 »	1 »	» 90	3 »	324 »	36 »	291 »	108 »
	Plougourvest.	105	12 »	1 »	» 90	3 »	1,260 »	105 »	1,134 »	315 »
	Plounéventer.	370	12 »	1 »	» 90	3 »	4,440 »	370 »	3,996 »	1,110 »
	Saint-Servais.	»	» »	» »	» »	» »	» »	» »	» »	» »
Taulé.	Taulé.	150	7 »	» 750	» 90	3 »	1,050 »	112 500	945 »	337 50
	Henvic.	40	7 »	» 750	» 90	3 »	280 »	30 »	252 »	90 »
	Carantec.	40	7 »	» 750	» 90	3 »	280 »	30 »	252 »	90 »
	Locquénolé.	20	7 »	» 750	» 90	3 »	140 »	15 »	126 »	45 »
	Guiclan.	225	7 »	» 750	» 90	3 »	1,575 »	168 750	1,417 60	506 25
Saint-Thégonnec	Saint-Thégonnec. . .	320	8 »	1 »	» 90	3 »	2,560 »	320 »	2,304 »	960 »
	Pleyber-Christ. . . .	300	8 »	1 »	» 90	3 »	2,560 »	300 »	2,304 »	900 »
	Le Cloître.	121	10 »	1 »	» 90	3 »	1,210 »	121 »	1,089 »	363 »
	Plounéour-Ménez. . .	315	8 »	1 »	» 90	3 »	2,520 »	315 »	2,268 »	945 »
	A reporter. . . .	6,978	de 7 à 12k	de 750gr à 1kil	» 90	3 »	61,128 »	6,079 500	54,925 20	18,238 50

TABLEAU DE RECENSEMENT DU NOMBRE ET DES PRODUITS DES RUCHES A MIEL

DANS L'ARRONDISSEMENT DE MORLAIX, EN 1841.

DESIGNATION des Cantons.	NOMS des COMMUNES.	NOMBRE des Ruches exportées	QUANTITÉ de Miel que chacune d'elles fournit annuellement.	QUANTITÉ de Cire que chacune d'elles fournit annuellement	PRIX MOYENS du kilogram. de Miel.	PRIX MOYENS du kilogram. de Cire	QUANTITÉ générale de Miel.	QUANTITÉ générale de Cire.	VALEUR générale du Miel.	VALEUR générale de la Cire.
					fr. c.	fr. c.	kilogr gr.	kilogr. gr	fr. c.	fr c.
	Report.	6,978	de 7 à 12k	de 750gr à 1kil	» 90	3 »	61,128 »	6,079 500	54,925 20	18,238 50
			kilog gr	kilog. gr.						
Plouescat.	Plouescat.	200	8 »	1 »	» 90	3 »	1,600 »	200 »	1,440 »	600 »
	Plounévez-Lochrist. .	300	8 »	1 »	» 90	3 »	2,400 »	300 »	2.160 »	7,200 »
	Tréflez.	160	8 »	1 »	» 90	3 »	1,280 »	160 »	1,152 »	480 »
	Lanhouarneau.	90	8 »	1 »	» 90	3 »	720 »	90 »	648 »	270 »
	Plougar.	120	8 »	1 »	» 90	3 »	960 »	120 »	864 »	360 »
Sizun.	Sizun.	403	8 »	1 »	» 90	3 »	3,224 »	403 »	2,901 60	1,209 »
	Saint-Sauveur. . . .	200	9 »	1 »	» 90	3 »	1,800 »	200 »	1,620 »	5,400 »
	Commana.	350	8 »	1 »	» 90	3 »	2,800 »	350 »	2,520 »	1,050 »
	Loc-Mélard.	58	9 »	1 »	» 90	3 »	522 »	58 »	489 80	174 »
	TOTAUX.	8.859	de 7 à 12k	de 750g à 1kil	» 90	3 »	76,334 »	7,960 500	68,700 60	23,880 50

DÉSIGNATION DES CANTONS	RÉCAPITULATION PAR CANTONS.								
		kilogrammes.	kilog. gr	fr. c.	fr. c.	kilogr gr.	kilogr. gr.	fr. c.	fr. c.
Morlaix.	478	7	» 750	» 90	3 »	3,346 »	363 500	3.011 40	1,090 50
Lanmeur.	678	8 à 10	1 à 750	» 90	3 »	6,240 »	588 500	5,616 »	1,765 50
Plouigneau.	1,407	8 à 10	750	» 90	3 »	11,926 »	995 250	10,733 40	2,985 75
Plouzévédé.	871	8 à 12	1 »	» 90	3 »	7,982 »	871 »	7,183 80	2,613 »
Saint-Pol-de-Léon.	908	9 a 10	1 à 750	» 90	3 »	8,295 »	744 »	7,465 50	2,232 »
Landivisiau.	1.105	8 a 12	1 »	» 90	3 »	11,064 »	1,105	9,957 60	3,315 »
Taulé.	475	7	» 750	90	3 »	3,325 »	356 250	2,992 50	1,068 75
Saint-Thégonnec.	1.056	8 à 10	1 »	» 90	3 »	8,850 »	1.056 »	7,965 »	3,168 »
Plouescat.	870	8	1 »	» 90	3 »	6,960 »	870 »	6,264 »	2,610 »
Sizun.	1.011	8 a 9	1 »	» 90	3 »	8,346 »	1,011 »	7,511 40	3,033 »
TOTAUX.	8,859	de 7 a 12	de 750gr a 1kil	» 90	3 »	76.334 »	7,960 500	68,700 60	23,881 50

Total général des produits, tant en Miel qu'en Cire. 84,294k 500gr

Total général de la valeur. 92,582 40

CHAPITRE 22.

TABLEAU RÉCAPITULATIF DU NOMBRE ET DE LA VALEUR DES ANIMAUX DOMESTIQUES DANS L'ARRONDISSEMENT DE MORLAIX, EN 1846.

DÉSIGNATION des RACES.	ESPÈCES et SEXES.	NOMBRE des ESPÈCES.	PRIX MOYENS.	VALEUR TOTALE.	
			fr. c.	fr. c.	fr. c.
Race Equine.	Chevaux. . . . . Juments. . . . . Poulains. . . . . Pouliches. . . . . Anes et Anesses.	27,740	350 »	. . . .	9,709,000 »
Race Bovine.	Taureaux.. . . .	1,983	97 »	192,351 »	5,519,734 25
	Bœufs..	3,264	238 »	777,632 »	
	Vaches.	37,411	115 »	4,302,265 »	
	Veaux..	6,990	13 75	96,112 50	
	Génisses.	11,009	13 75	151,373 75	
Race Ovine.	Béliers.	1,151	6 »	6,906 »	82,396 »
	Moutons.	3,705	5 »	18,525 »	
	Brebis..	6,543	6 »	39,258 »	
	Agneaux.	4,087	4 »	16,348 »	
	Boucs..	78	5 »	390 »	
	Chèvres..	121	6 »	726 »	
	Chevreaux. . . .	81	3 »	243 »	
				A reporter. . .	15,311,130 25

DÉSIGNATION des RACES.	ESPÈCES et SEXES.	NOMBRE des ESPÈCES.	PRIX MOYENS.	VALEUR TOTALE.	
			fr. c.	*Report.*	fr. c. 15,311,130 25
Race Porcine.	Vérats.	1,024	52 62	53,882f 88c	933,005 22
	Cochons.	7,112	52 62	374,233 44	
	Truies.	4,113	52 62	216,426 06	
	Cochonnes. . . .	5,482	52 62	288,462 84	
Race Canine.	Chiens.	6,626	2 »	13,252 »	15,186 »
	Chiennes.	967	2 »	1,934 »	
Palmipèdes domestiques.	Oies.	2,003	3 »	6,009 »	13,574 25
	Canards.	4,323	1 50	7,565 25	
Gallinacées domestiques.	Coqs.	6,543	» 75	4,907 25	29,297 25
	Poules.	32,520	» 75	24,390 »	
Ruches. 8,859	Miel.	kilog. gr. 76,334 »	le kilog. »f 90c	68,700 60	92,582 10
	Cire.	7,960 500	3 »	23,881 50	
				TOTAL.	16,394,775 07

RÉCAPITULATION GÉNÉRALE.

Valeur générale des Produits agricoles.	48,566,545fr	30c
Valeur générale des Animaux domestiques.	16,394,775	07
TOTAL GÉNÉRAL.	64,961,320	37

FIN DE LA DEUXIÈME PARTIE.

TABLE DES MATIÈRES.

Pages

INTRODUCTION VII

PREMIÈRE PARTIE.

CHAPITRE 1er. Circonscription de l'arrondissement. — Ses divisions administratives et judiciaires. — Son étendue. — Sa contenance en hectares. — Sa population. — Ses caractères orographiques. 1

CHAPITRE 2. Caractères géologiques. 9

CHAPITRE 3. Eaux et marais. 24

CHAPITRE 4. Division de l'étendue entre les divers emplois du sol. 30

CHAPITRE 5. Climat. 43

CHAPITRE 6. Voies de communication et de transport. 46

CHAPITRE 7. État de la propriété. 56

CHAPITRE 8. Modes de jouissance du sol. 62

CHAPITRE 9. Capitaux. 71

CHAPITRE 10. Constructions rurales. 73

CHAPITRE 11. Salaires et conditions du travail. 76

CHAPITRE 12. État ancien du pays. 80

Pages

CHAPITRE 13. Division agricole de l'arrondissement 81

CHAPITRE 14. Amendements 88

CHAPITRE 15. Engrais. 96

CHAPITRE 16. Assolements 100

CHAPITRE 17. Culture des céréales.
- 1re Section. Froment 119
- 2e Section. Orge 132
- 3e Section. Seigle. 140
- 4e Section. Méteil 146
- 5e Section. Avoine 146
- 6e Section. Sarrasin 154

CHAPITRE 18. Culture des prairies naturelles.—Fourrages graminés; fourrages légumineux; foin. 160

CHAPITRE 19. Culture des prairies artificielles. . . .

PREMIÈRE SÉRIE.
- 1re Section. Pommes de terre 171
- 2e Section. Panais 178
- 3e Section. Navets 182
- 4e Section. Betteraves 186
- 5e Section. Carottes 191

DEUXIÈME SÉRIE.
- 1re Section. Ajonc d'Europe. 195
- 2e Section. Genêt. 200
- 3e Section. Trèfle 201
- 4e Section. Luzerne 205

CHAPITRE 20. Pâturages. — Jachères 206

CHAPITRE 21. Culture des fourrages divers. . . . .
- 1re Section. Choux 213
- 2e Section. Colza. — Navette 217

CHAPITRE 22. Culture des plantes économiques. . .
- 1re Section. Lin. 218
- 2e Section. Chanvre 228

CHAPITRE 23. Culture forestière. .
- 1re Section. Bois taillis 232
- 2e Section. Terrains plantés et arbres de haute futaie. 238

CHAPITRE 24. Culture des fruits à pépins. . . . . .
- 1re Section. Pommiers. 243
- 2e Section. Poiriers. 244

CHAPITRE 25. Culture de plantes diverses : vigne, cerisiers, pruniers, muriers 246

CHAPITRE 26. Tableau récapitulatif des différentes cultures 247

CHAPITRE 27. Importations et exportations des produits agricoles. 250

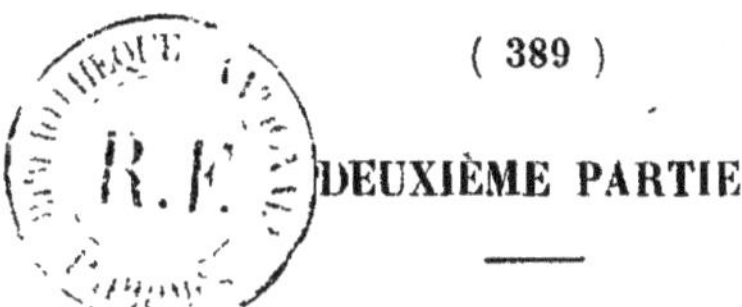

DEUXIÈME PARTIE.

Première Catégorie. — Races Equines.

		Pages
CHAPITRE 1er.	Origine du cheval breton. — Races. — Espèces. — Description. — Lieux où on les rencontre. — Recensements	253
CHAPITRE 2.	Commerce. — Valeur moyenne. — Foires. — Débouchés	269
CHAPITRE 3.	Étalons. — Saillies. — Appareillements. — Croisements	285
CHAPITRE 4.	Influence exercée par les étalons nationaux, départementaux et des particuliers sur l'amélioration des animaux de la race équine. — Aliments. — Boissons. — Leur nature. — Leur préparation. — Leur distribution	303
CHAPITRE 5.	Régime des reproducteurs. — Soins qu'on donne à la jument pendant la gestation. — Après la parturition. — Pendant l'allaitement et le sevrage. — Régime des poulains. — Leur engraissement. — Services qu'on exige des animaux de la race équine. — Écuries	308
CHAPITRE 6.	Des maladies les plus communes aux animaux de la race équine	312

Deuxième Catégorie. — Race Bovine.

CHAPITRE 7.	Origine. — Race. — Espèces. — Description. — Lieux où on les rencontre. — Recensements	315
CHAPITRE 8.	Commerce. — Valeur moyenne. — Foires. — Débouchés	325
CHAPITRE 9.	Taureaux. — Saillies. — Appareillements. — Croisements. — Aliments. — Boissons. — Leur nature. — Leur préparation. — Leur distribution	332
CHAPITRE 10.	Régime et soins aux vaches laitières pendant leur état de gestation. — Pendant l'allaitement. — Pendant et après le sevrage. — Allaitement des veaux. Sevrage. — Lait. — Beurre. — Commerce	336
CHAPITRE 11.	Engraissement des bœufs et des vaches. — Des veaux. — Salaison et fumigation de la viande du bœuf. — Nature des travaux qu'on exige des animaux de la race bovine. — Étables	341
CHAPITRE 12.	Quantité de bêtes bovines abattues annuellement pour la consommation locale. — Prix moyen du kilogramme de viande en consommation. — Maladies les plus communes aux animaux de la race bovine	346

Troisième Catégorie. — Race Ovine.

CHAPITRE 13.	Origine. — Race. — Espèces. — Description. — Lieux où on les rencontre. — Recensements	348
CHAPITRE 14.	Commerce. — Valeur moyenne. — Foires. — Débouchés. — Béliers. — Monte. — Appareillements. — Croisements. — Aliments. — Boissons. — Bergeries.	358
CHAPITRE 15.	Quantité de bêtes ovines abattues annuellement pour la consommation locale. — Prix moyen du kilogramme de viande à la consommation. — Maladies les plus communes aux animaux de la race ovine	363

Quatrième Catégorie. — Race Porcine.

Pages

CHAPITRE 16. Race. — Espèce. — Description. — Commerce. — Recensement. — Appareillements. — Croisements. 365

CHAPITRE 17. Régime. — Aliments. — Boissons. — Engraissement des porcs. — Quantité des porcs abattus pour la consommation locale. — Prix moyen du kilogramme de viande. — Poids moyens en kilogrammes. — Maladies les plus communes aux animaux de la race porcine. 373

Cinquième Catégorie. — Race Canine.

CHAPITRE 18. Races et Espèces. — Recensement. 375

Sixième Categorie. — Animaux Palmipèdes Domestiques.

CHAPITRE 19. Recensement. 377

Septieme Categorie. — Animaux Gallinacées Domestiques.

CHAPITRE 20. Recensement. 379

Huitieme Catégorie. — Abeilles.

CHAPITRE 21. Recensement. 381

CHAPITRE 22. Tableau récapitulatif du nombre et de la valeur des animaux domestiques. 385

FIN DE LA TABLE.

ERRATA.

—

Page	ligne	au lieu de	lisez
Page 38,	au total,	*au lieu de* · 297 52	*lisez* · 295 52
89,	ligne 7,	longueur du sillon	largeur du sillon
93,	28,	Le Ponthou	Plouigneau
94,	22,	du Ponthou	de Plouigneau
127,	5,	hectogrammes	décagrammes
134,	30,	cinquante-six kilogrammes	soixante-seize kilogrammes
175,	7,	quatre-vingt-quatorze hectolitres	quatre-vingt-huit hectolitres
201,	15,	Très	Trèz
210,	12,	cent cinquante hectares	cent cinquante-sept hectares
224,	1,	Entre le bord de l'espade	Contre le bord de l'espade
229,	34,	deux cent quatre-vingt-dix mille	deux cent quatre-vingt mille
269,	4,	du Ponthou	de Plouigneau
337,	22,	tette	tète
339,	19,	la maison.	la maison,
343,	27,	a donc une perte de 15 francs	a donc un bénéfice de 15 francs.
344,	13,	aux planches	au plancher

Pl. 1.

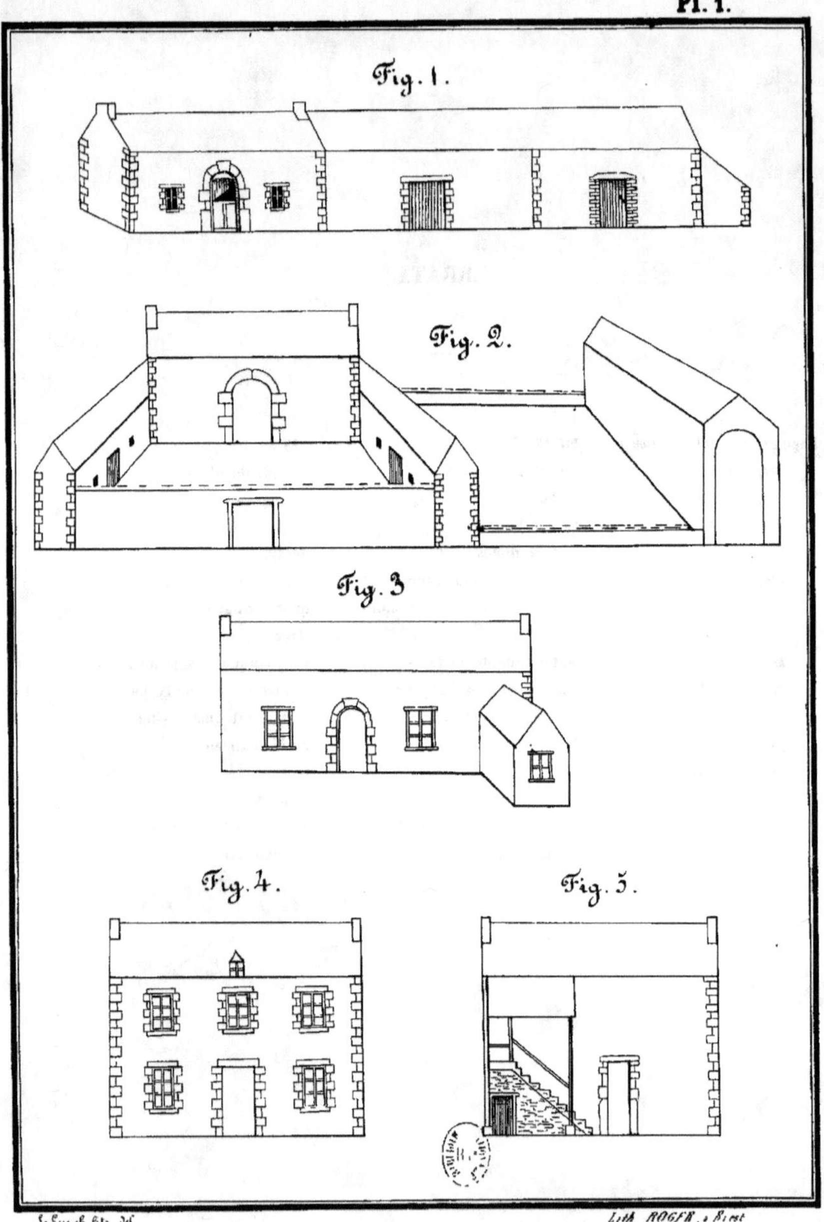

Le Guerch fils del.

Lith. ROGER, à Brest

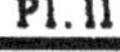

Fig. 1.

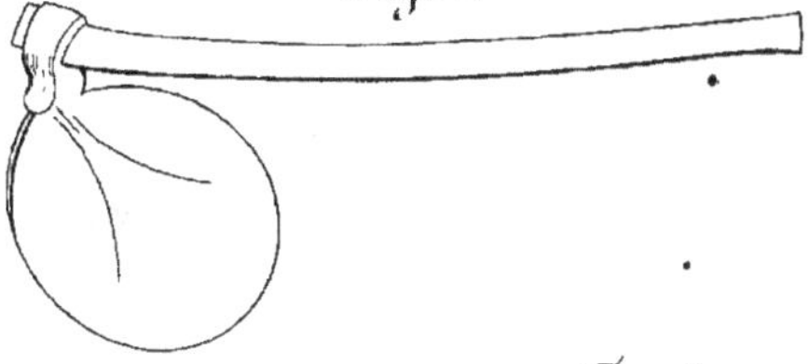

Fig. 2.

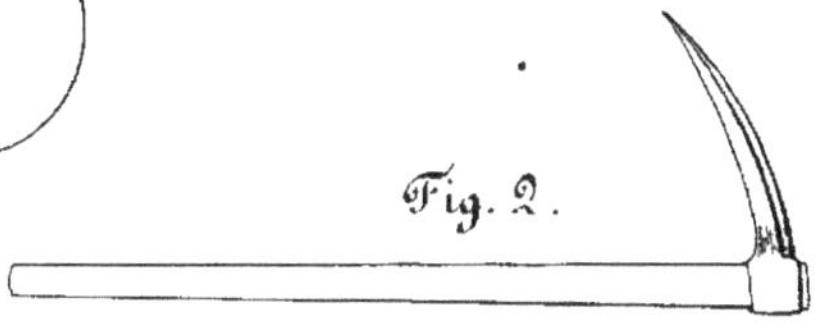

Fig. 3.

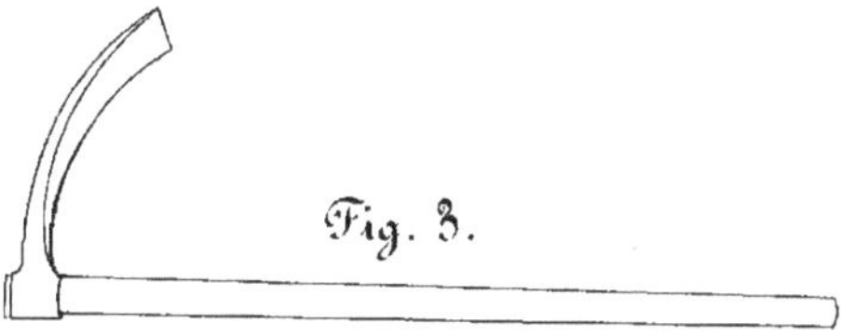

Fig. 4.

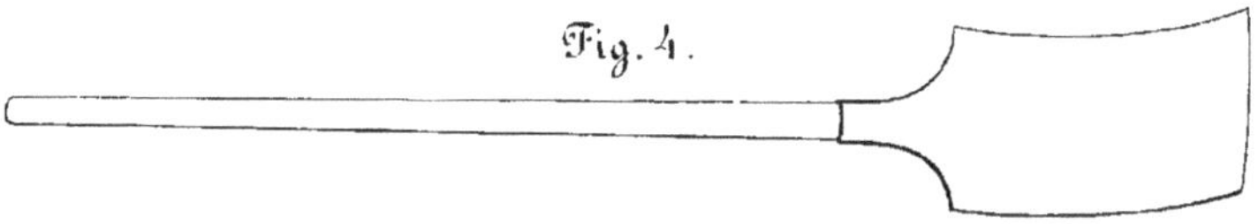

Fig. 5.

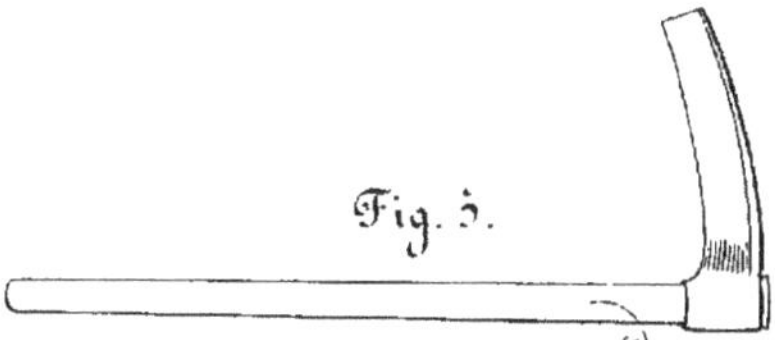

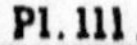

Pl. 111.

Fig. 1.

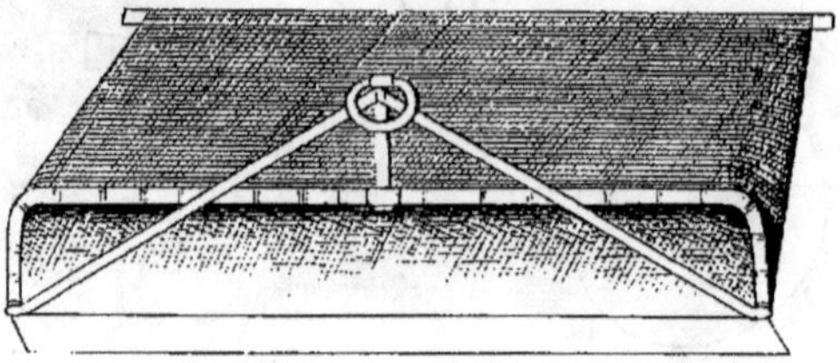

Fig. 2.

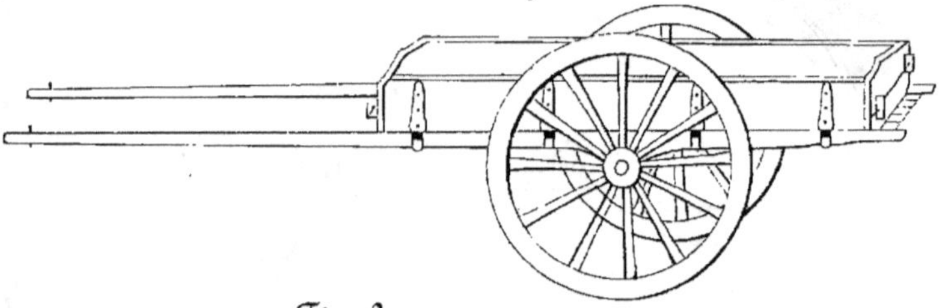

Fig. 3.

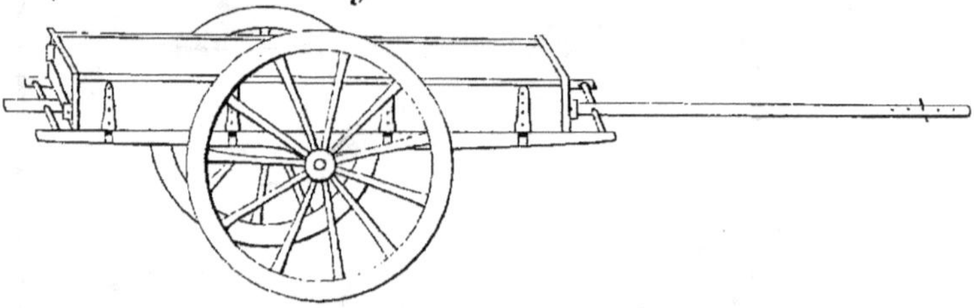

Fig. 4.

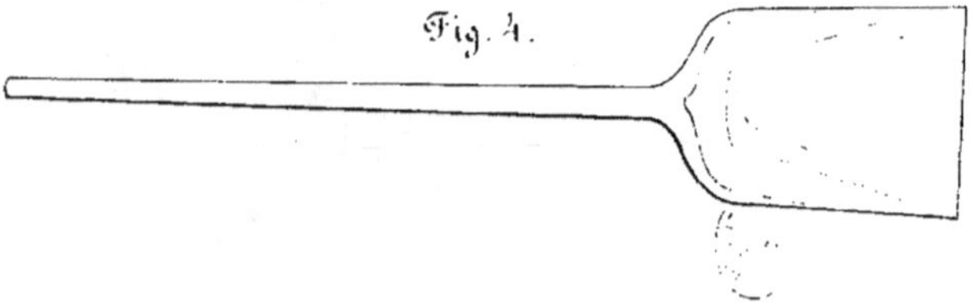

Pl. IV.

Fig. 1.
Fig. 2.
Fig. 3.
Fig. 4.
Fig. 5.
Fig. 6.

Le Guerch fils del.　　　　Lith. ROGER à Brest

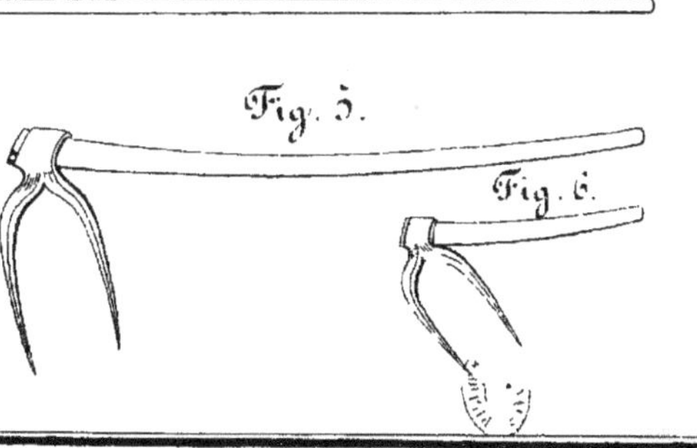

Pl. V.

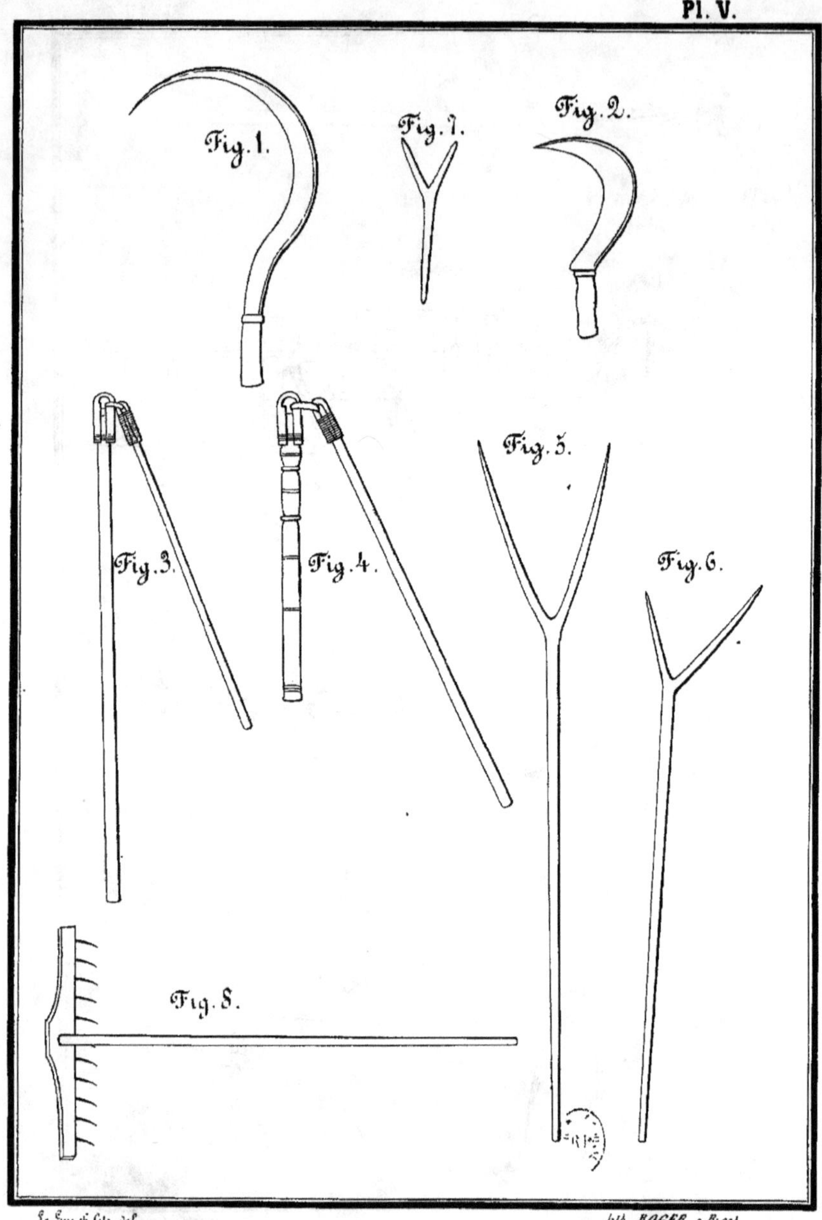

lith ROGER à Brest

Pl. VI.

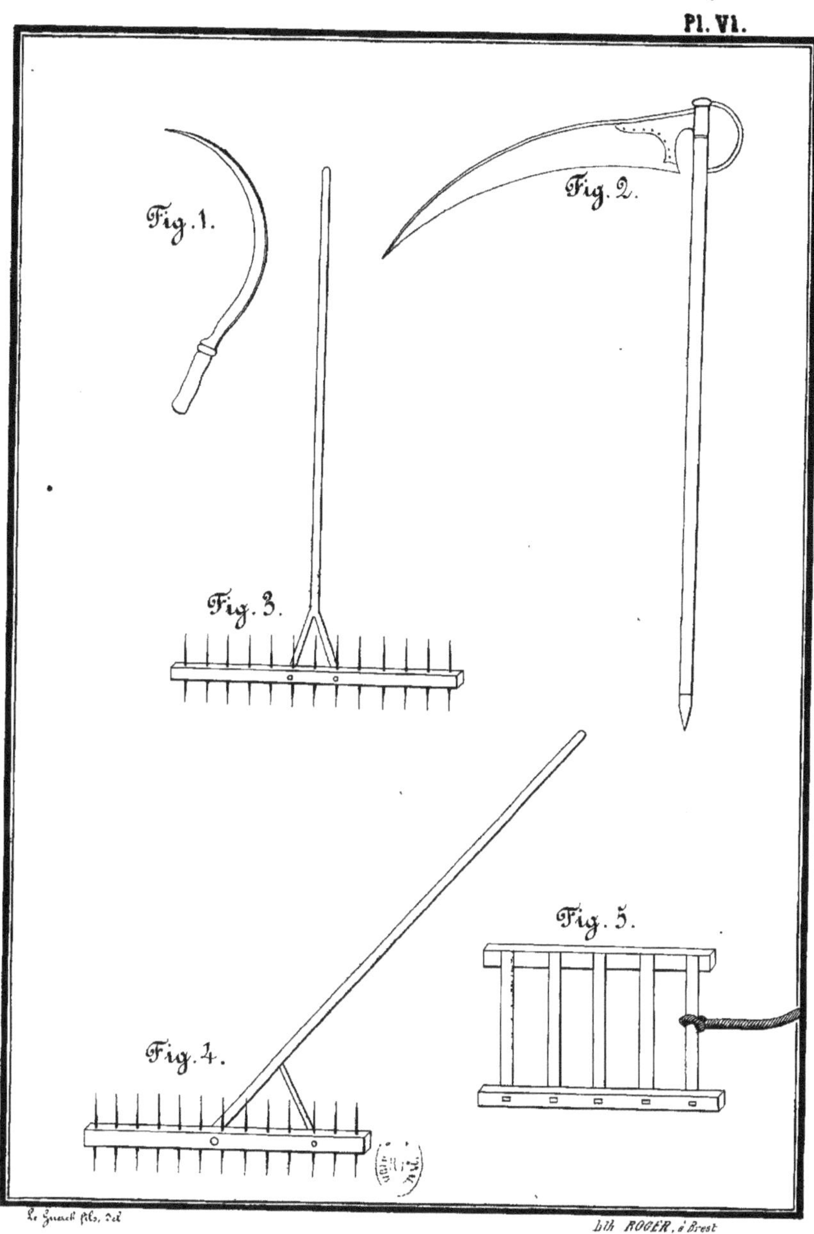

Le Guerch fils, del

Lith ROGER, à Brest

Pl. VII

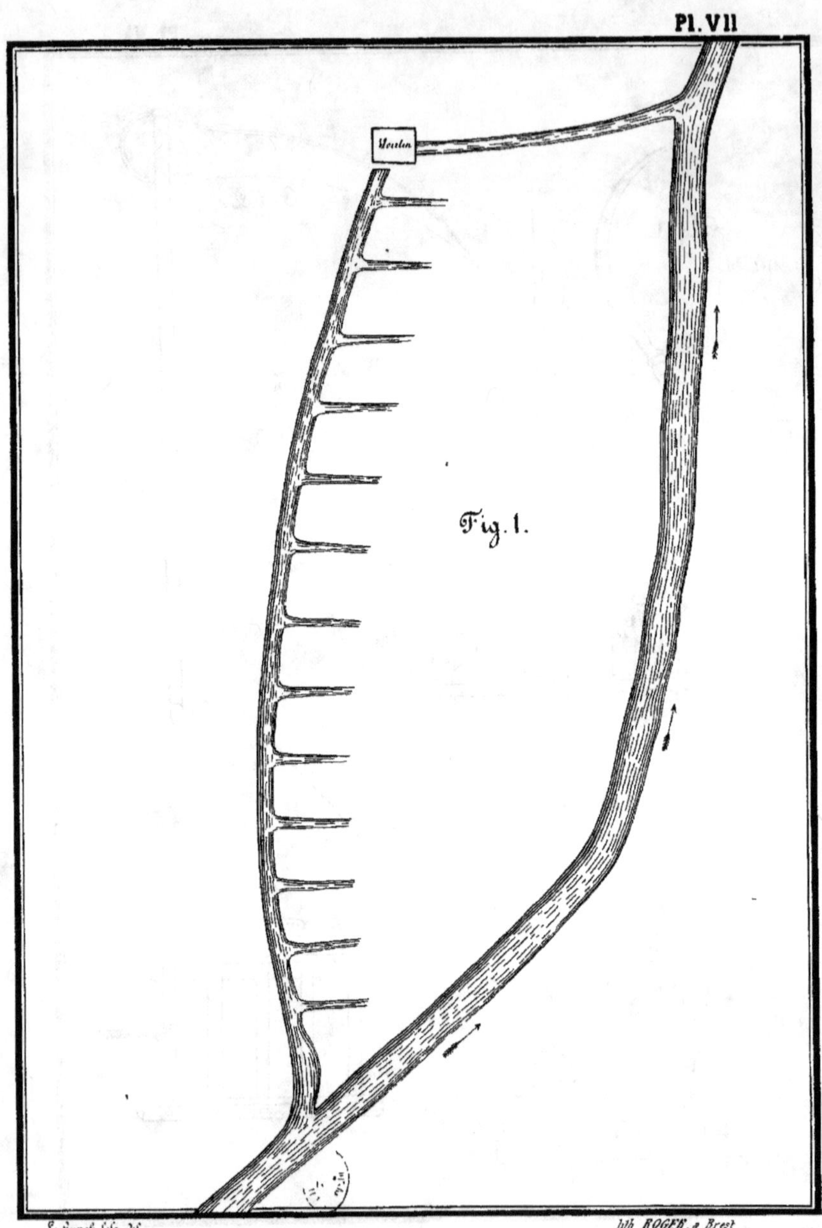

lith ROGER, a Brest

Pl. VIII.

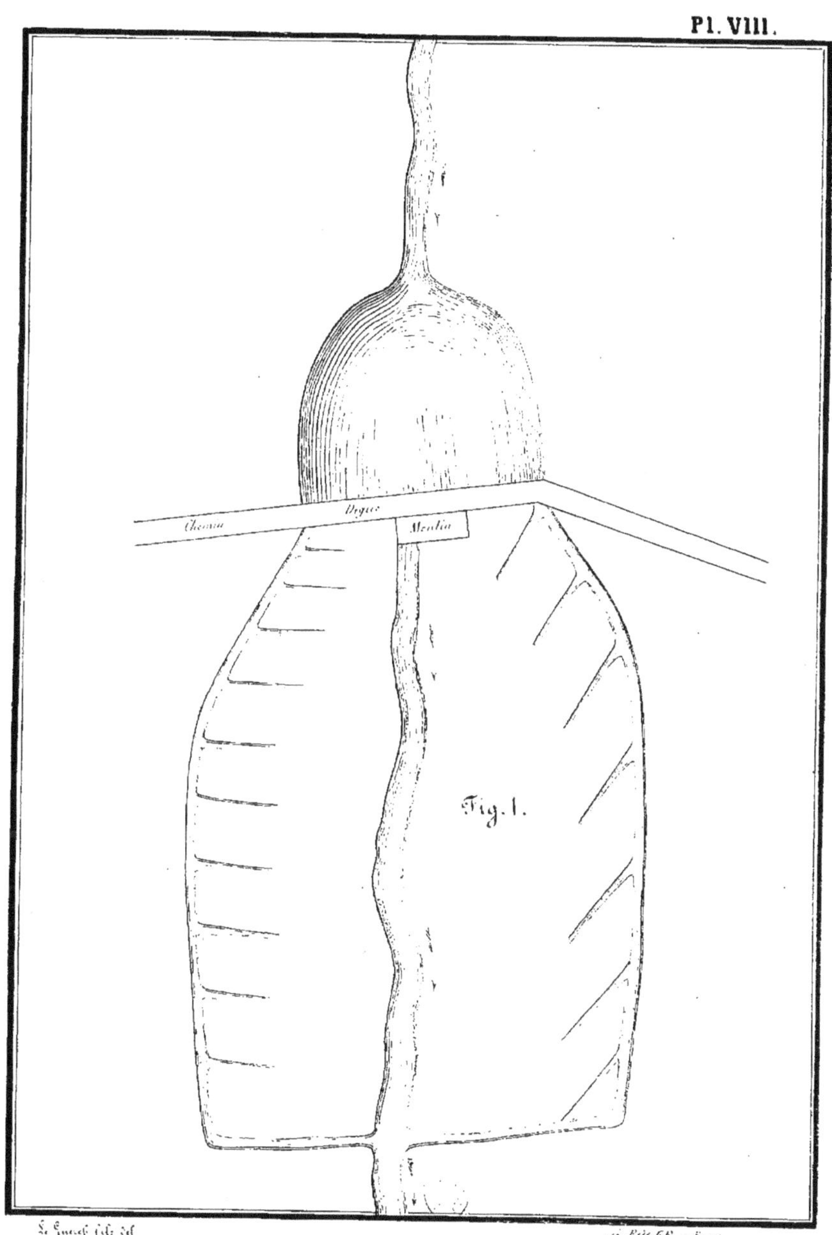

Fig. 1.

Pl. IX.

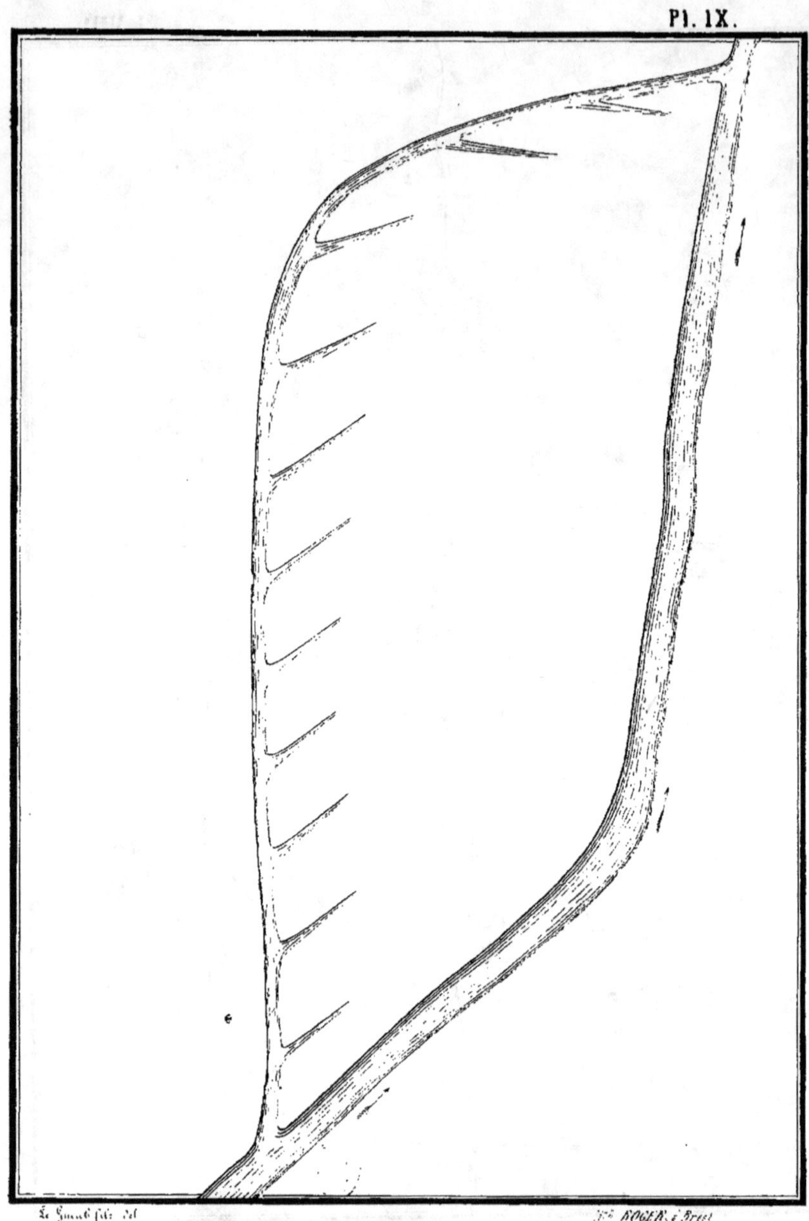

Le Guen fils del.   Lith. ROGER, à Brest

Pl. X.

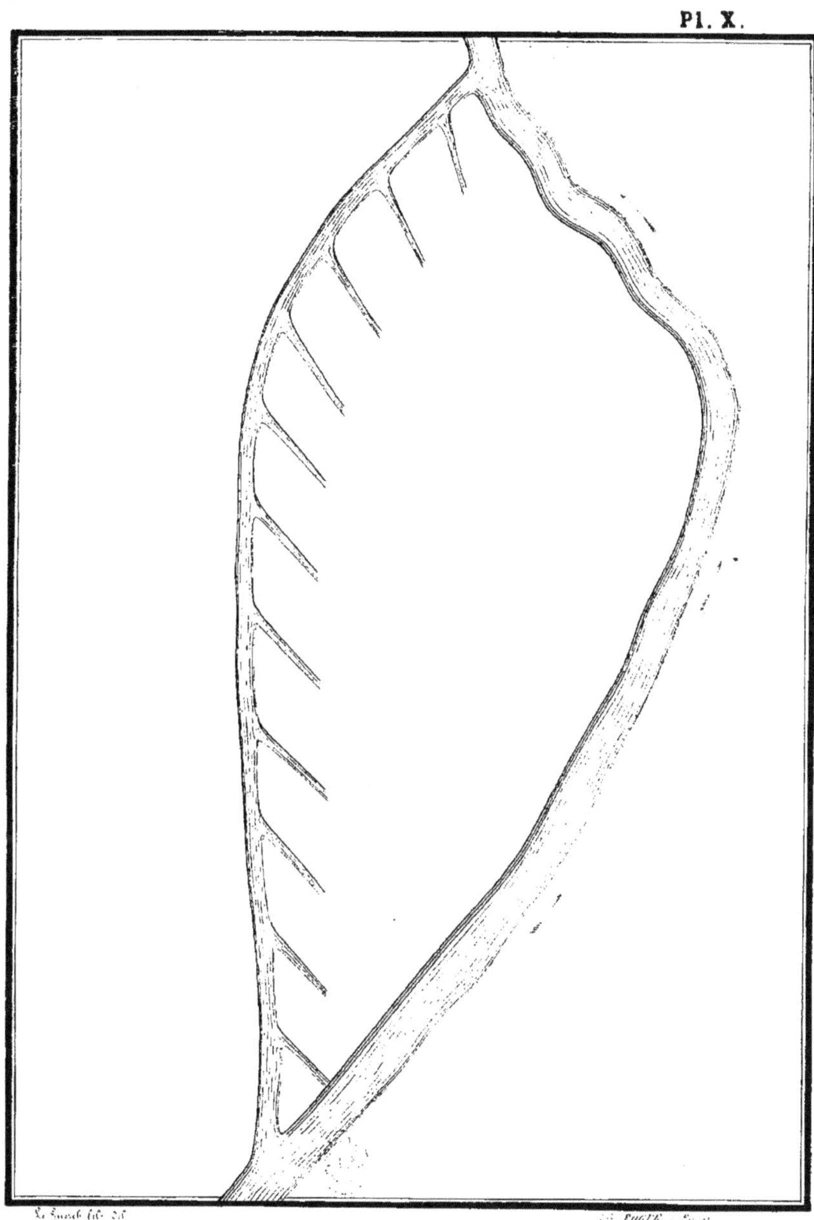

Pl. XI.

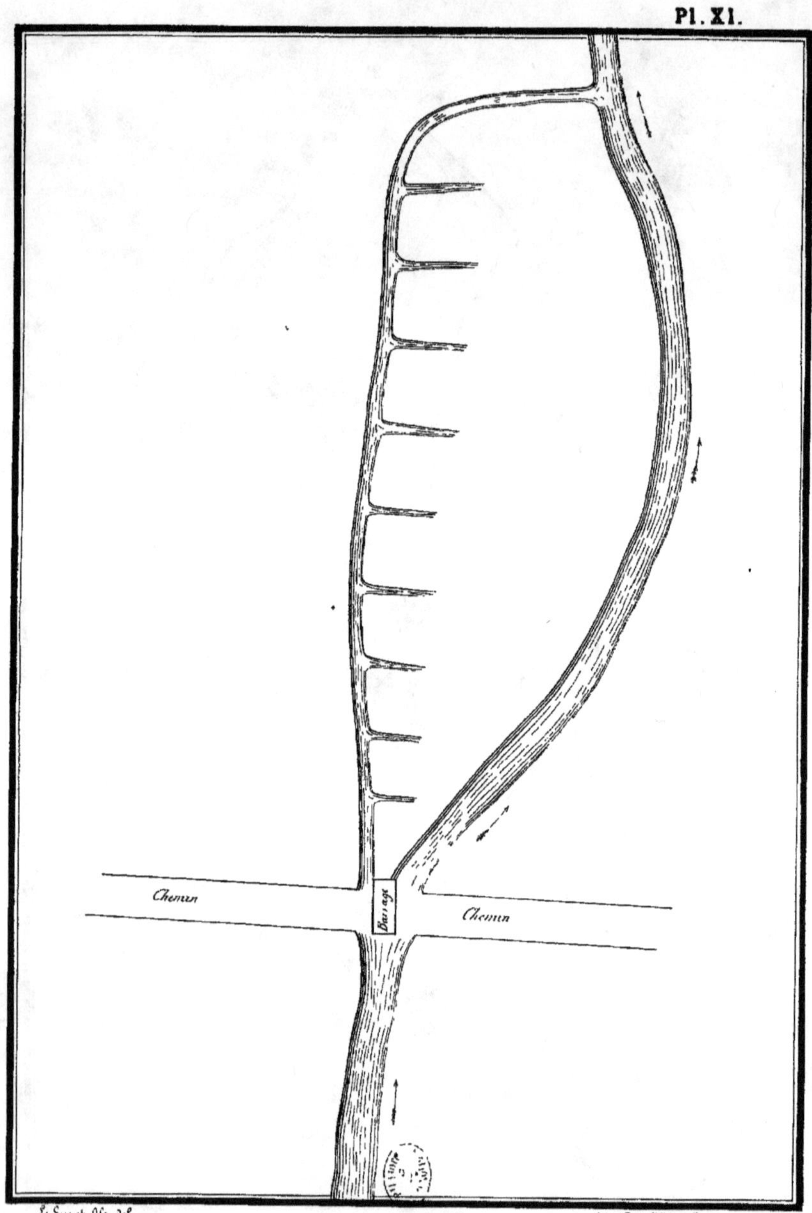

Le Guével? Ain. del

Lith. ROGER & B. ed

Pl. XII.

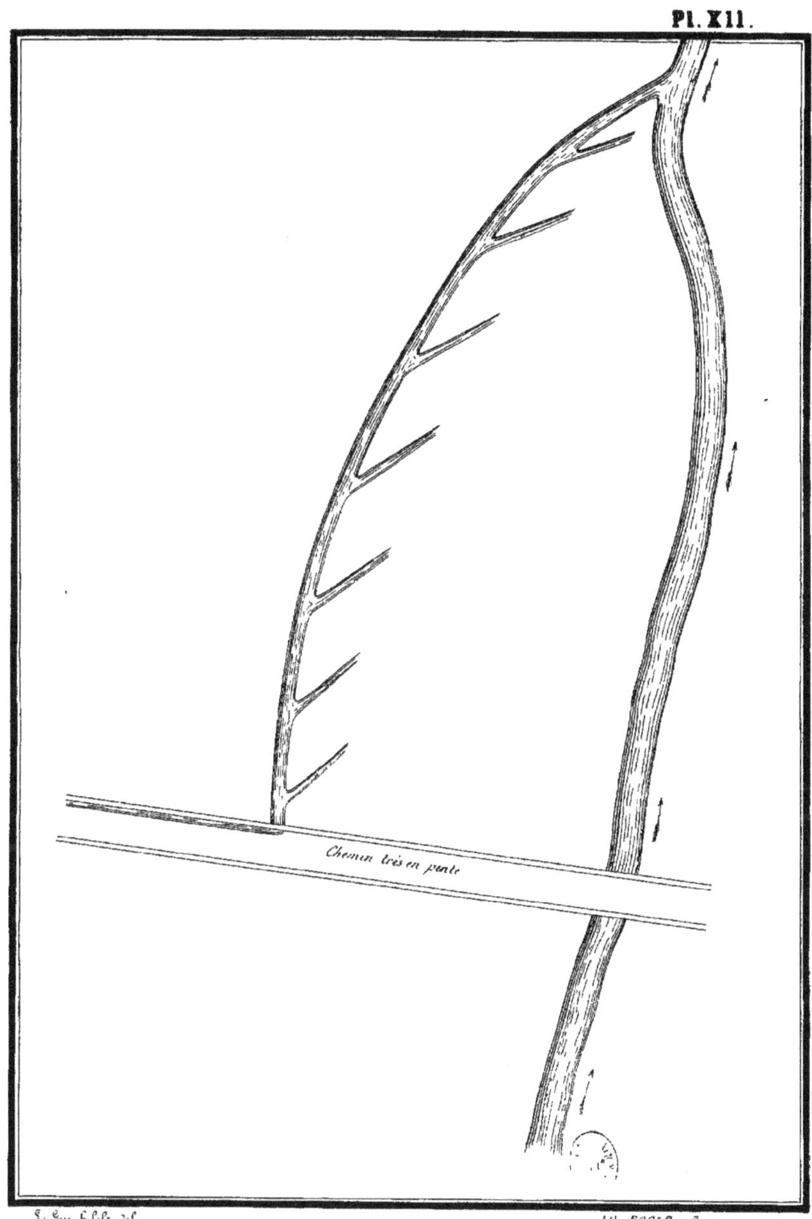

[illegible] fils del. Lith ROGER à Brest

Pl. XIII.

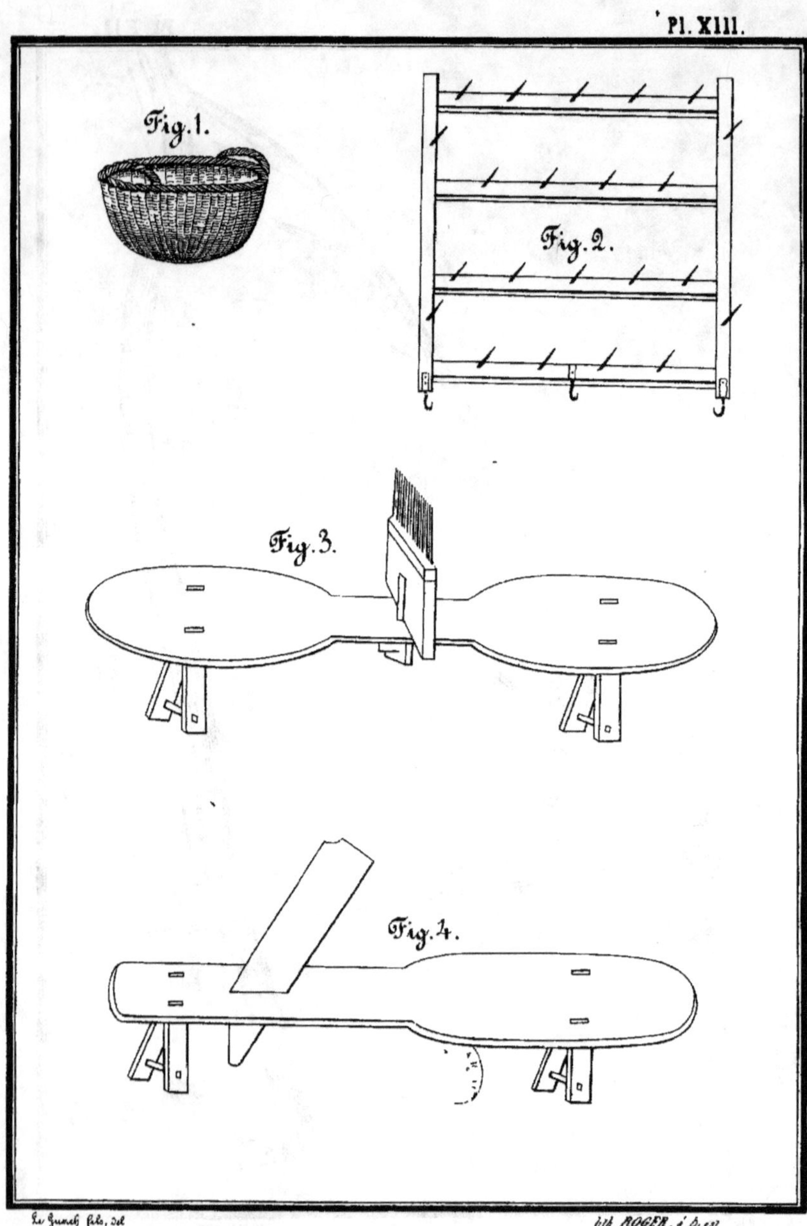

Le Guerch fils, del — lith ROGER, à Brest

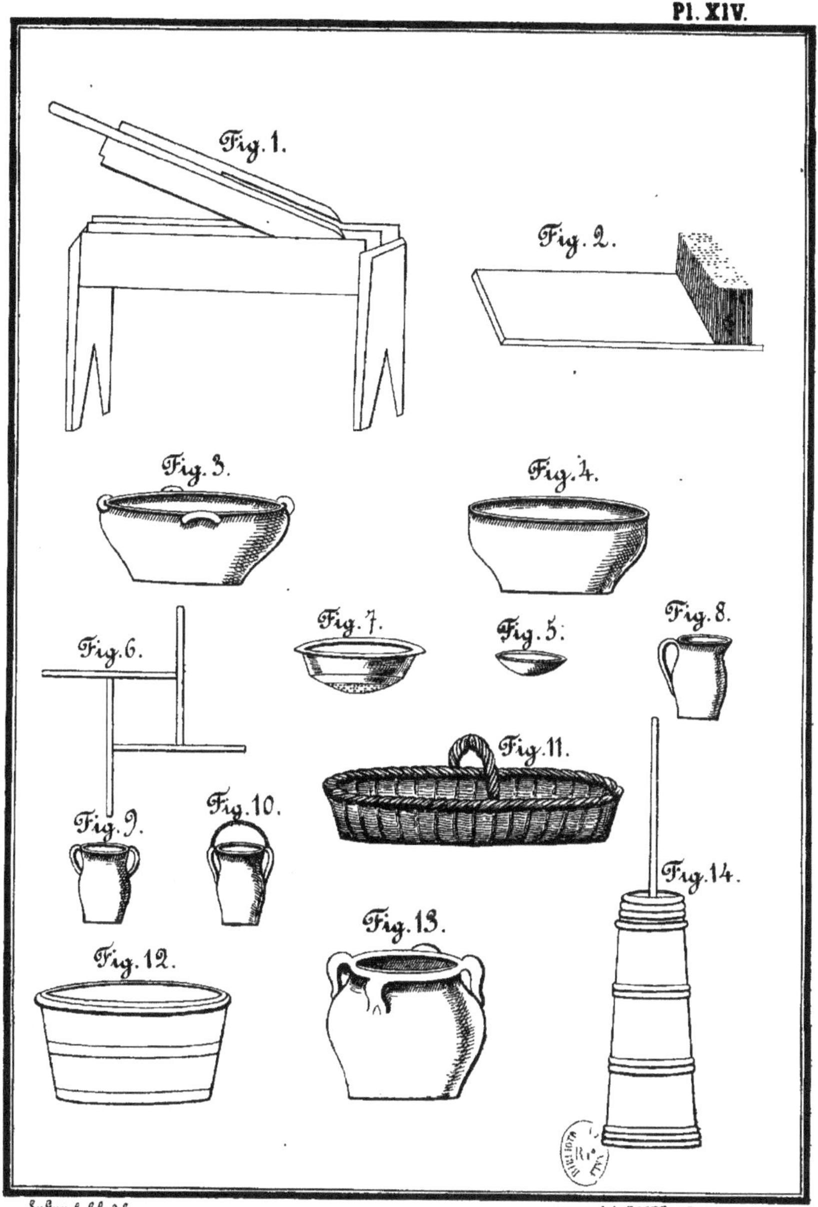

Le Guench fils, del

lith ROGER, à Brest

www.ingramcontent.com/pod-product-compliance
Lightning Source LLC
Chambersburg PA
CBHW072006270326
41928CB00009B/1559

* 9 7 8 2 0 1 9 6 0 3 8 6 1 *